# 高等学校广告学系列教材编写委员会

**本书编委**

杨海军　苏士梅　黄艳秋　方钰淳

■ 丛书主编／黄升民　张金海　吴予敏

■ 丛书主审／丁俊杰　陈培爱

杨海军　主编

高等学校广告学系列教材

# 中外广告史

# History of Chinese and Foreign Advertising

武汉大学出版社
WUHAN UNIVERSITY PRESS

**图书在版编目(CIP)数据**

中外广告史/杨海军主编.—武汉：武汉大学出版社，2006.6(2023.8重印)
高等学校广告学系列教材
ISBN 978-7-307-05043-3

Ⅰ.中… Ⅱ.杨… Ⅲ.广告—历史—世界—高等学校—教材
Ⅳ.F713.8-091

中国版本图书馆CIP数据核字(2006)第036849号

责任编辑:高璐 宋玲玲 林莉 责任校对:王建 版式设计：支笛

出版发行：**武汉大学出版社** (430072 武昌 珞珈山)
(电子邮箱：cbs22@whu.edu.cn 网址：www.wdp.com.cn)
印刷:武汉邮科印务有限公司
开本:720×1000 1/16 印张:26.75 字数:494千字 插页:1
版次:2006年6月第1版 2023年8月第12次印刷
ISBN 978-7-307-05043-3/F·983 定价:49.00元

# 努力加强广告学专业教材建设
# 全面提升广告学高等教育质量

（代序）

中国广告学高等教育至今才20多年的发展历史，是如此的年轻，谁曾料想到，20多年后的如今，全国竟发展至200多个广告学高等教育专业教学点。毫不夸张地说，广告学是我国高等教育近20年来发展速度最快的专业之一。

我们现在经常提"跨越式发展"、"超常规发展"，这几乎成了我们所处的转型期社会的一种社会常态，尽管有人反对，却也有许多人主张。"跨越式发展"或称之为"超常规发展"，在一定程度上有悖于事物发展的自然规律，然而在某一特殊的社会时期，未必不是一种必需。对于中国广告学高等教育的发展，似乎也应作如是观。中国广告学高等教育的"超常规发展"，正是现代中国社会经济持续高速发展的必需，中国广告产业持续高速发展的必需。

不可否认，与"跨越式发展"或称之为"超常规发展"相伴随的，常常是一种我常戏称的"跨越式发展症"或"超常规发展症"。因此，问题的存在也是一种必然。不过，我一直不太认同对我国广告学高等教育"高速低质"的总体评价。

诚然，与许多传统学科和专业相比，广告学高等教育的确存在师资力量欠缺、教学欠规范、理论研究相对滞后等诸多问题，但20多年的进步，却是巨大而有目共睹的。全国广告学高等教育工作者多年来辛勤劳作，默默奋争，并承受着某些偏执的学科与专业歧视，不断推进着我国广告学高等教育质量的全面提升。我曾拜访过诸多广告业界人士，他们对我国广告学高等教育也有一些意见和看法，但总体评价却是肯定的。与积淀浸润上百年、几百年的传统学科相比，我国广告学高等教育不过20多年的历史，在某些层面自然不具有可比性，若论与社会实践的结合度，以及广告学高等教育的社会参与度与活跃度，在我国高等教育领域，至少是值得我们自许的。

与起步初始阶段相比，目前我国的广告学高等教育无论是在师资力量、教学规范上，还是理论研究上，早已不可同日而语。在本科教育的基础上，具有广告学硕士学位授予权的高校，目前已有30多所，招收广告学博士研究生的也有上十所高校。在我国新闻传播学学科范围，将广告学提升为二级学科的呼声日高。“低质”的评价也许出在评价的参照系上。如果说我国的广告学高等教育“速度的增长”与“质量的提升”的非同步发展，以及全国高等教育范围内各广告学专业教学点非均衡发展，也许更切合实际。

广告学高等教育专业教学点，从最初的一家、几家，仅20多年的时间，发展到现在的210多家，的确是令人惊讶。随着广告学高等教育的飞速发展，高等教育的广告学专业教材也与日俱增。这同样是一件正常而可喜的事。教材建设是专业建设的基础。有人认为广告学专业教材建设过“滥”，我倒以为没有一定的“量”就不可能有一定的“质”，任何事物的发展都有一个从“量的增长”到“质的提升”的过程，所谓“大浪淘沙”、“吹尽黄沙始见金”，这是一个规律。再者，现在又是一个知识更新频率不断加快的时代，广告学深处其中，没有淘汰，没有更新，倒真是不正常的事。

1996年，武汉大学出版社曾组织出版过“珞珈广告学系列丛书”，共10种，数十所高校采用为广告学专业教材，先后两版十多次印刷。现在看来，也有陈旧之嫌，亟待更新。出版社多次与我商谈，要求我们重新全面修订。我们考虑，与其在原有范围内修订，不如花大气力在全国范围重新整合力量，推出一套新教材更好一些。我们的这一想法得到出版社的认同，并立即组织实施。

现有的200多个广告学高等教育专业教学点，分布于全国各地，分置于不同的学科背景。有的设置于艺术类学科之下，有的设置于经济类学科之下，有的设置于新闻传播学科之下。各高校各学科类型的广告学专业，都具有各自的办学特色，各自各具优势的培养目标。正是这样一种教学格局，适应了我们广告业对广告专业人才的多种需求。也正是这种教学格局，决定了广告学高等教育不可能有一种“放之四海而皆准”的教学模式。在许多场合下，我都曾明确主张过广告学高等教育的教学模式的多元发展。也正因为如此，要编纂一套具有完全普适性的广告学专业教学的教材，也只是一种良好的愿望。本系列教材的编纂，也只是尽可能把握广告学高等教育的基本规律和基本特征，在书目的确立和内容的厘定上，使之具有更大的可选性。

本套教材初步拟定的书目达20种之多，参加编写的高校也有20多家。中国传媒大学广告学院院长、教授、博士生导师，全国广告学高等教育研究会副会长黄升民先生，深圳大学文学院院长、教授，全国广告学高等教育研究会副会长吴予敏先生，以及本人一起应邀担任本丛书的主编。中国传媒大学副校长、教授、博士生导师丁俊杰先生，厦门大学文学院副院长、教授、博士生导师，全国广告学高等教育研究会会长陈培爱先生，应邀担任本丛书主审。上海师范大学的金定海教授、上海大学的张祖健教授、华中科技大学的舒咏平教授、南京师范大学的陈正辉教授、天津师范大学的许椿教授、华中农业大学的吕尚彬教授、武汉理工大学的夏晓鸣教授、西北大学的杨立川教授、暨南大学的杨先顺教授、福建师范大学的刘泓教授、中南民族大学的张贤平副教授、湖北大学的余艳波副教授、江西财经大学的罗书俊副教授等，应邀担任本丛书的副主编和编委。能与这么多的学者和朋友一起合作，本人深感荣幸。因本丛书的编纂，作者和内容涉及面都比较广，规模又比较大，受出版社委托，具体组织和联络工作由武汉大学的姚曦副教授、程明副教授担任，故二人应邀担任本丛书的常务副主编。

我们都来自五湖四海，为了一个共同目标走到一起。这个目标就是，促进中国广告学高等教育的健康发展，全面提升我国广告学高等教育的质量。但愿我们的努力切实而富有成效。

**张金海**

二〇〇六年四月六日于武汉大学

# 目　录

# 中外广告史插图目录

（共计151张）

## 第一章至第三章 中国广告史古代图片（共计45张）

**第四章至第八章　中国广告史近现代图片（共计36张）**

**第九章至第十三章　中国广告史当代图片（共计30张）**

**第十四章　世界古代广告图片（共计 15 张）**

# 第一章 广告起源及初期表现
（300万年前~公元前4500年）

【本章提要】广告起源问题是广告学学科体系中的一个重大问题，对此，中外学者十分关注。了解广告的起源问题，对于我们了解广告发展演变的规律，认清广告研究的主体，具有十分重要的意义。

本章内容主要包括：

※ 广告起源最早可追溯到原始社会中期。

※ 早期广告主要是与人类生存、生活密切相关的文化广告。

※ 对于广告的起源，存在着两种不同的观点：一种观点认为，广告是人类有目的信息交流的必然产物；另一种观点认为，广告是商品生产和商品交换的产物。

※ 原始社会大部分时期，文化广告占主导地位；原始社会末期，出现政治、军事广告；文明社会初期，商业广告产生。

## 第一节 广告的起源及相关问题

### 一、广告起源问题的概述

广告起源问题是广告学体系中的一个重大问题，历来受到广告者关注，但至今仍没有定论。通过对中外古代广告早期表现形式的描述、对广告起源时间的比较及其代表性观点的分析，能大致窥视到广告起源的基本线索。广告的起源问题，也是历史广告学必须回答的问题。由于年代的久远和相关资料的缺乏，我国学者对原始广告产生的环境、产生的过程及早期的表现形态的研究不够深入，相关成果不多；同时，由于对广告自身认识的角度不同，我国学者对广告起源问题的研究多停留在对商品广告起源问题研究这一特定范围。尽管如此，我国学者对这一问题的研究也具有自己的特色，并提出一些新的思路和新的研究视角。

（一）中外古代广告的早期表现形式

早在古代希腊罗马时期，随着海上贸易的频繁和商业的繁荣，原始的广告便应运而生，早期广告表现形式有叫卖、陈列、音响、文图、诗歌和商店招牌等。在雅典，贩卖奴隶、牲畜及商品的叫卖声不绝于耳，此起彼伏。一首广告叫卖诗被完整保留下来，诗的全文是："为了两眸晶莹，为了两颊绯红；为了青春永驻，为了合理的价钱，每一个在行的女人，都会购买埃斯克里普托制造的化妆品。"除了雅典外，在地中海区域的迦太基人、腓尼基人城市国家都有原始的口头叫卖及实物陈列等广告表现形式，较为典型的还有曾被火山灰湮没、保留大量原始广告形态的罗马庞贝古城，公元前79年的庞贝古城，保留着反映政治竞选、商品推销、文艺演出、寻人寻物等内容的图画、招牌、文字等类型的广告表现形式。在公元前6世纪的罗马共和国时期，反映预告竞技表演、寻物、医讯、修鞋等内容的叫卖、招牌、招贴、海报等类型的广告表现形式也比比皆是。

近年来，我国学者对中国古代的早期的广告表现形态也多有提及：尧在帝位时，曾"咨询"四岳，推举继承人。这里的"咨询"就是广泛告之天下、征询意见的意思，具有原始广告的含义。其他的广告表现形式包括禹制九鼎以示天下的鼎、秦始皇泰山顶上留下歌功颂德的"石刻"、商朝和周朝的"诰书"、战国时期的"令"、秦代的"制"、汉代出现的"策书"和"诏书"、魏晋的"露布"，以及不同时期官府的"批"、"判"和"碑志"等。

（二）中外原始广告起源的时间比较

最早的口头广告产生于商业贸易比较发达的地中海地区，地中海沿岸的迦太基人为了交换商品，把叫卖的语言编成歌曲、小调，并配以能发出音响的工具，组成歌曲叫卖交响乐，最早的路牌广告是地中海沿岸的腓尼基人创造的，他们把代表方向的标牌刻画在贸易大道两旁的土岩上。① 我国许多学者都认为，世界上最早的文字广告，是现存于英国博物馆中写在莎草纸上，属埃及尼罗河畔古城底比斯的发现物，它是公元前1550~公元前1080年的埃及遗物，距今已有3000多年的历史，那时埃及还处在奴隶社会。文物中记录了埃及一名奴隶主悬赏缉拿逃奴的广告，内容如下："奴仆汉姆从织布店主人哈布处逃走，坦诚善良的市民们，请协助按布告所说将其带回。他身高5英尺2英寸，

① 余明阳、陈先红主编：《广告学》，安徽人民出版社2000年版，第38页。

面红目褐，有告之其下落者，奉送金环一只，将其带回店者，愿奉送金环一副——能按您的愿望织出最好布料的织布师哈布。”①

针对广告最早起源于埃及的说法，我国学者也提出了广告最早起源于我国古代奴隶社会的观点。如崔银河在《广告创意研究》一书中提出：从考古发掘出的甲骨文中便可以看出，早在公元前1200多年的商代武丁时期，就已经有了征兵广告如《龟》2、《粹》369、《续存》下377、《后上》24、《丙》22等；在《尚书·酒诰》中也出现了禁酒广告的记载。② 他还提出：“像殷商青铜器中的卖马交易广告及甲骨文中记载的抓捕逃亡奴隶的广告等，都早于西方那则寻找奴隶谢姆的广告；与西方那则寻人广告大致同期的《诗经·卫风·氓》中的‘氓之蚩蚩，抱布贸丝。匪来贸丝，来即我谋’更在诉说着另一种实物广告形式。”不仅如此，崔银河还对中国最早的广告出现的时间进行了大胆追溯。他认为，在内蒙古西北部阴山山脉分支和两狼山地区乌拉特中旗、乌拉特后旗境内所发现的阴山岩画中更可看到原始人在打猎时设置的路标这一人类广告的雏形，他认为时间最早可追溯到1万年前。③ 这些证据是否可靠姑且不论，但学者们对中国古代广告具体表现形式的探讨，为我们研究广告起源问题提供了一种新的思路，即中国古代广告起源的时间有可能早于西方。

### （三）有关广告起源问题的代表性观点

广告是商品经济发展的产物，原始广告是伴随着商品生产和商品交换而出现的，这里所提到的广告，就是商品广告。20世纪80年代初期至90年代中期，我国学者大多数有关广告学的专著或教材均持此种观点，有些学者还对原始社会解体、阶级社会形成时期的发展水平及社会分工情况，商品交换情况，市场发育情况及市场交换中原始广告产生的情况都进行了具体描述。这种有代表性的观点所描述的广告起源问题实际是指“商品”广告的起源问题。

20世纪90年代中期以后，一些学者突破商品广告的局限，把广告定义在一个较为宽泛的概念上，提出了“社会广告”的概念，并从“广告也是一种信息传播活动”这一特定的视角来看待广告起源问题，提出了“广告是人类信息交流的必然产物”的观点。

---

① 陈培爱：《中外广告史》，中国物价出版社1997年版，第227~228页。

② 崔银河：《广告创意研究》，远方出版社1999年版，第2页。

③ 崔银河曾亲到岩画所在地，在靠近岩画的地方敲下一块岩石，到北京进行鉴定，岩石存在的时间约1万年左右。但在与河南大学历史文化学院程民生教授的交流过程中，程教授指出，岩石的年龄并不等同于岩画的年龄。

古代阴山崖画

提出“社会广告”的概念和“广告是人类信息交流的必然产物”的观点意义重大，促使人们以全新的视角重新审视广告的起源问题，但我国学者在提出具有建设意义的概念和观点之后，既没有明确解释何为“社会广告”，也没有进一步解释广告如何伴随着人类的信息交流活动而产生。因此，对这一问题的研究尚需继续深入下去。

## 二、关注广告起源问题的意义

我国学者列举了中外早期广告表现形态，探讨了中外广告最早出现的时间，提出了认识广告起源问题的不同视角。这些认识和看法，对于人们正确认识广告的起源问题不无裨益，但广告作为一门综合性的边缘学科，有其完整的学科体系，广告的发展、演变也有其自身的规律和历史脉络。对广告起源问题的正确认识，应该建立在对广告学学科体系的总体把握，对广告产生、发展、演变规律深刻认识的基础之上。这里不仅涉及对“广告”概念及“社会广告”概念的认识，对广告产生背景、环境、物质基础的认识，也涉及对原始广告表现形态、传播渠道、广告发展脉络关系等问题的认识，更重要的是还涉及认识广告起源问题的角度问题。

## 第二节　有关广告起源问题的两种基本观点

### 一、广告是商品生产和商品交换的产物

"广告的产生和发展，已有悠久的历史，它是阶级社会里产业分工的必然产物，是人类社会发展到一定阶段，社会生产达到一定水平之后，人们从事商品买卖和物质交换的辅助手段。因此，可以这么说，广告伴随着商品的出现而出现，并随着商品经济的发展而发展。"① 类似的观点还有很多，例如："广告是商品经济的产物，它是伴随着社会经济的发展而发展的。……广告起源直接最重要的原因就是人们在商品交易和其他商业活动中产生了更广泛的告之信息的需求。"② "广告是一种经济行为，是随着商品生产和商品交易的产生而产生的。"③

在原始社会末期和奴隶社会初期，随着生产力的发展和社会分工的出现，在部落与部落的边缘地带出现了剩余产品的交换。为了把交换的产品交换出去，交换者必然要介绍自己的产品，或发出叫喊声以引起别人注意；同时，他们也要把产品带到交换场所进行展示或陈列。随着产品生产规模的日益扩大和交换的日益频繁，原始形态的广告——口头广告和陈列广告也就产生了。

把广告产生的时间定在原始社会末期和奴隶社会初期，把广告产生的原因归结于商品生产和商品交换，显然是把广告作为一种促销手段来看待的，这里所提到的广告也就是通常意义上的"商品广告"。但我们也知道，广告的促销功能是其主要功能之一，但不是惟一功能，现实生活中，也不是仅有商品广告一种表现形式存在，以商品生产和商品交换作为广告起源的原因，并不能揭示其产生、发展的规律性，因而它具有很大的局限性。

### 二、广告是人类有目的信息交流活动的必然产物

"广告是人类信息交流的必然产物，即使在生产力水平十分低下的人类社会初期，社会生活中就产生了广告信息的萌芽，社会广告便应运而生。到原始社会末期，出现了商品生产和商品交换，作为传达商品信息的经济广告也随之

---

① 孙有为编著：《广告学》，世界知识出版社1991年版，第1页。

② 丁俊杰：《现代广告通论——对广告运作原理的重新审视》，中国物价出版社1997年版，第9页。

③ 余明阳、陈先红主编：《广告学》，安徽人民出版社1997年版，第31页。

产生了。"①

这种观点所表达的基本含义是：广告是一种信息传递方式，作为信息传递方式的"社会广告"比传递商品信息的"经济广告"时间要早，早到什么时间？"在人类社会初期，社会生活中就出现了广告信息的萌芽，社会广告便应运而生。"

这里的"社会广告"显然是指除"商品广告"以外的广告形式，其具体内容是什么？这种观点的持有者提到了3000多年前古埃及一幅寻找妇佣的广告，《尚书·典》记载尧在帝位时，"咨询"四岳，四岳推举虞舜作为继位人的故事，《左传》有关"禹铸九鼎，以示天下"的记载，以及商朝和周朝的"诰书"，战国时期的"令"，秦代的"制"，汉代的"策书"和"诏书"，魏晋的"露布"，加之官府的"批"、"判"、"碑志"等。从以上所提到的"广告"形式来看，多是文明社会以后的产物，所产生的时间并不比商品广告早，而在商品广告之前的"咨询"和以鼎示天下，所指又比较模糊，因此看来这种观点持有者对早于"商品广告"的"社会广告"的基本内容也吃不准，正因为如此，"社会广告"是如何伴随着人类的信息交流活动而出现的，这种观点持有者并没有论及。但"广告是人类信息交流的必然产物"的观点，为我们探讨广告起源问题提供了一种新思路和新方法，这是具有十分重要的意义的。

## 第三节　原始社会的广告表现形态

### 一、原始人传递信息的方式及途径

原始社会是人类的生产力水平比较低下的社会发展阶段，在低下的生产力水平下，人类必须相互协作才能维持生存。在相互协作的过程中，人类产生了信息交流的需要，这种交流一开始是面对面的交流，后来人类开始借助简单的媒介物来传达一些信息，广告就是在这种原始的信息交流活动中产生了。原始人所传递的信息内容首先是和人类生存、生活密切相关的东西，如捕兽过程中为彼此呼应所发出的有节奏的叫喊声，部落与部落之间为互相识别而设立的标志等，随着原始人活动区域扩大，部落内部和部落与部落之间人类交往增多，所传递的信息内容逐渐丰富起来，传递的方式也趋向多样化。这一时期，反映原始人喜怒哀乐的图画文字、象形文字，保存原始人记忆内容的结绳，称为原

① 陈培爱：《中外广告史》，中国物价出版社1997年版，第1页。

始人“史书”的贝壳串，以及反映原始艺术的雕刻、绘画、音乐、舞蹈等都可以视为是原始广告的形态。

## 二、原始广告表现形态

烽火传信：原始人最初传递的信息多与生活生存环境有关，用烽火传递信息，便是其中一例。火的发明，对于原始人来说，具有非凡的意义。火的出现可使原始人食用熟食，改善了其饮食结构，促进了其体质发展；火还可以帮助原始人进行围猎活动，扩大了其食物来源；火同样可以帮助原始人取暖，并使其可以生活在结冰线以北，扩大了其活动的区域和范围；更重要的是，火还成为原始人进行信息交流的工具。印第安人在围猎的过程中，为了动员部落成员集体围猎或调整围猎方向，便将冒烟的火时而盖住，时而揭开，借助烟火把有效信息传递给氏族部落成员。火地岛原始氏族用烟火传递信息的方法更复杂，他们用旋涡状的烟来传递具有特定信息的信号，一个表示一切平安，两个表示发生了意外，三个则意味着发生了死亡。在南美的原始部落普埃奇人和兰克里人那里，还流行着用烟火报警的做法，这种信息传递方式在进入阶级社会以后，仍保留下来，在中国古代社会里，既有“烽火戏诸侯”的历史故事，也有“孤山几处看烽火，壮士连营候喜鼙”的诗句。由于烽火用于传达特定的信息，且具备信息源和受众两个基本要素，我们可以把其看成是原始广告的形态。

鼓号传讯：原始人为了把信息传递得更远和更有效，还人为地制作了一些信息传播的工具，可以看做是原始的广告信息传播媒介。在西非、南美和新几内亚的一些原始部落，用树木雕刻成木槽鼓，用木槌敲击不同的部位能发出不同音高的声音，通过复杂的敲击组合，能把较为复杂的信息传递出去。赤道非洲的一些原始部落发明创造了箱形鼓、锥形鼓和圆桶鼓，其中，圆桶鼓是将一种树木中间挖空，下面安装四条木腿，并用木槌或橡皮槌进行击打。我国基诺族的牛皮木鼓也是将一段较粗的树木中间凿空，再缚以黄牛皮、敲打发出不同的声音来传递信息。

竹号传讯：用竹号传递信息也是原始人的一种发明。我国少数民族怒族在举行丧礼时，则以吹竹号的形式来传递信息。竹号的数目按死者的身份、地位不同而有增减：未婚死者吹一个报丧，已婚者吹两个，老人和首领吹五个或六个，这种竹号发出的声音，既是特定的信息，又起到“广而告之”的作用，通知部落成员闻讯赶到死者家中，送来鸡蛋进行吊唁，实际上起到了原始广告的作用。

结绳记事：结绳记事是原始人保存和传播信息的一种最为原始的方法之

汉代阳关烽火台遗址

一。远古时期，在中国、日本、波斯、埃及、墨西哥、秘鲁以及太平洋的波里尼亚及附近岛屿，曾盛行过结绳记事的办法，人们用绳子打成各种各样的结来记忆不同的事情，不同颜色的绳子和大大小小的结，以及结与结之间的距离包含着不同意义的信息。例如，墨西哥的惠乔尔人每年都要步行三百英里去采集一种无刺仙人掌作为食物，这期间，外出者和留家者各有一条绳子，并且每天打结，这样，双方都知道今天是什么日子，应该到什么地方活动，何日返回等。在这里，原始的广告形式实际上就是一种帮助大家记忆的信息符号。

图画文字：图画文字是介于图画和文字之间表达原始人思想的一种手段，它没有读音，目的在于表意，绘画简单，多半画在树皮、皮革上，或在石头上刻画。这里所传达的信息除了人类生活的踪迹外，还包含有丰富的文化艺术信息。例如，美国印第安人易洛魁部落的酋长在开会时常说："我的话都保存在贝壳串中。"他把紫色、白色或其他颜色的贝壳排列成各种图形，串成各种珠带。一定图形的珠带表示一定的意思，因而成为他们部落或氏族所共同拥有的"文件"或"史书"。在内蒙古西部北阴山山脉分支的两狼山地区乌拉特中旗、乌拉特后旗境内所发现的阴山岩画中，有弓和箭形状的岩画，我国有些学者认为是原始人在打猎时设置的路标，是人类广告的雏形，也是迄今为止发现的人类的最早广告。这些反映氏族部落生活情形的图画文字所载有的文化信息含量较之结绳记事为多，这也表明，原始广告形态所传递的信息内容首先应是文化信息。

象形文字：图画文字进一步发展，产生了象形文字。象形文字是用物体的形象来代表一定意义的文字。象形文字的出现，标明人类传递信息的方式更加成熟，其“告之”的功能也就更加明显。

原始装饰术和纹身术：原始人在生产活动和社会活动中，逐渐创造了丰富多彩的原始艺术，最初为装饰术和纹身术，而装饰术和纹身术则是较典型的广告诞生和发展的温床和载体。随着私有制的出现和金属饰物的使用，富有逐渐成为美的标志，为了向人们展示自己的富有，许多部落的人们喜欢把骨制、木制、石制或自然金属制成的装饰品如手镯、耳环、指环、项链戴在脖子上、套在手指上，或是挂在胸前，这种装饰品所传达的信息既是美的标志，又是富有的象征，按照广告最初所具有的“告之”含义，这种装饰品已具有明显的广告特征。原始人的艺术表现形式还有精彩的雕刻、绘画、音乐和舞蹈。这些艺术表现形式刻绘在原始人居住的洞穴、墙壁上，出现在原始人的生活劳动中，反映着原始人的喜、怒、哀、乐，也向周围的人们传递着某种特定的思想信息，并对原始人的生活产生一定的影响，也可视为一种典型的广告宣传形式。

图腾崇拜：图腾崇拜产生于原始社会母系氏族早期，其特点和内容是人们把某一动物或植物以及山、石、河、海等某种自然现象如风、雨、雷、霜、虹等当做氏族的亲属或祖先，或当做本氏族的保护神加以崇拜。如美洲印第安人易洛魁部落联盟的塞纳卡部落有 8 个氏族，他们的图腾均是动物，有狼、龟、海狸、熊、鹿等，各氏族还以此为名称，称之为狼氏族、熊氏族等。我国《诗经》中也有“天命玄鸟、降而生商”的记载，反映出商族的图腾是“玄鸟”，也即今天所说的燕子。

图腾在原始社会人类生活中所发挥的作用是多方面的，其作用之一是用来作为氏族的名称和标记，用来传达一定的社会信息。如有的氏族把图腾形象画在脸、胸或背上，这样在对外作战时就不会错杀同氏族的人，这里的图腾似乎具有了原始军事广告的性质；当氏族组成胞族并联合成部落联盟时，图腾又成为其军旗上的图案，如古代罗马人军旗上的图案就有狼、鹰、马、野猪、人身牛头野兽九种；当原始社会向阶级社会过渡，国家逐渐形成的过程中，一些国家的国徽、族徽、王冠的图形等，也多是从原始社会普遍存在的图腾崇拜发展而来的。图腾因为具有明显的“告之”功能，且传递着丰富的文化信息，应可视为原始社会最为成熟的广告表现形态。图腾崇拜的普遍出现及发展、衍

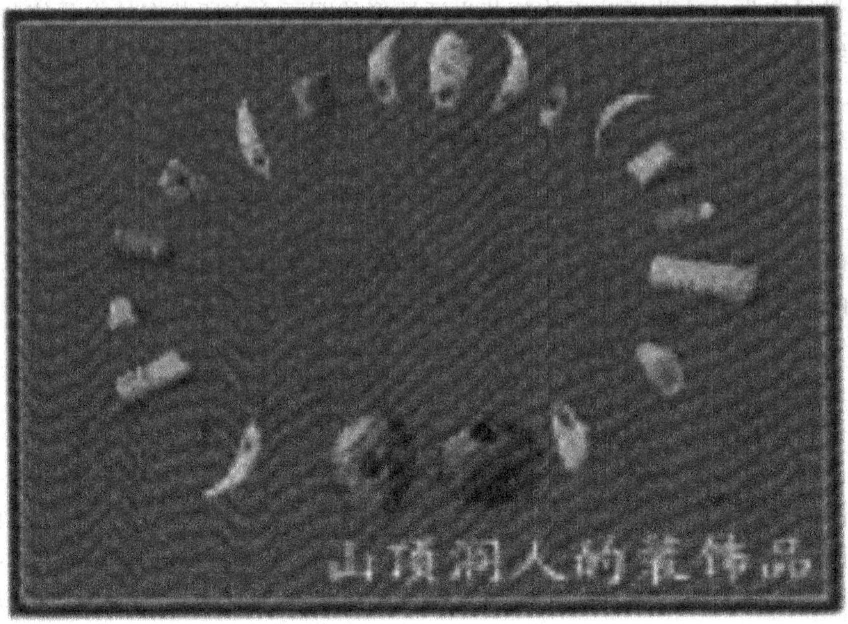

山顶洞人的装饰品

化，充分证明：广告是伴随着人类有目的的信息交流而出现的，其出现的时间，至少不晚于原始社会母系氏族社会早期。

**思考·案例·练习**

1. 阐述有关广告起源问题的两种基本观点。

2. 试述原始广告表现形态。除了课本上所列举的广告形态外，你认为还有其他类型的广告表现形态吗？

3. 案例：

**古代人的结绳记事法**

古代人的结绳记事法在生活中常见，应用的地区也十分宽泛。古代波斯人使用名为“圭布斯”的结绳，把长短、粗细和颜色不同的绳子系到一根索子上，不仅可以表示数目，而且还可以表示思想与事件。其中，黑绳子表示死亡，白绳子表示和平和银子，黄绳子表示金子，红绳子表示战争，绿绳子表示谷子。古代印加人、琉球人及我国的容成氏、轩辕氏、祝融氏、伏羲氏等都使用结绳记事。

**参考文献**

1. 陈培爱．中外广告史．北京：中国物价出版社，1997
2. 徐百益．中国广告史话．广告大观，1997 年第 6~9 期
3. 刘家林．新编中外广告通史．广州：暨南大学出版社，2000
4. 崔银河．广告创意研究．呼和浩特：远方出版社，1999
5. 杨海军．论广告的起源问题．史学月刊，2000 年第 4 期
6. 杨海军．论广告学学科体系．中国广告年鉴，新华出版社，2002
7. 杨海军．论广告学学科归属．河南大学学报．2001 年第 1 期

# 第二章 中国古代商业广告的发展及表现

（公元前21世纪~1840年）

【本章提要】随着城邦的形成、城市国家的发展和城市商业的繁荣，商业广告首先在分布于全国不同地区的商业城市出现；随着商业贸易的兴盛，跨地区的商业活动也日益频繁，在不同的地区逐渐形成商业贸易中心，各地名优产品也打破地区限制在全国各地流通，商品交换的空间和地域空前扩大。在这一过程中，广告也逐渐冲破“市”、“坊”的桎梏而成为遍布于街井巷头、深入民众生活之中的普遍现象。

**本章内容主要包括：**

※ 中国古代商业广告产生于原始社会解体、奴隶制出现初期。
※ 春秋战国到唐宋，中国古代广告发展逐步走向繁荣。
※ 元、明、清三代，中国古代广告表现形式逐步趋向完备。
※ 中国古代商业广告的发展同中国古代商业经济的发展直接关联。

## 第一节 中国古代商品广告的出现

### 一、商品广告的出现

原始社会末期和奴隶社会初期，随着氏族制度的解体、阶级和国家的出现，广告产生和发展的环境也发生了深刻的变化，其中最重要的一个变化就是一种新的广告表现形式——商品广告的出现。

（一）商品广告出现的物质基础

商品广告的出现，有两个基本前提：一是这一时期人类生产力水平得到很大程度的提高，人类已创造出更丰富的社会物质财富，这是商品广告出现的物质基础；二是社会分工的出现，促使了行业的形成和商品产生及商品交换的出现，这是商品广告出现最直接的动因。

人类从使用简单的打制石器，到使用磨制石器，从冶炼青铜、制造青铜器到使用铁器，使生产工具不断改进，劳动效率不断提高，与自然抗争的能力也就不断增强；原始人从茹毛饮血，采集树叶、树根及菌类充饥到在劳动中发现农业、畜牧业、改造自然的能力也在不断增强。在与自然抗争和改造自然的过程中，人类的信息交流活动随着生产力水平的提高而不断提高，领域不断扩大。其中，对物质财富自身的需求也成为人类信息交流的一个重要内容，如农业生产经验的积累与交流、畜牧业生产经验的积累与交流等。物质财富的丰足满足了人类的基本生存需要，剩余产品的出现为交换提供了可能，因此，人类生产力水平的提高，实际上为商品广告的出现奠定了物质基础。

（二）社会分工的关键作用

随着生产力水平的提高，人类改造自然的能力有了显著提高。农业、畜牧业的出现，使人类有了较稳定的食物来源，从而逐渐改变到处迁徙寻找食物的习惯。于是在适宜经营农业的地区产生了一些以农业生产为主要经济活动的部落，在适宜畜牧业的地方出现了以放牧、饲养牲畜群为主要经济活动的游牧部落。游牧部落从其他野蛮人群中分离出来，这是第一次社会大分工。随着生产力的发展和劳动技术的熟练，出现了第二次社会大分工，即农业和手工业的分工。进入文明社会以后，商业又从手工业中分离出来，实现了人类的第三次社会分工。

生产力的发展和社会分工直接促进了商品的生产和交换。由于社会分工，使劳动者的技术呈现出专业化的倾向，使各个劳动者在生产活动中所生产的产品种类和数量都不相同，劳动者总是倾向于从事自己所熟练的技术生产，随着社会生产分工的深化，产品的种类逐渐增多，剩余产品也随之增多，为了满足不断增长的个人物质需要，人们开始了产品交换，为促成交换，则进一步刺激了以交换为目的的商品生产。

（三）商品生产和交换是最直接动因

第一，商品交换的数量、区域和范围不断扩大。原始社会的两次社会大分工，使不同行业的生产效益不断提高，生产的物质品类越来越丰富；同时，在原始社会解体过程中，以血缘为纽带的氏族关系逐渐为以地域为纽带的村社或国家关系所代替。不同氏族、不同群体、不同行业的人杂居在一起，使商品交换的地域和范围不断扩大。

第二，商品交换的形式也不断发生变化而日趋成熟。商品交换出现伊始，是最原始的以物易物的交换形式，人们扛着粮食，带着铲、镰等工具，牵着牲畜在市场上自由交换；后来人们发现某一种物品如一头羊在市场上可以换取多样东西，于是羊便逐渐成为实物货币，人们只需牵着一头羊便可在市场上换取其想换取的任何物品。交换的过程变得相对简单。后来，人们在交换活动中发现实物货币太笨重，便逐渐以铜、布匹和装饰品作为等价物来进行商品交换，交换的形式变得更加简单，交换活动也更加便利。

民间交易图

第三，相对固定的交换场所出现。商品种类增多、交换形式简化，促使部落氏族之间的交换活动日趋活跃，在氏族部落的据土边缘，最初出现相对固定的交换场所。《易经·系辞》载："日中为市，致天下之民，聚天下之货，交易而退，各得其所。"① 这里所提到的就是陈列或展示交换物的场所。

## 二、最原始的商品广告表现形态

交换活动的频繁和交换形式的成熟是原始商品广告出现的最直接的动因。不同行业的劳动者，为了把用来交换的产品交换出去，就必然要把交换物带到市场上去陈列或展示，如《诗经》中就有"氓之蚩蚩，抱布贸丝"② 的记载，所描述的是一个满面笑容的小伙子抱着布等待人们交换的情形。人们一般认

① 《易经·系辞》。
② 《诗经·卫风·氓》。

为，这里所提到的“抱布”就是最早的实物陈列广告。但在商品交换活动中，光凭陈列和展示有时并不能把商品交换出去，为了提高交换效率，交换者开始有针对性地向人们介绍自己的产品，并伴以高声的吆喝，于是，原始的商业广告形态——实物陈列和口头叫卖广告在日渐成熟的交换活动中产生了。

原始部落据土边缘产品交易图

需要说明的是，这种最为简单、最为原始的广告形式出现以后，一直延续了几千年，时至今日，简单的陈列展示与口头叫卖仍存在于人们的现实生活中。同时，现代广告虽然令人眼花缭乱，但溯其本源，大体都是从这种简单的表现形式中演变而来的，所不同的只是采用了新的手段和工具，增加了一些表现的新元素而已。

## 第二节　中国古代商业广告的初步发展

### 一、夏、商、周时期商业广告的发展

从夏、商、西周、春秋战国到隋代，中国古代社会完成了从奴隶社会到封建社会的转变，实现了从封建割据到中央集权制统一国家的建立。在不同的历史时期，商业经济也得到不断发展。在社会的不断变革和商业逐步繁荣过程中，商业广告也得到初步发展。

（一）商人阶层分化

夏朝（约公元前21世纪~公元前16世纪）是中国古代历史上第一个奴隶

制王朝。这一时期，除了社会的政治变革外，经济领域的一个重要变化就是出现了农业、手工业和商业的社会大分工，商人阶层开始出现，行商开始在城邦国家之间和集市上做买卖。

如前所述，中国古代有关商业活动的记载可以追溯到原始社会末期。如在有关中国古代商业活动的传说中就有神农氏的“日中为市”、“祝融作市”之说。黄帝时期，商品生产和商品交换相当频繁，对商业交易也采取支持和鼓励政策。史书载，黄帝时“道不拾遗，市不预贾，城廓不关，邑天盗贼，鄙旅之人相让以财”。① 这里提到的“市不预贾”就是指不干涉市场交易。

原始社会解体后，进入奴隶社会的夏代有关商品生产和商品交换的传说则更多，如史书记载了帝尧统治时期的商品生产和交换状况。“尧之治天下也，水处者渔，山处者木，谷处者牧，陆处者农，地宜其事，事宜其械，械宜其用，用宜其人，泽臯织罔，陵贩耕田，得以所有，易其所无，以所工易其所拙。”②而在史书的记载中，虞舜本人就曾从事过商业活动。《尚书·大传》载，舜“贩于顿丘，就时负夏”，而《尸子》记载则更明确，“顿丘买贵，于是贩于顿丘，传虚卖贱，于是债于传虚”。在这些记载中，虞舜成了一个地地道道从事区间贩运、贱买贵卖的商人。史书中，还有“禹以历山之金铸币”③和商族的首领王亥驾牛车在氏族部落间经商的传说。

这些记载虽然没有提到具体的原始广告形式，但伴随着商品交换和区间贸易，原始的实物陈列和口头广告必然存在，还是大致可以推测出来的。

（二）“市”与“肆”的出现

商代和西周时期（公元前16世纪~公元前771年），商品交换的地区范围和交换的商品种类均有扩大，其中一个重要标志就是货币已成为商品交换的主要媒介，如货币的种类主要有海贝、石贝、骨贝和铜贝等。在商代和西周的城市国家里，已出现商业比较集中的“市”，市内分布着不同行业的“肆”。据史书记载：“殷君善治宫室，大者百里，中有九市。”④ 另载：“宫中九市，车行洒，马行录。”⑤ 等，表明商代和西周的市肆已有相当的规模。

当时的“市”已不是原始社会末期那种临时交换商品的场所，而被限制在城市特定的范围内，并与居民区分开。在市里还设立了管理市场的市官和相

① 《淮南子·览冥训》。
② 《淮南子·齐俗训》。
③ 《管子·山权篇》。
④ 《六韬》。
⑤ 《太平御览》卷827。

商代青铜鼎——商代商业繁荣的标志

应的管理法规。如据《周礼》记载，当时管理市场的官职就有司市、载师、闾师、胥师、司虣、司稽、质人、廛人、泉府等，而商业管理的法规则涉及到定价、税收、入市商品的限制和外来商品的优惠等诸多问题。如西周对入市商品进行了严格规定："圭璧金璋，不粥于市；命服命车，不粥于市；宗庙之器，不粥于市；牺牲不粥于市；戒器不粥于市；布帛精粗不中数、幅广狭不中量，不粥于市；奸色乱正色，不粥于市；锦文珠玉成器，不粥于市；衣服饮食，不粥于市；玉谷不时，果实不熟，不粥于市；木不中伐，不粥于市；禽兽鱼龟不中杀，不粥于市。"①

相应的市场管理法规，规定了交换商品的种类和质量，保证了商品交换稳定和有序的进行，也进一步为更加成熟的广告形式的出现奠定了物质基础。

西周时期，统治者还对市场交易时间和交易对象进行了区分。《周礼·同市》载："大市，日昃而市，百族为主；朝市，朝进而市，商贾为主；夕市，夕时而市，贩夫贩妇为主。"不同时间、不同交易人群的出现，丰富了商品交换的内容和层次，也进一步为不同类型的广告表现形式的出现创造了客观条件。

从总的情况看，商代和西周的商业主要控制在官府手中，奴役商业奴隶从事商品活动，商业收入归官府所有，人们称这种商业形式为"工商食官"制度。《国语·晋事》载："公食贡，大夫食邑，士食田，庶人食力，工商食官，皁隶食职。"这里的"工商食官"所表达的就是这种经商制度。在这种制度

① 《礼记·王制》。

下，从事商业活动的手工业奴隶和商业奴隶虽然由官府提供简单的饮食，但他们的地位却介于皁隶和庶人之间，十分低下，且世世代代只能从事商业活动。这样，就使他们逐渐成为有别于从事其他行业活动人们的特殊人群。由于这一群体被限制在特定的区域内，只能从事商业活动，客观上就为商人阶层的出现逐步创造了条件。

在商代，商人从事商业活动已经成为一种普遍的现象，商人作为一个阶层已经出现。商族的祖先王亥早在夏代中期就曾驾牛车载帛到黄河北从事商业活动，商代末期辅佐周文王的大臣吕尚在遇文王之前，也曾"宰牛于朝歌，市饭于孟津"，工商奴隶主也常常驱使商业奴隶驾着车马从事商业贩运。《易·大有》就有"大车以载，利有攸往"的描述。商朝灭亡后，周公曾把商遗民召集到一起训诫，他说："其艺黍稷，奔走事厥考厥长，肇牵车牛，远服贾，用孝养厥父母。"① 要求商族人继续发挥其经商特长，通过经商来获得收入，供养父母。这表明，商族人整体从事商业活动已有较大影响和规模，故史书有"殷人重贾"、"殷人重富"的说法。商人阶层的出现，为商业活动中一些带有行业性质的特定广告表现形式的出现进一步奠定了物质基础。

（三）原始的商品广告及表现形态

城市商业的出现和"市"、"肆"的形成，是商业广告产生的温床，区间贸易和商人阶层的出现，则使商业广告的出现成为可能。这一时期，广告的表现形式仍然是口头广告和陈列广告为主，如吕尚在被周文王赏识起用之前，曾隐居市井，操屠宰之业，他曾在肉铺子里"鼓刀扬声"招徕顾客，人们认为这里的"鼓刀"和"扬声"已是较为典型的口头叫卖形式，即把肉案剁得砰砰响，然后伴着节奏高声叫卖。另外，史书记载，在商代的一次区间贸易活动中，就有50头牛被牵到外地交换，像在这样大规模的交易活动中，必然存在着商品展示和陈列等广告活动。口头广告和实物陈列及展示广告已成为夏、商、周时期商业活动中一种普通存在的现象。

## 二、春秋战国时期商业广告的发展

春秋战国时期是我国古代商业史上第一次繁荣时期。和前一时期相比，这一时期商业领域内有几个较为显著的变化。如"工商食官"制度被打破，自由贸易和自由大商人开始出现；以铜铸币为主的金属货币的出现进一步促进了商业的发展，区间贸易更加活跃；各诸侯国把经营商业提升到"富国强兵"的高度来看待。这些变化，客观上为工商业的发展创造了条件。

---

① 《尚书·酒诰》。

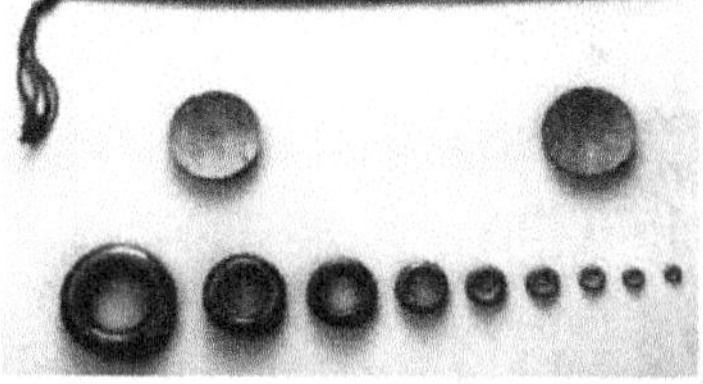

战国时期的天秤和环权

（一）春秋时期广告环境变化及广告表现形态

早在东周时期，王城洛邑的商业已十分繁荣，周人多从事商业活动。春秋以来，虽然王室衰落，但洛邑的商业繁荣景象仍不亚于当年。史书记载，周人从事商业活动的心态是“巧伪趋利，贵利贱义，高富下贫，喜为商贾”。和王城相比，各诸侯国的商业活动也毫不逊色，鲁国人“好贾趋利，甚于周人”，宋国“稼穑之民少，商旅之民多”，而齐国则出现“天下之商贾归齐若流水”的情景。① 另外，晋国、卫国、秦国、楚国、吴国、越国、郑国的商业活动都得到较大发展，各国之间的区间贸易异常活跃。

由于经商人数众多，区间贸易发达，市肆交易繁荣稳定，于是在这一时期出现了商人阶层的分化，分为行商和坐贾。关于行商和坐贾的区别，史书也有描述：“商之为言章也，章其远近，度其有亡，通四方之物，故谓之为商也。贾之为言固也，固其有用之物，待以民来，以求其利者也。故通物曰商、居买曰贾。”② 根据这一描述不难看出，所谓行商就是走街串巷或进行区间贸易的商人；坐贾则是守着固定场所或摊位招徕顾客进行买卖的商人。行商和坐贾的分化，直接导致了新的广告形式的出现。行商走村串寨，原始的口头叫卖和每到一地的陈列展示更加频繁，广告的表现也愈加成熟；坐贾守着固定的场所或摊位在“市”、“肆”内经营，也必须想办法招徕顾客，除了口头叫卖和陈列展示外，为了引人注目，他们开始把陈列在地上的交换物悬挂起来，以期引起别人的注意，达到吸引顾客购买其产品的目的，这样，就在实物陈列广告的基础上出现了悬物广告。

悬物广告，就是商品经营者往往在门前悬挂与经营特征有关的物品或习惯性标志的广告形式。如卖牛肉的悬挂牛头，卖山货的悬挂山货野味等。对于

① 《管子·轻重乙》。

② 《白虎通义》。

卖鞭子图

这种悬物广告，史书也多有描述，《晏子春秋》载："君使服于内，犹悬牛首于门而卖马肉于内也。"这里虽抨击的是欺骗顾客的不正当经营行为，但从这段文字描述中可以看到春秋战国时期悬物广告已经存在的事实。

悬物广告虽然很直观、醒目，顾客也容易理解并容易被直接吸引，但悬物广告也存在着不雅观、太笨重、不易长期悬挂或经营的物品不宜悬挂等诸多问题，于是经营者就开始尝试用布、帛等材质画上物品的形象进行悬挂，原始的"旗帜"广告开始出现，并和悬物广告一样，成为这一时期又一重要的广告表现形式。对于旗帜广告，史书同样也有记载，韩非子在《外储说右上》中曾描述了一个家喻户晓的故事："宋人有沽酒者，升概甚平，遇客甚谨，为酒甚美，悬帜甚高。"这里提到的"悬帜甚高"，就是将酒旗高高悬起，起到招徕顾客的旗帜广告作用。韩非子生活在春秋战国时期，这段文字说明早在春秋战国时期就已出现了旗帜广告。

（二）战国时期的商业繁荣及广告表现形态

战国时期商业经济得到进一步发展。这一时期的商业经济繁荣主要表现在两个方面：其一是区间贸易更加活跃；其二是城市商业更趋兴盛。

国与国区间贸易活跃的原因有两个：其一是各诸侯国继续采取鼓励商人从事商业活动的政策；其二是各国陆续解除了对山林薮泽的林木、矿产、水产的开采及对鸟兽野禽等类动物捕猎的限制。交换的物品丰富了，各地区之间物品贮存的种类、数量存在着巨大的市场空间，且结构互补，在这种情形下，区间贸易的活跃也成为必然。

战国时期城市商业的繁荣首先和城市自身的发展密切相关。战国时期，各诸侯国都注意实行富国强兵的政策，在这样一个大背景下，城市数量增多、城市人口增加，城市规模也在不断扩大，在各国总体经济水平和城市经济实力提高的前提下，城市商业得到进一步繁荣。

区间贸易的繁荣，商人们交换的领域和区域逐步扩大，而城市商业的发展和交通场所的相对稳定，则促使店铺广告，即以店铺为中心的旗帜广告、悬物广告等表现形式更加丰富，促使了原始的旗帜广告、悬物广告朝着更加成熟的幌子广告和店铺广告等表现形式发展。

### 三、秦代商业广告的发展

#### （一）政治变革与商业发展

秦代的商业贸易较之春秋战国时期又有了进一步的发展，主要得益于秦始皇统一中央集权制度下的一系列经济政策和改革措施：其一，拆除关隘城堑，修筑道路，有利于商旅往来和贸易活动。其二，统一币制。以黄金和铜钱作为法定货币，简化了商品交换的程序，方便了地区性、全国性的商品贸易往来。其三，统一度量衡，有利于国家赋税征收。其四，采取“车同轨、书同文”的政策，有利于商品运输和商业契约的签定。

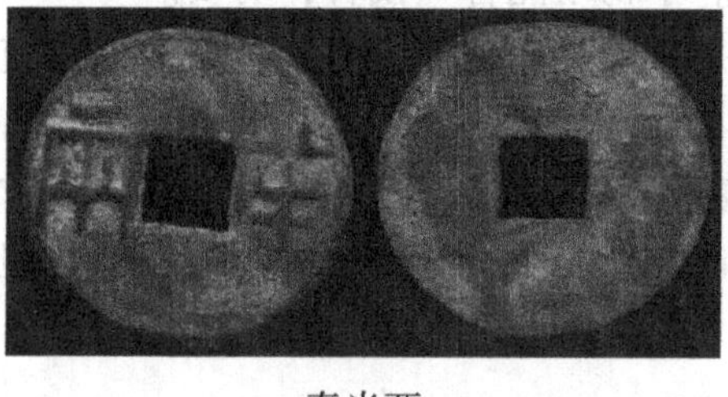

秦半两

秦始皇采取的这些政策，客观上有利于商品生产和商品贸易的发展，但秦代的商业却没有出现较为繁荣的景象，一方面是秦始皇推行重本抑末政策，农为本，商为末，从政治上限制了商业经济的发展；另一方面是商业活动所涉及的行业如冶铁、铸币、制陶、织绢、制盐等多为官府和少数富商巨贾所把持。

（二）城市商业粗具规模

在秦始皇上述有关政策的刺激下，秦代的商业贸易活动还维持在一个相对稳定的水平线上。秦代的城市商业继续发展，在一些地区还形成了商业贸易中心。如秦朝的都城咸阳，不仅是全国的政治经济文化中心，也同样是商业贸易中心。始皇二十六年，秦始皇曾下令“徙天下豪富于咸阳十二万户”，① 这对咸阳成为全国商业贸易中心无疑起到积极推动作用。除了咸阳外，秦朝的故都雍、栎阳及新兴的城市云阳、临邛等商业贸易活动均较发达，虽不曾呈现出咸阳“市张列肆”② 的繁华景象，但在整个秦代商业贸易活动的发展过程中都曾发挥着重要作用。其商业贸易和手工业生产均具有相当的规模。

（三）秦代的广告表现形态

秦代商业广告的形式和内容较之春秋战国时期的广告表现并没有实质的变化，民间所具有的广告形式在秦代也基本延续下来，但由于秦代的商业贸易活动多为官府控制，且在重农抑商政策的指导下，加强了对市场的管理，因此，秦代的商业广告宣传也出现了一个新的变化，即在官府的管理下有了统一规定和要求。

公元前378年，秦曾在栎阳“初行为市”也即开始在这里设立由官府统一管理的市场。③ 商鞅变法后，对市场管理也曾做出规范，规定商业贸易要“平权衡、正度量、调轻重”。④ 在这样的商业贸易环境中，一种新型的广告宣传形式，即由市场管理者统一规定的悬牌广告便出现了。

关于秦代的悬牌广告，史籍曾有记载，湖北出土的云梦秦简曾载录：“有买及买殹，各婴其贾。小物不能各一钱者，勿婴。”⑤

这段文字描述的是：如果商品的价值超过一钱，就应该悬挂商品的价格牌明码标价。这里的“婴”是“悬挂”之意，“贾”则含有“价钱”或“价格”的意思。这说明，在秦代，具有广告性质的悬牌已在官方的统一管理下，开始在市场上出现，成为市场贸易中的一种新的广告形态。但这一时期由于市场发

---

① 《史记·秦始皇本纪》。
② 《华阳国志·蜀志》卷3。
③ 《史记·秦始皇本纪》。
④ 《战国策·秦策》3。
⑤ 《秦律·金布律》。

育并不成熟，市场管理并不是十分规范，市场中这种广告形式是否十分普遍，尚不得知，直至唐代官府明确规定悬牌经营，这种广告形态才成为市场中的普遍现象。

## 四、汉代商业的新发展

公元前206年，西汉王朝建立，商业发展进入一个新的时期。西汉初期，商业的发展得力于两方面的原因：其一是汉初的“休养生息”政策，为商业经济的恢复和发展奠定了良好的基础；二是西汉和东汉的国力强盛和经济快速发展，使商业经济的发展水平保持在一个较高的增长点上。

### （一）汉初的休养生息政策

秦末大规模的农民战争，使当时的社会经济遭受到很大破坏。由于连年战争，西汉王朝建立之初，到处是残败不堪的景象，汉立国之初，统治阶级的政权不稳，下层人民群众生活难以维持。史书曾载：“天下既定，民无盖藏，自天子不能具醇驷，而将相或乘牛车。”这种状况对新政权统治的巩固十分不利。为了改变这种状况，尽快稳固西汉封建王朝的统治，汉初采取了一系列政治、军事和经济改革措施。其中，经济上的“休养生息”政策作为恢复农业生产，促进手工业、商业经济发展的主要政策，不仅在相当长一段时间为历代统治者所推崇，而且在现实生活中得到认真贯彻执行。

### （二）城市经济的快速发展

汉初，针对因战争而导致城市萧条的情况，逐步修复战国时期各大城市的城郭，并采取得力措施，促进了城市经济的快速发展。汉代繁荣时期，以城市为中心，将全国的经济发展地区划分为五个大的区域，包括20余个重要城市。

西汉时期的长安城，城市规模宏大，人口密集。考古发掘显示，长安共有12座城门，城内街道十分宽敞，可供12辆马车并列前行。城墙周长约60里，城市面积大约36平方公里，在同时期的城市建筑规模上，名列榜首，比当时的罗马城还要大三倍以上。城内居住着8万户居民，加上皇室贵族、军队、官吏及下层奴婢，人口可能超过40万，构成了生活消费品及特权阶层生活奢侈品消费的主要场所。

正因为人口众多，消费需求巨大，因此，长安的市场交易较为兴盛，史书称当时的长安有“九市”。史书载：“长安市有九，各方二百六十六步。六市在道西，三市在道东。凡四里为一市。”①

具体来说，长安的九市分别是：东市、南市、西市、北市、柳市、直市、

① 《三辅黄图·长安九市》卷2。

汉代市肆图

交门市、孝里市、交道亭市等。除了这些按照间距和方位统一规划的市外，长安城里还设置了一些专业行市，这些专业行市或以经营的物品按类区分为特色，或以参与交易的人群身份特殊而显得特别。这些特殊的行市，在史书里也多有记载："汉元始四年，起明堂、辟雍长安城南，北为会市，但列槐树数百行为队，无墙屋，诸生朔望会此事，各持其郡所出货物，及经书传记、笙磬器物，相与卖买雍容揖让，或议论槐下。"①

这是一个开放性的市场，没有围墙，因以一排槐树为标志进行交易，故称之为"槐市"。"槐市"在西汉是一个非常有名的市场，之所以有名，除了开放性外，很重要的一个原因就是市场的交易者多是在京城求学的太学生，他们交易的物品多是各自从家乡带来的生活、学习及娱乐用品，以经书传纪和笙磬器物为主，市场交易"雍容揖让"，尽显书生的儒雅风度。在这样的交易环境中，没有商人经商时的高声叫卖和喧哗，书生们或是在槐树下心平气和地讨价还价，或是三五成群聚集在一起议论国事，因此，整个市场交易就显得与众不同而尽显特色。

除了方便太学生生活而设立的"槐市"外，在长安城外驻扎军队的地方还存在"军市"，主要交易者都是城外驻军的军士，交易的物品多以生活用品

① 《太平御览》卷826。

为主。“军市”的存在，一定程度上弥补了军队因供给的不足而造成生活用品的短缺。

秦始皇统一中国，在某种程度上为跨地区的贸易创造了市场交易的空间。而西汉时期城市商业的兴盛，以及以当时20多个重要城市为中心所构建的五大贸易区域的出现，不仅使区域贸易更加兴盛，而且使商品贸易逐渐突破了区域的限制，地区与地区间的贸易日益频繁，客观上也为市场管理的进一步规范和广告宣传的进一步扩展创造了条件。

（三）市场管理规范化

在市场管理上，汉代继承了秦代的传统，在城市中把市场固定在一定区域，并与居民区分开，以便于管理。如前文提到的长安九市都分布在突门横桥大道的两旁，其中，道东有三市，道西有六市，相对集中，称之为东市和西市；每一市场的规模也有成制，大致为二百六十步见方；市场内的经营也井然有序，市场内按其所卖商品的类别区分为列肆，列肆内经营同类商品的店铺或摊位则鳞次栉比，数以百计，商品经营者依照市场管理的要求规范经营、秩序井然又不失熙攘繁荣。史书载：“九市开场，货别隧分，人不得顾，车不得旋，阗城溢郭，旁流百廛，红尘四合，烟云相连。”①

市场的管理者是市官，在汉代城市的市场内均设有此类管理人员，称之为市令或市长，市令或市长之下，也设有相应的管理人员，辅助市令或市长管理市场，分别称为“市史”、“市椽”和“市啬夫”等。长安的东、西两市因地处京都且规模巨大，其市令直接受京兆尹节制。史书曾载：“景帝二年，分置左右内史。右内史武帝太初元年更名京兆尹，属官有长安市、厨两令丞，又都水、铁官两长丞。左内史更名左冯翊，属官有廪牺令丞尉。又左都水、铁官、云垒、长安四市四长丞皆属焉。”②

汉代以城市为中心的商业贸易区域的形成，为商品经济的进一步发展创造了有利条件。商品交易范围扩大和商品种类的增多，不仅使各地经济互补的情况出现，而且为中心城市贸易的发展奠定了良好的基础，而汉代市场管理的规范化和全国范围内互相有关联的贸易区域的形成，也使得这一时期的广告形式除了传统的口头叫卖、陈列等广告形式外，也出现了一些直接为市场交易或商品交换服务或由市场经营直接派生出来的广告宣传形式。

（四）汉代广告表现形态

旗亭：汉代市场内标志性建筑，市官的官舍。汉代称为市亭，也称为市

---

① 《全唐文》卷744。

② 《汉书·百官公卿表》卷19上。

楼，并以其上高悬旗帜以为标志而称为旗亭。旗亭成为新型的广告宣传形式，本身具有双重涵义：其一，旗亭本身就是市场的标志；其二，旗亭上多悬挂旗帜，更为引人注目，旗帜广告成为旗亭广告的组成部分。

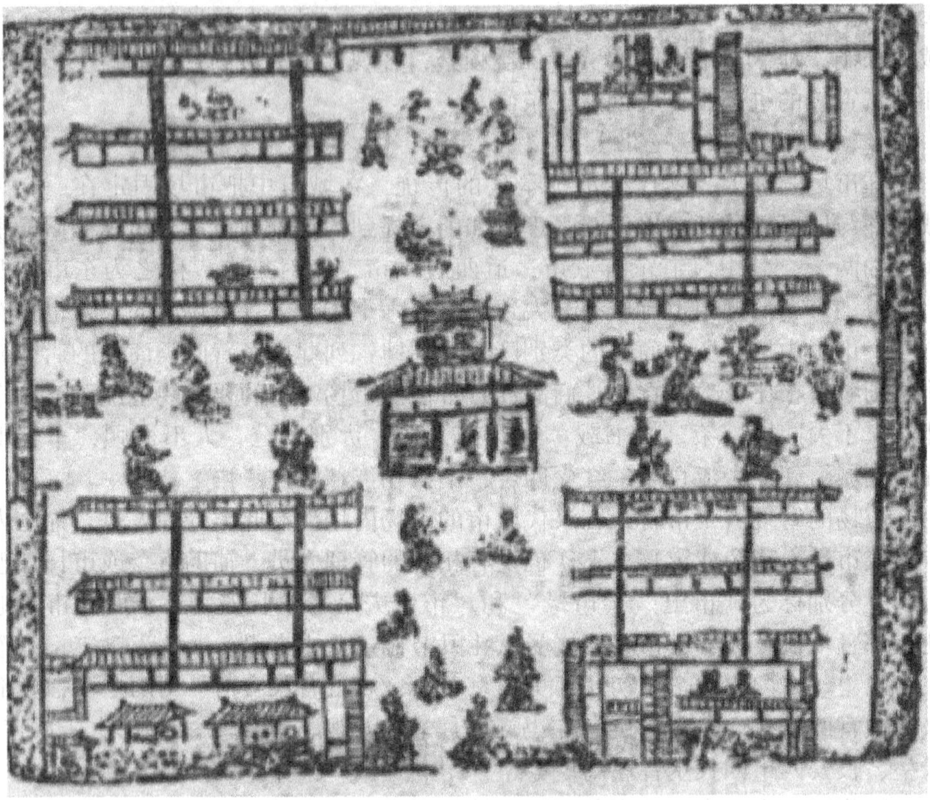

汉代画像砖市井图——市楼

汉代的统治者出于市场管理的需要，在市场中为市官建有官舍，市官居住在市楼里，便于就近对市场进行管理。由于市场巨大，且肆、隧纵横，所以市楼多为高楼重屋，以便市官能够随时居高临下，俯察百隧。

对于两汉时期市场内建旗亭之事，史书多有记载。《三辅黄图》载："市楼皆重屋，又日旗亭。"①东汉的张衡在《西京赋》里也提到："尔乃廓开九

① 《三辅黄图·长安九市》卷2。

市，通阛带阓，旗亭五重，俯察百隧。”①

这两则史料从不同的角度对“旗亭”进行了描述，说明“旗亭”是当时市场内最高的建筑，也是市场的标志，带有明显的标识和识别作用，是这一时期新型的广告形式。

市鼓：市场的标志之一。多悬挂在市楼之上，每当市场开启或关闭之时，均击鼓告之民众。市鼓本身也是旗亭广告的组成部分。击鼓示众又是一种声响广告形式。

市鼓的设置和汉代市场的建制密切相关。汉代的市场与居民区分开，主要为了方便商人交易，并出于安全的需要，市场的四周多建有围墙，四方开门，按时开闭。市场的这种形制也称之为“阛阓”制，何谓“阛阓”，史书记载：“市墙曰阛，市门曰阓。”②

市鼓悬挂的位置多在市楼之上，东汉时期在不同地区渐成风俗。这种情形在出土的东汉墓葬砖所组成的画像中得到印证。

标记、铭刻：随着区域贸易的频繁和城市商业贸易的兴盛，汉代的商品生产者往往在自己生产的商品上刻上名号或打上标记，以标明产品的质量可靠或显示商品生产者的商业信誉。这类广告往往出现在各地具有特色的商品上，分为官营商品标记、铭刻和个人商品标记、铭刻两种主要类型，是汉代的一种重要广告表现形式。

中国古代商品发展史上，历来就有生产者在所生产商品上刻上标记或刻上铭文的传统。春秋战国时期出土的文物中，发现不少民间手工业者制造的陶器、漆器上都标有生产者的印记，特别是战国时期的“物勒工名”更是形成了官府内百工生产的不可或缺的一项制度。这种传统在汉代也得到继承和发扬。

汉代的标记、铭刻中，最具有代表性的则为漆器。汉代的漆器工艺技术已达到顶峰，各地盛产的漆器制作精美，工艺精良，堪称历代漆器中的精品。汉代漆器的种类繁多，常见的有食器、妆奁器、兵器、乐器等。

在长沙马王堆等汉墓出土的漆器中，人们发现了大量打有标记或刻有铭文的漆器。如在汉文帝、汉景帝统治时期生产的漆器上，多打有“成市草”、“成市饱”、“市府草”的标记，表明这些漆器是由蜀郡成都市府作坊生产的。在安徽阜阳双鼓堆发现的汝阴侯墓葬里，也发现了大量刻有“汝阴”标记的漆器，通过这一标记，人们很容易判断出这些产品显然出自汝阴侯府中的私家

① 张衡：《西京赋》。
② 崔豹：《古今注》。

手工作坊。

在一些铭文中，生产者有意识刻上一些祝福或吉祥用语，这些用语迎合了人们的心理需要，自然会有不错的销路。如马王堆汉墓中的漆器上就发现有“君幸酒”、“君幸食”等铭文，可视为带有浓郁民俗风格的广告形式。

以上提到的广告形式多与市有关，或广告本身就是市场的组成部分。在汉代，除了由官方统一管理的市场交易存在外，民间贸易也在发展，特别是汉初推行“开关梁、驰山泽之禁”政策后，为民间贸易的发展提供了便利，当时，富商大贾，周流天下，小商小贩则经营着与民众日常生活密切相关的用品，如服饰、饮食及“养生送死之具”。在频繁的民间贸易中，一些广告形式便成为商家促销手段之一。

吹箫卖饧：汉代卖麦芽糖的小商贩往往以吹箫或吹管的方式来招徕顾客。箫和管均为古代乐器，周代的史书对其有记载，汉代学者郑玄对其进行注释，分别留下两条相关史料。其一为：“箫，编小竹管，如今卖饧者所吹也。管如篴，并而吹之。”其二为：“管，如今卖饴饧所吹者。”① 反映出当时吹箫或吹管卖麦芽糖渐成风俗，这也是声响广告的一种类型。

悬壶售药：悬壶是幌子广告的一种类型。小商小贩可以在市场中从事商业贸易活动也可以走街串巷经营小本生意。而行医作为特殊的经营活动，则可以散布在居民区中，也可以在市场中设立固定场所经营。悬挂药壶作为售药的标志也是民间的一种风俗，这种促销方式在史书中得以记载。《后汉书》载：“费长房者，汝南人也，曾为市掾。市中有老翁卖药，悬壶于肆头。”

妇人当垆：垆是在酒店门前垒起的土台子，多用以温酒。因汉初民间可以酿酒和卖酒，酒店前也多有此物，逐渐成为酒店的标志。妇人当垆，也是商家促销的手段，让容貌姣好的女子在垆前招徕顾客，往往能起到非常好的促销效果，民间纷纷仿效。

汉代妇人当垆最著名的记载当数卓文君当垆卖酒了。《史记·司马相如列传》曾载：“相如置一酒舍沽酒，而令文君当垆。”说的是卓文君为爱与司马相如私奔到成都后，迫于生计，不得不返回临邛，开了一家小酒店，因人生得美丽而坐在沽酒的垆旁招徕顾客的故事。

汉代妇人当垆卖酒的现象较为普遍，因此，东汉诗人辛延年在《羽林郎》中也留下了“胡姬年十五，春日独当垆”的诗句。可见当时妇人当垆卖酒已成为酒店经营的一种方式。

---

① 郑玄笺注周代史料前一句为《诗·周颂·有瞽》：“箫管备举。”后一句为《周礼·春官·小师》：“小师掌教鼓……箫、管、弦、歌。”

文君当垆卖酒

西汉末年的统治者实行重农抑商的政策，但官营商业仍在继续发展，商人的地位虽然不断下降，商业环境不再宽松，但各地区的商业贸易依然存在，两汉不同时期，不同类型的广告表现形式也仍然存在于经商活动和人们的日常生活中。

## 五、三国、魏晋南北朝时期商业广告的发展

东汉末年，在镇压黄巾军起义的过程中，靠镇压农民起义的地方割据势力逐渐强大，以公元220年曹丕代汉为标志，逐渐形成魏、蜀、吴三国鼎立的局面。三国争霸几十年，公元265年，司马炎代魏，建立晋朝，统一全国，史称西晋。西晋的统一维持不到40年，公元316年被北方少数民族的贵族集团所灭亡。西晋灭亡后，中国又陷入分裂割据的局面。

西晋灭亡后，其残余势力司马睿在南方建立了偏安的晋王朝，史称东晋；在北方，灭亡西晋的北方少数民族相继建立了十几个国家，被称之为“五胡十六国”。东晋之后，南方经历宋、齐、梁、陈四朝，统称为南朝。与此大致相同时间，北方鲜卑族拓跋氏的北魏统一“十六国”，建立北魏王朝，不久，北魏王朝分裂为东魏，西魏，再分别演变为北齐，北周，统称为北朝。直至隋朝再次统一全国。

### （一）三国两晋、南北朝时期商业经济发展的不平衡

三国时期，魏、蜀、吴操戈争锋，战争给商业经济发展造成较大破坏。但由于魏、蜀、吴各据一方土地，采取的统治政策不尽相同，其商业发展也表现出较大的不平衡性。

中原地区战事频繁，战争使交通阻隔，市场衰败，民间贸易十分萧条。刘备政权占据蜀地，该地战争较少，商业基础也较稳定。孙吴政权占据长江沿岸富裕之地，这里交通便利，民间贸易历来都较发达。

从总的情形来看，三国时期，地区间的贸易还继续存在，吴、蜀之地还相当繁荣，民间贸易也很活跃，成为各地经济发展的重要补充，诸多广告表现形态存在的基础依然没有丧失。

两晋南北朝时期，商业经济的发展总体上随着政权的更迭而有兴有衰。城市商业在各自政权统治范围内也有所发展，其发展的格局是北方的城市多遭受战争的破坏，商业贸易呈衰败趋势，而南方的城市则呈兴盛趋势，商业贸易时有繁荣之景象。

### （二）城市经济的恢复与发展

曹魏政权占据北方时，曾以冀州为大本营，位于今天安阳附近的邺逐渐成为黄河流域新兴的城市，其城市的繁华和贸易的兴盛一度强于洛阳。五胡十六国时期，邺在战乱中不断衰落，东魏、北齐在此地重新建都，一度中兴，其繁华程度和洛阳齐名。今山西大同的平城是北魏的都城，北魏在此地建都达百年之久，直至公元493年迁都洛阳后才逐渐衰落。

洛阳在汉代时商业经济贸易一直都很繁荣。东汉末年经历董卓之乱后，一度衰落。魏晋时期，洛阳也一直是都城。永嘉之乱，遭到破坏。公元493年，魏孝文帝迁都洛阳后，这里的商业贸易得到恢复，经过多年经营，呈现出一派繁荣昌盛的景象。

洛阳的繁荣一方面同魏孝文帝崇尚文治有关，如魏孝文帝统治之初，对上层统治者实行俸禄制，严惩贪官污吏；为和豪强地主争夺人口，实行"均田制"和"三长制"，积极推行农业生产发展的政策；为加强对中原地区的统治，除了坚决迁都洛阳外，还积极推行一系列汉化政策，如改鲜卑姓为汉姓，改说汉话，改穿汉服，鼓励鲜卑族和汉族通婚，促进了民族融合、社会稳定和经济发展。另一方面大量人口的随迁和聚集也造就了洛阳的繁华。洛阳城市不仅居住着成群的鲜卑族贵族，汉族上层统治者、官僚、贵族和大地主，也聚集着一大批宗教僧侣和工商业者、士兵等。如公元493年，魏孝文帝为防止鲜卑贵族的阻挠，设下计谋迁都洛阳时，曾发兵20万，号称30万，到达洛阳城后，乘势定都，20万大军也就留在了洛阳城。

经济的恢复，人口的增多，城市的发展，使洛阳再次成为北方的政治、经济、文化中心，其商业大都市的轮廓已初步显现。《洛阳伽蓝记》记载："京师东西二十里，南北十五里，户十万九千余。"①

北魏时期洛阳城里的市场多以"里"来设置，在城东、城西、城南均设有大市场，市场内共计有"二百二十里"。② 其中，城西市场、城南市场规模较大。

洛阳城西市场较大，包括"周回八里"，分东、南、西、北四个方向，除了以上八里外，还有"阜财"、"金肆二里"，加在一起共十里。"凡此十里，多诸工商货殖之民，千金比屋，层楼对出，重门启扇，阁道交通，迭相临望。金银锦绣、奴婢缇衣，五味八珍，仆隶毕口。"③

洛阳城南市场有"金陵"、"燕然"、"扶桑"、"崦嵫"四馆和"归正"、"归德"、"慕化"、"慕义"四里，用来安置南朝以及东北、西北各族的依附之民和"商胡贩客"，人数之多，高达"万有余家"，其间"门巷修整，阊阖填列，青槐荫陌，绿树垂庭，天下难社之货，咸悉在焉"，④ 呈现出一派繁荣昌盛的景象，以至于许多先前不愿南迁的鲜卑贵族，在繁华的洛阳居住多年之

① 《洛阳伽蓝记》卷5。
② 《魏书·世宗记》。
③ 《洛阳伽蓝记·城西》。
④ 《洛阳伽蓝记·城西》。

后，习惯了安逸生活，再也不愿回到荒凉的北方了。

北方还有许多城市，时有兴衰，如长安、汴州等。长安在西魏、北周时期，商业贸易有所恢复，汴州在北朝后期也成为商业贸易兴盛的新兴城市，隋唐以后，均成为全国的商业贸易中心，而自汉代以来商业贸易就较发达的名城，如山东的临淄、河北的定陶则逐渐衰落下来。

东晋、南朝时期，社会较为稳定，战乱较少。而北方的民众在“永嘉之乱”之后，大量向南迁徙，形成中国历史上规模巨大的移民潮，渡江移民沿河流向南发展，使水陆交通线上的新兴城市不断出现，原来商业基础不错的城市则得到进一步发展。

这一时期，南方的新兴城市和重要城市为数众多，较为著名的有建康、京口、山阴、寿春、襄阳、江陵、成都、番禺等。

除了以上提到的较大的城市外，南朝还出现了许多商业和手工业均较发达的中、小城市，这些城市有的占地利优势而商业贸易日趋发达，有的则由于处于边界地带而为南北贸易带来便利，前者包括宣城、毗陵、吴郡、会稽、余杭、东阳等，后者则有彭城、寿阳、郢州、襄阳等，这些城市规模虽然不是很大，但也是川泽沃衍，海陆产品丰饶，珍奇异物荟萃，商贾云集。东晋、南朝商业贸易整体繁荣程度远远高于北方。

### （三）三国、两晋南北朝时期的广告表现形态

依照三国、两晋、南北朝时期商业贸易发展情形，这一时期的各种广告形式，如口头叫卖、击鼓开闭市场、悬物、当垆、悬帜等仍然很活跃，史书虽然没有留下更多的记载，但按照广告伴随着商品贸易发展而发展的这一规律推断，这一时期的广告表现在继承两汉时期传统的基础上应有进一步的发展。史书有关卖酒人刘白堕的记载也证明了这一推断。《洛阳伽蓝记》载：“河东人刘白堕善成酿酒。季夏六月，时暑赫晞，以罂贮酒，暴于日中；经一旬，其酒味不动，饮之香美，醉而经月不醒。”“京师朝贵，多出郡登藩，远相饷遗，踰于千里。以其远至，号曰‘鹤觞’，亦名‘骑驴酒’。”

由于京师朝贵争相饮用和赠送他人，该酒便有了品牌名称，进一步提高了该酒的知名度，更值得一提的是，该酒后因与一则故事联系在一起，便有了浓郁的文化特色。史书载：“永熙年中，南青州刺史毛鸿宾赍酒之藩，路逢贼盗，饮之即醉，皆被擒获，因此复名‘擒奸酒’。游侠语曰：‘不畏张弓拔刀，惟畏白堕春醪。’”①

两晋南北朝时期，城市商业，特别是新兴城市商业得到进一步发展，各地

① 《洛阳伽蓝记·法云寺》。

区之间的贸易因城市商业的发展进一步兴盛，商业广告的发展呈现出南方较之北方相对繁荣的特点；同时，在城市人口增多，城市贸易频繁的情形下，以日常消费品和奢侈品为消费主体的广告形态逐渐增多，这种情形在隋朝以后得到进一步强化。

## 第三节　中国古代商业广告的发展及兴盛

### 一、隋朝市场的发展与商业兴盛

隋朝是中国古代社会走向鼎盛时期的起点。中国古代的商业广告的发展也由此进入一个新时期。

公元581年，北周外戚杨坚废掉周帝，夺取北周政权，建立隋朝。公元589年南下灭陈，重新统一了中国。杨坚定都长安，后人称之为隋文帝。

隋文帝统治之初，采取了一系列措施巩固中央集权，稳定了全国局势。在农业生产方面，则继续实行北魏以来的均田制，使农业经济得到恢复和发展，人口得到增长。隋朝的一个重要举措，就是开通了大运河，促进了南北交通的发展和各地经济文化的交流。随着农业发展，人口增多，交通发达，工商业也逐渐兴盛起来。

（一）国际贸易中心出现

长安是隋朝的都城，称之为西京。秦汉以来，长安都是北方的政治、经济和文化中心，隋定都长安后，这里的商业贸易也进一步繁荣。

长安城内，设有东、西两市，东市称为都会市，西市称为利人市，各占两坊面积，商业贸易十分繁荣。

洛阳是隋朝的东都，历经数代，这里的商业贸易一直保持着较为繁荣的局面。洛阳的地理位置在隋朝变得十分重要，大运河开通后，沟通了海河、黄河、淮河、长江、钱塘江五大河流，而洛阳正处于五大河流的中心，西通关中盆地，北抵华北平原，南达太湖流域，商业贸易流通的范围较之以前有了很大的扩展。

洛阳城内，设置有东、南、北三市。东市称丰都市，南市称大同市，北市称通远市，其中丰都市和通远市规模较大。如丰都市周围8里，有12门，市内有120行，3000多商店，史书对丰都市有这样的记载："市壁有四百余店，重楼延阁，牙相掩映，招致商旅，珍奇山积。"①

---

① 杜宝：《大业杂记》。

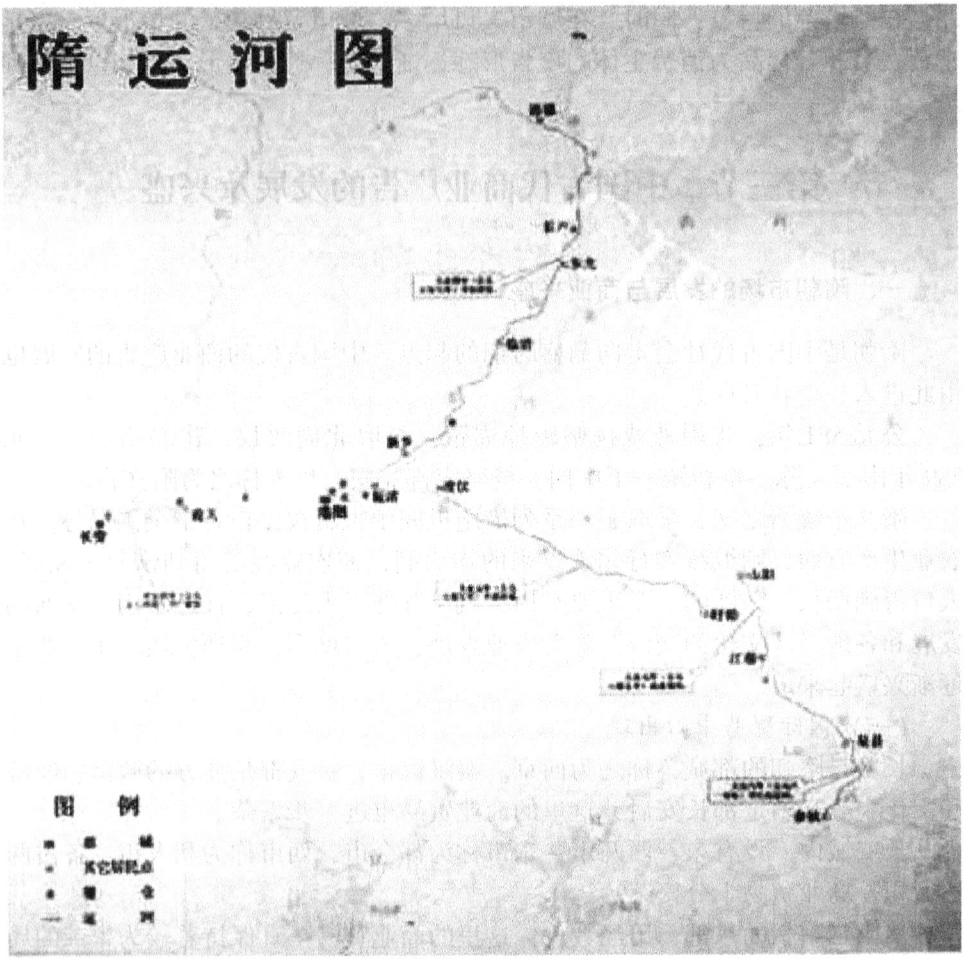


隋代大运河示意图

通远市则邻接通济渠，周围6里，有20门，分路入市，商贾云集，停泊在通济渠内的船舶数以万计，颇为壮观。史书曾有详细记载：“天下之舟船，集于通济桥东，常有万余艘，填满河路。商贾贸易车马，填塞于市。”①

隋朝统一中国后，同边境各少数民族的贸易开始畅通，周边地区的商人也纷纷到长安进行交易，长安成为一个国际性的商业贸易中心。

---

① 《资治通鉴》卷181。

（二）国际性商业展览

为了展示中都的繁华富裕，隋炀帝多次在丰都市专门进行商品陈列和展示，史书载："诸蕃蕃酋长入朝者，常请于东市交易，炀帝许之，先命整饰店肆，檐宇如一，盛设帷帐，珍货充积，人物华盛，卖菜者亦籍以龙须席。胡客或过酒食店，悉令邀延就座，醉饱而散，不取其值。"①

这段文字说明东市是一个规模巨大的国际性商品交易市场，也是隋炀帝展示其国力强盛的一个开放性市场，在交易前，先命人整顿市容，把珍贵质好的商品整理并陈列起来，并令菜贩把精美的饭食摆放在龙须席上，外来商人用餐不用交钱。隋炀帝的所作所为，固然是为了显示个人尊威和大国的风范，但另一方面，整顿、装饰市场，陈列商品也不啻是一次带有国际性的商业展览和广告宣传活动。

汴州即今天的开封，隋朝时期由于南北漕运繁忙，逐渐成为商品贸易的中心，也是连接南北、东西贸易的要道。史书记载这里是"自江淮达于河洛，舟车辐辏，人烟浩繁"。②

隋代商业贸易发展总的情况是北方繁荣并逐步向东南方向发展，并有超过北方之势。隋代东南地区商业贸易较为兴盛的城市有江都、宣城、丹阳、毗陵、吴郡、京口、会稽、余杭、东阳等，这些地区有很好的商业贸易环境，即"有海陆之饶，珍异所聚，故商贾并辏"。③

这一时期，南北的部分城市商业贸易也逐步得到发展，如北方的睢阳，即今天的商邱、清河、沧州、景城、太原、绛郡、鲁郡等地。南方的则有成都、南海等地，这些城市的商业贸易在唐代均得到快速发展。

隋代商业贸易的恢复和发展，为唐代商业贸易的兴盛奠定了坚实的基础。

## 二、唐代的市场兴盛与商业繁荣

公元618年，隋太原留守李渊父子乘农民起义之机起兵反隋，他依靠手中掌管的兵力，消灭各地割据势力，建立了唐朝，唐朝是中国封建社会发展的鼎盛时期。

（一）城市贸易兴盛

唐仍定都长安。唐时，长安成为全国最大的城市。唐时长安城的建筑吸取了北魏洛阳城和东魏、北齐邺城的建筑特点，精心设计，规模巨大，宏伟壮

① 《资治通鉴》卷181。
② 《旧唐书·齐瀚传》。
③ 《隋书·地理志》。

观。这一时期，城市的周长已达70里左右。东西长9700多米、南北宽8650米左右，四面各留三个城门。城内南北有11条大街，东西有14条大街，街道整齐划一、笔直宽广，两旁都植有整齐的槐树。其中，通向12个城门的六条大街是干线，比其他街道宽一些，位于城市中央的朱雀大街则是城市的中轴线，有147米之宽，直通南部的明德门。

整个城市的布局也严密整齐，北部正中是宫城，南面是皇城，中央官署衙门机构均设于此。皇城南部有一条横街宽达400余米，这条街把皇城与城市的其他部分区隔开来。城市的其他部分则由街道划分为110个坊市，整整齐齐纵横排列，各个坊市则围有高墙，留有门洞。坊市中间，辟有两个商业贸易中心，称之为东市和西市。

东市商业贸易相当兴盛，历史上对唐代都城市场失火的一次记载反映了当时市场的规模及行市的划分情形。史书载："会昌三年（公元843年）七月二十七日，夜三更，东市失火，烧东市曹门十二行四千余家。"①由此可见东市市场规模之大。西市则是一个国际贸易市场，中亚、波斯、大食等国许多"胡商"聚集到这里进行商品交易或在周边居住，以至于这一地区"胡风"、"胡俗"盛行。唐中叶以后，北方经济有所衰落，但长安的商业贸易仍保持着相当的规模，直至唐末期，长安的大商人还较为活跃。

洛阳是唐代的一个重要城市，唐初为行宫，公元658年成为唐朝的东都，因有许多皇帝在洛阳居住，洛阳也先后有洛阳宫、东都、东京之称，开元盛世之际，洛阳的地位可以和长安相媲美。

洛阳城内设有三市，分别称为南市、西市和北市，其中"南市"也即前文提到的隋时的"丰都市"。其繁华程度较之隋时更甚。史书载："东都丰都市，东西南北，居二坊之地，四面各三门，邸凡三百一十三区，资货一百行。"②

除了北方的长安和洛阳外，唐代南方商业贸易较为发达的城市有扬州、苏州、杭州、洪州、广州、成都等。

交通的便利，商品流通渠道的通畅，各地商品贸易中心城市和港口城市的大量出现，都为地区性甚至全国性的商品贸易提供了更为广阔的空间和更为优越的市场环境，商品贸易进一步打破地区阻隔和行业限制，全国各地的市场逐渐连成一个松散的整体，商品广告生存的空间和流传的地区也就更加广阔。

---

① 《入唐求法巡礼行记》。

② 韦述：《两京新记》。

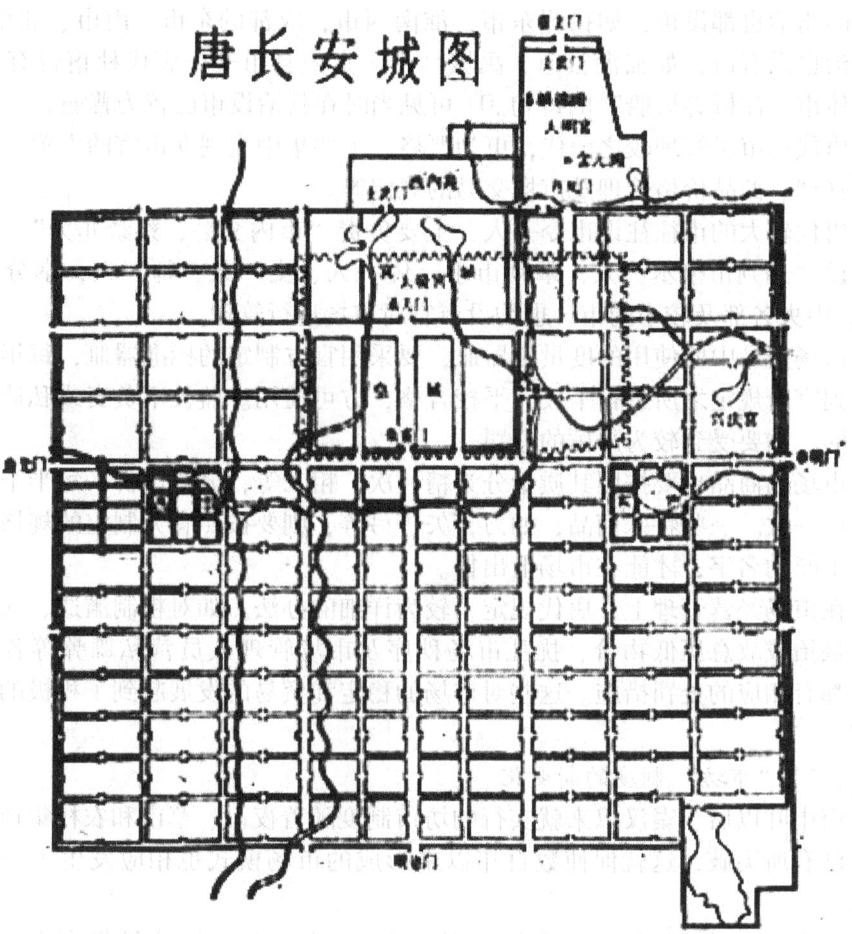


唐长安城图——东、西市

（二）市场管理进一步规范

随着各地商品贸易的繁荣，唐代的市场管理也进一步规范化。秦汉以来在城市中把商业区域划定在一定范围并与居民点分开的市场模式在隋唐时期仍得到延续，称之为“坊”、“市”分区制度。所谓“坊”，即居民区，“市”则指商业区，无论是坊还是市，四面都设有围墙。唐代的市仍然是围墙内的市场，由于唐代商业贸易较为发达，市场发育也较为成熟，“市”往往是城市的商业中心，在城市社会经济生活中占据着重要地位。

唐代的市主要集中在城市里，几乎所有的大、中、小城市均设有市。如长安设有东、西市，各占有两坊面积，洛阳的南市规模也较大。除了两京之外，较大的州治也都设市，如扬州东市，淮南西市，成都的东市、南市、北市等。小县治也设有市，如临淄县市、禹城县市、富阳县市等，唐代杜甫曾有“山县早休市、江桥春聚船”的诗句。① 可见当时在县治设市已较为普遍。

唐代的市场管理较之前代，更为严格，主要集中表现在市官的设置、度量衡的管理、商品价格管理及市场交易的规定等。

唐代较大的市往往设市令一人，主要负责“市内交易、察禁非为”。市令之下设“通判市事丞一人，掌判市事，佐一人、史一人、师三人，掌分行核查”。中央各部及较小的市，也均设市官对市场进行管理。

市场交易中所使用的度量衡器皿，要采用官方制定的标准器皿，每年8月还要到官府规定之所进行平校，平校合格，方可使用。监校不负责或私造度量衡器的，均要受到较为严厉的惩罚。

市场的商品也要按照其质量分为精、次、粗三等，分等论价，每半个月重新论价一次。一些特殊商品，如刀，矢、弓等，则要按照官方制定的规格，并刻上工匠的名字，才能在市场上出售。

在市场经营管理上，唐代规定了较为详细的办法。如对粗制滥造、缺斤少两、哄抬或故意压低物价、扰乱市场秩序及市场管理人员营私舞弊等各种现象，都有相应的处罚措施。这些对市场的稳定和贸易的发展起到了积极的促进作用。

(三)“市坊”制度的新变化

唐中叶以后，秦汉以来就实行的坊市制度随着夜市、草市和农村集市的出现，已有所突破，这就促使数百年以来形成的市场模式也相应发生了一些变化。

唐中叶以后，坊间开始零星出现一些小店铺，这些小店铺设在市、坊之外，打破市、坊严格分离的界线，为宋代市场完全突破市场限制奠定了基础。

这一时期，夜市也在不同地区出现，这样坊市制度上的时间限制也被打破。扬州、长安、苏州等地夜市已成为一种较为普遍的现象。如唐开成年间曾下令禁长安夜市：“京夜市，宜令禁断。”② 反过来说明长安城的夜市已不是一种孤立的现象。扬州的夜市在诗人王建的笔下得到反映。王建在《夜看扬州市》诗里吟道：“夜市千灯照碧云，高楼红袖客纷纷，如今不似昇平日，犹

---

① 杜甫：《盐亭县》。

② 《唐会要·市》卷86。

自笙歌彻晓闻。”①

苏州的夜市在诗人的笔下也得到描述，杜荀鹤在《送人游吴越》诗中题道：“君到姑苏见，人家尽枕河……夜市卖菱藕，春船载绮罗。”②

由此可见，夜市的出现在各地已是一种普遍现象。

唐代的草市出现，是一种新型的贸易形式，草市的出现，是农村商品交换日益频繁的必然产物。草市多出现在离州、县较远但交通便利的农村地区，大多在交通要道或水道两旁，是一种较为固定的商业贸易活动地点，多设有固定的店铺。史书所提到的草市为数众多，如建德草市、灌口草市，赤壁、汴州境内也多有类似草市。由于各地草市众多，这种草市也出现在诗人的视野里，唐代诗人王建同样也留下了“草市通江货，津桥税海商”的诗句。③ 除了草市外，农村集市在唐代也逐渐出现。这种农村集市就是农村村落间定期交易的小市场，各地称呼不同，归纳起来有墟、集、亥、庙会等几种。农村集市的出现，表明商品贸易也逐步突破了城市的限制而开始向农村地区渗透。

(四) 商品交流日趋活跃

商品种类繁多，各地之间商品交流日趋活跃，也是这一时期商品广告得以发展的重要原因。当时，进入市场的交换商品主要分为纺织品、金属器皿、文化用品、漆器以及茶、糖、瓷器等新兴的商品。

以瓷器为例，瓷器制造在我国有悠久的历史，早在战国时期，我国部分地区就开始生产釉陶，这样就为瓷器的真正出现打下了基础。唐代中期以后，饮茶风气盛行，饮茶之具需求量巨大，而此时正是代宗因大量铸造钱币而禁用铜铸器皿时期，瓷器作为饮茶用具，便普遍流行起来。当时制瓷名窑很多，其中较著名的有鼎、婺、岳、寿、洪等州的瓷窑，而最为著名的则为邢州窑与越州窑。瓷器的大量生产，造就了许多著名的瓷窑和著名的产品，如这一时期的“唐三彩”便是诸多名瓷的一种。

(五) 广告表现日渐丰富

隋唐时期，我国商品经济得到较快发展，由于国家统一，政局稳定、生产力水平提升，商品生产和交换也日趋活跃，在日益繁荣的商品经济发展和日趋活跃的商品交换活动中，广告表现形式也日渐丰富多彩起来，较为流行的有如下几种广告形态。

鼓、钲声响广告。唐代的“市”门启闭各有定时，为了提醒人们注意启、

① 《王建诗集》卷9。
② 《全唐诗》第九册，中华书局1960年版，第3390页。
③ 《王建诗集》卷4。

闭时间，便分别击鼓和击钲为号。这里的鼓，即为市鼓。钲则为一种铜制乐器，形状如盘，敲打时发出的声音清脆悠长。关于击鼓、击钲为号的情形，史书有描述，《唐六典》载："凡市，以日午击鼓三百声，而众人以会，日入前七刻，击钲三百声，而众以散。"①

标记广告。唐代商品种类极为丰富，商品交换也往往超出地域范畴而在全国流行。为了保证产品质量并提高产品知名度，标记广告也大量出现。如唐代进市交易的产品，有些必须刻上工匠的名字，以便识别。唐代市场管理制度规定，百货中的弓、矢、长刀等类，不仅要按照官府规定的规格制造，而且要镌刻工匠的姓名，这种制度不仅保证了交易产品的质量，也为一些名牌产品的出现创造了条件。

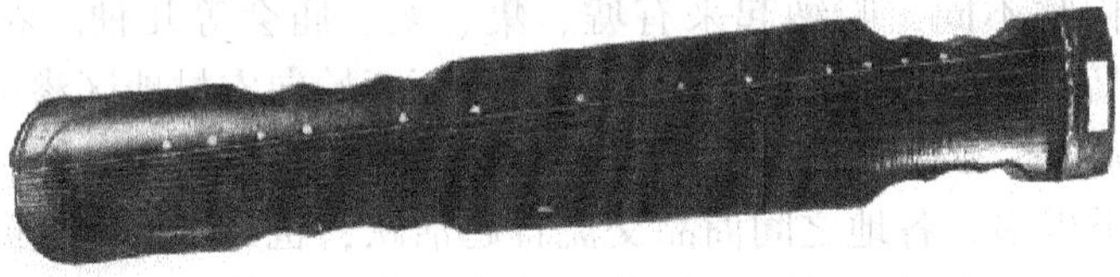

唐《千古神品春雷》标记广告

唐代一些流通领域较为宽广的产品，除了打上生产者的标记外，还往往有一些推销产品的词句，使标记广告的特征更为显著。如唐代长沙窑生产的青釉褐斑壶，曾分别发现壶口下刻有"卞家小口天下有名"和"郑家小口天下第一"字样的广告语，表明生产者此时已有了很强的宣传意识。

口头广告。唐代的口头广告日渐丰富，特别是唐末商品交易突破市坊制度限制以后，商品广告的口头叫卖形式得到进一步发展。

唐代诗人元稹在《估客乐》中较为形象地描述了商家争做口头广告的情形。诗人在诗中写道："经由天下偏，却到长安城，城中东西市，闻客第次迎。迎客兼说客，多财为势倾。"寥寥数语，商家以口头广告的形式劝说客人，并以貌和钱财取人的逐利形象跃然纸上。

唐代还盛行佛教僧侣的口头广告宣传，大致分为两类：一类是僧侣现场讲解佛经，往往采用有节奏的韵律进行说唱，并配以宗教故事或人物的图片画像进行解说，往往吸引众多围观者；另一类是寺庙僧侣将人们捐献给寺庙的，而于寺庙中多余的衣物等物品拿出来变卖，以获取一些钱财，他们在变卖这些衣

① 《唐六典·大府寺》卷20。

物的过程中，也往往采用唱经时的韵律进行叫卖，称之为“唱衣”，这也是一种较为典型的口头广告形式。

商品陈列、展示。唐代城市规模扩大，商品种类繁多，客观上为商品陈列和展销创造了条件。《旧唐书》曾记载了天宝年间大臣韦坚将渭水通往长安的漕舟集于宫苑墙外，供皇帝御览，各地舟载货物的盛况：“坚预于东京、汴河取小斛底船三二百只，置于潭侧，其船皆著牌表之，若广陵郡船，即袱背上堆积广陵所出之绵、镜、铜器、海味；丹阳郡船，即京口绫衫段；晋陵郡船，即折造端绫绣；会稽郡船，即铜器、罗、吴绫、绛纱；南海郡船，即玳瑁、珍珠、象牙、沉香；豫章郡船，即名瓷、酒器、茶、茶铛、茶碗；宣城郡船，即空青石、纸、笔、黄连；始安郡船，即蕉葛、蚺蝗、翡翠。”

这虽然是供皇帝御览的一种广告表现形式，但每船均“著牌表之”，因而也就具有了商品广告的性质。

## 三、两宋时期商业广告的发展

公元907年后梁灭唐，唐朝灭亡后，我国又出现了藩镇割据分裂的局面。北方相继出现后梁、后唐、后晋、后汉、后周五个政权；南方和山西地区则先后出现了吴、南唐、吴越、楚、闽、南汉等十个政权，统称为“五代十国”。

公元960年，后周大将赵匡胤在陈桥黄袍加身，发动陈桥兵变，夺取后周政权，建立了宋朝，定都汴京，即今天的开封，史称北宋。赵匡胤凭借手中的兵权，南征北战，用了近20年的时间结束了五代十国的分裂局面，初步稳定了北宋的政权。

北宋时期，在其北方和西方的辽、金、西夏等少数民族逐渐强大起来，与北宋逐渐形成鼎峙的局面，少数民族不断渗入中原腹地，对北宋政权造成极大威胁。公元1126年，金兵攻破开封，俘虏了北宋皇帝，北宋政权自此宣告灭亡。

公元1127年，北宋皇族赵构在今天的河南商丘称帝，后南迁临安（即今天的杭州）为都，史称南宋。公元1279年，南宋被元朝灭亡。

### （一）商业发展的新格局

隋唐时期，我国的商业经济得到较快发展。五代十国时期，藩镇割据的混战局面又使商业经济遭到较大破坏。相对而言，北方的商业经济因战乱而凋敝，南方因战乱较少和北方民众大量南迁，商业经济还保持着相对繁荣。

在这样的商业发展格局和背景下，宋代以及辽、金时期的商业也逐渐发展起来，并呈现出了许多新的变化。

这种变化首先表现为随着都城的变动，政治、经济文化中心也发生相应变化，城市商业中心呈现出东进和南移的趋势。其次是唐末以来市坊分区制度被打破的趋势逐渐成为不可逆转的事实，商业流通领域合法地扩散到民间，商品交换的范围和领域也进一步扩大。再次是对外贸易以陆路贸易为主逐渐过渡到以海上贸易为主。最后是农产品和手工业品大量进入市场，促进了商品交换的进一步发展。

两宋时期，都城的变化带动政治、经济、文化中心的变化，同时，从总的趋势看，城市商业呈现出东进和南移的趋势。

北宋定都汴梁以后，汴梁逐渐成为全国政治、经济和文化中心，也是全国最大的商业城市。

汴京人口众多，是当时世界上人口超过百万的为数不多的城市之一。史书记载，宋真宗大中祥符年间（公元1008~1016年），东京有户籍的达20万户，加上不在户籍的人口和几十万禁军，人口接近200万人，也是世界上最大的国际性大都市之一。

汴京城内居住着皇室贵族和高官显臣，富商大贾也在这里购置房屋，开设店铺，进行商业贸易活动，因此汴京城内酒楼、茶肆、饭店、妓馆林立，其中著名的杨楼、樊楼、八仙楼等饮客常至千余人。高官显贵、富商大贾尽情在此享乐，汴京城内呈现出“举目则青楼画阁、绣户珠帘、雕车竞驻于天街，宝马争驰于御路”① 的繁荣景象。

由于汴京城内人口众多，高官显贵和平民百姓的日常消费巨大，各地的商贾云集京城，各地珍奇、特产和日常消费品也大量流入京城进行交易，使汴京城内的商业贸易呈现出前所未有的繁华场景，当时的汴京城“八荒争凑，万国咸通。集四海之珍奇，皆归市易”，② 成为各地商品集散地和商业贸易中心。

汴京城内林立的店铺、丰富的商品和繁荣的商业环境，为丰富多彩的商业广告的出现奠定了基础。

南宋建都临安，偏安江南。南迁后的宋都，歌舞升平，一派繁华景象。临安之所以能够成为南宋都城，且商业经济得到快速发展，首先和其特殊的地理位置有关。地处汴河的最南端与钱塘江相通，水上交通较为发达。其次是商业经济发展有较好的基础。早在吴越时期，这里的城市规模已达周围70里。北宋时期，因其地理位置优越、交通发达，与京城汴京保持着紧密的经济联系，商业贸易较为发达。因此，南宋政权南迁在此建都后，很快成为全国的政治、经济和文化中心。

① 孟元老：《东京梦华录·序》。
② 孟元老：《东京梦华录·序》。

清明上河图中汴京繁华景象

南宋末年，临安的繁华程度较之汴京鼎盛时期有过之而无不及。度宗赵禥（公元1265~1274年）年间，临安府户籍册上的居民户口已达39万户，124万人，其城市规模和人口数量均超过了北宋汴京。南宋的皇室贵族和富商大贾在杭州兴建了许多高楼大屋，日夜酣宴歌舞、醉生梦死，临安城内到南宋末年已是一派奢华繁盛的景象。

临安城市人口众多，皇室贵族又尽情享乐、挥霍，城内日常生活用品需求量巨大，市场交易也较繁华。如临安城内每天食用大米1万多石，主要从苏、湖、常、秀四州和淮南、两湖、两广等产地运送而来。临安城内所需的蔬菜、海鲜、水产、食盐、果品等也从全国各产地纷纷运送到临安市场上进行交易，江浙一带往往是船舶云集，车马堵塞，客贩往来，不绝于道。

都城南迁和政治、经济、文化中心发生变化，以及城市商业中心呈现出东进和南移的趋势，客观上为广告宣传在不同地区进行和在更大的领域内发展、变化提供了适宜的土壤。

（二）坊市制度被打破

隋唐以来，夜市、草市与农村集市的出现，已使秦汉以来的坊市分区制度有所突破。但隋唐时期的坊市制度执行得很严格，如隋时规定："禁游食，抑工商、民有向街开门者，杜之。"①

唐代初期坊市制度的执行仍然很严格，官府明文规定："越官府廨垣及坊

① 《隋书·令食狐熙传》卷58。

市垣篱者，杖七十，侵坏者亦如之。”① 但唐代后期，随着商品经济的发展，坊市制度的管理渐呈松懈状态，到宋代，“坊”与“市”相隔离的分设制度渐渐不复存在。

坊市制度的废除，使宋代的商业发展形式出现了一些重大变化。

首先，宋代的市场不再是围墙内的市场，居民区也不再是围墙内的居民区，人们既不用遵循市场交易必须定时启用的门禁制度，也不用担心在居民区内开设店铺或交易经营而受到处罚；在地域上，市场的空间得到了广泛的延伸，即从面积有限的官方管理的狭隘市场逐渐向直接面对普通民众的广义市场延伸。

其次是市场交易的时间得到充分的延长。由于市场延伸到居民区，没有了市场定时启闭的限制，市场交易可随时而为，而官方对这种变化也相应给出一些政策。公元965年，宋太祖诏令开封府三鼓以后夜市不禁，夜市成为汴京城居民消费和交易的重要场所。随着商品经济的快速发展，宋代的市场发育也呈现了快速增长的趋势，早市、夜市使宋代市场交易出现“三更，五更又复唱”的情形。

坊市制度的打破，也使广告环境发生了很大变化。早在春秋战国时期，我国商业发展史上就有了行商和坐贾的分化。但秦汉以来的坊市制度，却使行商和坐贾的行业特征淹没在高高的“阛阓 ”之中，坊市制度的取消，行商和坐贾随处可为，随处可见，由行商和坐贾创造出的广告形式，或依附于行商坐贾经营活动的广告形式便变得鲜活、生动起来。

### （三）港口城市兴起和镇市发育

宋代以后，对外贸易由陆路逐渐转为海路。宋代海路对外贸易发达主要基于两个原因：

其一是宋代以来，特别是南宋时期，经济重心已经东进南移，南方和东部沿海地区河、海交通发达，海上贸易的自然条件较为优越，南方许多港口成为对外贸易的商品中转站和集散地。

其二是宋代疆域辽阔，且在相当长一段时期内政局稳定、经济发达、商业贸易繁荣，北宋时期的汴京，就是一个“八荒争凑，万国咸通”的国际大都市，海外客商无论是到北宋的汴京，还是到南宋的临安进行交易，均受到较好的礼待和欢迎。而到汴京或临安交易的国家，大多数通过较为畅通的海上通道到达中国的港口城市。这些国家包括一直和中国保持友好贸易往来的交趾、占城、真腊（多在今越南和柬埔寨境内）、麻逸（今菲律宾地区）、渤泥（今加

---

① 《唐律疏议》卷8，《卫禁下·越州镇戍等垣城》。

里曼丹)、阇婆（今爪哇)、三佛齐（今苏门答腊）及天竺和大食等国。同时，由于宋元时期曾和北方的辽、金有过相当长时间的陆上对峙，陆上“丝绸之路”的受阻，也必然会促使“海上丝绸之路”畅通。

海上贸易兴盛带来两个直接结果：其一是港口城市的商业贸易逐渐兴盛，一些不是政治、文化中心的港口城市的兴起，使商业贸易的发展更具有了广泛性；其二是海上贸易的发展也直接促进了镇市的兴起，特别是南宋时期，长江两岸出现了大批镇市。

港口城市的兴起和镇市的发育，使两宋时期城市商业的发展更加普遍，分布的地区也逐渐由政治、文化中心城市向商业城市延伸，也使广告在河海港口城市及新兴镇市得到进一步成长和发育。

（四）农产品和手工业品大量进入市场交流

宋代商业的发展基础是农业和手工业。宋代的农业和手工业的发展使宋代的商业发展更具特色。

宋代农业发展的两个重要标志：一是粮食的产量较之前代有了大幅度的提升，二是上市交易的粮食日益增多。宋代江南地区相对平稳，多年不受战争的侵扰，加之南宋都城南移，使江南地区的沟渠、河流的维护多保持在较为良好的状态。农业生产的环境十分优越，稻米的增产也是必然结果。江浙地区、淮南地区、湖北等地大面积种植水稻，且多能获得较好的收成。由于宋代都城规模不断扩大，城市发展速度也较快，人口10万户以上的城市，唐代就增加到40多个，商业发展较为兴盛的城市北方就有北京（大名)、南京（商邱)、西京（洛阳）及大原、真定、京兆（西安）等，南方则更多，北宋时期的苏州、江宁、杭州、扬州、荆州、广州、成都、福州等，都是十分重要的商业城市。城市规模扩大，城镇人口增加，粮食消费日趋增多，用于市场交易的粮食需求量巨大，传统的农业产品开始作为商品大量在市场上流通，这也是宋代商业经济的一个重大变化。商业经济越与普通民众的关系密切广告的表现形态也就越与普通民众的关系密切，这也是宋代诸多广告表现形态的一个显著特点。

宋代手工业发展的一个新的特点是：除了官营的手工业作坊外，私营的手工业作坊及个体手工业者开始大量出现，手工业品开始在市场上交换和流通，丝织品、棉制品、麻织品、书籍、纸张、瓷器大量进入市场，使市场交易的品种更加丰富，商业发展更具特色。如两宋时期，随着印刷术的发展，临安、苏州、成都等地成为书籍的主要产地。大量书籍和印刷制品在这些地区开设的书店里进行交易。造纸术在市场的推动下也变得日益精湛，品牌纸张大量出现，较为有名的有碧云、春树、龙凤、团花、金花等。这些农副产品和手工产品大量进入市场进行交易，且追求质量和牌子，客观上为品牌广告的出现创造了条件。

(五) 广告表现形态的成熟及兴盛

由于广告环境发生了较大变化，广告发展的物质基础也更加丰富，因此，两宋时期伴随着商品贸易的发展和市场的繁荣，其广告表现形式更加多样化，传统的广告形式进一步发展，新型的广告形式也不断出现。较之隋唐，两宋时期的广告表现形态更加丰富多彩，概括起来，主要有如下类型：

(1) 店招广告。宋代店铺打破了市坊制度的限制，店铺可随处开设，经营可随时而为，各具经营特色、经营风格的店铺便散落到居民区中的大街小巷。店铺的布局和装饰也不再整齐划一，为了招徕顾客和表现独特的经营特色，店铺的招牌也逐渐凸显出独特的文化特点，店招的形式和内容都发生了较为深刻的变化。

赵太丞家店招

其一是更注重宣传经营者的字号或名号，突出经营者的信誉或承诺。《清明上河图》中店铺林立，使用店招的店铺多以姓氏或经营的名牌产品作为店招，较清晰可辨的就有“刘家上色沉檀栋香”、“杨家应症”、“王家罗锦疋帛铺”、“王员外家”、“刘家上色”等店招。其中，“赵太丞家”招牌较为醒目，宽阔的大店铺两旁还竖立着“治酒所伤真方集香丸”、“太医中丸医肠胃”等竖招牌，尽显店家的气派和经营特色。

其二是行业的标志性更加明显。

北宋时期，饭店分为“正店”及“脚店”两种，《东京梦华录》载：“州东宋门外仁和店、姜店，州西宜城楼、药张四店、斑楼，金梁桥下刘楼，曹门蛮王家，乳酪张家，州北八仙楼，戴楼门张八家园宅正店，郑门河王家，李七家正店，景灵宫东墙长庆楼，在京正店七十二户，此外不能遍数，其余皆谓之脚店。"①

由此可见，汴京城内"正店"及"脚店"的数量具有相当数量。在《清明上河图》中，能清晰地看到"正店"及"脚店"的招牌，其行业的特征由招牌广告便可判断出来。

脚店

彩楼、欢门广告是宋代新出现的广告形式。彩楼主要指店铺的门面装饰，欢门则主要指喜庆节日临时用彩色的纸帛或树枝鲜花扎成的栅栏或特殊造型，均是店家为吸引或招徕顾客而设计的广告形态。北宋时期，彩楼欢门的设置成为一种时尚。《东京梦华录》载："凡京师酒店，门首皆缚彩楼欢门。"②

在《清明上河图》中，"孙羊正店"的门面装饰较为复杂，是宋代较为典型的彩楼形态，孟元老在《东京梦华录》里曾提到："九桥门街市酒店，彩楼相对，绣旆相招，掩翳天日。"③

彩楼广告在当时不仅成为一种时尚，而且已具相当规模。酒肆茶楼争相设置彩楼观门，竞比豪华，也使汴京城内出现一些装饰华丽的大酒店。提到彩

① 孟元老：《东京梦华录·酒楼》。
② 孟元老：《东京梦华录·酒楼》。
③ 孟元老：《东京梦华录·酒楼》。

彩楼

楼，《东京梦华录》曾载："政和后来，景灵宫东墙下长庆楼尤盛。"①

（2）叫卖广告。北宋时期的叫卖广告颇具特色，各行各业均有独具行业特征的叫卖之声。特别是小商小贩走街串巷，其叫卖之声成为汴京城内的一景，也成为居民日常生活的重要组成部分。

《东京梦华录》对叫卖广告的记载较多，提及或记载具体广告形态的史料也较集中："从城外守门入城货卖，至天明不绝。更有御街州桥至南内前趁朝卖药及饮食者，吟叫百端。"② "正月一日年节，开封府放关扑三日。士庶自早互相庆贺，坊巷以食物动使果实柴炭之类，歌叫关扑。"③ "是月季春，万花烂漫，牡丹芍药，棣棠木香，种种上市，卖花者以马头竹篮铺排，歌叫之声，清奇可听。"④ "十五日供养祖先素食，才明即卖穄米饭，巡门叫卖，亦

① 孟元老：《东京梦华录·酒楼》。
② 孟元老：《东京梦华录·天晓诸人入市》。
③ 孟元老：《东京梦华录·正月》。
④ 孟元老：《东京梦华录·驾回仪卫》。

告成意也。"①

从以上史料中可以看出，北宋的叫卖广告不仅“吟叫百端”，种类繁多，而且民间商人、小贩在长期的叫卖过程中，形成了自己的风格和特点，所以才会出现“歌叫之声，清奇可听”的情形。

(3) 吟唱广告。吟唱广告较多出现在酒肆茶楼和大街小巷，北宋时期较为盛行，是叫卖广告形式的进一步发展。前文所提到的“吟叫百端”、“歌叫关扑”、“歌叫之声，清奇可听”等广告表现，实际上也是口头叫卖和民间吟唱艺术相结合的广告表现形态，在《东京梦华录》和其他史书中对吟唱广告的记载也较具体，“瓦中多有货药、卖卦、喝故衣、探博、饮食、剃剪、纸画、令曲之类”。②

这里提到的“喝故衣”、“令曲”等应是叫卖和吟唱艺术相结合的口头叫卖广告形态。

“凡店内卖下酒厨子，谓之‘茶饭量酒博士’，至店中小儿子，皆通谓之‘大伯’。更有街坊妇人，腰系青花布手巾，绾危髻，为酒客换汤斟酒，俗谓之‘焌糟’。更有百姓入酒肆，贝子弟少年辈饮酒，近前小心供过，使令买物命妓，取送钱物之类，谓之‘闲汉’，又有向前换汤斟酒歌唱，或献果子香药之类，客散得钱，谓之‘厮波’。又有下等妓女，不呼自来，筵前歌唱，临时以些小钱物赠之而去，谓之‘札客’，亦谓之‘打酒坐’。”③

这里提到的“斟酒歌唱”和“筵前歌唱”分别被称为“厮波”和“札客”，可见这种风俗由来已久，正是在这种由来已久或约定俗成的民俗风情中，才保留了这种相对稳定的广告表现形式。

“每店各有厅院东西廊称呼坐次。客坐，则一人执箸纸，遍问坐客。都人侈纵，百端呼索，或熟或冷，或温或整，或绝冷、精浇、臕浇之类，人人索唤不同。行菜得之，近局次立，从头唱念，报与局内。当局者谓之‘铛头’，又曰‘着案’讫。须臾，行菜者左手杈三碗，右臂自手至肩驮叠约二十碗，散下尽合各人呼索，不容差错。”④

这种吟唱和表演相结合的广告形式，也是商家根据经营特点和经营特色独创出来的，很有专业服务水准和观赏效果。

(4) 店堂装饰。宋代店堂装饰广告应首推彩楼和观门。但除了彩楼和观

---

① 孟元老：《东京梦华录·中元节》。
② 孟元老：《东京梦华录·东角楼街巷》。
③ 孟元老：《东京梦华录·饮食果子》。
④ 孟元老：《东京梦华录·食店》。

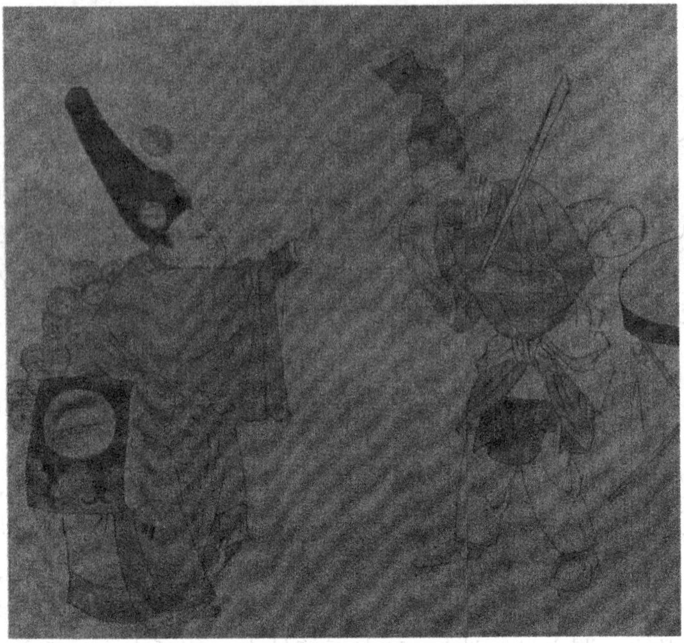

宋代《眼药酸》杂剧广告

门之外，店铺、酒肆、茶楼的装饰更加精巧、细致，装饰的范围从门面、厅堂到厅院，处处精心修饰，装饰的类型则涉及彩旋花头、名人字画、四时鲜花及灯笼坊木、朱绿门窗等。

两宋时期，店家首先注意的是门前的装饰，除了彩楼、欢门外，则喜欢设红绿杈子和悬挂栀子灯。

“中瓦子前武林园，向是三园楼康、沈家在此开沽，店门首彩画欢门，设红绿杈子，绯绿帘幕，贴金红纱栀子灯，装饰厅院廊庑，花木森茂，酒座潇洒。”①

这里提到的栀子灯，源于五代时期郭高祖游幸汴京时店家的喜庆装饰：“如酒肆门首，排设杈子及栀子灯等。盖因五代时郭高祖游幸汴京，茶楼酒肆俱如此装饰，故至今店家仿效成俗也。”②

也有许多店家用名人山水画来装饰店面。《东京梦华录》载：“出界身北

① 孟元老：《东京梦华录·酒肆》。

② 孟元老：《东京梦华录·酒肆》。

巷，巷口宋家生药铺，铺中两壁，皆李成所画山水。”①

还有许多店家喜欢用时令鲜花来装饰门面：“九月重阳，都下赏菊，有数种……无处无之。酒家皆以菊花缚成洞户。”②

遇到喜庆节日，店家也往往使用各种装饰材料来装饰门面：“中秋节前，诸店皆卖新酒，重新结络门面彩楼花头，画竿醉仙锦旗。”③

店家装饰店面的方法众多，装饰材料也日趋丰富，店堂装饰广告是宋代商业广告的主要形式之一。

（5）标记广告。标记广告到宋代又有了新发展。除了产品标记外，此时的标记广告也出现店铺标记和独立于产品及店铺之外的广告形式。

宋代传统的标记广告也多是工匠在产品上打上自己的名号或印记，和以前有所不同的是，宋代以前的产品名号或印记，多是官方手工业作坊里的产品标记，所刻也多是官工的名字或标识。而宋代的产品标记广告已超越官工印记的范畴，多是民间小手工业作坊里的小商小贩或手工业者的信誉符号，而民间普通老百姓也特别看重这些带有信誉符号的产品。

宋代标记广告的新发展，就是出现了独立于产品和店铺之外的广告形式。现收藏于历史博物馆的济南刘家功夫针铺雕刻铜板广告，就是典型的代表。这块铜板是北宋时期的文物，宽12.5厘米，长13厘米。铜板的最上方横刻的是“济南刘家功夫针铺”八个字。铜板中间刻有玉兔抱杵捣药的商标图。图的两旁竖刻有“认门前白兔为记”等字样。铜版的下部则从左至右分数行竖刻广告词：“收买上等钢条，造功夫细针，不误宅院使用。客转为贩，别有加饶。请记白。”

由于该广告独立于商品和店铺之外，所以对其商品使用的原材料、质量、使用对象、批发代销的优惠都作了详细说明。更为重要的是，该铜板使用了“玉兔抱杵捣药”的图案作为标记，使其具有了商标的功能，是一种更为典型的标记广告。

（6）幌子。宋代商业发达，店铺众多，幌子的类型较多，除了前面提到的酒旗及与招牌难以区分的招幌或店招外，这里提及的多是实物幌。

草标的使用在宋代较为流行，主要是可以就地取材，不需要太多成本，使用也方便，多是往所售商品上一插，交易完成，草标也就完成了使命。关于宋代草标的使用情况，书籍资料也多有显示：“地上摊着十数个膏药；一盘子盛

① 孟元老：《东京梦华录·寺东门街巷》。
② 孟元老：《东京梦华录·重阳》。
③ 孟元老：《东京梦华录·中秋》。

济南刘家功夫针铺铜板印刷广告

着，插把纸标儿在上面，却原来是江湖上使枪棒卖药的。”①“那一日，两个同行到阅武坊巷口，见一条大汉，头戴一顶抓角儿头巾……手里拿着一口宝刀，插着个草标儿，立在街上，口里自言自语道：‘不遇识者，屈沉了我这口宝刀。’”②

草标和陈列展示相结合，是普通民众现场进行交易的一种快捷方式，也是市井里常见的一种广告形式。

直观的、放大或缩小的实物幌子在宋代也较为普遍，卖什么挂什么，或卖什么就挂相应器具，均是原始的幌子形态，在一些乡野村店也起着识别作用。

“今都城与郡县酒务，及凡鬻酒之肆，皆揭大帘于外，以青布数幅为之；微者随其高卑大小。村店或挂瓶瓢，标帚杆，唐人多咏于诗。然其制盖自古以然矣。”③

① 《水浒全传》第三回。

② 《水浒全传》第七回。

③ 洪迈：《容斋随笔·酒肆旗望》卷十六，上册，上海古籍出版社 1978 年版，第 408 页。

有些幌子的悬挂则有出处或典故，如宋代浴所悬壶标识，但壶最初是新井打成后，悬在新井之上以示可以汲水或饮用。后来浴所悬壶则和水相关联，这也不难理解，宋代吴曾在《能改斋漫录》中对这种演变有解释："今所在浴处，必挂壶于门，或不知其始。按：《周礼》挈壶氏、掌挈壶以令军井。郑司农注曰：'谓为军穿井，井成，挈壶悬其上，令军中士众皆望见，知此下有井。壶所以盛饮，故以壶表井。'"①

有些商家精心选择器物作为幌子，作为招徕顾客的标识。如《梦粱录·酒肆》就记载了店家用不同器物作为酒店幌子悬挂的情形："又有挂草葫芦、银马杓、银大碗，亦有挂银裹直卖牌，多是竹栅布幕，谓之'打碗头'，只三二碗便行。"②

还有些商家精心制作幌子，作为店铺的标识。《太平广记》曾描述过开胭脂绒线铺的店家用"栲栳"作为幌子的情形："开起了胭脂绒线铺，门前挂着花栲栳儿为记。"③

这里提到的"花栲栳"，是用竹条或柳条编织而成的圆形筐篮，用于盛放胭脂绒线及针、线之类的妇用家什，"花栲栳"则是指编有或印有彩色图案的圆形筐篮，可见店家是比较重视悬挂效果的。

唐代饮酒之风盛行，酒幌成为幌子广告的主要类型，故有"酒旗风"之说，酒幌在宋代仍是一种主要广告形态，宋代的酒楼茶肆遍布城市的大街小巷，乡村郊野也往往建有小酒店或小酒馆，这些酒肆茶楼和小酒店往往悬挂酒旗招徕顾客，如《水浒传》中，武松打虎前喝酒的小酒馆外就悬挂书有"三碗不过岗"几个大字的酒旗，十分醒目。由此可见，两宋时期的幌子广告在广告表现形态中占有较大的比重。

（7）印刷广告。宋代的印刷技术较之隋唐又有了巨大进步，除了用木版印刷图书之外，也开始雕刻铜板，以便大量印刷，雕刻铜板技术的成熟，也使这一时期出现了一种新型的广告形式——铜板印刷广告，其典型代表是在前文标记广告里已介绍的，目前收藏在历史博物馆里的济南刘家功夫针铺的铜板广告。

宋代的雕版书籍印刷较为"考究"，为了宣传书坊的信誉或褒扬书籍的质量，或是为了使使用者记住书坊的名号，印刷者往往在书籍的目录或序文后面书有"刊语"或"牌子"，所书内容多为书坊字号、刻书时间和地点等，也有对所刻图书质量加以称赞的，如《抱朴子内篇》卷二十一后的"刊语"就这

① 吴曾：《能改斋漫录·浴处挂壶于门》卷1，上海古籍出版社1979年版。

② 吴自牧：《梦粱录·酒肆》卷16。

③ 《太平广记·志诚张主管》。

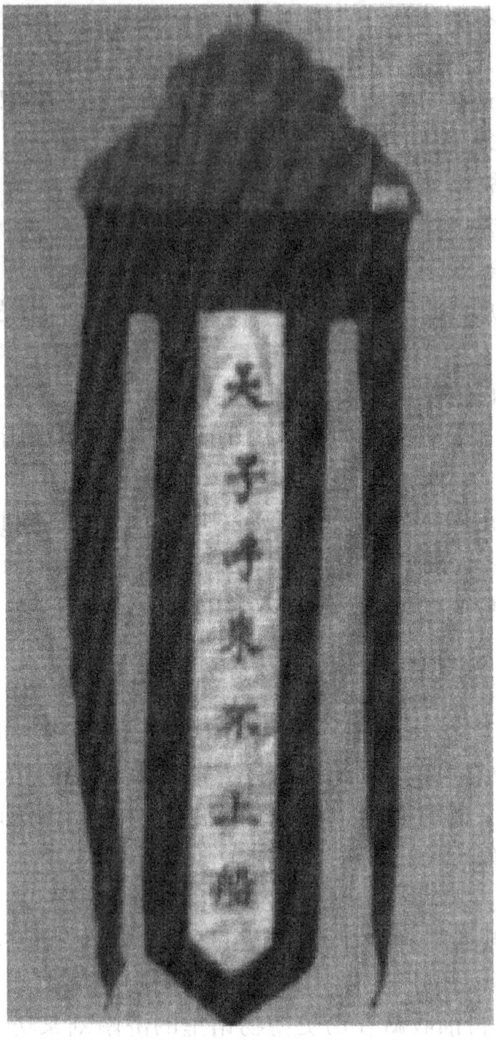

李太白酒幌

样写道："旧日东京大相国寺东荣六郎家，见寄居临安府中瓦南街东开印输经史书籍铺。今将京师旧本抱朴子内篇校正刊行，的无一字差讹，请四方收书好事君子幸赐藻鉴。绍兴壬申岁六月旦日。"①

这里的"无一字差讹"之辞，显然是对该书的褒扬之语，而"请四方收

① 张秀民：《中国印刷史》，上海人民出版社1989年版，第172页。

书好事君子幸赐藻鉴”之句，也有提醒众人识别鉴赏之意，具有广告宣传的形态。

书籍广告在南宋也较流行，南宋杭州有一家专刻佛经的“经坊”为沈二郎所开，他在刻佛教经卷《妙法莲华经》时，为所刻书卷所作的书籍广告也颇具特色，该段文字如下：“本铺将古本《莲华经》一一点句，请名师校正重刊。选栋道山场抄造细白上等纸札，志诚印造。见住杭州大街栅前南钞库相对沈二郎经坊新雕印行。望四远主顾，寻认本铺牌额，请赎。谨白。”①

该段广告不仅介绍了所刻书籍的纸质、书坊的位置和标识、刻书人、书坊的主人，还重点强调了该书“请名师校正重刊”，其广告宣传已十分到位。

印刷广告的出现，不仅增加了宋代的广告表现形态，更为重要的是，书籍是打破地域限制而在全国流通的，书籍作为广告的载体，成为广告信息传递的媒介，在古代较为原始的广告表现形态中，出现广告者、媒介和广告信息接收者三个要素。从信息传播的角度看，由于能够在更广泛的范围内发生作用，印刷广告相对来说是一种更为成熟的广告形态。

（8）声响广告。宋代已出现了声响广告，所谓声响广告，主要是指广告者利用所持器物击打或划、吹等发出声响来招徕顾客的广告表现形态。如《梦粱录》载：“向绍兴年间，卖梅花酒之肆，以鼓乐吹《梅花引》曲破卖之。”又载：“今之茶肆……敲打响盏歌卖。”②

这里的“鼓乐”和“响盏”均是声响广告所借助的工具，这些工具的使用，可以节省广告者的体力，并彰显行业特征。声响广告多为走街穿巷的商贩所发明，最为典型的当数货郎手中的“惊闺”。

所谓“惊闺”，只不过是货郎手中所敲的小铜锣，也有称其手中的小鼓为“惊闺”的。因货郎多卖针线脂粉等闺房用品，小铜锣和小鼓起到告之深闺大院中女子出门购买用品的作用，“惊闺”由此得名。宋话本《勘皮靴单证二郎神》曾有这样的记载：“冉贵却装了一条杂货担，手执着一个玲珑珰啷的东西，叫做个‘惊闺’，一路摇着。”③

话本准确描述了“惊闺”“玲珑珰啷”的特征，而且十分明确这种用于广告宣传器物的名称为“惊闺”，可见“惊闺”在日常生活中已普遍存在，并已成为货郎进行广告宣传的常用器物。

宋代广告形态较之前代有了更为丰富的表现类型，除了以上提到的类别

---

① 丁申：《武林藏书录》卷末。

② 吴自牧：《梦粱录・茶肆》卷16。

③ 庞新德：《宋代两京市民生活》，香港龙门书店1974年版，第112~113页。

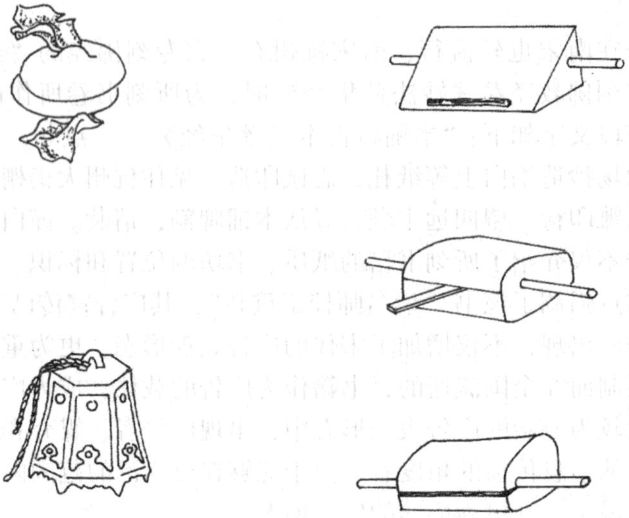

古代声响广告副本

外，还出现了诗歌、绘画、陈列展示等诸多广告形式，这些广告形态随着两宋商业经济的繁荣均有不同程度的发展，并呈现出浓郁的民俗文化特色。

(9) 诗歌广告。诗歌广告在宋代有了进一步发展。唐代及唐代以前的诗歌广告，多为诗人在诗歌里涉及广告形式或广告现象，诗人在关注普通民众社会生活的同时，与普通民众生活密切关联的广告现象也同样为其所关注。这种在诗歌或描写广告现象的诗歌体裁，只是诗歌广告表现形式的一种，在宋代也大量存在。宋代诗歌广告发展的一个重要表现是出现了诗人专为商品销售创作的广告诗，因数量较少，尤显珍贵。

宋代具有“苏门四学士”之一美称的张耒曾为邻居小儿在寒冬里每日须早起卖饼的命运所感叹，他曾写诗警示自己的两个儿子秬和秸，在诗的题头他写道：“北邻卖饼儿，每五鼓未旦即绕街呼卖，虽大寒烈风不废，而时略不少差也。因作诗，且有所警，以示秬、秸。”

诗人在诗中还充满感情地写道：“城头月落霜如雪，楼头五更声欲绝。捧盘出户歌一声，市楼东西人未行。北风吹衣射我饼，不忧衣单忧饼冷。业无高卑志当坚，男儿有求安得闲？”① 诗人抒发了自己的情怀，但也把邻居小儿绕

① 金性尧选注：《宋诗三百首》，上海古籍出版社 1992 年版。

街呼卖的广告形态真实地记录下来，为世人留下了珍贵的资料。

宋代专门为商品销售所做的广告诗，首推苏东坡为一卖馓子老妇人所做的四句诗，其诗曰："纤手搓来玉色匀，碧油煎出嫩黄深；夜来春睡知轻重，压扁佳人缠臂金。"①

该诗描述了所销商品的色、香、味及形状，十分准确、到位，这首广告诗也为老妇人带来好生意，苏东坡也因而成就了一段"救弱扶贫"的佳话。

（10）字画广告。宋代酒肆茶楼多喜欢以"名人字画"或"四时之花"装饰门面，这里的"名人字画"实际上是一种店堂装饰，本身就是一种广告形态。宋代在一些画家的绘画作品中也出现了广告题材，如南宋画家李嵩所绘的《货郎图》中就逼真地展示了货郎的广告手法和广告形态，画中的货郎将货郎担停在街上，担上及货郎身上都摆满或插满货物，货郎在手持拨浪鼓招徕顾客，一群儿童则在货郎担前嬉戏和购物，货郎手持拨浪鼓做广告宣传时的身形、神态栩栩如生，形象十分生动。

南宋画家李嵩的《货郎图》

（11）陈列展示广告。宋代的陈列展示广告也有所发展，特别是南宋时期，陈列展示广告更加讲究、如周密在《武林旧事》中曾记载："御街如绒

① 庄季裕：《鸡肋篇·馓子》，卷上，中华书局1983年版，第7页。

线、蜜煎、香铺、皆铺设货物，夸多竞好，谓之‘歇眼’。灯烛华灿，竟夕乃止。”①

吴自牧在《梦粱录》里也曾描述：“杭城风俗，凡百货卖饮食之人，多是装饰车盖担儿，盘合器皿新洁精巧，以炫耀人耳目，盖效学汴京气象，及因高宗南渡后，常宣唤买市，所以不敢苟简，食味亦不敢草率也。且如士农工商诸行百户衣衣装著，皆有等差。香铺人顶帽披背子。质库掌事，裹布著皂衫角带。街市买卖人，各有服色头巾，各可辨认是何名目人。”②

从以上史料所反映的内容看，宋代的陈列展示广告不仅限于商品本身，盛商品的器皿及卖货者的服饰等也在考虑范围之内，可见陈列展示广告在这一时期又有了进一步发展。

## 四、元代商业广告的发展及表现

公元1276年元军南下攻下了临安，1279年，南宋皇帝赵昺投海自尽，南宋王朝灭亡。

早在1206年，蒙古首领成吉思汗统一了蒙古各部，建立了蒙古政权，随即便进行了西征，开始了统一全国的行动。成吉思汗和他的继承者们先后灭亡了西辽、南昌、西夏、金、大理、吐蕃等少数民族建立的政权，最后由忽必烈灭亡了南宋。忽必烈灭亡南宋，结束了自唐末以来藩镇割据局面下多个政权并存的局面，重新统一了全国。

在征服南宋政权的过程中，忽必烈为完成统一大业，采用“汉法”，即汉族的封建制度和礼仪风俗，并迁都燕京，后改称大都（即今北京），定国号为元，建立了元王朝。

### （一）元代商业发展的新特点

元王朝的建立，不仅奠定了元、明、清六百多年中国国家的长期统一，而且也为商业经济的发展提供了一个新的环境，元代的商业发展因而也呈现出新的特点。

随着元代商业经济的恢复和发展，元代的城市商业也逐渐恢复并趋向兴盛，当时的大都、杭州、泉州、广州都是声名远播的大都市，特别是都城大都是一个国际性的大都市，商业贸易十分繁荣，到此游历的马可·波罗在其游记里曾盛赞大都的富裕与繁华，他说：“外国巨价异物及百物之输入此城者，世界诸城无能与比。”而港口城市泉州是元代对海外贸易的最大港口，有海船一

① 周密：《武林旧事·中秋》卷3。

② 吴自牧：《梦粱录·民俗》卷18。

万五千多艘在此出入，大量的商品在这里集散和交易，城市商业十分繁荣。

元代统一全国后，水陆交通畅通，沿江、沿河城市商业经济也得到进一步发展，当时沿江、沿河商业贸易较为繁荣的城市有杭州、平江、镇江、集庆（今南京）、扬州等地；沿海城市有广州、泉州、福州、温州、宁波、澉浦、上海等。这些城市中，大多实行市舶司制度，管理海船以及对舶货抽分起运等，城市商业贸易也十分兴盛。城市商业的进一步发展，为诸多形式广告的出现奠定了物质基础。

元代农村市场也有所发展，尽管和宋代相比，农村经济相对于繁荣的城市商业凋敝不少，但农产品上市交易的品种也明显增多，如茧、丝、棉花、粮食、水产品和海产品等。作为城市商业经济的重要组成部分，农村市场的发育和发展也对元代广告形态的发育起到了积极促进作用。

官办商业的发展和城市商业的繁荣，也为统治阶级追求奢侈豪华的生活提供了便利，在对外贸易中，统治者大量从国外输入香药、犀角、象牙、珍珠、玉石、翡翠、玛瑙、玳瑁等，而输出的则是棉、丝类手工业产品和土产品，沿海城市和港口贸易中广告形态也得到进一步发育。

（二）元代商业广告的新发展

元代的商业广告主要延续了宋代的广告表现形态，但在新的商业环境中，广告形态也有所发展和创新，概括起来，主要分为以下几种类型。

（1）印刷广告。元代印刷广告的出现与元代印刷技术的进步直接关联。首先是元代先后发明了锡活字和木活字印刷术，可以用于排印蒙文和汉文，较之宋代的印刷术是一种进步。其次是铜板铸印技术也已出现，如公元1276年以后，元朝政府开始用铜板铸印技术来印刷汉文或蒙文的印刷品，并用于印刷纸币，其中著名的元代的“至元通行宝钞”就是一种。再次是套色印刷术开始运用于刻书。这些印刷术的进步，为书籍和印刷品的印刷提供了技术基础，也客观上促进了印刷广告的发展。

元代的印刷广告分为几种类型：一是书坊的广告，这在宋代已较流行，元代更是普遍存在。二是书籍广告，在元代则有所发展。在元代还出现了一种新的印刷广告形式，就是在图书中为图书征稿。

元代有些书籍广告印在封面上，如余氏勤德堂书坊所出版的《古今通要十八史略》一书，封面除了两行八字的书名居中外，两旁还有广告性的说明文字，一边是“通略之书行世久矣，惜其太简，读者憾焉”；另一边是：“是编详略得宜，诚便后学，以梓与世共之”。这些说明文字称“通略之书”“太简”，而赞其所编之书“详略得宜”，并站在读者的立场上进行诉说，广告特色十分鲜明。

元代包装纸染料广告

图书征稿广告是元代新出现的广告形式，在公元 1336 年雕版印刷的《元诗》中，就刊载了一则征求诗稿的广告。该广告附在书后，广告全文如下："本堂今求名公诗篇，随得即刊，难以人品齿爵为序。四方吟坛多友，幸勿责其错综之编。倘有佳章，毋惜附示，庶无沧海遗珠之叹云。李氏建安书堂谨咨。"①

该广告分四行书写，层次清晰，言简意赅，并有引言，正文和随文，已初现完整广告文案的端倪。

（2）吟唱广告。元代杂剧盛行，元杂剧是在宋金杂剧及南宋时期在温州

① 转引自张秀民：《中国印刷史》，上海人民出版社 1989 年版，第 325 页。

地区流行的“南戏”这两种戏剧形式基础上发展起来的一种较为成熟的艺术形式。元杂剧剔除了宋、金杂剧中夹杂的杂技、幻术等非戏剧成分。元杂剧一般分为四折，每折之内均有十个以上的成套小曲，一套小曲都属于同一宫调，押同一音韵，多由男、女主角来演唱。由于元杂剧继承了南戏的唱辞风格，而南戏多采用具有故事情节的歌谣小曲进行表演，因此，一些在居民生活中常见的广告形式在元曲的唱辞中也被记载下来，或以“鹘伶声嗽”（意为伶俐优美的曲调）的演唱风格加以淋漓尽致地表现。这种在戏曲中出现的吟唱广告，在《元曲》中多有保留。例如：“笊篱马杓，破缺也换那，我捏着这蛇皮鼓……笊篱马杓、破缺也换那……”①

这是一个换旧货的货郎以声响和吟唱相结合的广告形式进行广告宣传的场景描写，真实、生动。

“洛阳城里卖花人，查梨条卖也。粧得肩头一担春，查梨条卖也。假使王孙知稼穑，查梨条卖也。好花将卖与何人，查梨条卖也。”②

“查梨条卖也，查梨条卖也。才离瓜市，恰出茶房，迅指转过红翠乡，回头便入莺花寨，须记的京城古本老郎传流，这本是家园制造，道地收来也。有福州府甜津津香喷喷红馥馥带浆儿新剥的圆眼荔枝也。有平江路酸溜溜凉荫荫美甘甘连叶儿整下的黄橙绿橘也。有松阳县软柔柔白璞璞密煎煎带粉儿压扁的凝霜柿饼也。有婺州府脆松松鲜润润明晃晃拌糖儿捏就的龙缠枣头也。有密和成糖制就细切的新建丝也。有日晒皱风吹干去壳的高邮菱米也。有黑的黑红的红魏郡收来的指顶大瓜子也。有酸不酸甜不甜宣城贩到的得法软泥条。俺也说不尽果品多般，略铺陈眼前数种，香闺绣阁风流的美女佳人，大厦高堂俏倬的郎君子弟，非夸大口，敢卖虚名，试尝管别，吃着再买。查梨卖也，查梨卖也。”③

以上的记载，充分展示了元代吟唱广告的高超艺术，吟唱之人可以用“粧得肩头一担春”、“假使王孙知稼穑”等词句抒发情怀，叙述生活的艰辛；也可以用“这本是家园制造，道地收来也”等语言描述所售商品的来源和信誉保证；特别是在唱辞中，有大量的词句对商品的特征进行渲染和宣传，有独特的吟唱广告的艺术效果，如大量使用叠音词“甜津津”、“香喷喷”、“红馥馥”、“软柔柔”、“白璞璞”、“密煎煎”等，使商品的形象更加鲜明和突出，也能在吟唱过程中发挥淋漓尽致的广告效果；更难能可贵的是，唱辞中也对所

---

① 《渔樵记》，载《元曲选》，文学古籍刊行社 1955 年版，第 872 页。

② 《百花亭》第一折，载《元曲选》，文学古籍刊行社 1955 年版，第 1 427 页。

③ 《百花亭》第三折，载《元曲选》，文学古籍刊行社 1955 年版，第 144 页。

售商品或相关联商品的具体功能进行了描述，如“益生津”、“偏爽口”、“利阴阳”、“调和肺腑”、“补虚平胃”、“止嗽清脾”等，使广告诉求更具说服力。

（3）声响广告。元代小商小贩走街穿巷进行贸易已较为普遍，声响广告也多见诸于文字记载。

“我捏着这蛇皮鼓……笊篱马杓，破缺也换那……”① 这是元曲中描写的一个场景，唱曲之人扮演收破烂的货郎，手拿蛇皮鼓作为道具，直观再现了现实生活中的声响广告形态。

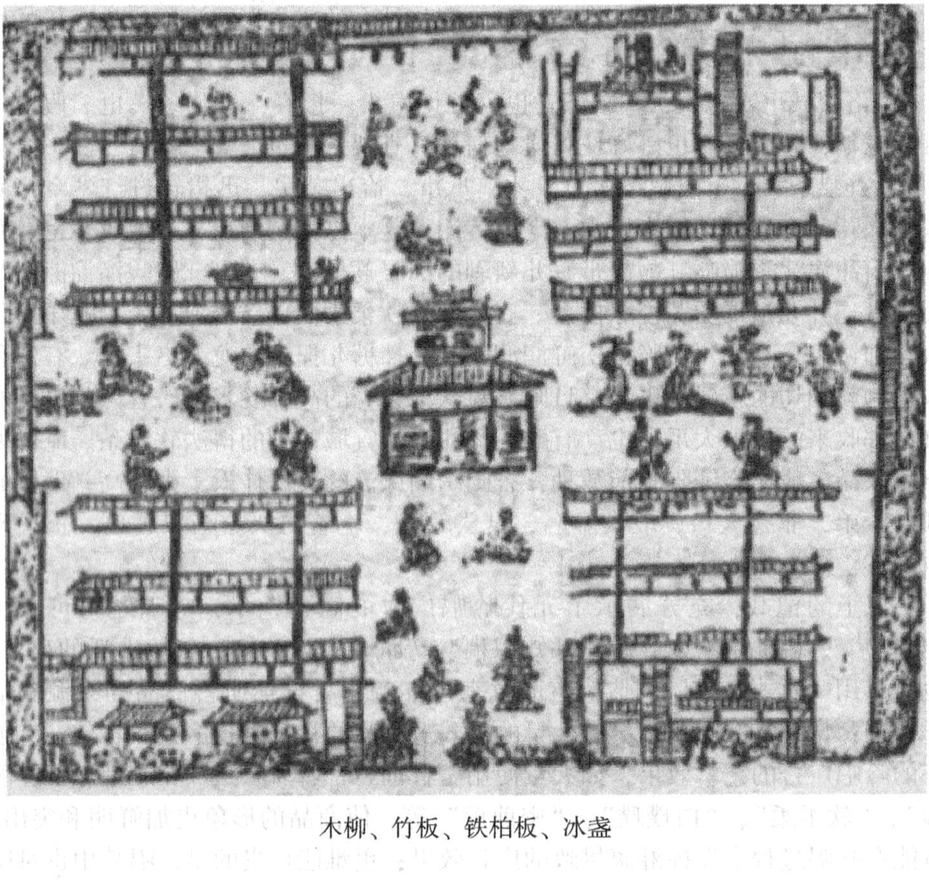

木柳、竹板、铁柏板、冰盏

① 《渔樵记》，载《元曲选》，文学古籍刊行社 1955 年版，第 872 页。

"街市蒸作面糕，诸蒸饼者，五更早起，以铜锣敲击，时而为之。"①

"小经纪者，以薄盒就其家市之，上顶于头上，敲木鱼而货之。"②

元代大都既是政治、经济、文化中心，城市内外又"市廛栉比"，其声响广告的普遍存在也就成为居民生活中的一种司空见惯的现象了。

（4）招幌广告。元代的招幌广告继承了唐、宋以来的传统，酒幌仍是其主要表现形态，其他类型的招幌广告也大量存在。酒幌广告在《元曲》唱辞中经常被提及：

"酒店门前三尺布，人来人往图主顾。"③

"酒店门前七尺布，过来过往寻主顾。"④

"游人指酒家，虚飘飘青旗飏落花。"⑤

除了酒幌之外,也有一些实物幌或形象幌悬挂在酒肆茶楼等其他店铺之中。

"曲律竿头悬草稕，绿杨影里拨琵琶。"⑥

"满城中酒店有三十座，他将那醉仙高挂，酒器张罗。"⑦

"草刷儿向墙头挑，醉八仙壁上描，盖造的蒲酒清标，写着道酒胜西湖。"⑧

这里的草稕、醉仙和草刷儿均是形象幌，具有广告宣传的作用。对元代大都实物幌描述较为详尽的，还是熊梦祥的《析津志》，该书中所记载的实物幌类型众多。

"市中医小儿者，门首以木刻板作小儿，儿在锦棚中若方相模样为标榜。"⑨

"又有稳婆收生之家，门首以大红纸糊篾筐大鞋一双为记，专治妇人胎前产后以应病症，并有通血之药。而生产之家，门悬草圈，上系以红帛，则诸人

---

① 傅崇矩：《成都通览》（上、下册），巴蜀书社 1987 年版。

② 傅崇矩：《成都通览》（上、下册），巴蜀书社 1987 年版。

③《王粲登楼》，载《元曲选》，文学古籍刊行社 1955 年版，第 807 页。

④《后庭花》，载《元曲选》，文学古籍刊行社 1955 年版，第 93 页。

⑤《金钱论》，载《元曲选》，文学古籍刊行社 1955 年版，第 16 页。

⑥《酷寒亭》，载《元曲选》，文学古籍刊行社 1955 年版，第 1 008 页。

⑦《酷寒亭》，载《元曲选》，文学古籍刊行社 1955 年版，第 1 008 页。

⑧《生金阁》，载《元曲选》，文学古籍刊行社 1955 年版，第 1 727 页。

⑨ 熊梦祥著，北京图书馆善本组辑：《析津志辑佚·风俗》，北京古籍出版社 1983 年版，第 206~207 页。

不相往来。"①

"医兽之家，门首地位上以大木刻作壶瓶状，长可一丈，以代赭石红之"。②

"官大街上作朝南半披屋，或斜或正，于下卖四时生果。蔬菜，剃头、卜算、碓房磨，俱在此下。剃头者以彩色画牙齿为记。"③

元代，商家根据行业特点和经营特色，创造了诸多幌子形态，并和当时的民俗风情相吻合，上文提到的木板刻成的小儿、大红纸糊蔑筐大鞋，系以红帛的草圈，壶瓶形状的木刻，彩色的牙齿画等均是这一时期诸多幌子形态的代表。

（5）商品装饰广告。随着经济的发展和交换领域的扩大，元代商家开始注意对流通商品的外观进行设计或装饰，于是，在宋代就已出现的新型广告形式——商品装饰广告，在这一时期也进一步流行。

商品装饰广告最初并没有广告的性质，其雏形多是商家在易碎、贵重或宗教器物外面加上包装，以保护商品碰撞或磨损，多为纸质。为了便于流通，便在其包装纸上印上彩色图案或装饰，宋代这种技艺较为发达，一是专门有生产包装纸的作坊，称之为"裹贴作"。《梦粱录》载："其他工役之人，或名为作分者，如碾玉作、钻卷作、篦刀作、腰带作、金银打钑作、裹贴作……等作分。"④

而从事民间装饰艺术的作坊更多。《梦粱录》载："最是官巷花作，所聚奇异飞鸾走凤，七宝珠翠，首饰花朵，冠梳及锦锈罗帛，销金衣裙，描画领抹，极其工巧，前所罕有者悉皆有之。"⑤

既然宋代已出现包装纸"裹贴"，且宋代的装饰艺术又如此发达，在包装纸上印上精美的图案进行装饰应该较为普遍，但可惜的是，以文字装饰包装纸并具有宣传作用的宋代包装纸实物已无法见到，在后世却发现了不少元代的包装纸实物，这些包装纸多印有文字，且具有广告宣传性质，可以看做是一种新型的广告形式。

---

① 熊梦祥著，北京图书馆善本组辑：《析津志辑佚·风俗》，北京古籍出版社 1983 年版，第 206~207 页。

② 熊梦祥著，北京图书馆善本组辑：《析津志辑佚·风俗》，北京古籍出版社 1983 年版，第 206~207 页。

③ 熊梦祥著，北京图书馆善本组辑：《析津志辑佚·风俗》，北京古籍出版社 1983 年版，第 206~207 页。

④ 吴自牧：《梦粱录·团行》卷 13。

⑤ 吴自牧：《梦粱录·团行》卷 13。

元代是中国古代广告环境发生重大变化的时期，也是广告承前启后、继续发展的转折时期。国家的统一和民族的融合，使这一时期的广告传播区域重心北移，广告传播内容更具民族特色，为明清时期以北京为中心的招牌、幌子、吟唱、声响广告的进一步兴盛奠定了基础。

## 第四节　中国古代商业广告的延续发展及相对成熟

公元1368年1月，元末农民起义军领袖朱元璋在应天（今南京）即皇帝位，国号大明，并在当年8月攻陷大都，灭亡了元朝，定都应天，建立起明朝中央集权制的专制统治。朱元璋是为明太祖。此时的元朝大都改名为北平府。朱元璋曾封其第四子朱棣为燕王，驻守北平。

公元1398年，朱元璋死，其孙建文帝朱允炆继位。由于建文帝较为软弱，统治不力，燕王朱棣便于公元1399年在北平起兵，南下南京，从其侄子建文帝手中夺取政权，史称“靖难之役”。朱棣夺取政权后，改北平为北京，北平府也改称为顺天府，为了巩固自己的统治和防止北方蒙古贵族的入侵，朱棣即位之初，便在北京大兴土木，修筑宫殿，做北迁准备，公元1411年，开通京杭大运河，以便从南方向北京运送粮草等物品。同年，朱棣迁都北京。明代的政治、经济、文化中心开始北移，后世也称朱棣为明成祖。

明朝中叶以后，皇帝昏庸，吏治腐败，朝臣朋党倾轧，宦官乘机揽权。公元1644年，农民起义领袖李自成率兵攻破北京，明王朝灭亡。

### 一、明代商品经济发展的重大转折与广告延续发展

明代是我国商品经济发展的重大转折时期。尽管明代中叶以后，对外贸易实行了闭关锁国的政策，阻碍了国内经济与国外经济的交流与融合，但国内在区域经济不断发展，商品交流日益活跃的情形下，商品经济的发展整体上也出现了长足进步，并呈现出一些新特点。

#### （一）具有较大规模商品生产的专门行业出现

社会分工进一步扩大，促使商品生产不断细分，进而出现具有较大规模商品生产的专门行业，这就为全国性的商品生产和交换提供了更为宽阔的领域和更大的发展空间。

明代以来，棉织业的社会分工更加细化。首先是棉花的种植不再仅仅局限于湖广一带，河南、山东、河北的棉花种植得到大面积推广，棉花的大量种植与销售，促进了纺织业的发展。其次是棉线的纺织与棉布的织制也使棉布日益成为普通民众的日常消费品，而棉布的大量需求，进一步刺激了棉花的生产和

纺织的分工。在总的供需关系中，商品生产和商品交换也就日趋活跃起来。

尽管棉花种植的区域得到进一步的扩展，但成为全国性的商品和纺织业的加工原料，则需通过市场交易来进行调节，而棉布作为加工成形的商品进入普通民众家中，也需市场交易来完成。当时的情形是，北方的棉花多运往南方加工织布，而南方的布则又运往北方销售，这个工作多是由商贩来完成的。这说明棉花的种植与销售与棉布的加工与交易成为社会分工的两个重要环节，而这种具有明显地区交易范围和地区差别的分工，为商品生产和交换提供了更为稳定和更为成熟的贸易形态。

（二）区域贸易更富特色

明代区域贸易更富特色首先表现在不同地区的商人开始依靠商会的力量从事区间贸易，商人和商会在区间贸易中所发挥的作用越来越巨大。其次表现在商品贸易多在中心城市、沿海或港口城市及集镇之间往返进行。

明成祖迁都北京后，为北京城市商业的发展创造了有利条件，使北京成为继南京之后又一全国政治、经济、文化和商业中心。当时的北京，市场发展已相当繁荣，店铺遍布京城大街小巷，各种商品经营也多有专门市场，如米市、煤市、猪市、羊市、牛马市、梁木市、瓦缸市等。北京城的商业经营在明代呈多元化发展趋势，除沿街设立门面进行店铺经营外，城内还形成了多种集市。其中，灯市和城隍庙庙市最为繁华，形成北京城内两个影响最大的商业中心，北京城内商业繁荣，城市人口增长也很快，明孝宗时，北京人口已达66万，至明万历年间，人口则逾百万，成为一个名副其实的大都市。

明成祖时期，开通了大运河，除了南京、北京之间的经济贸易往来更为便利外，沿运河、长江的城市也迅速发展起来。

明代初期，史书记载的全国商业较为发达的城市有杭州、苏州、镇江、淮安、常州、扬州、嘉兴、临江、靖江、广州、开封、济南及沿运河的济宁、德州、临清等，其他一些城市如太原、平阳、蒲州、成都、重庆、桂林、泸州等商业贸易也较为发达。

除了以上商业贸易较为发达的中心城市、沿运河和长江城市外，明代的集镇也较为发达。集镇的发展使区间贸易沿中心城市自周边地区纵深发展，商业贸易的影响也以市、集、墟、亥等形式向农村地区扩展。广告区域也逐渐从中心城市和农村地区扩散，这也是明代以来广告环境随商业环境变化的一个新变化。

（三）不同类型的广告在更宽泛领域传播

明代商品经济发展整体上呈上升趋势，区域经济发展更加活跃，伴随着这种变化，明代商业广告在新的广告环境中也得到进一步发展，其表现形态更加

南都繁会图

丰富多彩，其传播区域更加宽广，从总的情况看，明代既是中国传统广告的继续发展时期，也是不同类型的广告在更宽泛领域进一步传播的时期。

明代的传统广告较之宋元时期更为成熟，其中叫卖和吟唱广告除了更具宣传功效外，也更彰显民俗特色。

（1）叫卖。明代的叫卖广告已成为民俗文化的重要组成部分，在明清时期的文学作品和史书中，对这种普通民众在日常生活中司空见惯的广告形式多有描述："茉莉花儿街上卖，红粉佳人叫过来，这样正好在奴头上带，叫丫环，问他花儿怎么卖？卖花的闻声笑颜开，叫姑娘，挑着大朵只管戴，莫问价，我不图赚钱只图快。"①

这段文字不仅描述了叫卖这种广告形式，而且较为生动地描述了广告叫卖氛围及卖花人笑脸迎客的高超推销技巧。口头叫卖广告在这里已起到拉近买卖双方距离的作用，甚至在沟通双方情感交流方面也起到了重要的作用。

---

① 《明清民歌选甲集》，1956 年版，转引自徐百益：《中外广告史话漫谈》连载⑨，《广告大观》1998 年第 2 期第 36 页。

“你听一声声卖花，把读书声差。”①短短的两句词，把卖花人的叫卖声压倒读书人的读书声，或卖花声搅乱了读书人的宁静的口头叫卖形式表现得淋漓尽致。

“却说庙门外一小伙儿叫云：东京爪子，一分一桶，高邮鸭蛋，半分一个。”②这种叫卖形式颇具特色，广告词除了短小精悍，朗朗上口外，更重要的是叫卖者注意了对“东京”、“高邮”等产地的介绍，实际上在叫卖中已注意了品牌宣传效应。

（2）吟唱广告。明代的吟唱广告继承了宋元时期的吟唱传统，但也有所发展，小商小贩的吟唱叫卖带有浓郁的民俗风情，史书曾记载了北京城内小商小贩叫卖的吟唱风格：“京城三月时桃花初出，满街唱卖，其声艳羡。数日花谢将阑，则曼声长哀，致情于不堪经久，燕赵悲歌之习也。”③

能从卖花人的叫卖声中听出感情色彩，且让世人能把叫卖人的吟唱旋律和燕赵悲歌结合起来，可见当时商贩的吟唱叫卖艺术迎合了人们思故忆旧的心理，进而达到了炉火纯青的地步。

（3）诗歌广告。明代的诗歌广告主要是指诗歌中出现的广告形式，准确地说应该是诗歌中所提及的广告表现形态。诗歌中频繁出现广告形态，说明当时广告宣传较为普遍，广告作为民俗文化的一种也成为诗人关注的对象。

“陌头担得春风行，美人出簾闻叫声，移去莫愁花不活，卖与还传种花诀。”④

“扬子津头风色起，郎帆一开三百里。江桥水栅多酒垆，女儿解歌《山鹧鸪》。”⑤

“独留一版西山月，犹照当年旧酒垆。”⑥

这些诗中所出现的多是与民众生活密切相关的酒垆、口头叫卖等广告形式，但也在一定程度上反映了随着商品经济发展，广告成为普通民众生活中重要组成部分的事实。

（4）声响广告。明代商品经济进一步发展，区域经济进一步繁荣，在这样的大环境下，明代的声响广告也更具有鲜明的行业特色，各行各业多有自己

① 汤显祖：《牡丹亭·闺垫》。

② 《警世通言·玉堂春落难寻夫》。

③ 史玄撰：《旧京遗事》，北京古籍出版社 1984 年版，第 23 页。

④ 高启：《卖花词》，参见金性尧编选《明诗三百首》。

⑤ 高启：《忆远曲》，参见金性尧编选《明诗三百首》。

⑥ 徐中行：《感归》，参见金性尧编选《明诗三百首》。

的声响广告宣传形式，对此，《祥符县志》做了较为详细的记载："有摇小鼓，两旁自击，卖簪珥、女笄、胭脂、胡粉之属者，有鳞砌铁叶，进退有声，磨镜洗剪刀者，有摇郎当，卖彩线绣金者；有小旗招展，携巾箱卖零星绘帛者；有阁阁柝声，执杓卖油者；有拍小铜钹，卖豆沫者；有驱骈辘小车卖蒸羊者；有煮豆入酒肆，撒豆胡床，以求卖者；有挑卖团圆饼、薄夜、牢丸、毕罗、寒具、萧家馄饨、庾家粽子，如古人食品之妙者；有肩挑卖各种瓜果菜者；有入夜击小钲卖饧者……"①

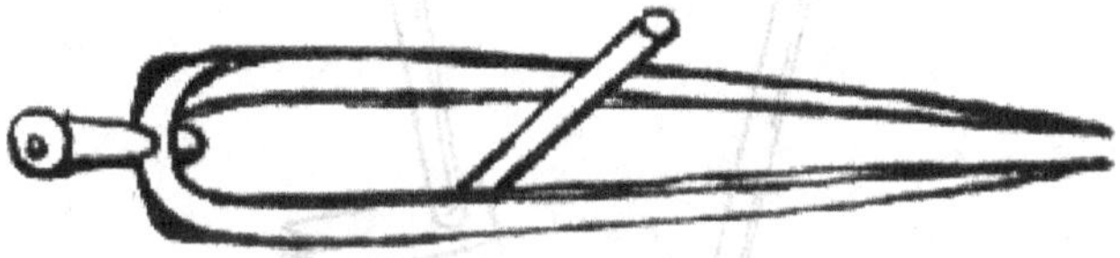

唤头

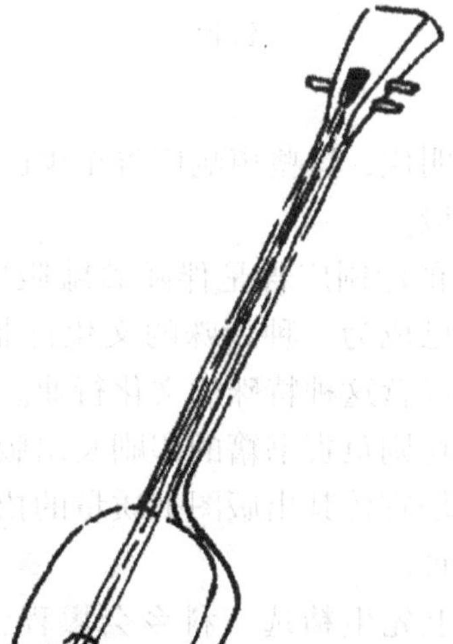

三弦

这段文字记载并描述了各行各业的声响广告形式，具体而生动。《祥符县志》记载的虽然多是明、清两个时期的声响广告形式，但如果到清代这种声

① 《祥符县志·市集》卷9。

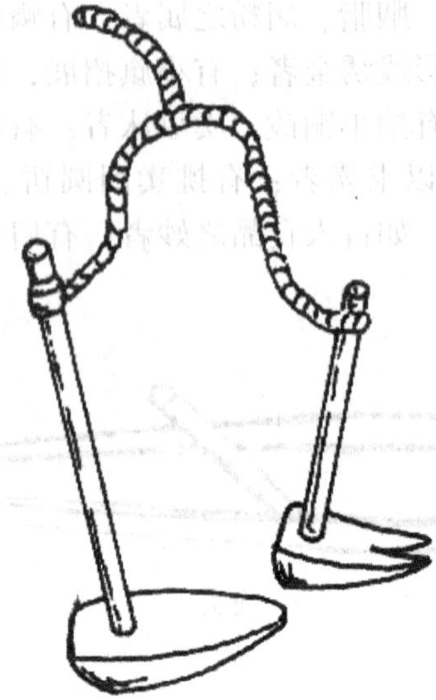

钉拐

响广告较为成熟的话，在明代，这些声响广告至少已初显雏形，并成为促进区域经济发展的一种重要手段。

（5）印刷广告。明代的印刷广告是伴随着雕版印刷业的发展而进一步发展的。明代的雕版印刷业已成为一种特殊的文化行业，行业经营者、士大夫、文人往往结合在一起共同经营这种特殊的文化行业。如士大夫、文人往往帮助书坊选择好的文本，而书坊则负责书籍的印刷及出版，某些学识较高、名气较大的文人，也往往成为书坊宣传其出版图书质量的招牌，这种情形从明清时期的文学作品中也能找到佐证。

“本坊敦请处州马纯上先生精选三科乡会墨程，凡有同门录及硃卷赐顾者，幸认嘉兴府大街文海楼书坊不误。”①这段文字出自《儒林外史》第十三回。这里的马纯上显然是一个有较高声望的文人，他所精选的“三科乡会墨程”是值得汉书坊津津乐道的好文章；同时，该则广告也是一则征集好文章成书以及宣传书坊的广告，短短几句话，所含有的信息还是十分丰富的。

书籍的印刷和出版在明代已渐成风气，作为文化行业，其竞争也较激烈，为了迎合读者的需要，同时也是为了竞争的需要，明代书坊多采用两种方式进

① 《儒林外史·蘧駪夫求贤问业》第十三回。

行广告宣传：其一是在各类书籍中加以插图，插图内容多是书中精彩情节的视觉重现，本身就起到广告宣传的作用；其二是在书籍的首尾，甚至是封面上刊登书籍广告，这既是对元代书籍广告的继承，也是发展，因为此时的广告不再仅仅是对书坊或书籍内容的介绍，而是结合读者的心理进行诉求，其广告效果更为明显。其典型的代表有两例：

其一是弘治戊午年刊本《奇妙全相西厢记》的书尾，刊有金台岳家书铺的出版说明，这段出版说明起到广告宣传作用，该段文字是："本坊谨依经书重写绘图，参订编次大字本，唱与图合，使寓于客邸，行于舟中，闲游坐客，得此一览始终，歌唱了然，爽人心意。"

其二是明代汲古阁刻陶南村《辍耕录》书首所刊出的一则出版说明，该段文字内容更加丰富，广告特色更加艺术化，其全文是："元末陶南村诸书，向来脍炙人口，惜隐沦不传，海内博雅君子辄秘而密娱，不啻和璧隋珠矣！近有云间刻版，诠次颠倒，吴郡抄本，字虫鲁鱼，几失本来面目。不佞广搜博访，购得国初原刻，特恳汲古阁先生严加订正，以付剞劂，复九成之完璧，艺苑之胜事也。《说郛》、《会要》随有续刻。监官黄之义君宜甫谨识。"

前则广告如果说主要是针对读者的阅读心理进行诉求，广告词较为活泼的话，后则广告则以监书官黄之义的名义对该类书刻的来龙去脉及该刊本的引人之处进行了较为缜密的阐述，广告词较为严谨，前者刻在书尾，后者则刊登在书首，风格迥然不同，宣传效果却同样明显，也是明代书籍广告中的代表之作。

(6) 招牌广告。宋代的招牌广告主要起到两种作用：一是标识作用；二是使用好词好句针对受众心理进行诉求。相比较而言，前者所占比重较大。到了明代，由于商业中心城市增多，区间贸易发达，商家的竞争更加激烈，相比较而言，商家更注重招牌广告内容的设计，即使是起标识作用的招牌，也更富有文化内涵，并彰显民俗风情的独特艺术魅力。

明代北京、南京的著名店铺多有自己的名号，如南京著名的绸布店就有"天福"、"庚大"、"协大祥"等，老药铺店有"张泰和"、"王泰和"等，其余各行各业较为著名的店铺名号也都十分响亮，如酒业大王店"老万全"，老酱园店"椿和"，著名的南货店"萃奇"，茶叶店"徐源记"，鞋店"三聚"等都是当时店铺的著名品牌，在各行业中都有着自己的特殊地位。

值得关注的是，在明代北京和南京的一些著名的店铺中，反映行业特点、经营特色和商家经营思想、经营道德的招牌广告也以相对固定的位置出现，这些招牌多悬挂在店铺或店堂正中相对于柜台的墙壁上，使顾客一踏进店铺大门便能明晓其经营风范。这种招牌的制作都相当考究，商家往往选用上好的材料

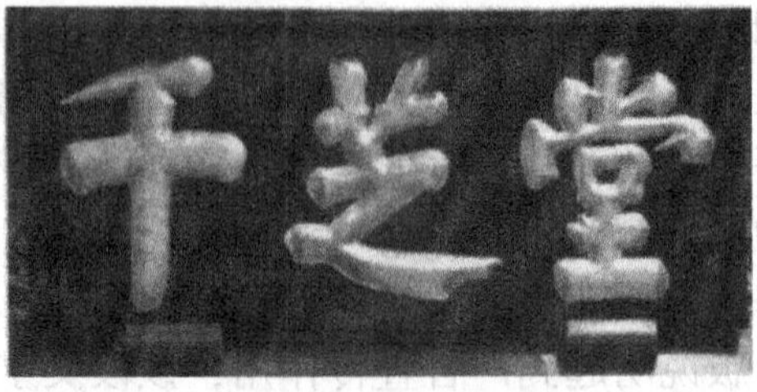

明代千芝堂药店横额

制作，用上等黑漆上底，上面用颜料或墨泥书写金色的大字。字数多为四字，字意紧贴行业特色，用字讲究，寓意深刻。从其独特的表现形式看，这种广告形式可以视为企业经营理念的始端，其悬挂的位置也为现代许多企业所借鉴，是明代店铺招牌广告中具有独特文化内涵的表现形式之一。史书称之为“青龙牌”。

这些青龙牌所书写文字往往带有美好的祝愿，带有鲜明的行业特色和浓郁的民俗风情，至今仍为商家所借鉴。如绸布店多写“七襄曜彩”、“世掌丝纶”，酒楼茶肆则风格各异，多用“太白遗风”、“飞觞醉月”、“香溢壶觞”、“卢陆停车”、“玉树含英”等词句。各行各业的行业特征巧妙地被商家糅合在这些美好词句里，不仅通俗易懂，还极大地拉近了商家和顾客的距离。如药店是“杏林春色”、“天地同春”、“寿域同登”，酱菜店是“调和鼎鼐”，杂货店是“山海珍奇”，鞋店是“圯桥进履”，帽子店是“冠冕堂皇”，钱庄、银号则用“钱谷流通”、“珠光宝气”、“金碧辉煌”等词句。

明代的这些招牌广告的出现，也是中国传统商业精神和商业理念长期积累的结果，每一招牌背后，都有该行业商家的创业典故或发家史，不仅激励商家后代更好地从事商业经营，也更有效地传播着商业文化信息，从这个角度看，明代的招牌广告较之宋元时期，又有了新的发展。

（7）幌子。明代的幌子广告种类也十分丰富，从明人画《南都繁会图卷》描绘的当时南京商业街市的繁华图景看，其中的幌子广告就令人目不暇接，后人统计，在《南都繁会图卷》中，出现的幌子和招牌多达109种，真实地反映了明代南京商业繁荣、广告宣传兴盛的情景。

和前代相比，明代的幌子广告在商业中心城市和繁华的大都会商业区十分普遍，前文所提到的《南都繁会图卷》中所显现的南京城市商业图景也是招幌林立，一派富裕繁华的景象。幌子多为布质文字幌，上面的文字清晰可辨，有的是店铺的名号，如“京式靴鞋店”；有的则是所售货物的名称，如“极品宫带”、“川广杂货”等；还有的则连带宣传经商理念，如“万源号通商银钱出入公平”等，反映出明代商家的幌子制作水平至少在内容上有了进一步提高。

明代的城市商业既然十分繁荣，其形象幌和实物幌也是商家宣传商品的一种重要标识，《如梦录》中就曾详细记载明代汴京城内鞋铺以铁鞋作幌的情形。各行各业售卖什么、悬挂什么，仍然是商家宣传的重要手段，这一点和宋元时期仍然十分相似。

## 二、清代商品经济的进一步繁荣与广告表现形式的成熟

明代后期，生活在我国东北地区的一支少数民族女真族逐渐发展强大起来。女真族是我国历史悠久的少数民族之一，最初分为三大部落，即建州女真、海西女真和野人女真。明代后期，女真族正处于从原始社会向奴隶制过渡时期，建州女真的杰出领袖努尔哈赤在1583~1593年先后统治了建州女真各部，控制了抚顺以东及至长白山、鸭绿江南侧广大地区。在征战的过程中，努尔哈赤在1599年命额尔德尼等人用蒙古文创造了满文，并下令开采金银矿、置冶铁、鼓励民间养蚕，大力发展手工业，并设立了八旗制度——一种军政合一的组织形式。在加强内部力量的同时，努尔哈赤在初期与明政府保持着良好关系，并于公元1616年在赫图阿拉即汗位，建立国家，定国号为金（后金）。公元1618年，在萨尔浒之役中，努尔哈赤率兵两万击溃明朝47万大军，占领辽沈地区，1621年迁都辽阳，1634年迁都沈阳，使这里成为后金的政治、经济、文化中心。1636年，努尔哈赤的儿子皇太极在沈阳称帝，改国号为清，改族名为满族。1643年，皇太极因病暴卒，其幼子福临继位，由其叔父多尔衮辅佐治国，并改元顺治。1644年3月，明王朝在李自成农民起义军的打击下已摇摇欲坠，明崇祯帝朱由检在煤山自缢，明朝灭亡。而此时，明末军阀势力的代表人物吴三桂降清，福临便于同年10月从沈阳来到北京，逐步镇压了农民起义军的反抗，统一全国。清朝从顺治帝福临入关到辛亥革命灭亡为止，共经历了268年，是我国封建社会继续向前发展时期。

从清代的历史发展进程看，大致可分为两个阶段。第一阶段是顺治帝福临进驻北京到鸦片战争爆发时期，这一时期一般被认为是清朝统治前期，历经顺治、康熙、雍正、乾隆、嘉庆、道光，也是清王朝从建立王朝走向鼎盛，又从鼎盛呈衰微趋势时期；第二阶段从1840年鸦片战争爆发到1911年辛亥革命起义举行。这一时期，清王朝的统治处在内外交困时期，中国社会也沦为半封建、半殖民地社会。

(一) 清代前期商品经济繁荣的趋势和特点

1. 农业、手工业生产得到较快的恢复和发展

明末清初的连年征战，使社会生产力遭到严重破坏，清初统治者对反清运动的残酷镇压，也加剧了社会矛盾。为了缓和满汉之间的矛盾，确保清朝的封建统治稳固，从康熙时期起就采取一系列措施恢复社会生产，使农业、手工业均得到较大程度的发展。康熙年间的措施主要包括免除三饷加派，裁撤宦官二十四衙门，废除匠籍；没收明朝官僚贵族田地分派给农民耕种；停止满族贵族对土地的圈占，规定滋生人丁永不加赋；对汉族上层施行笼络政策，开博学鸿词科以笼络汉族知识分子等，逐渐稳定了社会秩序，生产力得到一定程度的恢复和发展。雍正帝胤禛整顿吏治，继续改革赋税制度，实行地丁合一，摊丁入亩。又采取措施解放"贱民"，开发西南地区等，使封建经济在全国范围内得到全面恢复和发展，到乾隆时期社会经济实力得到进一步增强。

清初一度遭到严重破坏的手工业到康熙年间已得到恢复，并有所发展，其发展水平很快超过明代，除传统的手工业加工行业外，铸铁、伐木、航运等新兴行业也进一步发展，为产品市场化和商业经济的进一步发展拓展了更大的市场空间。

2. 城市商业发展进入繁荣兴盛时期

清初，城市商业逐渐得到恢复和发展。从商业发展的总体格局来看，南方的城市商业超过北方，而南北各个城市的商业因地域关系或产品关系呈现出不同的发展特点，总体发展水平较之明代均有较大幅度的发展。

这一时期，北京仍是北方城市商业的发展中心，城内有诸多商业贸易中心，如大栅栏、西单、东市等。市场内商品种类繁多，商品分为供统治阶级消费的高档产品和供普通民众消费的日常生活用品，全国各地的商品云集京城，使这里的商业贸易异常活跃，诸多的市场，林立的店铺和南来北往的商人，使京城的广告表现有了充分发展的基础和空间。北方较为繁荣的商业城市除了北京外，盛京（沈阳）、济南、开封、太原、宣化等城市的商业经济也得到较大程度的发展，和京城商业贸易的发展相互呼应，为北方区域经济的发展和城市商业贸易的发展打下了良好的基础。

南方的城市商业的发展较之北方的速度更快，商业中心城市也较集中地出现在特定的区域。东南部地区的一批城市如南京、扬州、苏州、杭州等地因有良好的商业发展基础，所以仍然是繁华依旧；长江中游的武昌、东南沿海城市厦门、广州也继续保持着繁华兴盛的势头；而运河沿线城市如淮安、清江浦、临清、济宁、天津较之明代，更是客商往来熙攘之地，形成苏杭、沿长江流域、沿海地区几大商业贸易中心区域，使整个南方的商业贸易联系更加密切，

区域贸易经济更加活跃。

这一时期，明代已全国闻名的“四大名镇”即朱仙镇、景德镇、汉口镇、佛山镇，发展规模更大，商业贸易较之明代也更为繁荣。

除了四大名镇外，全国各地，尤其是东南沿海地区的各个集镇也继续发展，并逐渐呈现出繁荣昌盛的局面，如较为典型的苏州吴江县，明代有4镇3市，清康熙年间已增至5镇7市；另外，江西的铅山石圹镇、石垅镇，陕西泾阳县的石桥镇也逐渐成为当地或全国小有名气的集镇。

处于城乡结合地区或农村地区的集市、庙市、墟市也相当活跃，如广东的潮阳、揭阳等7县的墟市，康熙时为32个，到乾隆时增至112个，可见当时农村商品经济的发展也已相当活跃。

城市商业、集镇和集市商品交换的发展，使清朝前期商品的交换和流通以中心城市为轴心向农村地区辐射有了更为宽阔的平台，同时，也为农产品的流通搭建起了三级流通的桥梁，这在以农业产品和手工业产品作为主要流通商品的封建社会里，是商品经济发展成熟到一定程度的必然产物，而城市商业和集镇、集市商品交换，也是诸多广告表现形式产生的直接土壤。明清时期的诸多广告形态均是依附于这些不同类型的商业活动、商业设施而出现或存在的，并伴随着这些类型的商业活动日益兴盛，并日渐走向繁荣。

清代《潞河督运图》大运河通州段的繁忙景象

3. 资本主义因素萌芽及其缓慢发展

清乾隆年间之后，江南地区手工业作坊和手工业工场中的资本主义萌芽得到进一步发展，纺织业的规模不断扩大，江苏南京的情况就很能说明问题。如在康熙年间之前，对丝织业手工工场的规模还加以限制，规定“机户不得逾百张，张纳税当五十金，织造批准注册给文凭，然后敢织”。① 到了康熙末年，这种限制就逐渐取消了，到道光年间，民间有实力的手工业包买商能拥有五六

① 《七元江宁县志·食货考》卷7。

百张织机。当时每张织机需要 2~3 名工人操作，镇江一家丝织工场雇佣工人数竟达 4 000 人，资本主义因素的萌芽明显有了进一步发展。

制瓷业中具有资本主义因素萌芽的手工工场也明显增多，乾隆以后，在江西景德镇拥有雇佣工人的民窑不断出现，乾嘉期间在这一地区的手工业工场中从事陶器生产和制瓷工艺的雇佣工人多达十余万人。和四大名镇的快速发展相匹配，广东佛山镇制铁业中也出现了资本主义性质的手工工场。同样，在陕西汉中地区，一些规模较大的冶铁和造纸业中也出现了资本主义因素的萌芽。

包买商控制手工业生产具有资本主义的生产性质，包买商通过借贷、预付原料、供应织机等方式直接剥削纺织业小生产者的劳动，如在广东的佛山镇，纺织业中，往往是由包买商为织工提供棉花二斤，收回棉纱一斤，苏州的震泽镇，其纺织业也多雇人纺织，而原料由包买商提供。

随着具有一定规模的手工业作坊和手工工场的出现，商品流通的规模和形式也发生相应的变化，在这种变化中，资金的流通和资本的运作也逐渐呈现出行业的特点，这就是票号和钱庄的出现。票号和钱庄均是商品流通的金融机构，既有官办的，也有民办的，票号清代盛行，钱庄在明末出现，明中叶以后，成为民间资金流通的一个重要桥梁。票号和钱庄的大量出现，不仅使商业流通领域出现了新兴的行业，也使清代的广告表现增添了新的内容。

4. 商业组织和商业管理机构的进一步发展

随着商业资本的积累和商业活动规模的扩大，宋元时期所出现的商业行业组织具有两种功能：一是行业组织内的全体成员共同分摊政府的徭役税收；二是政府指定行业首领征收行业内的各种摊派。从行业内部的利益共享、风险共担和政府有利于管理角度看，商业行业组织的出现也是商业经济发展到一定程度的产物。明清时期的行业组织的性质与宋元时期并无本质区别，只是内容和形式上又有新的发展。明清时期，商业行业组织继续保持了“行”的形式，除此外，又出现了会馆和公所的形式。

会馆和公所都是具有地域特色的商业行会组织，各个行业的会馆和公所，都带有同乡会的性质，因为某一地区或某一行业从事商业活动的人，往往是同乡甚至是同一家族，这样也就形成了地方性商业集团——行帮。行帮是按省份来划分的，明清时期，比较有名的行帮有数十个，主要分布在徽州、山西、陕西、山东、江苏、浙江、福建、广东等地，其中，最为有名的数徽州帮和山西帮，其活动足迹遍布全国各地，因此，在全国许多地方都有自己的会馆和公所，成为他们旅途歇息、办事、集合和祭神之所。清代的会馆和公所较之明代，又有了较大发展，这和行帮的规模不断扩大，活动范围更加广泛，其地域特色更加鲜明密切相关。这些行帮以会馆和公所作为活动中心，从事区间贸易，发放高利贷，购买土地，投资手工业，开办钱庄、票号，在清代的商业活动中发挥着重要作用，许多行帮投资的产业、庄园和钱庄、票号因名气较大，名声远播，因而具有品牌和广告传播效益。

山西平遥古城明清街日升昌记钱庄幌子

（二）清代广告表现日趋成熟

（1）诗词广告。清代的诗词表现艺术日臻成熟，尤以竹枝词较为流行。竹枝词原是流行于民间为普通劳动人民所传唱的一种民歌。唐代刘禹锡的一首竹枝词更是使这种民歌文体流行至今。刘禹锡在《竹枝词》中写道："杨柳青青江水平，闻郎江上踏歌声。东边日出西边雨，道是无晴却有晴。"因为这是一首用民歌体写的恋歌，被人们广泛传唱。刘禹锡之后，用竹枝词写诗的人越来越多，元代的竹枝词虽然还留有浓郁的民歌风格，但诗人们更喜欢借景抒怀，以此表达对时事的看法。元代散曲作家倪瓒的《竹枝词》也广为流传："阿翁闻说国兴亡，记得钱王与岳王。日暮狂风吹柳折，满湖烟雨绿茫茫。"表达了作者的亡国之恨，引起人们强烈的共鸣。

明清时期，竹枝词在文人手中逐渐得到改造，其民歌风格渐渐褪色，而成为循规蹈矩的七言四句诗体，多用来描述当时的风土人情和世事百态，特别是乾隆盛世，国泰民安，诗人手中的竹枝词更为关注普通民众和下层百姓的生活，其诗体风格也变得轻快流畅，成为当时非常流行的一种诗体。正因如此，与普通民众生活密切相关的各种广告形态，也在诗人们撰写的竹枝词里得到描述。

"小儿花鼓凤阳调，士女周遭拍手笑。更有一班装更奇，十番车上诸年少。"

"秧歌初试内家装，小鼓花腔唱凤阳。如蚁游人捆不住，纷纷挤过蹴球场。"

"早春戏馆换新腔，半朵秧歌有客觞。偏足醉归人似蚁，太平鼓闹蹴球场。"①

竹枝词中的酒旗、酒幌广告：

"搜奇双足捷如轮,带得葫芦酒入唇。兴到只饮三两盏,当垆争买洞庭春。"

"暖烟终日罩仙宫，觝戏番歌玩不穷，山色紫来归骑沓，夕阳箫鼓酒旗风。"②

竹枝词中，涉及招牌、招幌的广告形态较多，在词中，文人们不仅客观记录了各种广告形态，而且就招牌、幌子纷立的现象，以及这种现象背后的社会礼仪风俗和人们的心态做了褒贬或具体评价，这些也表明，明清以后，招牌、幌子广告已成为人们日常生活中最为常见，也最为成熟的一种广告形态。

这一时期，不少诗人的诗词对商人们的商业经营较多采取了评判的态度，一些诗歌对商人们利用招牌做宣传的行为也进行了辛辣的讽刺。

"我是京都第一流，一家只此不知羞。于今人事皆于此，莫詈金牛与黑猴。"③

---

① 《燕九竹枝词·康熙祭酉》。

② 《燕九竹枝词·康熙祭酉》。

③ 《都门竹枝词》，嘉庆19年（1834年）刊印。

“字画从来诮墨猪，八分藏拙传虚誉。非唐非汉人难识，坊间招牌半有书。”①

“雨衣油纸家家卖，但看招牌只一家。你也窦家我也窦，女盗男娼尽由他。”②

也有些诗人在诗歌中就招牌来抒发情怀和表明对世事的看法。

“回回三代狗皮膏，祖传招牌竖得高。冬夏桥头长供奉，子孙买卖不辞劳。”③

“鹿角招牌系世传，乌鬓妙药果通仙。老鳏老宦寻仁寿，暂把黄金买少年。”④

以上诗歌中所涉及到的广告形态以及广告对人们生活的影响，在诗人的笔下都得到较好的诠释，不同时代，特别是清代的竹枝词中的有关广告的描写，使人们真切地感受到这一时期的广告确实成为普通民众生活中不可分割的重要组成部分。

（2）店堂装饰广告。清代北京城内店面宽阔，实力雄厚的大店铺比比皆是，其店堂的装饰艺术也较之前代更具艺术特色。清佚名著《燕京杂记》详尽地记录了北京城内店铺的装饰风格：“京师市店素讲局面，雕红刻翠，锦窗绣户，招牌至有高三丈者。夜则燃灯数十。纱笼角灯照耀如同白日。其在东西四牌楼及正阳门大栅栏者，尤为卓越。中有茶叶店高甍巨桷，细槅宏窗，刻以人物，铺以黄金，绚云映月，洵是伟观。总之，母钱或百万或千万，俱用为修饰之具。”⑤

清代文献《道光都门纪略》对清代京城店铺的店堂装饰也有具体描述：“京师最尚繁华，市廛铺户，装饰富甲天下，如大栅栏，珠宝市，西河沿，琉璃厂之银楼缎号，以及茶叶铺、靴化铺，皆雕梁画栋，金碧辉煌，令人目迷五色。”

雕红刻翠，锦窗绣户，纱笼角灯等装饰，使店铺呈现出金碧辉煌之景象。店堂装饰广告在此时已成为店家显示财力和吸引顾客的一种常用手段。

（3）冲天招牌。宋代宽阔门面的大店铺出现以后，就出现了和大店铺相对应的冲天招牌。冲天招牌一般竖立在店铺门前或与店铺门面相对的街面中

---

① 《都门竹枝词》，嘉庆19年（1834年）刊印。

② 《续都门竹枝词》，嘉庆24年（1819年）刊印。

③ 《续都门竹枝词》，嘉庆24年（1819年）刊印。

④ 《续都门竹枝词》，嘉庆24年（1819年）刊印。

⑤ 佚名：《燕京杂记》，北京古籍出版社1986年版。

央，一般宽三尺，高不等。如清佚名在《燕京杂记》中曾提到“招牌至有高三丈者”，说招牌有三丈高。清朱彝尊在《日下旧闻》中也提到：“正阳门东西街招牌，有高三丈余者，泥金杀粉，或以斑竹镶之，又或镂刻金牛、白羊、黑驴诸形象，以为标识。”①

从以上的文字记载来看，冲天招牌的过人之处并不仅仅是它的高度，而且还和其形制有很大关系，一般来说，店家为了表现财大气粗或追求庄重典雅的效果，招牌往往用黑漆和金字进行装饰，上文提到的“泥金杀粉”指的就是这种情形。但有些商家就不仅仅满足黑漆金字的简单形制，往往从行业特征和宣传效果两个角度考虑对招牌加以装饰，如前文提到的“以斑竹镶之”、“镂刻金牛、白羊、黑驴诸形象”多是从行业特征来考虑招牌的形制；而在招牌顶上雕饰元宝或如意，则带有吉祥和祝福财源茂盛之意，同时也显示店家的豪华和气派。

这种冲天招牌宽三尺，高数丈，店家自然不会白白竖立在那里仅当摆设或仅起标识作用，而是要充分利用其拥有空间来宣传其经营特色和经营宗旨，于是这种冲天招牌也就突破了传统招牌上的字数一般不超过四个的限制，而根据宣传的需要来撰写更详尽的广告词。清代比较典型的冲天招牌字数最多20余个，多是药店竖立在门前的冲天招牌，有的是宣传其经营特色，有的则是宣传其经营品种，为古籍所记载下来的冲天招牌广告词有如下几幅：

“德爱堂沈家，祖传七代小儿七珍丹。只此一家，并无二处。”②

“同春堂自置川、广、闽、浙各省地道生熟药材。”③

“同春堂遵古炮炙饮剂咀片诸般应症丸散膏丹。”④

冲天招牌较之普通招幌，更引人注目，加之可以用较多的字来宣传店家的主张，在清代也逐渐成为一种较为流行的广告形态。

（4）招幌。这里所说的招幌主要是指除冲天招牌以外的招牌和幌子的统称。招牌和幌子有时是有严格区分的，有时则是一体的。关于二者的联系与区别有专章叙述，这里只罗列其主要表现形态。

招幌的类型在清代更加丰富多彩，其中幌子广告的行业特征也更加明显。清人夏仁虎在《旧京琐记·市肆》中曾写道：“旧日都门市肆亦颇留心广告之术，特极幼稚耳。如黑猴公之帽铺，柜上踞一大黑猴。雷万春之鹿角胶，门上

① 朱彝尊：《日下旧闻》卷38。
② 闲园鞠农：《燕市商标香录》。
③ 闲园鞠农：《燕市商标香录》。
④ 闲园鞠农：《燕市商标香录》。

《乾隆帝南巡图》局部

挂大鹿角。某扇铺之檐际悬一大扇。皆是引人注意。”①

尽管清人认为这些幌子“特极幼稚耳”，但这些生动的实物幌子都能引起人们的广泛注意，其广告效果应该还是十分明显的。

由于清代招幌种类繁多，清人已开始把招牌和幌子分开来加以叙述。清人徐珂在《清稗类钞》中写道：“市招，商店悬牌于门以为标识，广招徕者曰市招，俗呼招牌，大抵专用字，有参以满、蒙、回、藏文者，有用字兼绘形者，更有不用字、不绘形，直揭其物于门外，或以象形之物代之，以其人多不识字也，如卖酒者悬酒一壶，卖炭者悬炭一支，而面店则悬纸条，鱼店则悬木鱼，俗所谓幌子者是也。”②

清人对招牌是“悬牌于门以为标识”，而幌子是“直揭其物于门外”的判断是符合招牌和幌子的功能特点的。在这里，招牌起到店标作用，而幌子则起到行标作用。

这一时期，招牌广告有了新的发展，即在酒肆、茶楼、饭庄等处出现了一种新式招牌——水牌。

水牌是商家在经营过程中根据经营特点而创作的一种可反复使用的招牌广

① 夏仁虎：《旧京琐记·市肆》，北京古籍出版社1986年版，第102页。
② 徐珂编：《清稗书钞·农商书》，第5册，中华书局1984年版，第2283页。

清《盛世滋生图》局部

告形式。由于酒肆、茶楼等经营场所每日都向顾客推荐或展示其经营的品种和价格，于是一种每日可用水擦洗的招牌便渐渐流行开来。这种招牌多为木质，用白漆涂底，饰以朱栏，用黑色可擦洗材料撰写字词，其流行开来后，则不仅适用于酒肆茶楼的食品和饮品名称、价格，而且也延伸到戏院的节目预告及寺庙的记斋之用，以至于普及到社会生活的各个领域。由于水牌较为流行，也有人对此进行专门记载。清人李光庭在《乡言解颐·水牌》中写道："水牌，便于浮记之物也，粉地朱丝，罩以油，便于涂洗。""若京师酒肆、饭庄、戏庄，以载肴馔，以纪日期，习以为常。"①

水牌的出现，使唐代就出现了的"悬牌经营"形态有了进一步发展，也使清代的广告表现形态变得更加丰富多彩。

（5）叫卖和吟唱。清代竹枝词里对叫卖和吟唱广告也多有提及。

"卖酪人来冷透牙，沿街大块叫西瓜。晚凉一盏冰梅水，胜似卢同七碗茶。"②

"凉果赞糕聒耳多，市炉烧饼艾窝窝，叉子火烧，刚买得，又听硬麪叫饽

① 李光庭：《乡言解颐·物部上·水牌》卷4，中华书局1982年版，第70页。

② 《都门竹枝词》，乾隆乙卯（1795年）写成。

荷担叫卖广告

吟唱广告

饽。”①

---

① 《都门竹枝词》，乾隆乙卯（1795年）写成。

"谁盘栗子炒黄深，客到长淡索酒尝。寒火三更灯半边，门前高唤灌香糖。"①

"偶从爪子店中过，忽听招呼买什么。声价欲高须作态，唤人焉得卖钱多。"②

"黄花鱼到要争先，多费无非早一天。正是榆钱才绿后，声声芍药卖街前。"③

以上竹枝词只是记录了清代商贩叫卖广告的存在。实际上，清代京城地区人口众多，来自不同地区和不同民族的行商坐贾都有自己的叫卖方式和叫卖风格。张大都在《燕市负贩琐录》中收录的不同行业的小商小贩及手工艺人多达500种，其叫卖之声也各不相同。清人佚名在《燕京杂记》中曾写道："京师荷担卖物者，每曼声婉转动人听闻，有发数十字而不知其卖何物者。"

看来，这里的商贩们把叫卖当做艺术来看待，追求声音和韵律的婉转动听而不计较叫卖效果，其叫卖水平确定达到一定的境界。下面这段文字，更能说明叫卖人在叫卖过程中因陶醉在叫卖声中而达到忘我境界时的情形："呼卖物者，高唱入云，旁观唤买，殊不听闻，惟以掌虚复其耳，无不闻者。"④

既有只追求叫卖艺术而不计较叫卖效果的，也有小商小贩在唱辞中极尽所能对其广告产品的功能、特点加以渲染和介绍的，十分生动形象。如清人闲园鞠农在《一岁货声》中收录了京师地区的大量叫卖唱辞，其中不少是对所卖商品的直接宣传：

"脆瓤儿的落花生啊，芝麻酱的一个味来……"

"枣儿来，糖的渍哒喽，尝一个再买来。哎，一个光板喽。"

"秋的来红海棠来，没有虫儿来；黑的来糖枣儿，没有核来。"

"栗子味的白薯来，是栗子味的白薯来……"

这些吟唱广告生动、直接，经营者边吟唱边经营，同时还招呼客人，现场的气氛很热烈，也很和谐，吟唱的广告效果表现得异常突出。

（6）声响广告。清代的声响广告也称之为招徕市声，包括吆喊、吟唱和音响广告三种类型。这里的声响广告主要指借助音响工具并伴以吆喊或吟唱的广告形式。

清代的各行各业基本都有自己的音响广告，主要借助各种能发出音响的器

① 《燕台口号一百首》，嘉庆初年（约1798年左右）。

② 《草戏一串》，嘉庆22年（1817年）4月印。

③ 《草戏一串》，嘉庆22年（1817年）4月印。

④ 佚名：《燕京杂记》，北京古籍出版社1986年版，第131页。

具再伴以具有独特韵律的叫喊和吟唱增强广告宣传的效果。由于音响广告种类繁多，所使用器物也各具特色，文人雅士还把每种音响工具都冠以一个通俗易懂但又不失文雅的名字。对此，清代文献《韵鹤轩杂著》就做了较为详细的记载："百工杂技，荷担上街。每持响器作声，各为记号。修脚者所摇折叠凳，曰'对君坐'，剃头担所持响鼓，曰'唤头'；医家所摇铜铁圈，曰'虎撑'；星家所敲小铜锣，曰'报君知'；磨镜者所持铁片，曰'惊闺'；锡匠所持铁器，曰'闹街'；卖油者所鸣小锣，曰'厨房晓'；卖食者所敲小木梆，曰'击馋'；卖闺房杂货者所摇，曰'唤娇娘'；卖耍货者所持，曰'引孩儿'。"这些称号，不仅生动形象，而且用简洁的语言，把广告者和消费者之间的互动情景形象地描绘出来，表现了古代劳动人民的高度智慧。

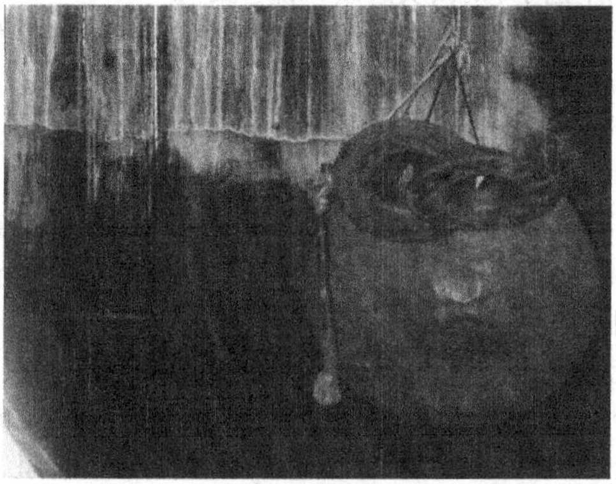

湘西凤凰古城杨家祠堂里陈列的响器

清末的广告，除了对中国古代广告的继承和创新外，也伴随着商业经济的发展和科学技术的进步出现了一些新型的广告形式，这些广告主要是借助新型媒体，如户外广告牌、报纸、书籍、报刊等进行广告宣传，但当这些广告形态逐渐增多时，清王朝也逐渐走向了衰亡，鸦片战争前后，这些广告形态开始萌芽，并逐渐和传统广告并存，成为一种新型的广告宣传力量。随着民族资本的增长，以及民族资本和外来资本的竞争加剧，中国广告依存的背景和环境均发生了相应变化，中国广告发展史也就逐渐进入了近代时期。

**思考·案例·练习**

1. 你认为中国古代商业广告发展经历了成长期、兴盛期和延续成熟期吗？
2. 简述商业发展与广告兴衰之间的关系。

3. 阐释下列概念

（1）幌子　（2）吟唱广告　（3）声响广告

4. 为什么说中国古代诸广告形式是民俗文化的载体？

5. 案例：

**"都一处"的来历**

在北京崇文区前门外大街路东36号，坐落着一个叫做"都一处"的饭店。饭店上、下两层，约200多平方米。饭店曾以制作烧麦而声震京都，还经营炸三角、马莲肉、糟肉和晾肉面筋等传统食品，令顾客欢迎的还有该店特制的回锅肉，这道菜吸引了不少回头客。

从规模看，"都一处"充其量是一个中型饭店，从经营品种看，也没有什么特别之处，但你可别小看了这个不起眼的饭馆！它最有品牌文化价值的东西既不是其服务，也不是其经营的饭菜，而是挂在店堂内外的两块匾额"都一处"。

悬挂在店堂外的长方形木匾宽2米，高0.94米，黑底金字，豪华气派，由郭沫若用行书体题写，下钤印一方；店堂内悬挂的椭圆形木匾制作精致，高0.48米，宽0.82米，上下左右各雕刻一个虎头，虎头的眼睛点金而成，"都一处"三字为正楷，据说为清高宗御笔亲题，扁匾黑底金字，尽显皇家风范。

这个不起眼的饭店怎么和皇帝有牵扯呢？这里却有一个传说。原来，这个饭店的旧址在鲜鱼口南，只是一楼一底的小铺面，其主人是山西人，他经营这个实在不起眼的小酒馆，连个名子也没有起，别人干脆就叫其李家酒馆。

乾隆十七年（公元1752年）大年三十除夕夜，高宗微服出行，想与民同乐，谁料家家团圆，街上行人稀少，惟有此酒馆灯火通明，高宗进去喝了个酩酊大醉。第二天宫中送来御笔亲书的"都一处"匾额，酒馆主人方知醉酒之人乃是当今皇上，之所以书写"都一处"，有两层含义：其一，酒菜特别；其二，年三十仅此一家开门迎客。得此匾后，酒馆生意日益兴旺，品食和赏匾之人络绎不绝，"都一处"美名也流传至今。

## 参考文献

1.《易经·系辞》
2.《诗经·卫风·氓》
3.《淮南子·览冥训》
4.《淮南子·齐俗训》
5.《管子·山权篇》
6.《六韬》
7.《太平御览》
8.《礼记·王制》
9.《尚书·酒诰》
10. 宋·张择端《清明上河图》

11. 宋·孟元老《东京梦华录》
12. 宋·吴自牧《梦粱录》
13. 宋·耐得翁《都城纪胜》
14. 宋·周密《武林旧事》
15. 元·佚名《卢沟运筏图》
16. 明·佚名《南都繁会图》
17. 明·佚名《皇都积胜图》
18. 清·徐扬《盛世滋生图》
19. 清·徐扬《乾隆南巡图》
20. 清·徐扬《北京民间风俗百图》，书目文献出版社，1983
21. 清·闲园鞠农编撰《燕市货声》
22. 清·燕归来簃主人辑《燕市负贩琐记》
23. 杨海军．论中国古代广告发展及其表现．史学月刊，1997 年第 6 期
24. 杨海军．论中国古代招牌广告．商丘师院学报，2000 年第 5 期
25. 杨海军．论中国古代诗歌广告．商丘师院学报，2000 年第 5 期
26. 杨海军．论中国古代声响广告．商丘师范学报，2003 年第 1 期
27. 杨海军．论中国古代楹联广告的艺术特色．河南大学学报，2004 年第 5 期

# 第三章 中国古代“社会广告”的产生与发展

（公元前21世纪~1840年）

**【本章提要】** 商业广告是人类传播商业信息的广告方式之一。而“社会广告”则伴随着人类文明发展的始终。“社会广告”是对政治、军事、文化广告的统称。“社会广告”概念的提出，使人们认识广告的视野更加开阔，也使广告学的研究领域更加宽泛，人们对广告发展、演变的规律的把握也更加科学。

**本章内容主要包括：**

※“社会广告”是人类广告传播的主要形态之一，伴随着人类文明发展的始终。

※“社会广告”出现的时间早于“商品广告”，在不同的历史时期，二者的地位互有消长。

※“社会广告”包括政治广告、军事广告、文化广告三种基本形态。

## 第一节 “社会广告”的产生与发展

### 一、“社会广告”是广告传播的基本形态之一

我国学者在探讨广告起源问题和中国古代社会的广告表现时，提出了“社会广告”的概念，并提出了“自从有了人类社会，便有了相互沟通信息的需要，社会广告便早于经济广告应运而生”的基本观点。①

学者们提出“社会广告”的概念，主要是相对于“经济广告”而言的。如陈培爱在论及“广告传播的起源”这一问题时，就提到：“广告是人类信息

① 陈培爱：《中外广告史》，中国物价出版社1997年版，第9页。

交流的必然产物。即使在生产力水平十分低下的人类社会初期，社会生活中就产生了广告信息的萌芽，社会广告便应运而生。到原始社会末期出现了商品生产和商品交换，作为传达商品信息的经济广告也随之产生了。”① 通过这一段话，我们可以了解到作者的两个基本观点：其一，广告是伴随着人类的信息交流活动而产生的；其二，“社会广告”出现的时候要早于商品广告。

通过以上这些描述，我们至少可以认识到，社会广告在古代社会里应该是基本的广告传播形式之一。

## 二、“社会广告”的含义及三个相关联的问题

在提出“社会广告”这个概念后，我国学者并没有进一步解释何谓“社会广告”，对于原始社会时期的“社会广告”表现形式基本没有提及，对于文明社会以后的“社会广告”表现形式，虽然提到了一些名称，如“诰”、“誓”、“制”、“策书”、“诏书”、“檄文”、“露布”等，但这些广告具有怎样的含义，又是以什么样的形式发布，却没有做进一步解释。更为重要的是，作者所提到的“信息传递”与其他类型的信息传递有什么样的联系与区别，也没有说明。所以，作者所提到的“社会广告”虽然是一个新概念，也是一个十分模糊的概念。因此，进一步探讨“社会广告”的含义及基本内容就十分必要。

要进一步解释“社会广告”的含义及基本内容，必然涉及彼此相关联的三个基本问题：一是认识广告的角度问题；二是广告出现的物质基础问题；三是广告的传播途径和传播方式问题。

### （一）认识广告的角度问题

认识广告的角度问题至关重要。把“商品生产和商品交换的产物”作为认识广告出现的出发点，就会把广告定义在一个较为狭隘的范围内，这里的广告就是指商品广告。把“人类的信息交流产物”作为认识广告的出发点，就会把广告定义在一个较为宽泛的范畴，这里的广告既指商品广告出现以前的广告表现形式，也指商品广告出现之后非商品广告的形式。商品广告出现以前的广告表现形式较为原始和简单，商品广告出现以后非商品广告其存在的形式、存在的范围以及在社会生活中所起的作用与商品广告又有很大的不同，这些都是社会广告所涉及的内容。“广告是人类信息交流的产物”的观点，也是人们认识“社会广告”的出发点。

① 陈培爱：《中外广告史》，中国物价出版社 1997 年版，第 9 页。

(二) 广告出现的物质基础

认识广告出现的物质基础直接关系到对广告的定义和对“社会广告”的界定。对这一问题，我国学者较为重视，也多有涉及。如广告界老前辈徐百益认为：“广告的发生和发展，可以从以下三个方面进行探索。第一是商品生产的发展和交换的需要；第二是广告的实际使用者；第三是产生广告手段或形式的物质条件。”① 陈培爱则认为：“广告是人们建立社会联系的方式之一，它的出现具备以下三个因素：(1) 人类有互通信息的需要；(2) 人类有剩余商品交换的需要；(3) 具有产生广告手段和形式的物质条件。”② 二位学者表述的侧重点虽然不尽相同，但从二者的表述中却能找到带有共性的东西，这就是：其一，广告信息的发布者，或广告的使用者事实存在；其二，广告传播的现实环境，即人类的信息交流活动或商品交换活动已相当频繁；其三，产生广告手段和形式的物质条件，主要指特定的传播媒介如手势、肢体语言、口头语言、烽火、旗帜之类，已起到了广泛传递信息的作用。概括起来，就是说广告传播的信息源、传播媒介、传播通道等要素如果具备，广告便会应运而生。

(三) 早期广告的传播途径和方式

关于早期广告的传播途径和传播方式问题，我国学者并没有明确论及，但这些问题与理解“社会广告”的含义及基本内容密切相关。笔者认为，要认识广告传播途径和传播方式问题，除了把广告定义在“人类的信息传递活动”这个方向外，更为重要的是要把广告传播活动中的“信息传递”与其他传播活动中的“信息传递”之间的关系搞清楚。对此，笔者的解释是：作为早期人类信息传播方式之一的广告传播活动所传递的信息与以后大众传播学和新闻学里所提到的“信息传递”有共同源头。早期的广告信息传递，指的是处于这些传播方式共同源头时期的“信息传递”，而不是指后来因传播的内容特指、通道不同和对象各异而表现出各自特点的“信息传递”。这就是说早期广告传播活动中传递的信息应与人类文明的进步及人类早期的生活、生存活动密切相关，其传播的途径应和早期人类信息交流的能力及信息交流的工具直接关联，如氏族部落成员的个体与群体之间，群体与群体之间彼此呼应、召唤和展示等。信息传递的方式则包括使用语言、肢体动作及借助与生活关系密切的媒介物来进行信息传递等。如果通过这样的途径和方式传播的信息具有“广而告之”的作用，就可以称之为广告。

---

① 徐百益：《中国广告史话》，载《广告大观》，1997 年第 9 期。

② 陈培爱：《中国广告史》，中国物价出版社 1997 年版，第 1 页。

### 三、“社会广告”的含义及基本内容

人类早期的原始广告活动，某种意义上也就是人类的信息交流活动，但这个信息交流活动也有其自身的特点。

第一，这里的信息交流，必须是人类有“目的”的信息交流。这里的信息传递有指向性和原始意义的“告之”性，能够通过原始媒介向特定的或不特定的对象表达一种思想或传递特定信息。

第二，这里的信息交流是适应人类生存需要和发展需要而出现的，它建立在生产力发展水平比较低下的基础之上。这种状态下出现的广告具有“原始性”，因而更具代表性。

第三，原始广告的出现应具备信息源，即信息发布者；传播渠道，即原始的信息传播媒介；受众，即特定或不特定的信息传播接受者这三个最为基本的要素，这也是广告出现的手段和形式的物质条件。

这样，我们可以给原始广告下个定义，即原始人（包括个体和群体）通过特定的媒介（如草木、石块、饰物、特殊气味、形体动作）向他人（包括群体内部的其他成员或其他群体的成员）发散的与人类生活密切相关的信息。这些发散的信息具有“告知”、“通告”、“引起注意”，以示区别和帮助识别的含义。

据此，我们对“社会广告”的含义及包含的基本内容可以这样进行表述：

所谓社会广告，在原始社会里主要指与人类生活密切相关的，借助特定媒介或标志物发散，具有目的性的信息传递活动。在文明社会里则指非商业性的信息传递活动，包括政治广告、军事广告和文化广告等具体广告表现形式。

由于原始社会的社会广告与文明社会的社会广告有继承和发展关系，文明社会的政治、军事、文化广告又有很大的不同，因此我们拟就文化广告、政治广告和军事广告的内容分别加以论述。

## 第二节　文化广告及表现形态

### 一、文化广告的概念及主要内容

文化广告在原始社会主要指与人类生存、生活密切相关的信息传播活动，这些活动反映着原始人对自然和自身的认识，反映着他们的宗教生活的独特情景和日常生活的喜、怒、哀、乐。

文化广告在文明社会主要指传播文化信息，娱乐群众，促进广告发展和社

会进步的信息传递活动。

原始社会人类的生产力水平低下，人类必须相互协作才能维持生存，在相互协作的过程中，人类产生了信息交流的需要，这种交流一开始是面对面的交流，后来人类开始借助简单的媒介物来传达一些信息，广告就是在这种原始的信息交流活动中产生了。原始人所传递的信息内容首先和人类生存、生活密切相关的东西，如捕兽过程中为彼此呼应所发出的有节奏的叫喊声，部落与部落之间为互相识别而设立的标志，为确定据土范围而留下的印记等。随着原始人活动区域扩大，部落内部和部落与部落之间交往增多，所传递的信息内容逐渐丰富起来，传递的方式也趋向多样化。这一时期，反映原始人喜怒哀乐的图画文字、象形文字，保存原始人记忆内容的结绳，称为原始人"史书"的贝壳串，以及反映原始艺术的雕刻、绘画、音乐、舞蹈等从不同角度呈现出原始广告的形态。

### 二、文明社会文化广告的分类

文明社会的文化广告内容丰富多彩，与政治广告、军事广告、商品广告并存，有时还融为一体。文明社会的文化广告大致可分为三类。

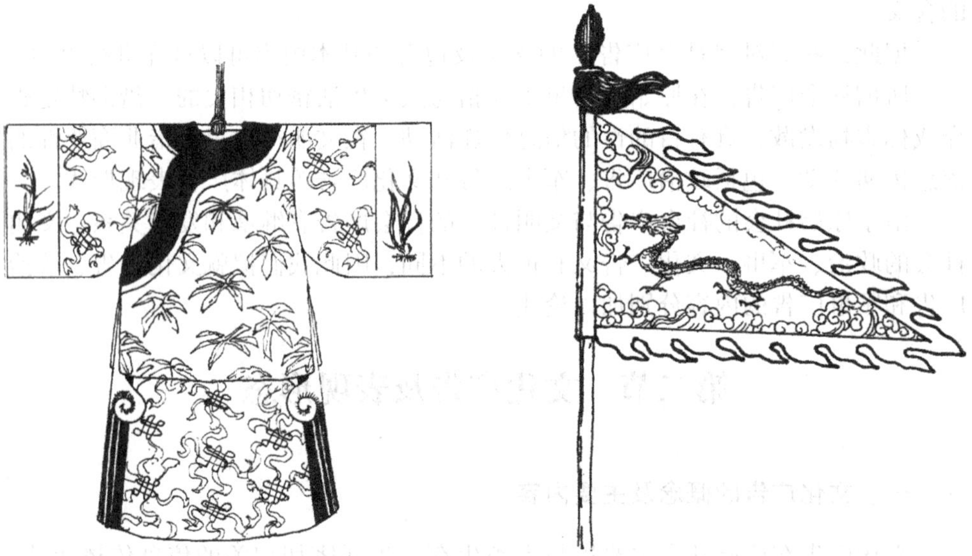

服饰与旗帜广告

（1）与服饰文化相关联的广告表现形式。在原始社会，原始人用石陶纺轮把采集来的野麻捻成细线，然后织成麻布，制成服装，并发明饲蚕和纺织，织出更精细的服饰，主要是遮羞和御寒。进入文明社会后，衣冠服饰则成为统治阶级"严内外，辨亲疏"的工具。自夏、商、周起，中国开始出现冠服制度，到西周已基本完备，上至帝王后妃，达官重臣，下至黎民百姓，衣冠服饰均有严格的区别，不同颜色、不同质量、不同穿着打扮代表不同的身份、地位，不仅在统治阶级政权内部有严格区分，在民间也约定俗成，起到了广告宣传和识别作用。仅以颜色为例，在中国古代社会，以黄色最为贵重，象征中央权力机构，青色象征东方，红色象征南方，白色象征西方，黑色象征北方。青、红、皂、白、黄五种颜色被视为"正色"，有些朝代规定正色服饰只有帝王、官员可穿，百姓只能穿着由这些颜色调出来的中间色等。① 以宋代品官章服制度为例，其服装、配带、鱼袋及所持笏各不相同，其传递的特殊信息和广告识别作用可略见一斑。②

宋代品官章服简表

| 品 级 | 服 色 | 带 | 鱼 袋 | 笏 |
|---|---|---|---|---|
| 一品 | 紫 | 玉 带 | 金鱼袋 | 象 笏 |
| 二品 | 紫 | 玉 带 | 金鱼袋 | 象 笏 |
| 三品 | 紫 | 玉 带 | 金鱼袋 | 象 笏 |
| 四品 | 紫 | 金 带 | 金鱼袋 | 象 笏 |
| 五品 | 绯 | 金涂银带 | 银鱼袋 | 象 笏 |
| 六品 | 绯 | 金涂银带 | 银鱼袋 | 木 笏 |
| 七品 | 绿 | 黑银及犀角带 | 七品以下无 | 木 笏 |
| 八品 | 绿 | 黑银及犀角带 | 同上 | 木 笏 |
| 九品 | 绿 | 黑银及犀角带 | 同上 | 木 笏 |

(2) 商品广告和文化广告的混合体。如中国古代最为原始的吟唱广告和声响广告就具有一定的代表性。

吟唱广告主要是口头推销商品，但其广告表现却借鉴了民间韵语说唱的

① 黄能馥、陈娟娟编著：《中国服装史》，中国旅游出版社 1995 年版，第 2 页。

② 臧云浦、宋崇业、王云度著：《历代官制、兵制、科举制表释》，江苏古籍出版社 1987 年版。

吟唱图

艺术形式，并在广告宣传中又进一步丰富充实了韵语说唱这一民间艺术的内容。二者结合较好，在广告宣传中运用较多，且在民间较为流行的有《货郎调》、《卖估衣调》和《卖梨膏糖调》等，这种采用民间艺术吟唱的广告表现形式，与其说是商品广告，倒不如说是文化广告更合适。

声响广告在古代社会表现形式丰富多彩，仅其名称就包含着丰富的文化内容，如修脚摇折叠凳称“对君坐”，剃头担所持响铁称“唤头”，医家所摇铜铁圈称“虎撑”，盲人所敲小铜锣称“报君知”，磨镜者所持铁片称“惊闺”，锡匠所持铁器称“闹街”，卖油者所鸣小锣称“厨房晓”，卖食者所敲小木梆称“去馋”，卖闺房杂货者所摇器物称“唤娇娘”等。除此之外，又如上书“公平交易”、“童叟无欺”的招牌，喜庆节日悬挂的灯笼，搭建的彩楼和欢门，除了宣传商品之外，更折射出丰厚的文化信息，打上了民俗文化的深深烙印，也可以称之为文化广告。

（3）以文化传播、文化娱乐为主要内容的广告表现形式。除了前文所提到的灯笼、彩楼、欢门等在喜庆节日悬挂的广告表现形式外，中国古代传播文化信息的广告表现形式众多。如宋代杭州文化广告盛行，史书记载：“今杭州茶肆亦如之，插四时之花，挂名人画，装点门面。”① 酒店则常常高悬醉仙刘伶、李白画像。印刷术发明后，在印书、印刷话本小说的过程中，加上插图画像，作为广告宣传。明代的一则图书广告这样写道：“本坊谨依经书重写绘图，参订编大字本，唱与图合。使寓于客邸，行于舟中，闲游坐客，得此一览始终，

① 吴自牧：《梦粱录》。

歌唱了然，爽人心意。"① 中国古代社会民间工艺的现场演示广告也较盛行，如清代有"苏州人以五色粉糍状人形貌，谓之捏像，鬻者如市，手不停作"的记载。② 除此之外，民间节日庆典、婚、丧、嫁、娶、寻物、寻人启示等，均传递的是与民间娱乐和文化活动有关的信息，都可视为文化广告的形式。

## 第三节 中国古代的政治广告

中国古代的政治广告是伴随着国家机器的出现和国家政权机构的设立，以及各级权力机关的运转而出现的。

### 一、政治广告的概念及分类

所谓政治广告，多指统治者设立的代表权力、权威的标志物，歌功颂德的象征物，以及借助特定媒体和特定渠道传递、自上而下颁布的政令、法规、文件、文书等。

从使用的媒介和信息流通的渠道不同来看，古代的政治广告可分为两大类：其一是带有象征、识别意义的标志、事物等；其二是带有诏示、训诫、晓谕、征召意义的政令、文书等。

（一）文明社会初期的警世、昭示广告

这一类政治广告多出现在文明社会的初期，包括铸鼎、石刻、立碑等。具体广告形式如下：

（1）鼎。夏禹统治之初，为了显示自己的威严和博得民众的好感，曾铸九鼎以示天下。史书记载："昔夏之方有德也，远方图物。贡金九枚，铸鼎象物，百物而为之备，使民知神奸。"③ 禹铸九鼎，矗立在荆山脚下，鼎上刻绘的是九州万国毒恶生物和鬼神精怪的图像，一方面让人们对毒恶生物进行预防，另一方面让人们对神灵进行崇拜。鼎在这里是国家和权力的象征，对威慑天下和维护禹的统治起着重要作用。

（2）石刻。秦始皇统一中国后，于公元前219年在泰山顶上立下石碑，碑上刻上歌功颂德的言辞，以达到晓谕天下巩固统治的目的。以后，秦始皇每到一处，均要留下石刻，记录自己的行踪和大臣们对他歌功颂德的言辞，石刻在这里起到了广告宣传功效，对维护秦始皇的统治，树立秦始皇的威望，以及

① 刊于1498年刊本的《奇妙全像西厢记》。

② 李计：《扬州画舫录》。

③ 《左传·宣公三年》。

宣传秦始皇的政治主张起到了积极的信息传播作用。

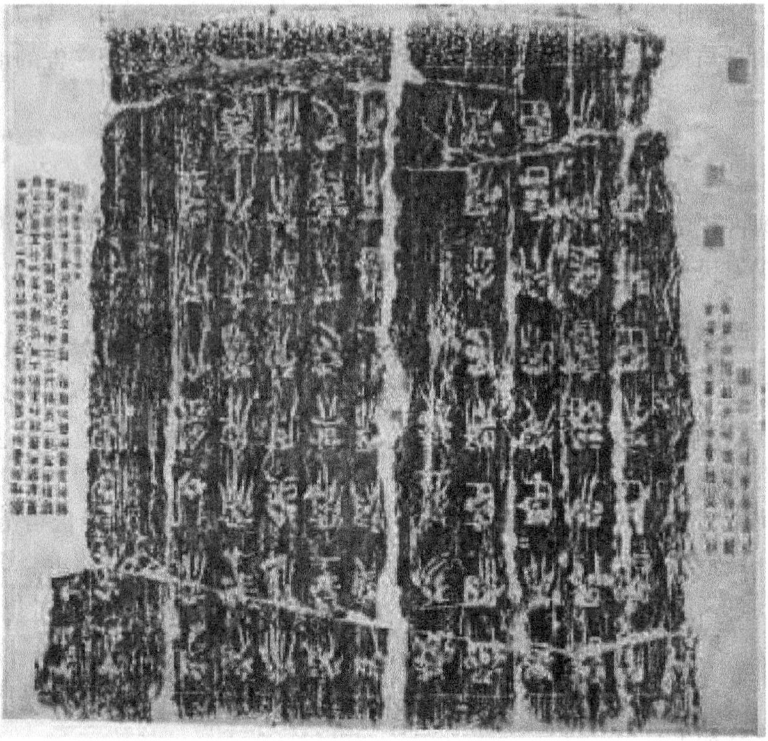

秦代琅琊台刻石

（3）碑。秦代称石刻，汉以后称碑。碑为古时宫殿、庙宇门前用来识日影及拴牲口的竖石。《仪礼·聘礼》有“上当碑”的记载。郑玄注：“宫必有碑，所以识日景，引阴阳也。凡碑，引物者，宗庙则丽牲焉以取毛血。其材、宫、庙以石，空用木。”碑起到了广告宣传作用，则是在石碑上镌刻文字，作为纪念物或标记，也用以刻文告，如纪念碑、墓碑等。也有人把“碑”和“碣”合称为“碑碣”。实际上“碑”和“碣”是有区别的。古人把长方形的刻石叫“碑”，把圜首形的或形在方圆之间、上小下大的刻石叫“碣”。秦始皇在泰山顶上刻石记功之后，开立碑碣之先河。东汉以后，碑碣内容和形式均趋向完备。如从内容看，有碑颂、碑记等，从形式看，用于歌功颂德的碑碣的形制多有一定的格式，起着传递相关信息，警示、训诫后人的广告宣传作用。后世碑碣名称往往混用。

（4）志。释义多种，和广告宣传形式有关的有两种解释：其一，“志”通

“帜”。如《史记》载：“设兵张旗志。”①这里的“志”上多写将领的姓氏，起着广告标识作用；其二，“志”也写做“誌”。用文字或符号作标记。如陶潜《桃花源记》载：“（渔人）得其船，便扶向路，处处志之。”这里的“志”便是做记号。又如《南齐书》载：“襄阳土俗，邻居种桑树于界上为志。”②这里的“志”则是立标记，起到广告识别作用。后人也有把“碑”和“志”合称为“碑志”的。这里的碑志指的是墓碑，碑在墓前，志在墓里，均刻有文字昭示世人和后代，起到广告宣传和识别作用。

（二）作为政权统治延伸工具的广告

这一类政治广告在中国古代国家政权机构相对完备的情形下使用较多。包括诏、制、诰、令、判等。具体广告形式如下：

（1）诏。原始意义为“告”。即为“告诉”、“告知”、“教诲”之意。如《周礼·春官·大宗伯》：“诏相王之大礼。”《庄子·盗跖》：“夫为人父者，必能诏其子。”这里的“诏”表达的就是“告知”、“教诲”的含义。这里的“告”一般也特指上告下，具有原始广告的特征。汉代以后，“诏”特指皇帝向臣民颁发的命令和文告，也称之为“诏令”和“诏书”。如《史记》载：“命为制，令为诏。”③《汉书》载：“中黄门田客持诏记。”④人们一般认为，“诏书”和“诏令”所表达的含义略有区别。如《后汉书》载：“辛末，诏曰：‘更始破败，弃城逃走’。”⑤ 李贤注引《汉制度》曰：“帝之下书有四……三曰诏书。诏书者，诏告也”。“诏书”，显然是指帝王所颁发或布告命令和文告的一种。而诏令作为文体名，却是古代帝王、皇太后所发命令、文告的总称，包括册文、制、敕、诏、诰、策令、玺书、教、谕等。皇后在皇帝驾崩后也可以发令，如《文选》即载有任昉作《宣德皇后令》一首。诏记也就是指皇帝的手诏或诏令。诏作为广告宣传形式，主要用于国家政令颁布和国家机器的运转。每当王朝更替，政权交接，官员任命，奖励惩罚，历代统治者均要以下诏的形式来进行，以示皇恩浩荡或显示皇权的神圣与威严。这里的“诏”已成为皇权的象征或历代统治者政权体制的有机组成部分，也是皇权横向延伸的一种工具。“诏”这种广告形式在某种程度上发挥着推动封建国家机构按照特定模式良性运转的功能。

① 《史记·刘敬叔孙通列传》。
② 《南齐书·韩系伯传》。
③ 《史记·秦始皇本纪》。
④ 《汉书·外戚传》。
⑤ 《后汉书·光武纪上》。

清代诏书

(2) 制。也称“制书”，帝王诏书的一种，史书记载：“帝之下书有四：一曰策书，二曰制书，三曰诏书，四曰诫敕……制书者，帝者制度之命，其文曰：‘制诏之公’。皆玺封，尚书令印重封，露布州郡也。”① “制”始于秦代，汉为制度，唐代较为常见。史书记载：唐代凡行大赏罚，授大官爵，厘单旧政，赦宥降虏，皆用制书。② 因“制”和“诰”都是“诏令”的一种，所以后人也称为“制诰”，即帝王所下文告及命令的统称。也有人把其作为“诏令”的代称。

(3) 策。也称策书，汉代帝王对臣下封土、授爵或免官的一种文书，多书写于简册之上，称为策，也是古代政治广告的一种表现形式。对此，史书也多有记载：“王命尹氏及王子虎、内史叔兴父策命晋侯为侯伯。”③《汉书》也有用策免官的记载：“遂策免光。”④ 这里的“光”乃指大臣孔光。

(4) 诰。这是夏、商、周较为流行的一种有训诫、勉励色彩的政治广告。诰原意为“警诫”、“诫勉”之意，如《国语》载：“近臣谏，远臣谤，舆人诵，以自诰也。”⑤ 后特指古代一种训诫勉励的文告，如《尚书》就有《康诰》、《酒诰》的记载。隋唐以后，帝王授官、封赠的命令也称诰，又称为诰命，实际上就是指皇帝赐爵或授官的诏令。明清时期，官位一品至五品均以诰命授予，皇帝也常以诰命的形式对官员的先祖和妻室进行封典，称为诰封，五品以下用敕命授予，称为敕封，一般都择有庆典活动的时日颁给。

(5) 判。原意是指唐、宋官制，即以高官兼较低职位的官称判。如州判、通判等。具有古代政治广告意义的则指判牍。判牍是一种文本名，判决司法案

① 《后汉书·光武纪上》，建武元年九月李贤注引《汉制度》。
② 《唐六典·中书》卷9。
③ 《左传·僖公二十六年》。
④ 《汉书·孔光传》。
⑤ 《国语·楚语上》。

件的文书、文章。古代司法案件判决后示众，多用四六骈文。如唐代白居易有《甲乙判》，编入《白氏长庆集》。

（6）令。战国、秦汉时期，县级行政长官称令，中国封建社会历代相沿，明清改称知县。令有时也称中央最高机构有显赫地位的高官者，如中书令、尚书令等。某些中级机构中的主官也有称令者，如汉代九卿属官中之令。但作为政治广告的令，则是指命令、政令、军令，如《书·冏命》：“发号施令，罔有不臧。”是对中国古代政治广告的一种泛称。

（7）敕。敕即告诫、命令。《世说新语》载：“陶公性检厉，勤于事，作荆州时，敕船官悉録锯木屑，不限多少。”① 这也是中国古代社会自上而下传递信息的一种政治广告表现形式。

## 二、中国古代政治广告存在和发展的显著特点

其一，政治广告的内容多体现统治者的治国思想和管理思想。

从政治广告传播的形态来看，无论是鼎、石刻、碑志等以自然物为载体，相对固定的广告形态，还是诏、制、策、诰等以纸、绢、绸、缎为介质的自上而下流动的广告形态，其传播的内容一定是为统治者所制定、所控制的，并沿着特定的渠道、方向进行定向传播。其主要内容一定是与统治者的治国方略、政治纲领及政策法令有关。同时，此类广告也有大量内容对统治者进行歌功颂德，以期通过广泛的传递来树立统治者的权威，并通过广泛的信息传播来博得民众的好感。这在中国古代社会的历代政权中，基本形成惯例。

其二，广告传递的方式在各级政权机构之间有相对固定的模式。

从总的来说，中国古代社会广告的主要传播类型有三种，政治广告多是在政权各个机构之间自上而下层层传播，不同时期的王朝虽然有不同的区别，但这种自上而下的传播形态没有发生根本性的变化。军事广告则有自上而下和自下而上两种主要传播途径，多和军队的调动、前方的战况有关。如露布广告的传播途径，主要是沿驿站沿线，从边疆直到中央机构，一站一站层层传递，不能有误。文化广告则是在民间横向传播，传播的途径和方式也是根据统治者政权管理的规定，并遵循各地的风土人情和民俗传说，沿着一定的礼仪规制进行文化信息传递。

其三，使用媒介的本身具有象征、借代意义。

鼎、石刻、碑等自然物，如果成为统治者传播信息的工具，便具有象征和借代意义，是统治者权力的化身或权力延伸的工具。而官服的不同颜色、规

① 《世说新语·政事》。

制、图案，也是身份、地位的象征，代表皇权的神圣和权力之间各种礼仪的不可逾越，如官员出行乘坐的轿子及相关的旗帜数量，肃静牌的位置及鸣锣开道的点数，均与身份、地位、皇权等有关，在这里，这些普通的传播媒介就变得不普通了，多具有象征和借代意义。

中国古代社会的政治广告从某种意义上讲，可以视为中国古代社会国家机器的有机组成部分，是统治者权力延伸的一种工具。

## 第四节 中国古代的军事广告

中国古代的军事广告源于原始人的狩猎活动和氏族、部落之间的战争，在文明社会里得到进一步发展，其表现形式逐渐成熟。

### 一、军事广告的概念及分类

所谓军事广告，指古代社会人们传递军事信息、调动军队、安排军事活动的命令、文书及相关的信息传递活动。

军事广告按使用媒介和传递信息的方式不同也分为两大类。其一是使用特定媒介来传递军事信息和与此相关的活动。这种媒介只有当传递的是军事信息时，才能称为军事广告。其二是战争状态下公开发布的言辞和军令等。

北宋神虎第一指挥

(一) 借助特殊媒介传递军事信息的广告

这一类军事广告主要借助特殊的媒介来传递军事信息。主要包括烽火传信、击鼓为号、纸鸢传书、立表为记等。具体广告形式如下：

(1) 烽火。原始人在围猎的过程中，开始把冒烟的火时而盖住，时而揭开，通过冒出的浓烟来传递信息。后来，烽火传信多用于战争和军事目的。我

北宋玉押

清多罗定郡玉银印

国古代春秋战国时期，诸侯之间多用火光和烽烟示警和发布求援信号。史书就有“烽火戏诸侯”的记载。秦始皇统一中国后，修筑了万里长城，为了防御外族的侵犯，他在万里长城上每隔十里筑一烽火台，储备干燥的狼粪和其他动物的粪便，遇有敌情，及时点燃，火光烟雾腾空而起，往往在十里之外都能清楚地看到滚滚狼烟，十里之外的烽火台看到狼烟后，紧接着也点燃烽火，以此传递，可把消息传到很远的地方。由于烽火多用于军事行动，所以才有古诗“孤山几处看烽火，壮士连营候鼓鼙”的细致描写，这里的烽火也就成了军事广告。

（2）纸鸢。也称之为风筝。古人有“飞鸽传书”的习俗，但用纸鸢传递军事信息的记载在中国古籍中也能见到。《独异志》载：“侯景围台城，简文作纸鸢，飞空告于外。”这段文字描述的是公元549年南北朝时期的梁国台城被侯景包围，梁武帝萧衍之子简文帝把求救信绑在风筝上放飞城外，从而获得援兵救助的故事，这里的纸鸢和书信传递了军事信息，起着军事广告的作用。

（3）战鼓。中国古代社会的军事活动多与战鼓有关，战争中，“击鼓为号”是一种常见现象，鼓作为一种传递军事信息的工具，在史书中多有记载，其中最有名的就是周幽王击鼓悦褒姒的故事。史书载：“周宅丰、镐，近戎人，与诸侯约，为高葆祷于王路，置鼓其上，远近相闻，即戎寇至，传鼓相告，诸侯之兵皆至救天子。戎寇当至，幽王击鼓，诸侯之兵皆至，褒姒大说喜之。幽王欲褒姒之笑也，因数击鼓，诸侯之兵数至，而无寇至，于后戎寇真至，幽王击鼓，诸侯兵不至，幽王之身乃死于丽山之下，为天下笑。”① 这里的“传鼓相告”，起到了“远近相闻”的作用，因而具有明显的广告特征。类似的记载在史籍中多有提到，如《史记》就有“将受命之日则忘其家，临军约束则忘其亲，援枹鼓之急则忘其身”。② 这里的“援枹鼓”就是指击鼓进军，传递军事信息。

（4）表。本指外面穿的衣服，由此引申有外面、表面、表明等意，由“表明”再引申为“标志”、“标记”之意。古代交战的双方往往在行军线路和重要军事目标上做上标记，称为表，具有识别和告知之功能，也是一种军事广告。如《吕氏春秋》载：“荆人欲袭宋，使人先表澭水……乡其先表之时可导也，今水已变而益多矣，荆水尚犹循表而导之，此其所以败也。”③

（二）按固定程序和通道传递军事信息的广告

这一类军事广告包含的内容较为丰富，既包括统率的训令，又包括将士的言辞，还包括借助特定媒介，按照固定程序和通道上传下达的信息传递活动。具体来说，包括檄文、露布、誓等。

（1）檄文。古代官府用以征召、晓谕或声讨的文书。《史记》载：“此臣

---

① 《吕氏春秋·疑似》。
② 《史记·司马穰苴列传》。
③ 《吕氏春秋·察今》。

之所谓传檄而千里定者也。"①《汉书》："嘉为檄召通（邓通）诣丞相府。"②《史通》载："陈琳为袁檄魏。"③ 这里的檄，也有以文书的形式征召、晓谕或声讨的使动意义。在这里，檄文是国家内部政权管理，国家与国家、政权与政权之间外交、对垒、抗衡的一种信息传播工具，是一种政治和军事色彩均很鲜明的广告表现形式。政治实体之间，通过檄文广告可以向对方或本方民众宣传自己的政治主张，战争期间，可以表明战争的合法性和正义性，同时，对战争的对象进行指责和声讨，以赢得民心或获取支持。同样，檄文也是朝野有识之士进行政治斗争的有力工具。他们可以利用檄文抨击时弊，揭露统治者的荒淫和暴敛，并利用这种传媒工具来表明自己的政治主张和施展自己的政治抱负。这种檄文往往公开发布或公示于众，其政治、军事广告的功用也十分明显。

在中国古代社会，与檄文相关联或相似的还有两种政治军事广告形式，一种是檄羽，另一种是檄移。所谓檄羽，即古代军中文书上插羽毛表示紧急速递。如刘长卿在《罢摄官后将还旧居留辞李侍御》诗中所写"草映翻营绿，花临檄羽飞"，说的就是这种加急传递军事信息的文书广告。所谓檄移，乃是对檄文、移文的合称。檄文多用于声讨和征伐，移文多用于晓谕或责备，因二者传递信息的方式和所要表达的内容相似，所以，古人将其合称为檄移。如刘勰在《文心雕龙》中就收有《檄移论》。

（2）露布。也称"露板"、"露版"，是中国古代社会具有典型广告特征的一种信息传播形式。露布最初是指不加检封、公开发布的官方文书，有公开宣传之意。《后汉书》："云素刚，忧国将危，心不能忍，乃露布上书。"④ 李贤注："露布，谓不封之也。"

露布多用于发布军事信息，三国时期，主要用来通报战况和发布捷报。北魏时，露布延续了这种功能。封演《封氏闻见记》卷四："露布，捷书之别名也。诸军破贼，则以帛书建诸竿上，兵部谓之'露布'。"露布形似旌旗，用宽大的缣帛制成，当战争取胜时，将士们将胜利的捷报书写在露布上，然后用漆竿高高挂起，选择身强力壮、骑术高明的将士擎着露布，快马飞报皇城。当骑手中途在驿站换马、休息时，露布就像旗帜一样插在地上，供周围群众围观。露布上的信息也就迅速向四方扩散。

古代也用露布称檄文、捷报或其他紧急文书。《文心雕龙》曰："张仪檄

① 《史记·张耳陈馀列传》。
② 《汉书·申屠嘉传》。
③ 《史通·疑古》。
④ 《后汉书·李云传》。

楚，书以尺二，明白之文，或称露布，播诸视听也。”① 在这里，露布也有公开声讨、谴责之意，具有军事广告之功效。

(3) 誓。流行于夏、商、周三代，是战争状态下告诫出征将士的言辞。《周礼》载：“（五戒）一曰誓，用之于军旅。”②《书》：“启与有扈战于甘之野，作《甘誓》。”③ 这里的“誓”，也有宣誓、宣布的意思，主要指主帅向出征将士宣布作战的意图并带领将士表达胜利的决心。誓也是古代军事广告的一种。

**思考·案例·练习**

1. 为什么说“社会广告”出现的时间要早于“商品广告”？
2. 列举中国古代“社会广告”的主要表现形态。
3. 简述中国古代“社会广告”的基本类型。
4. 试述中国古代政治广告的特点。

**参考文献**

1. 黄能馥，陈娟娟．中国服装史．北京：中国旅游出版社，1995
2. 臧公浦，宋崇业，王公度．历代官制、兵制、科举制表释．南京：江苏古籍出版社，1987
3. 二十四史．中华书局校点本
4. 赵强．中国民间民俗礼仪大全．南宁：广西民族出版社，2003
5. 周月亮．中国古代文化传播史．北京：北京广播学院出版社，2001
6. 中国古代史常识（专题部分）．北京：中国青年出版社，1980
7. 郭人民，郑慧生．中国古代文化专题．开封：河南大学出版社，2003
8. 邓洪波．中国书院楹联．长沙：湖南大学出版社，1999
9. 范文澜．中国通史．北京：人民出版社，1979
10. 杨海军．论中国古代的社会广告．新闻春秋．厦门：厦门大学出版社，2004

---

① 《文心雕龙·檄移》。
② 《周礼·秋官·士师》。
③ 《书·甘誓序》。

# 第四章 中国古代广告发展的基本脉络

**【本章提要】** 中国古代广告的发展受政治环境和经济发展水平的影响甚深。广告作为一种特殊的信息传播方式，自身也有一个发展、演变的过程，各广告表现形态之间也有一个内在发展的必然联系。了解广告在社会环境下发展、演变的规律，有助于了解中国古代广告发展的延续性和必然性。

**本章内容主要包括：**

※ 中国古代广告从形态上经历了一个从简单到复杂，从单一广告类型到多种广告形式并存的发展过程。

※ 商品广告和社会广告是中国古代广告的两种基本形态，在不同时期内长期并存，互有消长。

※ 广告的发展、变化同社会政治、经济环境的变化密切相关，尤其与政权的更迭和城市商业的发展有因果关系。

※ 广告自身衍化并呈现出一定的规律和特点。

※ 中国古代广告在社会文明进程中发挥着政治、经济和文化功能。

## 第一节 中国古代广告发展的特点

中国古代社会包括原始社会、奴隶社会和封建社会三个不同的发展阶段。原始社会中期出现了社会广告，原始社会末期和奴隶社会初期，商品广告走进人们的生活。封建社会，中国古代广告发展也相对进入鼎盛时期。但从总的情况看，中国古代广告的发展和其生产力发展水平相一致，在不同的历史时期，由于生产力发展水平的差异，广告表现形式也不尽相同。广告设计制作水平，传播的范围及传播的方式受当时社会政治、经济环境制约和影响较大。具体来说，中国古代广告的发展具有如下几个比较显著的特点。

## 一、中国古代广告的出现及存在，多与人们的生存、生活需要直接关联

社会广告是伴随着人类的信息交流活动而出现的，而人类最初的信息交流活动，多与人类的生存需要密切相关。人类最初的信息交流活动，主要出现在原始人的采集、狩猎、部落战争、氏族会议等活动中。这种信息交流、不仅提高了原始人的协作能力和工作效率，也提高了其生存能力。从这个意义上讲，伴随着人类信息交流活动产生的原始广告一开始就成为人类生活不可分割的重要组成部分，这对于我们今天认识现代广告与人类生活的关系仍有重要意义。

随着商品生产和商品交换的出现，商品广告开始出现。商品生产和商品交换的出现，是人类生产力水平提高、产品有了剩余以及社会分工的发展产物。当商品生产和商品交换成为人们生活中一种经常性的活动的时候，商品广告也就应运而生。在原始社会末期和奴隶社会初期，商品生产和商品交换也是人类必要的生存手段之一。广告实际上也是直接来源于人们的生活，并为提高人们的生活质量服务。商品广告直观、简单地反映或强化人们的生活需要，自然也就不可避免地成为人们生活中不可分割的组成部分。

## 二、中国古代广告的发展水平与当时社会发展的物质基础及信息传播的方式、途径密切相关

随着生产力水平的不断提高，从原始社会到奴隶社会、封建社会，人们的物质生活水平也在不断进步，广告得以存在和发展的物质基础也越来越丰富。生产工具的进步，社会分工的发展，社会组织的建立及不同社会阶层的形成，都为人们的信息交流增加了现实和潜在的需要。广告传播的信息不断增加，广告传播的媒介及相对应的传播方式多样化及广告受众的群体人数增多，活动区域扩大，都为广告的存在及发展创造了良好的物质条件。更为重要的是，伴随着生产力的发展和科学技术的进步，广告传播的手段、方法和途径也在不断发生变化。原始社会时期人们利用手势、身体语言或借助自然物来传递信息；语言形成后，人们便借助有节奏的呼喊或抑扬顿挫的旋律来传递信息；文字出现以后，便出现招牌、幌子等各种广告表现形式，使得人们传递信息的方式更准确，所传达的信息也更迅猛增加。纸的发明和印刷术的出现，使印刷广告的出现成为可能，人们传递信息的方式变得更精确，信息流动的区域也更广阔，从而使广告的表现形式变得更为丰富和更加成熟。原始广告最初为人们的生存和生产服务，社会广告则为人们日常生活及社会组织的管理及运行服务。商品广告出现后，主要在商品生产和商品交换中发挥作用，广告传递的途

径虽然不同，但都伴随着人类的物质需求的增多而增多，随着人类物质生活的丰富而发展。

**三、社会广告和商品广告是古代广告的两种主要形式，但在不同的社会发展阶段其比重有所不同**

广告是人类有目的的信息交流的产物，当人类传播的信息是社会信息时，社会广告便开始出现，当人类传达的信息是商品信息时，商品广告便应运而生。在原始社会，社会广告占据着较大比重，只是到了原始社会末期，商品广告才开始出现。在中国古代社会夏、商、周以后的不同历史时期，社会广告特别是社会广告中的政治广告是中央政权和地方政府进行政权管理和权力延伸的重要手段，军事广告也同国家的战争、军情的通报和军队的调遣有关，文化广告则与不同时期民众的日常生活、文化娱乐及宗教文化活动密切关联。商品广告出现以后，伴随着商品经济的繁荣而发展，随着商品经济的衰落而衰退。由于在中国古代社会的不同时期，其统治者对商业发展的政策不同，其商业经济在社会经济中所占的比重有所不同，商品广告的发展在不同的历史时期也就时有消长。尽管商品广告从总体上说发展较为缓慢，但从其发展趋势上讲都是不断增长的。而社会广告在中国古代社会生产力水平较为低下，国家管理手段较为单一，交通不便，区域间交流仍存在着障碍的情况下，对于维护民族的统一，促进中央集权国家的形成及丰富人民群众生活等方面都起到了不可忽视的作用。纵观中国古代社会，有时政治广告所占比重较大，有时商品广告占据主导地位，但商品广告一直呈螺旋式上升趋势，这是中国古代广告发展的又一特点。

**四、政治广告受政权更迭影响较大，而商品广告则受市场发育程度的制约，二者的变化均呈现出独特的规律性**

中国古代社会政权更迭相对频繁，每当新政权建立，便颁布政令，晓谕四方，政治广告便得到进一步的发展。如禹铸九鼎、以示天下的商朝和周朝的“诰书”，战国时代的“令”，秦代的“制”、“石刻”，汉代的“策书”和“诰书”，魏晋的“露布”等都是中央政权颁布政治法令、进行政权管理的工具。

中国古代社会的商品交换和市场发育可追溯到母系氏族繁荣和父系氏族初期，后代史书有许多相关记载。如神农氏“中日为市”，①“祝融作市”，② 黄

① 《易经·系辞下》。
② 《世本·作篇》。

帝时期“市不预贾”,① 舜“贩于顿丘、就时负夏”,② 商族祖先王亥驾牛车在各部落间经商等。商代商业和商人阶层产生，到西周时期城市商业出现萌芽，春秋战国时期，隋唐时期，以及宋代商业都得到大发展，城市商业、镇市商业都得到不同程度的发育，商业行帮的出现则表明商业的发展已超出地域的范围。在宋代的都城中，出现早市、午市和夜市，在明清时代的都城和沿海港口则出现一些贸易中心和商品集散地，市场发育已相对成熟，与此相适应，在商业相对发展的时期和相对繁荣的地区，商业广告的发展也较繁荣。但在中国古代社会的一些历史时期，因统治者采取抑商政策而使商业发展受到限制，因政权更迭导致商业衰落的情况也时有发生，三国、两晋，南北朝时期，商业就出现明显的衰退，在五代时期，商业甚至出现凋敝的景象，在汉代以及宋、元、明、清等不同的时代，都有不同程度的抑商政策在推行，多多少少影响了商业的发展。与此相适应，商业广告也断断续续发展，有时则呈现走向凋零景象。这一特点也许为中国古代广告发展中所特有。

中国古代商品广告受市场发育程度的制约还表现在商品广告往往与市场上的商业活动直接关联。中国古代社会的市场，主要是指商品交换场所。由于交换活动多在市场中或被限定只能在市场中进行，因此，由此而产生的广告活动无论是在时间上，还是在空间上都不可能超出市场的范围。如口头广告，陈列广告，招牌广告，幌子广告，店堂广告等均自然地成为市场交换的组成部分。

**五、广告市场发育不成熟，广告市场中的多角关系尚未形成**

由于中国古代的广告活动在通常情况下尚未超出狭义市场的范围，因此，广告市场同样在时间上和空间上没有更多的伸延机会，广告市场的发育不成熟，这是中国古代广告发展的一个重要特点。这种不成熟很重要的一个方面就是表现在广告市场中的多角关系尚未形成，广告的发布者、商品生产者和商品经营者在大多数情形下是三位一体的。

中国古代社会是一个相对稳定的传统农业社会，商品经济的萌芽虽然很早，但发展速度却极其缓慢，自给自足的小农经济模式决定着自产和自销在商品生产和商品交换中占据着较大比重，虽然在春秋战国时期就形成了商人阶层和行商、坐贾的分化，但在整个社会的经济结构中他们所发挥的作用有限。所以，有些学者明确提出，在我国漫长的自然经济的历史中，没有形成广告行业这一独立分工的条件。因此，我国古代社会的经济广告不是由商品经销者独立

① 《淮南子·览冥训》。

② 《尚书·大传》。

完成的，在大多数情况下，商品的生产者就是商品的经营者，同时也是广告的发布者。广告市场中的多角关系尚未形成，广告行业并没有作为一个独立行业出现，这也是中国古代社会广告发展的独有特点之一。

## 第二节 不同类型广告发展的脉络关系

中国古代广告内容丰富多彩，表现形式各异，因使用目的、存在环境不同，而表现出鲜明的个性特征。这些内容丰富、形式多样、个性特征明显的中国古代广告，构成了中国古代社会政治、经济、文化生活立体影像的一个层面，折射着古代民众特定环境下的特殊心态。

从表面看，不同时期的广告表现形式有一个从简单到复杂的过程，同一时期同一类型的广告表现内容也存在着较大的差异，但从广告发展的过程、规律和特点看，不同类型的广告发展有一种内在的、必然的联系，这种联系形成了不同时期广告发展的脉络关系。

### 一、广告信息传递功能伴随生产力水平提高而不断强化

广告是一种信息传递活动，广告信息的传递功能随着生产力水平的提高以及社会的进步而不断强化，这是认识不同类型广告之间脉络关系的一条主线索。

中国古代社会的广告活动的主要功能是将有效信息传递出去，无论是原始人为生存需要表现喜怒哀乐而发布的广告，还是文明社会的人们为交换需要，为战争目的，或为文化娱乐需要而发布的广告，都是为了向特定的目标对象发布出特定的信息。不管广告形式怎样变化，这一目的不会改变，改变的只是信息传递的途径、方法和流向。原始社会人类生产力水平低下，人类必然与自然和野兽抗争才能维持生存，信息传递的内容多与此有关；同时，原始人主要是靠有节奏的声音、特殊的形体动作，例如肢体语言、纹身艺术，并借助一些自然物，如石块、工具、烟火等来传递信息，所以其信息传递的途径和方法相对简单。另外，原始人多以血缘关系为纽带，无论是氏族、胞族，还是部落，其人数规模和活动的区域也均有限，在这样的原始群体中进行广告信息传播，其信息的流向也较单一。

文明社会的生产力水平得到极大提升，社会的政治、经济、文化生活也日渐丰富起来。在此基础上，广告的表现形式也日益变得丰富多彩。

随着原始社会解体，私有制、阶级和国家出现，政权管理的机构日趋完备，政权管理的工具也日益增多，为统治阶级政权管理机构服务，并作为政权

管理工具延伸部分的政治广告便应运而生。政治广告涉及中国古代社会的宗教礼仪、服饰文化、等级制度，存在于国家机器运转的各个环节，在政权更替、社会发展过程中起到了不可忽视的作用；商品广告的出现同商品生产和商品交换密切相关，并在区间贸易不断扩大，城市商业不断发展的过程中逐渐兴盛。最初的经济广告只局限于交换的场所或固定的店铺周围，随着贸易范围的扩大和交换活动的频繁，广告就逐渐突破了狭隘的市场范畴，而有了更广阔的范围和空间。文化广告的出现与人们物质文化生活水平的提高有着直较关系，也同普通大众的日常生活和喜怒哀乐相关联，并反映着普通民众的价值观和审美观，且与普通民众丰富多彩的文化生活密不可分；军事广告则与国家的外交、政权之间的对抗及具体战争和战役同步出现，所以文明社会的广告流向也是全方位的，其功能和作用因呈现出以上变化而日益增强。

## 二、广告表现形态从简单到复杂与人类社会文明进步直接关联

广告也是人类物质文化生活水平不断提高，精神文化生活日益丰富的必然产物。从这个角度看，不同类型的广告从简单到复杂的发展，从单一到多层面的变化，与人类社会文明进步直接关联。

广告不是孤立出现的，不同类型的广告总是同这一时期的社会政治状况、经济、文化发展水平密切相关，反映着这一时期人们的物质生活水平和精神生活的质量。人类在改造自然和征服自然过程中创造广告、使用广告，不仅推进了社会文明的进步，也使广告自身成为人类社会文明进步的成果之一。文明社会人类的物质文化生活水平得到提高，精神文化领域的需求也日益增长，广告从内容到形式都有较大飞跃。文化广告的诸多要素较之原始社会更加完备，广告所关注的范围和领域不再局限于个体或狭小的群体，而延伸到人类社会的各个角落，广告所涉及的内容也不再仅仅局限于狩猎活动中的呼应、战争中的烽火及反映其喜怒哀乐的纹身和岩画，而是渗透到人类精神文化生活的各个层面。大到帝王上朝、出巡，官员施政、审案，小到百姓的衣、食、住、行、礼仪风俗，都有广告在发挥作用。商品广告从它诞生的那一天起就与人们日益增长的物质需求密切相关，商品广告诞生于人们的商品交换活动中，其功能是促成交换，而实现交换则满足了人们物质生活的需要。在社会不断进步，经济不断发展的大背景下，人们的这种需要越强烈，广告的表现就越活跃，以至于商品广告的技术表现越来越成熟、形式内容越来越丰富。抓住了人类物质生活和精神文化生活的需要这个主线索来认识广告，对不同类型广告发展、衍化的轨迹和脉络关系就会有一个较为深刻的认识。

## 三、广告自身衍化过程也呈现出一定规律和特点

依据广告产生的时间和背景，广告自身衍化的过程，能大致勾勒不同类型广告之间的联系或前后发展的脉络关系。从广告的性质看，中国古代社会的广告大致分为四类，即文化广告、军事广告、商品广告、政治广告。这四种类型的广告在不同社会历史时期的比重不同，发挥的作用也不相同。原始社会以文化广告为主，军事广告的形态较为简单，使用也不频繁；文明社会的广告主要以商品广告和政治广告为主，文化广告和军事广告所占的比重不是很大。从广告出现的时间顺序看，原始的文化广告和军事广告早在原始社会时期就已经出现，在文明社会里得到进一步发展。商品广告出现于原始社会解体和阶级社会形成初期，此时，较完备的固定政权管理机构和政治礼仪尚未建立，因此，商品广告较之政治广告为早。

广告自身衍化过程也呈现出一定的规律和特点。原始社会的文化广告以肢体语言为主，其他类型的广告如纹身、岩画、象形文字广告等都是肢体语言的延伸或发展，广告所反映的内容也多以人类自身生产、劳作的场景为主。原始社会较为特殊的广告形式是图腾崇拜，它是原始人在特定的认知范畴内从生活经验中提炼和高度抽象的结果之一，这种广告形式在原始社会解体和阶级社会出现时得到延续和继承，在文明社会发展的不同阶段得到发展，有些成为国家和政权的象征，有些则成为等级和权力的标志，还有一些则成为普通民众日常生活中喜爱或尊重的偶像。如宋代服饰中，一些原始社会时期人们的图腾出现在官服上，不同的图案代表不同的官职，常见的有对凤、瑞鸾、翔鹭、对鹅、瑞羊、孔雀、方鹤、立豹等。这些图案因本身具有识别和标志作用，也可视为原始广告的一种延续和发展。而在民间的建筑、饰物及用具等不同的物件上，也往往有盘凤、狮、虎、豹、云龙等花纹和装饰图案，这些图案为民众所喜爱，且有吉祥如意之特定含义，与特定的环境和物像相结合则具有广告传递特定信息的功能。

文明社会的政治广告发展也有特定的线索：广告的内容和形式一是与统治者的治国思想和管理思想相结合；二是广告传递的方式在各级政权机构之间有相对固定的模式，无论是诏书、策书，还是露布等政治广告，都是按照特定的轨迹和范畴来传递或发布信息；三是广告媒介物本身就具有象征或借代意义，如鼎、石刻、碑文等。这些线索也为我们理解各政治广告之间的脉络关系提供了一种思路。

文明社会的商品广告的成长、发育与商品经济的成长发育程度直接关联。在早期的商品交换活动中出现了两种最为基本的广告形态——口头广告和商品

陈列广告。而这两种最原始、最简单的基本广告形态，也是认识商品广告发展衍化的基本出发点。口头广告发展的基本线索是原始的呼喊广告向利用或借助音响工具发展的音响广告（也有学者称之为招徕市声）和采用民间词曲的音韵旋律而创造出来的吟唱广告两个方向发展。而陈列广告则沿着实物广告——悬物广告——幌子广告——招牌广告——彩楼和欢门广告这样的大致线索单向发展或多向发展。诗歌、楹联广告则分别同吟唱广告和招牌广告的发育、成长密切相关。但无论中国古代社会的商品广告表现形式如何变化，追根溯源，都与原始的口头呼喊广告和陈列广告形式有关。

## 第三节 广告在古代社会历史发展中的作用

### 一、传播信息、沟通文化交往

原始广告伴随着人类有目的的信息交流活动而出现，广告从它诞生那天起，就在传播信息、沟通人类交往方面发挥重要作用。

原始人生产力水平比较低下，面对自然的灾害和野兽的侵袭，人们必须结成一定的群体或相互协助才能维持生存，在共同的生产和劳动中，人们有了信息交流的需要，这种交流有面对面的交流，也有通过一定媒介物传达特定信息的交流。原始人（包括个体和群体）通过特定的媒介（如草木、石块、饰物、特殊气味、形体动作）向他人（包括群体内部的其他成员或其他群体的成员）发布的与人类生活密切相关的信息，我们可以称之为广告。这种广告具有“通知”、“告之”、“引起注意”、“以示区别的帮助识别”的含义，是原始意义的广告。原始广告诞生于人类的生产和生存活动中，从它诞生那天起，就对人类的生存和发展产生巨大而深刻的影响。

烽火传信是原始人传递信息常用的一种方式，这种原始的广告形态却萌芽于原始人的狩猎活动。在狩猎活动中，原始人根据野兽怕光的这一特性，举着点燃的火把进行围猎，火把成为人们遥相呼应、互相联络的工具。后来，原始人则自觉地把这一方式扩展到更远距离的信息联络，他们利用烽火来通报敌情，直接服务于人们的生存斗争，这种传递信息的方式因为直接服务于人类的生活而流传下来，如商人阶层出现后，商人夜间行走，为保持联络，成队的商人往往举火为号。原始广告在人类的生存斗争中诞生，又服务于人类，推动着人类社会的进步。

图画也是原始人传递信息的一种符号。印第安人易洛魁部落酋长把紫色、白色等各种颜色的贝壳排列成各种图形，串成各种珠带，成为他的“文件”

或“史书”，不同形状、颜色的贝壳串代表不同的含义，不仅具有传递信息的功能，还具有管理氏族事务的特殊作用，部落酋长在开会时常说“我的话都保存在贝壳串中”，即反映了这样一种情形。

原始人的装饰艺术、纹身艺术、壁画雕刻艺术均来自原始人对生活的理解，反映着他们的喜、怒、哀、乐，所透射出的信息也丰富多彩，如贫和富的差别、氏族部落之间的标识、原始人对世界万物的抽象艺术概括等。这些原始的广告形态同样来自原始人的日常生活，又反过来丰富着原始人的生活。从这个意义上，原始广告在沟通原始人的信息交流、促进彼此交往方面发挥的作用是巨大的，也是不可替代的。

## 二、宣传政治主张、推动社会变革

社会广告在人们的日常生活中产生，又服务于人类的政治、经济、文化生活，特别是当经济广告尚未出现，社会广告在人们生活中占据重要地位的时候，广告的政治功能表现得尤为明显，在宣传人们的政治主张、推动社会变革等方面起着积极作用。

在国家形式出现后，王朝更迭的时代，广告扮演着重要角色，如在中国早期国家发展史上，广为流传着尧、舜禅让的故事，史书对此也有记载，据说尧在帝位时，因年事已高，希望有合适的继承人来接替自己，他采用的方式是晓谕天下，“咨询”四岳。① 这里的“咨询”便是借助广告形式发布信息、收集意见，结果四岳推举虞舜作为继承人。在这里，广告帮助尧选择了合适的继承人，并实现了政权平稳交接和过渡。

中国历代统治者都注意借助广告的形式来宣传政治主张，维护政治统治。如夏禹在统治之初，曾铸九鼎以示天下，“昔夏之方有德也，远方图物。贡金九枚，铸鼎象物，百物而为之备，使民知神奸”。② 这个记载具有代表性，夏禹登位之时，为了显示自己的威严和博得民众的好感，把九州地方官贡献而来的金属等物熔化，铸成九鼎，矗立在荆山脚下，鼎上刻绘的是九州万国毒恶生物和鬼神精怪的图像，一方面告诫人们对毒恶生物进行预防，另一方面则让人们对神灵进行崇拜，九鼎被陈列在宫殿门前，任人参观。在这里，鼎传达的不仅有“邪恶”和“正义”的双重信息，更重要的是，鼎也是一种权力的象征，是国家的象征，对威慑天下、维护禹的统治起着重要的作用。

秦始皇统一中国后，为了晓谕天下，巩固自己的统治，于公元前 219 年巡

---

① 《尚书·尧典》。

② 《左传·宣公三年》。

游泰山、琅琊等地，并在泰山顶上立下石碑，刻上赞美颂词，向世人宣传自己的光辉业绩。以后，秦始皇每到一处，均要留下石刻，记录自己的行踪和大臣们对他歌功颂德的言辞，石刻及文字在这里起着广告宣传的功效，对维护秦始皇的统治，树立秦始皇的威望，宣传秦始皇的政治主张起到了积极的信息传播作用。

历代统治者创造了丰富多彩的政治广告形式，用于宣传政治主张，推动社会变革，比较成熟的广告形式有"诰"、"誓"、"制"、"策书"、"诏书"、"檄文"、"露布"等。

中国古代社会的广告宣传在推动社会变革方面也同样发挥着重要的作用。每当新的统治者登基或上台后，均以"诏"的形式宣传其治理国家的新政策、新举措；每当不同历史时期的政治家或仁人志士试图进行社会变革之时，均借助"诏"、"令"、"制"这种自上而下的广告信息传播工具来推行自己的政治主张。无论是战国时期的商鞅变法，还是北宋王安石对社会的变革，无论是明代实行"一条鞭"法还是清代颁布"剃头令"，都通过这种类型的政治广告宣传方式来把有关信息发布到社会的各个层面，进而达到社会变革的目的。广告在中国古代社会的政治领域发挥着十分重要的作用，在维护封建统治国家机器的正常运转和推动社会变革方面起着其他媒体所不能替代的作用。

### 三、扩大商品交流，促进经济繁荣

商代饕餮方鼎的内部刻有这样的铭文：一人肩担贝币站在船上，旁边还有人以手划船的形象。① 这个铭文反映的是一个人挑着古代货币——贝乘船经商的事实，有些学者考证，这个铭文可以看做是商代的商人经营贩运贸易的地区间商业的一种标记。② 事实上，这也可以看做是较为原始的一种经济广告。无独有偶，在名为子荷鼎的青铜器上，也铸有荷贝之人的图案，人们把这两件器物上的铭文和图像联系起来看，认为这是商业贸易已相当繁荣的标志，"只有商人在数量上已经很多，势力很大，形成一个独立的商人阶层以后，才有可能在这样精美豪华和珍贵的青铜器上反映出来。这是商代出现了商人阶层的重要实物证据"。③ 我们认为，以上所提到的荷贝人的图像，既反映了商代商业贸易已相当繁荣，商人阶层已经出现的事实，也反映了古代社会的人们开始利用广告宣传为商品交换和商业贸易服务的情形。实际上，广告在古代社会经济领

---

① 该鼎现藏于上海博物馆。

② 李浚源、任通文：《中国商业史》，中国商业出版社 1987 年版，第 8 页。

③ 余鑫炎：《中国商业史》，中国商业出版社 1987 年版，第 22 页。

域内所发挥的作用是巨大的。具体表现在沟通商品信息、促使交换和促进市场繁荣等诸多方面。

中国古代广告宣传的基本功能是传播经济信息，也就是把有关商品和市场交易的信息传递出去，进而促使交易活动的完成。

中国古代社会有许多关于商品交换、市场活动及商业贸易的早期传说，其中大家比较熟悉的就有神农氏“日中为市”说，“祝融作市”说，黄帝时代“市不预贾”说，以及尧、舜、禹时代有关商品交换和商业的传说及商族祖先王亥驾牛车经商的传说。这些传说中的经商活动，无一例外地都伴随着两种最为原始的广告宣传形式——口头广告和陈列广告。

神农氏就是传说中的炎帝，其存在的时期大约相当于我国原始社会母系氏族社会繁荣时期或父系氏族的初期，据传说，在神农氏时期，已有了原始的集市。《易经·系辞下》载：“神农氏作，列廛于国，日中为市，致天下之民，聚天下之货，交易而退，各得其所。”这里的“日中为市”，说明当时的交换场所为两个部落之间的边界地带，距两个部落之间刚好有半天的路程，所以必须到“日中”才能“为市”，交易的时间短，范围有限，为了在有限的时间内把需要交换的东西交换出去，人们必然要用到口头广告和陈列广告进行宣传。《诗经·卫风·氓》载：“氓之蚩蚩，抱布贸丝。”描述一个满面笑容的小伙子抱着布与别人交换丝时的情形。我国一些学者认为：这里的“布”是交换媒介，也是一种实物陈列广告。① 相传夏时王亥驾牛车，用帛和牛当货币，在部落间做买卖，为了引人注意，他也要进行口头广告宣传。这些原始的口头广告在沟通商品交换者之间的信息交流和促进商品贸易发展方面所起的作用是巨大的。随着商品经济的发展，中国古代社会出现了内涵丰富，表现形式各异的诸多广告形式，如实物广告、标记广告、旗帜广告、幌子广告、招牌广告、店堂装饰广告、灯笼广告、诗歌广告等。这些广告无一例外地依附于市肆店铺和经营交换场所，起着发散经济信息，促使交换活动完成的作用。

中国古代广告宣传的又一功能是展示交换产品的优异之处，促进产品流通，进而达到互通有无的目的。

汉代是中国历史上较为强盛的第一个朝代。这一时期，商业经济得到很大发展，随着西汉“休养生息”政策的全面推行，出现“文景之治”的景观，当时的国家政通人和，国泰民安，商业经济得到很大发展，汉代以来，在当时的洛阳、长安、颍州、合肥、长沙等地都形成了较大的都会，商人的交易活动开始跨地区在较大范围内进行。司马迁在《史记·货殖列传》中对此有较为

① 陈培爱：《中外广告史》，中国物价出版社1997年版，第13页。

详细的描述："汉兴，海内为一，开关梁，驰山泽之禁，是以富商大贾，周流天下，交易之物，莫不通其所欲。"商人的流动，带来货物的跨地区交易。在这种有相当规模的跨地区交易活动中，广告的展示促销作用是不言而喻的。

北魏时期，商业一度繁荣，当时的洛阳较大的市场长达二里，且"舟车所通，人迹所履，莫不商贩也"。在诸多的市场中，行业分类较为明显，一些专业性的行市出现，为商品流通提供了方便，广告宣传则加速了流通，并扩大了商品流通的范围。如当时洛阳的延酤、治巷两个行市，多为卖酒的商贩，其中一个卖酒商贩的陈列、展示广告效果极佳，史书记载："河东人刘白堕者，善酿酒，季夏盛暑，以罂贮酒，暴日中一旬，酒味不动，饮之为美。"这种实物展示的结果是："京师朝贵出郡远相馈赠，逾以千里。"① 使这种美酒的流通范围达到千里之外。

隋朝商业经济得到进一步发展，隋炀帝时市场规模扩大、市场管理加强，广告宣传也进一步发展。史书记载隋炀帝时："天下之舟船，集于通济桥东，常有万余艘，填满河路。商贾贸易车马，填塞于市。诸蕃酋长入朝者，常请于东市交易，炀帝许之，先命整顿市肆。檐宇如一，咸设纬帐，珍货充集，人物货盛。卖菜者；藉以龙须席，胡客或过酒食店，悉令邀延就座，醉饱而散，不取其直。"有些学者认为，隋炀帝的市场管理措施，"不啻是一次带有国际的商业展览和广告宣传"。

唐代商业空前繁荣，广州、扬州、泉州等地均成为国际和国内贸易中心。随着"万国通邦"的商业贸易中心的出现，唐朝对市场的管理也进一步规范化。如凡市皆由官设，划定特定的区域为市场，周围圈墙，四方设门，定时关闭。市内分肆，商品以类相聚，在固定的肆市中交易，且必须悬牌经营。正因如此，促进了招牌广告的进一步成熟，肆市皆有招牌，招牌又有横额、竖板、挂板和冲天招牌之分，有效地传递着商品经济信息，促进着商品交流的进行。

唐代，陈列广告盛行，在促进物品流通和交换发生等方面所起的作用是巨大的。如史书记载，天宝年间，韦坚将渭水通长安的漕舟集于宫苑墙外，供皇帝御览所载各地货物，当时"坚预于东京，汴采取小斛底船三二百只，置于潭侧，其船皆著牌表之，若广陵郡船、即袱背上堆积广陵所出之绵、镜、铜器、海味；丹阳郡船，即京口绫衫缎；晋陵郡船，即折造端绫绣，会稽郡船，即铜器、罗、吴绫绛纱；南海郡船，即玳瑁、珍珠、象牙、沉香……"② 这种大规模的陈列展示，使各地商品汇集京城，也促进了各地商品的流通和互通有

① 《洛阳伽蓝记》卷4。

② 《旧唐书·韦坚传》。

无的发生。

宋、元、明、清时期，随着王朝的更替和政权的交换，商品经济的发展时有消长，但广告宣传一直在走向成熟，并在商品流通和交换过程中发挥着不可替代的作用。

# 第五章 鸦片战争到五四运动时期的广告（1840~1919年）

【本章提要】1840年爆发的鸦片战争，拉开了我国近代史的序幕，广告业的发展也步入了一个新的历史阶段。近代广告业是在半殖民地半封建的土壤中，在列强疯狂进行经济侵略的特殊背景下诞生和曲折发展起来的。

本章内容主要包括：

※ 报纸广告的出现是近代广告最显著的标志。

※ 近代广告处于萌芽、发展时期，尚未形成广告公司，广告题材以中国传统礼教、文化内容为主。广告印刷正由木版向石版专色印刷过渡。

※ 报纸、杂志广告等近代广告形式由外国引进，广告成了外商在中国实行经济侵略的商战利器。

※ 中国的民族工商业者受外国公司、商行的影响，改变了过去不太重视广告宣传的旧观念，也逐渐仿效使用新式的广告媒介。

※ 近代广告在民族资本与外国资本互相消长中曲折发展。

## 第一节 鸦片战争前后的广告

### 一、鸦片战争前后的政治经济发展概况

（一）政治社会背景

19世纪上半叶，正当清朝政治腐败、日益衰落之时，欧美资本主义国家却迅速崛起，尤其是英国率先完成了工业革命，其次，法国、美国等也相继进行了工业革命，生产的高速发展，使资本家感到了市场的压力。为了积累巨额资本，开辟新的商品市场，掠夺廉价的劳动力和原料，地大物博、人口众多、

市场广阔的中国就成了帝国主义列强掠夺的重要对象。1840年爆发的鸦片战争，就是英帝国主义为此目的而发动的一场侵略战争。

腐败、懦弱的清政府在鸦片战争中的失败是必然的事，1842年8月，英国侵略者强迫清政府签订了丧权辱国的《南京条约》，这是中国近代史上的第一个不平等的条约。条约中规定：除赔款2 100万两银子外，还须割让香港岛给英国，开放广州、厦门、福州、宁波、上海五处为通商口岸（即“五口通商”）。坚船利炮给英国带来了实惠，美国、法国等也不甘示弱，先后强迫清政府签订了《望夏条约》和《黄埔条约》。帝国主义列强的入侵，使中国社会的性质发生了变化，迫使闭关自守的封建社会开始解体，农业和家庭手工业相结合的自然经济被瓦解，我国逐步沦为半封建半殖民地的社会。

（二）经济商业背景

鸦片战争的失败，不仅使中国社会的性质发生了改变，另一方面，也使欧美帝国主义列强的经济侵略合法化。它们利用侵略特权，疯狂地向中国倾销商品和掠夺原料，同时又开始向中国输入资本，外商纷纷在华创办工厂、企业，设立商号、银行等，并利用各种广告手段挤兑民族工商业者。为大量倾销洋货服务的报纸、杂志、霓虹灯等近代广告形式由此引进，广告成了外商在中国实行经济侵略的商战利器。民族工商业者为了生存，在与远洋资本之间争夺市场的竞争中，也改变了原来不太重视现代广告媒体宣传的观念，开始仿效使用这些新式的广告媒介。我国的近现代广告业随之得到了发展。

## 二、鸦片战争前后的广告

鸦片战争前后是中国广告业由传统向近代转化时期。近代广告业最先在几个通商口岸迅速发展起来，其中，广告业最发达的首推上海。当时的广告主要靠路牌和招贴，而在各类输入品中，又以药品和香烟使用广告最多。在这一时期，现代形式的报纸、杂志开始在我国出现，并越来越显出其优势，以至成为近现代最有影响的广告媒体。报纸广告很快发达起来。

（一）报刊广告的兴起与发展

1. 近代报刊广告的产生

报刊广告的出现是“近代广告发展的最显著的标志”。①

我国是世界上最早有报纸的国家之一。我国最早的报纸是唐玄宗开元年间就出现的《邸报》。《邸报》是封建宫廷发行的政府机关报，其主要内容是：一、皇帝的诏书、命令和皇帝的起居言行；二、封建王朝的法令、公报；三、

① 陈培爱：《中外广告史》，中国物价出版社2001年版，第36页。

皇室的动态；四、关于封建政府官员的升迁罢黜、任免、赏罚、褒贬等方面的消息；五、各级官僚的奏章疏表和皇帝的批语及边防驻军的战报等。它带有政治公报、政情通报及官文书汇编性质。若从广告的角度讲，只能算是政治性广告或社会性广告及军事广告，未见有商业广告，而且它的发行量小、面窄，只在宫廷和官僚中流传，此报至清代改为《京报》，仍不登商业广告。北宋时期曾流传一种小报，内容多为新闻和时事政治性材料，不定期出版，因为是非法出版的非官方报纸，也不可能刊登广告。因此，直至鸦片战争前，我国的报纸仍然停留在单一的“文以载道”的功能模式上，报纸的商业功能几乎是一片空白。真正意义上的报纸广告是到了近代才出现的，而且我国最早的报纸广告是由外国人引进的。

中国近代报纸是以鸦片战争前后外国人所创办的两类报纸为发轫的：一类是鸦片战争前创办于东南亚一带的教会报纸。这些报刊由外国传教士所办，目标受众定位于中国读者，内容多以宣传阐发基督教教义为主，目的在于大造舆论，从思想上控制中国人民，为其帝国的入侵服务，但也登载少量广告。1815年8月5日英国传教士马礼逊和米怜在马六甲创办《察世俗每月统记传》，这是外国人创办的第一家中文近代化报纸，该报刊登了米怜的《告帖》：“凡属呷地多方之唐人，愿读《察世俗》之书者，请每月初一、二、三日，打发人来弟之所受之。若在葫芦、槟榔、安南、暹罗、咖留吧、廖里龙牙——丁儿宜、单丹、万丹等处各地唐人，有愿看此书者，请于船到呷地之时，或寄信与弟知道，或请船上的朋友来弟寓所自取，弟均为奉收也。”① 该“告帖”是我国近代报刊最早的广告。1933年8月1日，《东西洋考每月统记传》在广州创刊，这是我国境内出版的第一份中文近代化报刊，由普鲁士传教士郭士力创办。该刊采用雕版印刷和中国线装书款式，以宣传基督教教义、传播自然科学和社会科学知识及文学知识为主，同时也最早在刊物上登载“行情物价表”之类的商业信息及商业广告。如1834年元月出版的《东西洋考每月统记传》第8期上，开始增加了《市价篇》专栏，专门登载广州“省城洋商与各国远商相交买卖各货现时市价表”。这是我国境内中文报刊刊登商业广告的滥觞。

鸦片战争前后外国人创办的另一类报纸是商业报纸。为适应列强“经济扩张”的需要，以沟通商情、促进商品为主的商业报纸应时而生。首先兴起的是英文商业报纸，如1827年11月，英文报纸《广州纪录报》（Canton Register）在广州创刊。该报是广州出现的第一家英文报纸，由英国大鸦片商马地

① 转引自曾宪明：《中国百年报人之路（1815~1949）》，远方出版社2003年版，第43、44页。

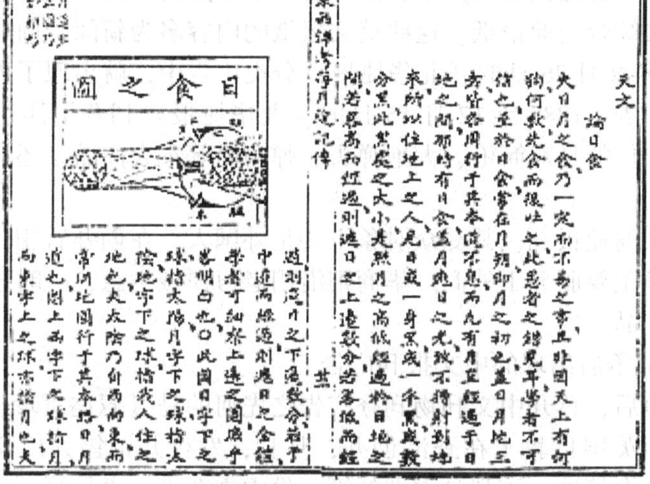
東西洋考每月統記傳

天文

論日食

日食之圖

《东西洋考每月统记传》

臣创办，是为英国商人向中国倾销商品、提供商业信息服务的。该报馆还附出《广州行情周报》(Canton General Price Current)，是一种带有明显广告性质的报纸。① 鸦片战争前创办的报纸约有 20 多家，鸦片战争后，商业报刊一时蜂起。

2. 鸦片战争后出现的英文报刊广告

鸦片战争后，又有 200 多家中、外文报刊迅速创办起来。因香港是英国殖民统治所在地，它为外报的刊行创造了极为有利的条件，使其成为外报最先发展起来的地区。在 1841~1860 年的 20 年中，香港创办外报 20 多家，超过全国各地外报的总和。这一时期的外报中，新闻报道和广告日益增多，插图也屡有出现。《中国之友》(1842 年 3 月 17 日英商奥斯威尔德创刊于澳门，同月 24 日出第 2 期迁至香港)、《德臣报》(1845 年 2 月肖锐德创刊于香港)、《孖剌报》(1857 年茹达等创刊于香港)、《士蔑西报》(1881 年 8 月 15 日史密斯创办于香港) 等都是香港著名的英文报纸，皆属商业报，以刊载商业行情、航运业务、广告为主要内容，如《孖剌报》在 1861 年后成为专登船期物价的广告报。

上海也是外报盛行的地区，19 世纪 60 年代以后，上海外报的发展超过了

---

① 丁淦林：《中国新闻事业史》高等教育出版社 2002 年版，第 40 页。

香港。《北华捷报》(周刊)是1850年8月3日英国商人奚安门创刊的，这是上海出现的第一份近代报刊。《字林西报》(日报)，1864年奚安门创刊，也是著名的英文综合商业报纸。这些英文报纸的内容多为新闻、商业信息和广告等。如1854年8月26日的《北华捷报》分类广告中，就出现了外国人所办的百货零售店广告。1885年12月15日的《北华捷报》刊登了洋行泰兴公司的分类广告，出售的是双筒枪、大炮弹头、弹药筒等军火商品，还有日用杂货的广告。

这些英文商业报刊，其受众对象主要是外国人，在创办后相当长一段时期内，广告业务主要服务于外商。华商则沿用老习惯做生意，一时还不懂利用报纸广告推销产品。

3. 鸦片战争后出现的中文报刊广告

鸦片战争后，首开中文刊物刊登广告之先河的是《遐迩贯珍》，该刊1853年9月3日由英国传教士在香港创办，月刊，发行并销售到广州、厦门、福州、宁波、上海等地。该刊是香港的第一份中文杂志，也是第一家用铅活字印刷的中文报刊，由英华书院和马礼逊教育会共同创办，它以刊登香港地区及国内新闻为主，该刊也经营广告业务，为沟通中外商情服务。该刊在1854年11月13日曾刊出一则广告，寻求广告客户："若行商租船者等，得借此书以表白事款，较之遍贴街衢，传闻更远，获益至多。今从本月起，《遐迩贯珍》各号，将有数帙附之卷尾，以载报帖。""报帖"即报刊广告。该刊的广告价格也在其后标明："五十字以下，取银一元。五十字以上，每字多取一先士。一次之后，若帖再出，则取如上数之半。"该刊所辟的"布告篇"专栏，就是专门刊登商业信息、船期货价和各种商品广告的。这可说是我国报刊上最早出现的一批刊物广告专栏。①

《香港船头货价纸》1858年初由孖剌报馆印发，这是香港地区创刊最早的一份中文商业报纸，主要刊登商业信息、船期货价和广告。该报后改名为《香港中外新报》、《中外新报》，每期报纸的广告版面占全部版面的2/3，是一张典型的商业报纸。

从19世纪中叶开始，香港、广州、上海、汉口等地出现过中国人办的报纸。随着外国人在中国办报活动的开展，华人报纸陆续创刊。国内一部分希图变革的士大夫和知识分子从外国所办报刊中接受了西方资产阶级的新文化、新思想，初步认识到报纸在传播信息、促进贸易、普及知识、上下沟通、内外交流等方面的功能，开始动手办报纸。仅1895~1898年三四年间，全国就有32

---

① 刘家林：《新编中外广告通史》暨南大学出版社2000年版，第155页。

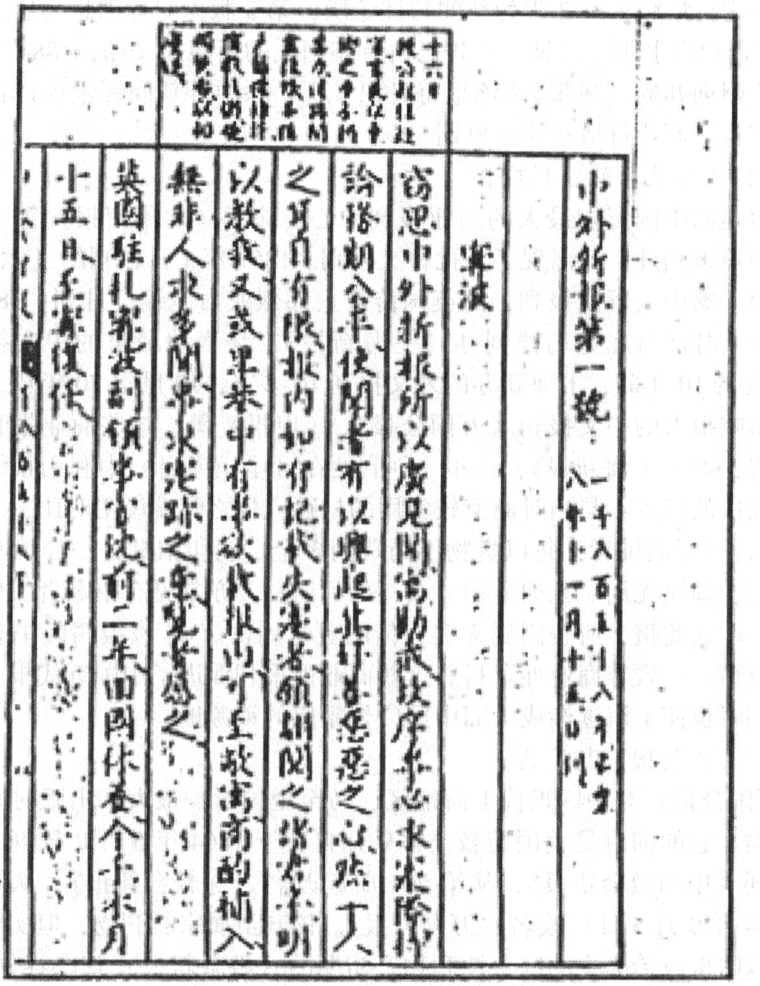


《中外新报》

种主要报纸创刊。这些报纸与外国人办的报纸不同，多登国货广告。如《循环日报》，该报于1874年2月4日由王韬和黄胜在香港创办，这是“中国人自办成功的最早中文日报”。① 该报除星期日休刊外，每日出两张4版，用进口

① 卓南生：《中国人自办成功的最早中文日报〈循环日报〉》，载《中国近代报业发展史》，台北正中书局1998年版。

纸两面印刷。在版式上基本仿效外国中文报纸，广告占报纸版面3/4左右，一般第1版为行情版，第2版为新闻与评论版，第3版为船运消息与广告版，第4版为广告和启事版。可见，广告已占有相当大的篇幅。又如，1884年4月中国人在广州创办的《述报》。该报每日出4页，除中外新闻评论、译稿外，第四版为广告、商业行情和轮船班期。

（二）上海地区的报刊广告

上海是旧中国影响最大的商业报刊中心。除了《北华捷报》等一些较早的英文商业报刊外，还出现了一批中文报刊。1857年1月创刊的《六合丛谈》是上海第一家中文近代报刊，由英国传教士伟烈亚力主编，月刊。1861年11月，英商字林洋行庇克乌德创办《上海新报》，是当地最早的中文报纸。从1862年起的10年间，上海新办的外文报刊10多家，19世纪70年代，上海又出现了影响很大的中文报刊《万国公报》、《申报》等，这些商业报刊都大量刊登广告，如《上海新报》，该报一创刊便在《本馆谨启》中利用报纸广告经济且传播广的特点，与当时商家较常用的招贴广告之弊端说明对比，劝读者做广告，云："开店铺者，每以货物不销费用多金。刷印招贴，一经风吹残或被闲人扯坏，即属无用。且如觅物寻人，延师访友，亦常见有招贴者。似不若叙明大略，印入此报，所费固属无多，传阅更觉周密。"① 该报四版中有三版是船期、行情、广告等商业性资料。这些商业性报刊促进了中国近代报刊广告的发展，同时也使上海逐渐成为旧中国广告繁盛的策源地。

1.《万国公报》与广告

《万国公报》是中国近代上海地区，乃至全国影响最大、出版时间最长的宗教刊物。它的前身是美国传教士林乐知自费于1864年5月9日创办的一家中文周刊《中国教会新报》，从第201册起改名为《教会新报》，从第301册起（1874年9月5日）改名《万国公报》。该刊虽属宗教刊物，但实际上已成为一个以时事政治为主的综合性刊物。初期的《教会新报》其内容分三部分：教会中事、新闻及教外之事、告白（即广告）。该刊从第二期起就刊登洋行广告，宣布该刊"既记录外国教会中事，也讲论各科学问以及生意买卖诸色正经事情"，充满了商业气息。改名为《万国公报》后，尤其重视商业信息和广告，曾多次在显要版面刊登汇丰银行、贾立费洋行、华英大药房、大英火轮船公司等英商企业的通栏广告。

2.《申报》与广告

《申报》是我国近代出版时间最久、影响最大的一张报纸。它从1872年4

① 刘家林：《中国新闻通史》，上册，武汉大学出版社1995年版，第77页。

月30日创刊到1949年5月26日停刊，历时77年零26天。最初由英人美查创办，后逐渐转移到中国民族资产阶级手中。创办初期以盈利为目的，尤为注重广告经营，是中国最富有代表性、经营最为成功的一张商业报纸。

《申报》初创即注重广告经营，在1872年4月30日《申报》创刊号上即有广告20则。当天报纸头版头条就载有《本馆告白》，其后接载《本馆条例》，专谈该报发行与广告事宜。其中有关广告刊例的有四条："如有招贴、告白、货物、船只、经纪、行情等款，愿刊入本馆新报者。以五十字为式，买一天者取利资二百五十文，倘字数多者，每加十字照加钱五十文。买两天者取钱一百五十文。字数多者，每加十字照加钱三十文起算。如有愿买三四天者，该价与第二天同"；"如有西人告白欲附刻本馆新报中者，每五十字取洋一圆。倘五十字之外，欲再添字数，每一字加洋一分，并先收刊资。此止论附刊一天之例。若欲买日子长久，本馆新报限于篇幅，该价另议，如系西字，本馆代译亦可"；"西人告白，惟轮船开行日期及拍卖二款，刻（刊）资照中国告白一例。倘系西字欲本馆译出者，第一天该价加中国（字）刊资一半，并祈优惠"；"苏杭等处地方有欲刊告白者，即向该报店司人说明某街坊某生理，并须作速寄来该价，另加一半为卖报人饭资。"① 从《申报》的广告刊例中不难看出其经营管理者的良苦用心。美查针对一些华商小本经营，市场地位较弱的特点，推出了洋贵华廉的特殊广告刊例，可谓明智之举，为他赢得了大批华商广告客户。从出版第二年起，《申报》的一半版面已全部被广告所占。《申报》广告最初以在沪外商广告为主，后来，由于该报的巨大影响，无论华商还是洋行，大凡在上海销售商品，无不在《申报》竞刊广告。

3.《新闻报》与广告

《新闻报》是上海地区另一家大报。该报由英国商人丹福士于1893年2月17日创刊。1899年转让给美国商人福开森，该报后来成为一家以经济新闻为主要内容、以工商界为主要发行对象的报纸，重视经营，大力发展广告。1901年1月26日《新闻报》的告白刊例：第一日每字取洋五厘，第二日至第七日每日每字取洋三厘，第八日起按日每字取洋二厘半，长行告白以二百字起码，短行告白以五十字起码，多则十字递加。论前告白第一日每字一分五厘，第二日至第七日每字每日九厘，第七日后每日每字七厘半，一百字起码，多则以五字递加。《新闻报》的纸张颇为特殊，纸薄不印背面，上下相背印刷，广告的面积占近3/4，而新闻夹杂其中，并不显眼，其广告已经很注重排版标题、正文和插图相得益彰，使广告从内容到形式都有了大幅度提高。据《新

① 刘家林：《新编中外广告通史》，暨南大学出版社2000年版，第158页。

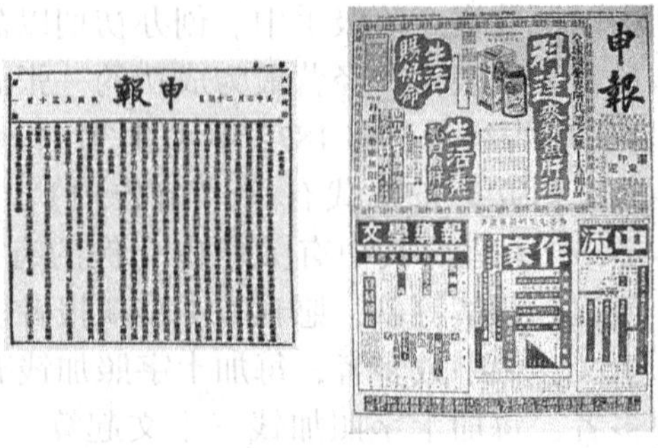


申报广告

闻报》30周年纪念册载："近来广告几占篇幅十之六、七。"又说："广告费的收入，每年几及百万元。"发行量曾居全国报纸前列。

《申报》和《新闻报》作为英、美报纸，主要是为帝国主义在华的经济活动提供讲坛，为推销它们的商品作广告宣传。但是，它们以盈利竞争为动力，在新闻业务和生产工具上不断革新，其报业资本以及先进的经营理念，对后来中国本土报业的发展有不可估量的影响。

## 第二节　戊戌变法与辛亥革命时期的广告

这是中国近现代广告初步发展的时期。由于列强加紧了对中国的侵略和对清政府政治、经济控制，中国殖民化程度加深，一批具有强烈爱国思想和民族意识的资产阶级知识分子起而发动维新改良运动，进而又爆发了资产阶级革命——辛亥革命。这一时期，维新派和革命派都大力地创办报刊，除了宣传维新思想和革命思想，以救亡图存外，也刊登了大量的广告，促进了报刊广告的蓬勃发展。

### 一、戊戌变法和辛亥革命时期的政治经济背景

#### （一）政治社会背景

鸦片战争后，随着中国沦为半殖民地，列强加紧了对中国的侵略和对清政府政治、经济的控制，中国殖民地化的程度随之加深。19世纪末20世纪初，帝国主义强行对华输出资本、强占租借地和划分势力范围，掀起了瓜分中国的狂潮。清政府的腐败无能，对列强的屈膝求和，使一批具有强烈爱国思想和民族意识的资产阶级知识分子，起而发起戊戌变法的改良运动，进而又爆发了资

产阶级的革命运动——辛亥革命。“救亡图存”、“振兴中华”成为时代的主题。

（二）经济背景

1. 民族资产阶级力量的壮大

随着中国资本主义的产生，诞生了中国资产阶级。鸦片战争后，中国民族资产阶级作为新兴资产阶级，在同帝国主义经济侵略的斗争中逐渐成长起来。1894 年的甲午中日战争，中国的惨败以及《马关条约》的严重丧权辱国，激起全国人民救亡图存的高潮。这一时期不仅使中国的民族资本主义有了初步的发展，而且一批具有爱国思想和民族意识的资产阶级知识分子提出了改良的主张。他们意识到报刊在传播新思想中的重要作用，先后在北京、上海、湖南、天津、广东等地创办不少报刊，并利用它刊登国货广告，以与洋货抗衡，与外商竞争。至辛亥革命时期，民族资产阶级掀起了一个办报的高潮，因其以“救亡图存”、“振兴中华”为报纸主题，这就为宣传国货提供了一个有力的广告载体，使近代民族企业在与外资企业的竞争中逐渐壮大，也促进了中国近代广告业的发展。

2. 商业的发展概况

鸦片战争后外国经济侵略的深入，掠夺贸易的飞速发展，使中国自给自足的自然经济进一步解体，城市手工业和村民家庭手工业遭到更大的破坏。同时也刺激了工业生产，加强了工业产品对世界市场的依赖性和农产品的商业化。商品经济的发展为民族资本主义的发展创造了有利的条件。自 19 世纪中叶始，我国已有一些商人、地主、官僚开始采用机械，招雇工人，开办新式工业，从此，中国民族资本主义工业正式出现。至 1895 年，已出现 70 多家华资工厂，如 1872 年华侨商人陈启源在广东南海县创办的继昌隆缫丝厂、1881 年黄佐卿在上海设立的公和永缫丝厂、1882 年徐鸿复等在上海集股设立的同文书局、1886 年杨宗濂等在天津合资设立的自来火（火柴）公司等都是著名的民族资本主义经营的近代工业。

1894 年，中方在甲午战争中的失败，导致了《马关条约》的签订，中国被迫开放沙市、重庆、苏州、杭州为商埠，并允许日商在各通商口岸开设工厂。《马关条约》适应了帝国主义在华的利益需要，从而使其商业势力从沿海城市伸向内地。日商在内地口岸通过广告宣传，掠夺性地大量收购我国的猪鬃、桐油、棉花、生丝等农副产品，或设厂生产，或做转口生意，对我国农村经济和民族工业起了严重的破坏作用。《马关条约》也刺激了民族工业的发展和农产品的进一步商品化。许多爱国志士针对日商的掠夺，纷纷设厂自救。1912~1919 年，中国近代工业的新建厂矿即已增加到 470 多个。在与洋商洋货的对抗性竞争中，民族工业也逐渐利用广告作为竞争工具。

## 二、戊戌维新时期的广告

### （一）民族资产阶级重视广告

在19世纪中后期到20世纪初，国人先后形成了几次办报高潮。除了一些最初的外报股权渐落国人之手外，一些民族报人也先后创办了一些中文商业报刊，一些政治家也参与创办活动，华人报纸陆续创刊，1895~1898年的三四年间全国创办了32种主要报纸。纵观这一时期的民族报业，虽然由于形形色色的政治派别，如洋务派、维新派、革命派以及清政府所创办的报纸的功能主要定位于“舆论喉舌”，言论鲜明的“观点纸”仍占主体，但关系着报纸生存和发展的商业广告还是得到了一定的重视和发展。

1. 民族资产阶级利用广告与外商竞争

民办报业逐渐兴起，其中《大公报》、《京话日报》和《东方杂志》在民众社会生活中影响很大。

《大公报》是英华于1902年6月17日在天津创办的，属君宪派报纸。《大公报》的发展经历了四个阶段：第一阶段（1902~1916年）由英华主持，是一张宣传改良思想、主张君主立宪的报纸；第二阶段（1916~1926年）由王郅隆接办，变成一张接近皖系军阀并有亲日倾向的报纸；第三阶段（1926~1949年）由新记公司接办，发展成为有全国影响的大报；第四阶段（1949年后）成为一张在共产党领导下的人民日报。目前《大公报》的香港版仍在出版，它已成为我国出版时间最长的中文日报。该报从一创刊即重视经营广告。中国历史上第一则征婚广告即刊登在1902年6月26日的天津《大公报》上：“今有南清志士某君，北来游学。此君尚未娶妇，意欲访求天下有志女人，聘定为室。其主义如下：一要天足。二要通晓中西学术门径。三聘娶仪节悉照文明通例，尽除中国旧有之陋俗。如有能合以上诸格及自愿出嫁又有完全自主权者，毋论满汉新旧，贫富贵贱，长幼妍媸，均可。请即邮寄亲笔复函，若在外埠能附寄大著或玉照，更妙。”来信托天津《大公报》或青年会代收。创办初期的《大公报》，其报纸广告除经常刊发“大学眼药”、“金刚石牙粉”、“旭牌啤酒”等洋商广告外，公益广告、教育招生、书籍出版类广告也占一定的比例。《大公报》曾在报头下方显著位置刊发告白：“本馆专印一切华洋书籍告白、仿单，意在招揽，价值从廉，外埠由邮局订印，各件定期不误。”商务印书馆、教育品陈列馆等大大小小的广告，从多侧面向读者传递了相当的商品文化信息。1916年9月，王郅隆接办《大公报》，此后的几年间，其广告刊发量与日俱增，商业味道亦逐渐加剧。“大炮台香烟”、“儿臣氏保肾丸”、“棕榄香皂”、“仁丹”等外商广告，时常在固定位置刊发，占据了相当的版面，给读者留下了深刻的印象。

《京话日报》是彭诒孙于1904年8月16日在北京创办，用通俗北京话出版的以市民为主要对象的报纸。以市民为主要消费对象的商品广告也占有该报相当的篇幅。

《东方杂志》，1904年3月11日在上海创刊，商务印书馆编辑出版，是中国近代刊行时间最长的大型综合期刊。初为月刊，后改为半月刊，到1948年停刊，刊龄44年。该刊内容广泛，刊登了很多中外广告，登载广告的客户有750家。①

2. 资产阶级改良派创办的报刊与广告

以康有为、梁启超为代表的资产阶级改良派，为传播新思想、与洋货抗衡，先后创办了《中外纪闻》（梁启超于1895年12月6日在北京创办，维新派创办的最早的报刊）、《强学报》（徐勤等1896年1月12日创办于上海）、《时务报》（梁启超等1896年8月9日创办于上海，维新派前期最重要的机关报）、《知新报》（1897年2月22日何廷光等创办于澳门，维新派在华南的重要舆论阵地）、《湘学报》（唐常才等于1897年4月22日在长沙创办，维新派在华中的重要舆论阵地）、《湘报》（1898年3月7日唐常才创办于长沙，通俗日报）、《国闻报》（1897年10月26日严复创办于天津，维新派在华北的重要舆论阵地）、《新民丛报》（梁启超1902年2月8日创办于横滨，维新派后期最重要的机关报）、《时报》（狄葆贤1904年6月12日创办于上海）等。为了维持报纸的独立性和可持续发展，为了宣传国货，以与外商竞争，这些报纸也不同程度地刊登商业广告。

如《湘报》，1898年3月由谭嗣同和唐常才创办于湖南维新运动高潮中。为了促进民族资本主义工商业的发展，配合开矿办厂的热潮，《湘报》先是出附张，登载本省物价表，后又将上海、香港、汉口的行情物价“逐日编列为表，附之本省物价表之后”，并降低广告收费标准，免费刊登新办厂商、发明创造及福利性广告。

又如《国闻报》，是维新派在中国北方的重要的宣传阵地，1897年10月26日由严复在天津创办。该报日出8开1张，共8版，4号字排印。前4版为新闻与评论，后4版则为广告。②

① 余明阳、陈先红主编：《广告学》，安徽人民出版社1997年版，第50页。
② 参见丁淦林：《中国新闻事业史》，高等教育出版社2002年版，第103页。

國聞報
KWO WEN PAO
華俄道勝銀行
齒科醫血腸守之助

维新派创办的《国闻报》

（二）报刊广告的发展

1. 广告代理商的出现

报刊广告的发展，造就了一个新的行业——广告代理商在我国的产生。广告代理商最早是以报馆广告代理人和版面买卖人的形式出现，后来演变为专营广告制作业务的“广告公司”（规模较大）、“广告社”（规模较小）。商品竞争日益激烈，使广告客户不满于在本地区报纸上做广告，而是期望发布到全国各地报纸上，为了适应这一新的形势，广告代理人的出现也就成为必然。

《申报》在创刊号上曾特意申明，外地广告由卖报人代理：“苏杭等处有欲刊告白者，即向该卖报店司人说明……并须作速寄来该价，另加一半为卖报人饭资。”“卖报人”可算是报馆广告代理人，“饭资”即广告代理费。

广告代理人开始只是跑跑腿为报馆招揽业务，从中收取佣金。广告代理前身即广告代理人，是代表大众媒介从事广告推销工作，给报馆推销广告，从中获得酬金，为客户购买广告版面，广告文字、设计工作仍由报馆承担。从此，报馆不再从事广告推销工作，而把精力放在经营上。由于这项工作有助于增加报纸的收入和提高报纸本身的效率，广告代理工作受到报业的欢迎。广告代理人原以个人名义为报纸承揽广告和为外商承办广告，后来报纸广告业务不断扩大，报馆纷纷设立广告部，广告代理人有的成为报馆广告部的雇员，有的则独立经营广告社或广告公司。随着业务发展，报纸广告特别重视广告版面画稿设计和文字撰写。由于创办广告社和广告公司不需要很多资金和设备，因此广告代理商发展很快。广告代理商的产生，反映了当时社会对广告的需求在不断地增加，它的出现使广告业务逐步形成一个新兴的行业。

2. 报刊广告内容的变化及编排形式的改进

随着民族资本主义工商业的发展及民族资产阶级对广告在商业中作用认识的加深，中国的报刊广告正发生着巨大的变化。主要体现在两个方面：一是报刊广告内容的变化，以《申报》为例，早期的《申报》广告多是外商广告，而从1894年后，国货广告逐渐增多。广告内容和范围也有了扩大，大凡百货、医药、卷烟、电影、戏剧、银行、书籍等广告，以及个人启事之类的广告充斥报纸版面。二是广告版面及编排方式上有所改进，已从单纯的文字广告发展到图文并茂，提高了广告宣传的效果。如1872年12月14日的《申报》上刊登了晋隆洋行出售“成衣机”（缝纫机）的广告，有图有文，可谓图文并茂。广告文案前的标题是“成衣机出售”，文案上画有“成衣机”图样，该广告连续刊登了3个月。

3. 广告与报纸关系更密切，广告经营在报业经营中占重要地位

广告借助报纸而获得广泛传播，报纸越来越依赖广告而生存。广告经营者都将广告经营作为报业经营最重要的一项内容。例如，一开始就注重广告经营的《申报》，从出版第二年起，一半版面已完全为广告所占。1913年，对广告素有研究的张竹平入主《申报》后，报馆对广告业务的重视达到了顶点，至1935年，《申报》每月的广告收入平均在15万元以上。而《新闻报》在30周年纪念册中对外宣称：“近来广告几占篇幅十之六七。”又说：“广告费的收入，每年几及百万元。”广告收入日渐成为报纸的“生命线”，广告对报业的发展起着举足轻重的作用。

## 三、辛亥革命时期的广告

### （一）辛亥革命时期报刊的飞速发展

甲午战败、戊戌政变使人们更加看清了清王朝的腐朽本质，也宣告了改良主义在中国是行不通的。八国联军入侵后，民族资本主义表现出继续发展的趋势，1900年，万元以上的工矿企业已有100多家，中国资产阶级实力增强。为了救国救民，以孙中山为代表的资产阶级革命派开始了以推翻清王朝封建统治为目的的斗争。在这场斗争中他们创办了许多报刊，兴中会时期，在香港创办了《中国日报》和《有所谓》；在日本创办了《开智录》、《湖北学生界》

和《浙江潮》；在国内创办《大陆》、《国民日报》、《中国白话报》、《安徽俗话报》。同盟会时期，在海外创办了《民报》、《四川》、《中兴日报》；在国内则有秋瑾于1907年1月14日在上海创办的《中国女报》，另外，于右任于1907年4月2日在上海创办的《神州日报》、1909年5月15日在上海创办的《民呼日报》、1909年10月3日在上海创办的《民吁日报》，统称为"竖三民报"，还有詹大悲1910年12月14日在汉口创办的《大江报》等。资产阶级革命派在利用报刊宣传革命的同时，也促进了中国报刊广告的发展。

《民呼日报》的图文广告

在甲午战争后，外资报纸日见发展，这时一些外国人主办的报刊也陆续转为中国人主办，如《申报》、《新闻报》等，并开始增加广告篇幅，讲究广告形式与效果。

总之，辛亥革命后的几年，在革命胜利的鼓舞下，国内出现了一个舆论界和工商界兴旺发达的阶段。短短二三年内，报刊从500多家发展到1 000多家，为报刊广告的发展提供了有力的载体。

（二）辛亥革命前后的广告发展

1. 革命报刊与广告

《中国日报》是兴中会创办的第一份机关报，也是最早宣传资产阶级革命的报刊，1900年1月5日由陈少白在香港创办。该报仿日本报纸采用短行排印，这对传统的竖行长行版式来说是一项业务革新。该报以揭露和声讨清政府的腐败无能及卖国行经，宣传反清反封建反帝救亡和资产阶级民权思想，介绍英、法资产阶级革命的历史，赞美民主共和，批判资产阶级保皇派等为主要内容，也刊登广告。如甲辰年正月十九日（1904年3月5日）的《中国日报》头版皆为广告。报头右边为报价："日报行情晨派，每逢礼拜停派。周年价银六元，每月价银六毫，闰月照加……常年五元。"下方为屈臣氏大药房老铺、法国忌里末药局等刊登的商品广告。①

在这一时期，为了通俗地宣传革命主张，革命派还创办了一些白话报刊，其中主要的有《中国白话报》（1903年12月由林白水在上海创办）、《杭州白话报》（项藻馨于1901年6月创办）、《安徽俗话报》（陈独秀于1904年3月在芜湖创办），也登广告。

资产阶级革命派报纸《民报》是1905年11月26日章炳麟等在东京创办，为同盟会的机关报。该报创办初期，从第1期到第26期，共有广告279则，篇幅占218页半。其中全页刊登广告的占总数的54.8%，半页刊登广告的占总数的28.6%。最多时候的广告版面达20多页。

资产阶级革命派报纸《民报》

与当时纯粹的以盈利为主的商业媒体不同，革命派的报刊广告，主要还是契合于其“救亡图存”、“振兴中华”的报纸主题，广告大多以宣传国货为主，另外，非收费广告也占了相当大的比重，比如，《民报》的报纸广告内容多为代理、推广革命书刊和本报启事告白，这类非盈利性广告占了广告总数的将近59%，而一般的商业广告仅占广告总数的18%。

2. 官报与广告

当时的官报也一改过去不登工商广告的惯例，开始刊登广告，比如1902年清地方政府在天津创办的《北洋官报》，每期都刊发公司告白（广告）。1907年，清廷创办《政治官报》，也发布“如馆办银行、钱局，工艺陈列各所，铁路、矿物各公司及农工商部注册各实业，均准进馆代登广告，酌照东西

① 丁淦林：《中国新闻事业史》，高等教育出版社2002年版，第116页。

各国官报广告办法办理”的启事。到了1911年，《政治官报》改称为《内阁官报》，制定了详细的刊登广告的章程，并见诸报端。

“除各官厅官有事业、官立学堂示谕广告外，凡京外官商曾经奏请办理之银行、铁路、矿务及农工商部注册设立各项公司，并有确实证据之不动产，欲刊印单篇告白，随报附送者，可函请本局刊登，其附送以本京为限。五行起码，每一日至第三日每日五元，四日以下四元五角。六行以下，第一日至第三日每日五角，四日以下每行加四角五分，其附登本报，则以半面以码，第一日每半面日收洋拾元，第二日至第十日每半面日收洋八元，十一日至一个月每半面日收洋八元。第二月后，每半面日收洋五元，以官报行销愈大再行改订。凡各官厅及官有事业学堂公益等事，欲附登本报者，酌收半费。”①

3. 商业报纸广告的发展

这时期一些外国人主办的报刊也陆续转为中国人主办，如《申报》、《新闻报》等，并开始增加广告篇幅，讲究广告形式与效果。

1907年，美查公司中方经理席子佩将《申报》收回经营，在广告方面，针对当时民族企业已经有较大发展的现状，广告价格经过几次调整，最终对中西客户一视同仁，也不再按照字数计算价格，而是按行来收费。广告的排列方法也开始分为前幅、后幅、长行、短行等几种。从1912年起，史量才接办《申报》后，更是注重广告经营。广告版面越来越大，占全报的十分之六七。如1928年11月14日的《申报》刊登了“天蟾舞台上演第一本、第二本……《封神榜》”整版剧场广告，时间长达半个月之久。到后来《申报》又分为“特等（特别地位）、头等（登于评前封面者）、二等（登于中缝者）、三等（长行不在封面者）及四等（短行五十字起码）……近（1922年）又有特等广告，登于新闻下端”。②《申报》报馆内特设广告推广科，将广告招揽作为该科的主要业务，科内分设广告外勤组与广告设计科，派出外勤四处招揽广告，并改进广告设计，代客户绘制广告图样，撰写文字说明，直至客户满意为止，报馆对广告业务的重视达到了顶点，广告已经成为《申报》的经济命脉。据统计，到1934年，《申报》的固定资产达200万元，每年的营业额也达200万元，其中广告收入约150万元，占75%，发行收入约50万元，只占25%。③在上海鼎足而立的三大报刊《申报》、《字林沪报》和《新闻报》中，《申报》

① 张则忠：《古今中外广告集趣》，中国经济出版社1991年版，第48页。

② 李蒿生：《本报之沿革》第三节“广告”，载申报馆成立五十周年纪念特刊《最近之五十年》（1872~1922年），上海书店1987年影印。

③ 转引自刘家林：《新编中外广告通史》，暨南大学出版社2000年版。

居首位，另两家在报纸业务、广告经营等方面都吸取了它的经验。

汪汉溪1899年11月4日任《新闻报》主编后，更加注重经营管理，尤其注重发行和广告。该报与《申报》一样，也设置了负责推销报纸的“推广科”和负责报纸广告开发、设计、编辑及刊登事宜的“准备科”，并逐步形成不单靠发行来赚钱，而主要靠刊登广告来盈利的成熟的经营模式，使其发行量由1899年的1万份到1919年达到4 600多份，到1924年竟突破10万份，1926年达到14 000多份，1928年突破15万份大关，创当时中国大型日报发行的最高记录，远远超过了《申报》。① 发行量的激增又促进了报纸广告的发达。《新闻报》中广告所占版面达六成，新闻仅占四成，有时广告占2/3，因此人称其为“广告报”。又因上海的大小商家店铺，一般都订一份放在柜台上，以了解商情信息，故又称《新闻报》为“柜台报”。《新闻报》可算是旧上海较为成功的商业报纸之一。

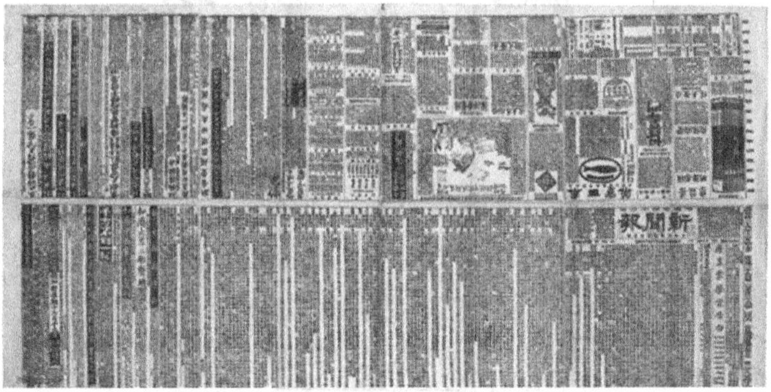


被称为“广告报”的《新闻报》及其广告

20世纪初，外国人还在中国的其他一些城市创办了日报，一般都是以时事新闻为主的综合性报纸，也有的侧重商业新闻，较为著名的有天津的《时报》、北京的《顺天时报》和奉天（沈阳）的《盛京时报》。这些报纸也刊登大量广告。

《时报》原来是由天津海关税务司英籍德国人璀琳和英商怡和洋行总理茄臣于1886年集资创办的英文报纸。后出中文版，英国人李提摩太主笔，该报

① 胡道静：《新闻报四十年史》（1893～1933年），载《报学杂志》第1卷第2期，1948年9月16日出版。

当时被称为“外国人在华北的圣经”，也刊登广告。

《顺天时报》是日本人中岛真雄于1901年10月创刊的，该报重视时事政治新闻与评论、各地通讯、各地矿藏及政治经济情况调查等，也特别重视广告，它日出两大张，其中五个版为广告。因得到日本官方和财界的公开支持与庇护，公开支持中国的亲日势力，被称为“逆天时报”。

《盛京时报》，1906年10月18日在沈阳创办，日本满洲铁路公司资助，中岛真雄曾兼任总办。该报是一张观察我国情势的大报，也重视广告的刊登。1906年10月18日《盛京时报》初创时，即刊行告白刊例：“一行五号二十一字起码，登一日者每行二角，登十日者每日每行一角五分，登全月者每日每行一角，登长年者价目面议。”三井洋行曾连续几年在《盛京时报》刊登广告。

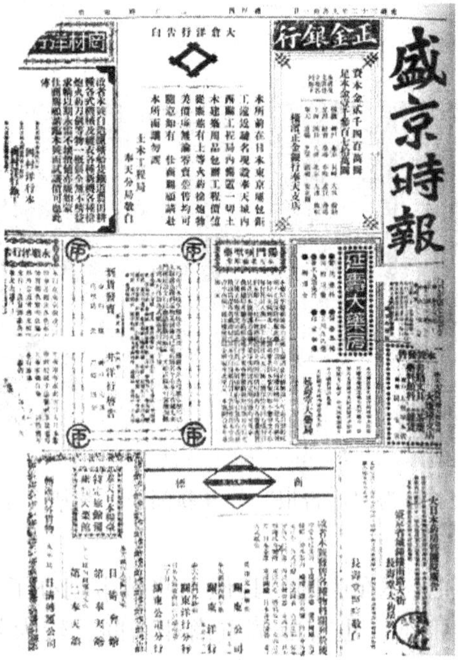
盛京時報
正金銀行
大倉洋行告白

《盛京时报》的广告版面

这一时期的《东三省日报》和《东三省公报》也刊登大量的广告。如1907年4月1日《东三省日报》就刊登了大量的广告，而其中的“本馆新出小学报”、奉天老福顺堂的“官验咳嗽药”等广告其标题直接点题，尤其是“官验咳嗽药”中的“官验”旨在表明此药的可信程度，以期引起消费者好感，争相购买。

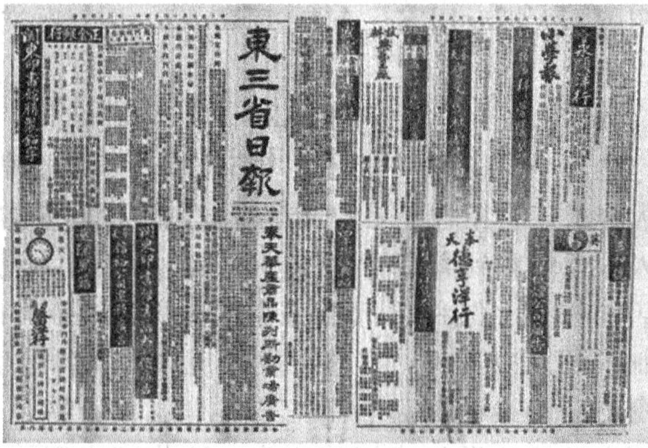
東三省日報

《东三省日报》及其广告

《东三省公报》采用整版均匀分为上、下两部分，相背排版，经两次折叠后像小册子，体积小，不但方便阅读，而且利于携带。新闻和广告各占一面整版，有中缝，但也被安排成广告。小面积广告只在标题画框、涂黑、绘制花边以突出广告主体，稍大面积广告，如“克隆元记”将所售自行车和“胜家公司”商标图案加进广告，通过图文并茂的广告吸引读者。

1906年12月28日和1907年2月5日《东三省公报》中诸如“最新小说广告”和“关东印书馆告白”等都是持续刊登，商家不吝惜广告费用，在报纸上大加宣传，以期取得预期效果。而报纸不吝惜为广告提供充足版位，并时常在一版刊登整版广告，条框分割大小广告，字号、字体、行文都进行了颇具匠心的技术处理，简洁大方而非杂乱无章，各类广告被统一安排在版面内。报纸还十分重视小广告的刊发与编排，小广告对于报纸来说本来是附属品，因其价廉的原因，吸引商家争相刊登，量多，对于报纸来讲，收益自然可观，因此非常愿意使其占有一席之地，以凸显报业广告的繁盛与丰富。

## 第三节　晚清的其他广告形式

### 一、清代的户外广告

1. 招牌广告

招牌广告是以书写广告词句为主，或兼绘静态固定的相应图案的招徕标牌，也是中国传统商业中运用最广泛的一种招幌，是商家广告宣传的重要手段之一。《清稗类钞·农商类·市招》中说："商店悬牌于门，以为标识广招徕者曰市招，俗呼招牌。大抵专用字，有参以满、蒙、回、藏文者，有用字兼绘形者。"

清代的招牌广告进入了封建社会的鼎盛时期。清代招牌广告分为竖式招牌广告、横式招牌广告、坐地招牌广告及墙壁广告等。竖式招牌广告是商家在店铺门侧树立的巨大竖式广告招牌，是由文字幌发展演变而来的。它有气势，视觉效果强烈，让人很远就看到商家的宣传内容，是古代较为流行的一种户外广告形式。百年老店同仁堂、保和堂药店门外竖立的竖式招牌广告上书有"祖传秘方，遵古炮制各种丸散膏丹；零整批发，川广云贵各地生熟药材"，"批发各种驰名丸散膏丹药酒泰西药品"等广告词句，很有特色。还有许多鞋帽店、商场、布庄等也悬挂此类竖式招牌广告。清代还出现了一种新的广告形式——墙壁广告，《姑苏繁华图》中共有16块墙壁广告，这是目前世界上最早记录墙壁广告的证物之一，其广告内容注重儒家"以义取利"的思想，比如"公平交易、童叟无欺"，在商业活动中讲究商业道德与信誉，藉此吸引行人驻足。清代后期，墙壁广告已经突破文字形式，还增加了图画。

王麻子刀剪铺广告

2. 招幌广告

招幌是中国工商业及其他行业向社会宣传经济内容、特点、信誉等最传统的广告形式。作为招徕生意的标识，这一由来已久的传统行业习俗，流传到清代后形色各异，蔚为大观。乾隆年间，苏州画家徐扬绘制的《姑苏繁华图》展现出苏州城内有市招的店铺达230家，各类招幌美不胜收，构成一道独特的市井风尚。北京城的老招幌仅形式就有250余种，分别代表着不同的行业。旧京大栅栏商业繁荣，站在街口向里眺望，各式幌子铺天盖地，标有同仁堂、瑞蚨祥、张一元等字样的布幌悬于半空之中，五彩斑斓。北京的酒馆、饭铺门前悬挂“倒山字形”布幌，幌子上所书“不知何处是他乡”或“李白曰言此处高”等文字，更突出了中国酒文化的韵味。①

清朝中后期，关内商人进入东北从事商业和其他活动，同时也将具有各地特色的招幌带入东北。

在《满洲看板往来》(日本堀越喜博著并绘，昭和十五年，日本国际观光局发行）一书中，绘制了183幅彩色招幌和招牌，并附有日文说明。从书中序言可知，东北的招幌尽量追求引人注目，指示商品所在地，首先一定要醒目。另外，东北招幌大多系着红布条，如果招幌，尤其是实物招幌，不系红布条的话，就意味着作为商品出卖了。

3. 实物广告

实物广告直接将所经营的商品实物放置或悬挂出去，多是挑选出的样品，供顾客直观鉴别、选购。因其取材方便、成本低而让顾客眼见为实，买卖双方皆大欢喜，所以历久不衰，到清代也不例外，无论坐商或游商都有采用。香烛铺常挂木制大蜡烛模型；梳篦店挂木制大梳篦为记；棕麻店外挂一束麻丝或一片麻袋，袋片上书“麻袋发庄”字样；清代钱庄喜挂沓沓铜钱，中间又有一木制大铜钱，上有“源流元宝”等字样，下系红绸，这是实物广告中最具特色的一种。百年老号、殷实商号的药庄，则喜向顾客展示鹿茸、虎骨，或在店外、窗口设置梅花鹿或东北虎的动物标本，以彰显非凡气派，起到引人注目的宣传效果。

4. 匾额广告

据文献记载，早在清朝同治初年，上海就有茶馆出现。1900年福州路上的五层茶楼，楼高5层，店面装饰古典中透出豪华，其一二层之间门楣上大字书写“五层茶楼”，黑底白字，一目了然。从匾额简单几字就可看出茶楼的实力和气派，吸引文人雅士酌饮，生意兴隆。

广州是最讲究喝茶的城市，分早、午、晚茶，当然茶楼大多兼餐饮于一体。1906年《赏奇画报》上刊登了著名茶居“颐苑”的插图。“颐苑”以匾

---

① 由国庆：《再见老广告》，百花文艺出版社2004年版，第6页。

额广告招徕四方宾客。匾额高悬，店铺实力、信誉都体现了出来。因此，店铺都在匾额上下足工夫，匾额悬挂位置、材质、字体、颜色颇为讲究。

茶铺广告

5. 布帘广告

古时酒旗多以青白布缝制，因此称为“青帘”。清钱载《小店》诗：“小店青帘又夕阳，儿童竿木也逢场。”清方文《与张季昭同寓赠此》诗：“日暮河桥芳草合，尽容携手到青帘。”可知，清代青帘仍然被酒家所青睐。因其摘挂携带方便，经济实惠，同时能起到宣传效应，因此其他行业也广为利用，只不过在形式上有所变化，由酒旗转化为挂门帘、桌帘等。

6. 旗帜广告

旗帜广告在清代也得到有效应用。天津是历史文化名城，清朝开放海禁，天津获得了一次大发展的历史机遇。“天津卫，好地方，繁华热闹胜两江，河路码头买卖广”，其所描绘的是当年天津河中船舶往来，路上车马杂沓，店铺外熙熙攘攘，万商云集的繁荣商业贸易。从当时的图片中可以看到旗帜广告在清末天津城街市中飘扬。沈阳作为清代陪都，长期居于东北地区政治、经济、文化的中心地位，这里官廨衙署众多，工商业发展较快，昔日城市经济的繁盛景象可从老图片中得到验证。从 17 世纪起，成群结队的黄县人就从山东贩运丝线到沈阳销售，仅在中街的丝房就有 20 余家，而铺面外的广告竞争绝对不可缺，旗帜、幌子、灯笼齐上阵，如此繁密地悬挂广告，商家的用意很明确，靠新、奇、特广告形式吸引顾客进门。

清代的户外广告招牌、墙体、招幌、实物、匾额、旗帜、布帘等，大多是在中国传统广告基础上的进一步发展和壮大。它的影响不仅在中国的大江南北，而且在朝鲜、日本、东南亚地区也很普遍。到清后期，随着外国资本主义经济的渗入和沿海各地近代工商业的兴起，户外广告逐渐突破了原有的形式，受招牌、墙体广告启发，路牌广告应运而生。其设置在人口流量较多的繁华地段，以及铁路沿线和车站站台等地，先采用印刷的招贴拼粘，以后才改成铅皮和油漆。清末还出现了新的户外广告媒介，如车体广告和霓虹灯广告等。

## 二、清代的印刷广告

印刷广告是技术、艺术和商业高度结合的产物，几乎从有印刷业开始，广告业就与印刷业密切地相互关联，印刷广告随着印刷技术的更新而发展。清代是中国传统印刷事业发展的最后阶段，我国古代发明和发展的印刷技术得到了充分的应用，雕版彩色印刷不但更为普及，而且印刷质量较好。而后，随着新式印刷技术的不断出现，印刷网点遍及全国很多地区，印刷产品进入千家万户，印刷品的普及率达到了历史最高水平。

清代，尤其是晚清，是中国经济近代化的开端，商品经济规模扩大，随着资本主义的萌芽、成长、壮大，外国商品和资本输入，外国资本家在中国境内倾销产品，或利用通商口岸，将其产品进口中国，或利用中国廉价劳动力和原料，在中国境内设厂制造销售。外国洋货、洋品牌几乎占领了我国市场。同类商品的增多，势必使竞争加剧。印刷品广告被大量采用，深入到城市及乡村。在众多商品中，使用广告较多的是药品和卷烟。

印刷广告包含面广，内容丰富，除海报、招贴、书籍、报刊广告，还有其他形式，诸如传单、说明书、目录、小册子，以及放在香烟包装中的小画片等。清代印刷广告，无论从内容形式还是表现手法上，都比以前有了长足进步。以招贴和报刊作为广告载体的印刷广告，使广告的传播范围不断扩大。

### (一) 雕版印刷广告

雕版印刷在中国有悠久历史，刻印技术极其成熟，清代雕版印刷技术在不断实践和探索中有了更大飞跃。艺术上，版面更趋精细；技术上，套版印刷、拱花技术等出现，不仅仅是单一的白纸黑字和图案，逐渐变成五颜六色、图文并茂、赏心悦目的印刷品，受到人们的喜爱。木版年画也属于雕版印刷的范畴，分色套版，具有浓厚的民间艺术特色。到了清代，年画广告已被广泛使用，其题材多取自民间喜闻乐见的故事、传说和戏文内容，既用于公共场所张贴，居家厅堂装饰，还常用来做食品、礼品等的包装。清代年画独具一格，表现方法单纯、明快，具有浓厚的装饰趣味，用于广告宣传效果好、传播广。清代不少的地方风味食品、宫廷御膳食品、祖传秘方名药等产品或老字号之所以能流传至今，可以说除价格和质量因素外，注重印刷广告宣传功不可没。

清代的雕版印刷技术高超，制版、镌刻、印刷各个工艺环节都有显著提高和改进，套版印刷普遍采用。例如，清肺化痰丸雕版印模广告，分上、下两面，浑朴厚重，镌刻刀法剔透、稳健，行气严整，四周镌刻粗细边栏，凸起的线条上有明显木纹，刀法工整。全文字一面除标题与正文之间有界行之外，正文内无界行。有人体图案一面，文字之间有界行。人体图案清晰，线条流畅明快。虽时间久远，但若上墨印刷，还是一幅雕刻精美的广告。广告文字中说，“每月初一十五减价一半”，等等。

《清肺化痰丸》雕版印刷广告

（二）铜版印刷广告

铜版主要用于印刷图片，多为精致的单色或彩色印刷品。铜质印版多铸造而成。铜版比木版坚固耐久，版上的精细花纹和文字经反复印刷后仍不变形。铜版不用时还可回炉重新铸版，因此雕版印刷出现后，很快就出现了铜版印刷。铜版印刷是中国印刷术成熟发展的重要标志。

铜版印刷应用到经济领域内可追溯到宋朝的“济南刘家功夫针铺铜铸模版”，那是集包装、仿单、招贴于一体的印刷品。到清代后，随着商业的进一步发展，厚重的铜铸版被轻薄的腐蚀版取替。而此类带有私家标志、籍贯、姓氏、产品介绍的印刷品，则以多种形式投入市场，辅助产品销售。如“张桂兰老铺”铜版印刷广告，是为防止假冒字号包装者，所以特意印制的“内票”。它内容丰富多彩，中心突出，将人物、动植物安排在适当位置，既紧凑，又不杂乱，“张桂兰老铺”名称、地址及给“士商赐顾”需要认明的内容，放置在醒目之处。

铜版因其可印刷特别精细的花纹和文字，尤其是图案，清晰而逼真，因此商家店铺自然看好这一“商机”，不惜斥资印刷，广告投入多，宣传效果好，会带来更多的经济效益。

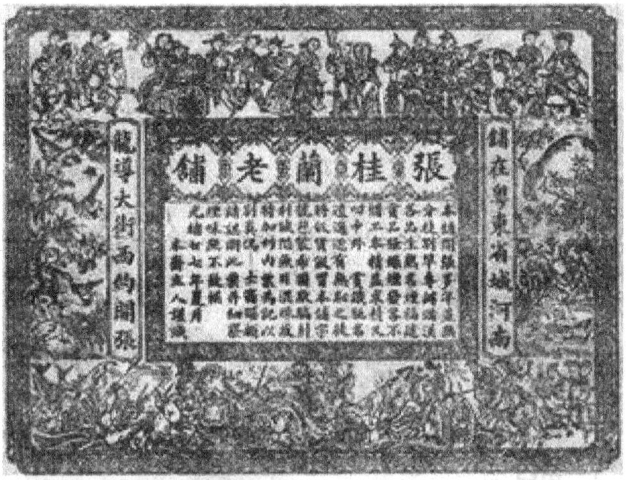


“张桂兰老铺”铜版印刷广告

（三）石版印刷广告

石版印刷属平版印刷的一种，利用多孔石质平版，经处理后做印版进行印刷，制版容易，多用于印刷广告、招贴和画报。

1876 年，英国人美查在上海开办点石斋印书局。据 1876 年登在《申报》上的“点石斋告白”称：“本分局专办一切石印经、史、子、集以及中外舆图、西文书籍、名人碑帖、画谱、楹联、册页，花色齐全，价目克己。绅商赐顾，请认抛球场南首三层楼红墙洋房可也，此布。”1881 年，经营石印的同文书局和拜石山房创立，打破了点石斋印书局独揽石印出版业的局面，形成三足鼎立之势。

清末，报纸在出版发行时，定期或不定期地向读者赠送画报新闻纸，作为广告宣传来取悦读者。其内容精美生动，通俗易懂，颇受社会欢迎，此做法一面世，便风行一时。最早、最著名的当属《点石斋画报》，创始于光绪十年（1884 年），光绪二十四年（1898 年）停刊，每十日出版一册。其内容集时事政治和风俗人情于一身，市井风俗兼及西方科技新事物，包罗万象，蔚为大观，单独印刷，随《申报》附送，也单独零售发行。

《点石斋画报》封面用彩色本纸，图画为连史纸石印，印刷精美。图画都是当时社会现实的见证，可称得上是一部用造型美术记录下来的“社会史”。画家们运用新的表现方法，创造了有真实感的人物形象和有复杂生活内容的构图。画风细腻，线条工整，人物栩栩如生，神态尤其逼真，大有身临其境之感。其中有许多作品反映了民族意识，具有一定的历史价值。《点石斋画报》也带动了《申报》的发行量。又因其获利丰厚，还刺激了石印技术的发展，当时出现过许多模仿它的时事画报问世，成为报业时尚，具有广泛的影响力。《点石斋画报》出版后曾流行各省，是中国石印画报的开端。

《点石斋画报》

招贴广告是历史悠久的广告形式，之所以经久不衰，是因为它有其他媒体广告不可替代的功能，多以图画为主，能给人视觉上美的享受，同时，张贴方便，以宣传商品为主题，加上富于创意、生动的画面及文字，使人耳目一新，便于将商品熟记于心。

**思考·案例·练习**

1. 试述近代报刊广告的兴起与发展。
2. 简论《申报》从创刊到1919年间的广告经营活动。
3. 案例1：上海英美烟草公司的翠鸟牌“烤”字背心广告

**翠鸟牌人力车夫“烤”字背心广告**

1902年的一天，上海几乎所有的人力车夫都穿上了绣有“烤”字背心，使人莫名其妙，议论纷纷。事后知道，这是英美烟草公司的翠鸟牌香烟的广告，“烤”字是指烟叶是烤制的，味道醇正。

这说明，商品的竞争不仅使广告受到重视，而且广告的效果开始被关注。英美烟草公司来华设厂后，在这方面绞尽脑汁，引入了国外广告宣传的方法，收到了较好的广告宣传效果。

### 4. 案例2：民族工业福昌烟草公司“小囡”牌烟草广告

**新奇而又巧妙的“小囡”牌烟草广告**

1918年，面对英美烟草公司在华倾销烟草的态势，为抵制英美烟草公司的“婴孩牌”香烟，著名的上海实业家黄楚九创办的福昌烟草公司推出了“小囡”牌香烟，并在上海《申报》、《新闻报》等主要媒体上包下第一版的全幅广告位大做广告。

第一天整个版面只印了一个大红蛋，而此前上海的报纸上还从未出现过套红的标题和广告；

第二天，版面换成了一根小孩的发辫；

第三天出现了一个惹人可爱的胖娃娃。

如此这般，人们看了这样没有文字说明的广告，既惊奇又费解，急切地想知道商家的葫芦里到底卖的是什么药。

到了第四天，谜底终于揭开，版面刊出了一条“祝贺大家早生贵子”的贺词，并告知有家“福昌烟草公司”推出了一种“小囡”牌香烟，为庆贺“小囡”的诞生，公司特向大家报喜，奉献“红蛋”。

这种新奇而又巧妙的广告法取得了极大的成功，得子吃红蛋是件大喜事，谁不想尝尝新鲜，同时也讨个吉利呢？不久，“小囡”牌香烟就成了热门货，与英美烟草公司抗衡。

除了在各大报纸上刊登红蛋广告外，黄楚九还在马路边到处张贴“红蛋”广告，同时，利用他经营的“大世界”这一游人云集的游乐场所广为宣传，甚至不惜随门票奉送香烟一盒。“小囡”牌香烟的畅销使一向不以中国香烟小厂产品为意的英美烟草公司大为震惊，为了保持其产品在中国市场上的垄断地位，英美烟草公司最后不惜以20万元的重金买下福昌烟草公司的“小囡”牌商标。

福昌烟草公司“小囡”牌香烟广告的出台，以及它与英美烟草公司在香烟市场的争夺说明，进入20世纪以来，西方各资本主义国家大肆向我国进行资本和商品输出，凭借不平等条约提供给他们的特殊待遇和雄厚的经济实力，大力抢占中国的市场，并对我国幼稚的民族工业采用排挤、打击、收买等卑劣手段，以达到垄断市场、获取高额利润的目的。民族资本家为了求生存、求发展，充分发挥了自己的聪明才智，利用各种广告手段抵制洋货，挽回民族经济利益，发展民族实业。同时也暴露出民族资本家在对待洋商洋货时不可避免地具有两面性的特点。

### 5. 案例3：1918年5月1日《大公报》“博利安电灯泡”系列广告

**“博利安电灯泡”系列广告**

民国7年（1918年）5月1日，《大公报》刊登了“博利安电灯泡”的系列广告，主要强调博利安电灯泡可以保护眼睛，文案简洁实在，而商标始终放在醒目部位，以加深读者印象。博利安电灯泡系日本商品，在民国初年肯花大笔广告费，连续刊出系列广告，其经营的前瞻性战略目光令人佩服，从中也可窥见其经济侵略的野心。同时也说明，五四运动前后报纸广告的持续发展的情况，报纸已成为一种最廉价、传播效果最好的广告媒介。

**参考文献**


1. 戈公振．中国报学史．北京：中国新闻出版社，1985
2. 陈培爱．中外广告史．北京：中国物价出版社，2001
3. 刘家林．新编中外广告通史．广州：暨南大学出版社，2000
4. 王法清、张玉祥．现代商业广告学．开封：河南大学出版社，1994
5. 宋应离、朱联营、李明山．中国期刊发展史．开封：河南大学出版社，2000
6. 曾宪明．中国百年报人之路（1815～1949）．呼和浩特：远方出版社，2003
7. 丁淦林．中国新闻事业史．北京：高等教育出版社，2002
8. 刘家林．中国新闻通史．武汉：武汉大学出版社，1995
9. 余明阳．广告学．合肥：安徽人民出版社，1997
10. 张则忠．古今中外广告集趣．北京：中国经济出版社，1991
11. 由国庆．再见老广告．天津：百花文艺出版社，2004

# 第六章 五四运动时期到中华人民共和国成立以前的广告
(1919~1949 年)

【本章提要】20 世纪 20~30 年代，随着中国社会殖民化程度的加深，民族资产阶级与帝国主义、国货与洋货展开了激烈的斗争，使广告发展到一个兴盛的阶段。抗日战争的爆发，使中国本就脆弱的广告业倍受摧残；抗战胜利后，中国广告业逐渐恢复，但由于内战的爆发，经济的崩溃，中国的广告业又重新跌入低谷。

**本章内容主要包括：**

※ 报刊广告继续发展。

※ 几种近现代影响较大的广告形式，尤其是广播广告的出现，是现代广告史上的又一个新的里程碑。

※ 在国统区、沦陷区和共产党领导的抗日根据地，由于不同的政治、经济背景，广告的发展呈现不同的特点。

## 第一节 五四运动时期的广告

### 一、五四运动前后的政治经济背景

(一) 政治社会背景

1. 反帝反封建的新文化运动

从 1919 年的五四运动到 1921 年 7 月 1 日中国共产党成立，被称为五四运动时期。五四运动前后，世界形势发生了巨大的变化，其中最突出的事情是俄国爆发了伟大的十月社会主义革命，在世界上建立了第一个无产阶级专政的国家。继而在 1918 年初，芬兰发生了无产阶级革命，成立了人民代表苏维埃。

同年11月，德国、奥地利爆发革命，推翻了半封建的君主专制。1919年3月，匈牙利发生无产阶级革命，建立了苏维埃共和国。

十月社会主义革命的胜利和世界革命的高涨，对中国产生了深刻的影响。中国工人阶级日益壮大，并登上了政治舞台，涌现了一大批赞成俄国革命、具有初步共产主义思想的知识分子，并最终爆发了五四运动。这一反帝反封建的新文化政治运动，掀开了中国历史的新篇章，宣告了旧民主主义革命的结束和新民主主义革命的开始。在这样的历史条件下，五四时期的报刊传播活动体现了鲜明的时代特征。

2. 五四运动前后进步刊物的创办

在五四运动的酝酿时期和五四运动后的一段时间里，报纸、杂志像雨后春笋般发展起来。五四前后的一年之中，在各地新出版的报刊约有400种之多。北京、天津、上海、长沙、武汉成为革命报刊发展的中心。在北京，出现了《每周评论》周刊、《少年中国》、《少年世界》、《新社会》旬刊、《少年》半月刊、《新生活》小型周刊等报刊杂志；天津出版了《天津学生联合会报》、《觉悟》（1920年1月20日创刊）月刊、《南开日刊》、《平民》、《新生命》等刊物；在上海，无产阶级的第一个刊物《新青年》创刊（第2期改为《青年杂志》并迁往北京），党组织最早的刊物之一《共产党》和第一批工人阶级报刊之一的《劳动界》也出现了。此外，革命学生团体的刊物《全国学生联合会日报》、《上海学生联合会日报》、复旦学生的《平民》、上海务本女中的《新妇女》等也纷纷问世。长沙有毛泽东主编的《湘江评论》（1919年7月14日创刊）等，武汉有恽代英的《学生周刊》、《武汉星期评论》等，使这一时期成为我国报刊大发展的时期。报刊宣传思想出现大转变，报刊的内容发生巨大变化，最能直接表达思想观点的政论文章重新成为报刊内容的主角，报刊也成为新、旧思想论战的阵地。这些革命报刊几乎都刊登广告，利用广告为政治斗争服务。这些广告有书籍文化广告、政治广告，也有商业广告。革命报刊特别用广告提倡购买国货，抵制洋货。

（二）经济商业发展

甲午战争以后，帝国主义加紧了对中国的经济侵略，扩大了对华资本输出，加剧了商品输出和原料搜刮，进一步控制了中国市场，并豢养了一批专门为外国资本主义服务的买办商业资本家。这严重打击了中国民族工商业，摧残了中国的工农业生产，损害了中国人民的利益。中国人民奋起反抗，开展了多次抵制洋货的斗争。

中国民族资本主义商业虽障碍重重，但是在20世纪初，尤其在第一次世界大战期间和大战结束初期，由于欧洲列强忙于大战，无暇东顾，中国民族资

新青年杂志

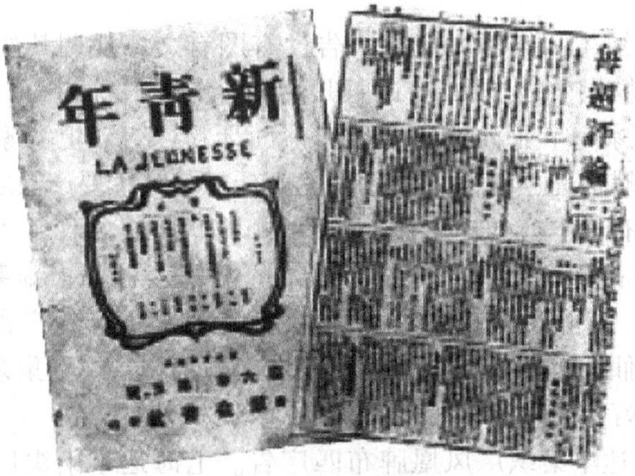


《每周评论》

本主义有了一个稍大一些的发展空隙，得到了较大的发展，也出现了新式商业，先施、永安等商业企业，就建立了一套资本主义的管理机构，资本主义生产关系在商业内部逐渐形成和发展。传统商业也发生了一些变化，这一时期，商业经营的国外货源减少，不少商店转为经营国货，有利于国内民族资本主义工业企业的发展。而历次的抵制洋货运动，又帮助了民族工商业者对洋商垄断势力的抵抗，刺激了中国民族工商业的发展。例如，五四运动时期抵制日货、英货，使我国民族资本棉纺织厂迅速增加，形成了我国棉纺织业发展史上的所谓“黄金时期”。

总的看来，中国民族资本主义工商业虽有一定的发展，但在外资排挤和清政府苛捐杂税的阻碍下，发展极其缓慢，也并没有在国内商业中占据统治地位。

## 二、五四运动时期的广告

### （一）报刊广告持续发展

五四时期在汹涌澎湃的群众运动推动下，报刊事业得到迅速发展，报纸成为一种最廉价、传播效果最好的广告媒介。这一时期，上海、天津等地一些外资与民营的报刊都大量刊登广告。报纸广告版面增加，广告种类扩大，制作艺术提高，图文并茂。下面几例就是当时制作艺术较高的广告：

1912 年上海三友实业社三角牌毛巾等日用品广告，特别强调其三角牌毛巾等日用品“永不退色”，并以其宏伟壮观的厂区暗示该社是中国一流的工业企业。①

1918 年上海冠生园奶油太妃糖广告，有图有文，强调其奶油太妃糖“滋养丰富，为冬令糖果中之杰品”，并且是物美价廉，“每磅一元”。②

1918 年上海家庭工业社推出无敌牌擦面牙粉广告。上海家庭工业社为我国著名剧作家陈蝶仙先生创办，无敌牌擦面牙粉是其主要产品之一。当时社会上盛行的牙粉还有日本产的“金刚石”、“狮子牌”等。取名“无敌牌”是决心与日本“金刚石”、“狮子牌”牙粉相抗衡，表示“天虚我生发明”，可“无敌”于天下，显得很大气。同时，这则无敌牌擦面牙粉广告上所绘的蝶花图案，暗示陈蝶仙先生愿为社会大众带来洁净与温馨，可谓集艺术欣赏与商业功能于一体的上好广告作品。③

1920 年上海达丰染织厂凤凰牌布匹广告。上海达丰染织厂是我国最早的生产印染布企业，1920 年上海达丰染织厂生产的布匹是我国第一代印染布产

---

① 白光：《中外早期广告珍藏与评析》，中国广播电视出版社 2003 年版，第 3 页。
② 白光：《中外早期广告珍藏与评析》，中国广播电视出版社 2003 年版，第 4 页。
③ 白光：《中外早期广告珍藏与评析》，中国广播电视出版社 2003 年版，第 5 页。

品。当时使用的商标有凤凰牌、双童牌、送子图等，凤凰牌印染布是我国近代印染布产品中的名牌。这则凤凰牌布匹广告上绘制了一幅“双凤高登”，表示该印染布“中国首创”和“永不退色”，且质量上乘。广告中还警告消费者：“注意！凡本厂所出不退色之布匹，布边上均有其商标及永不退色四字为记。”

（二）革命报刊与广告

五四运动前后，具有初步共产主义思想的先进分子创办的报纸，除了宣传反帝反封建的思想外，也大量刊登民族工商企业的广告，以提高国货的信誉，配合抵制洋货运动。

五四前夕创办的《新青年》上刊登的广告，多数是出版广告，用以宣传反帝反封建思想。

李大钊在北京创办的《每周评论》（1918 年底创办）、毛泽东在湖南创办的《湘江评论》、周恩来在天津创办的《天津学生联合会报》等革命报刊除了政治宣传外，都十分重视广告的作用。《每周评论》在报头下方显著位置刊登广告价目，向社会各界招揽广告。在广告版面上，进步书刊和国货的宣传占据着重要位置，对反帝反封和爱国主义宣传起到了积极的作用。

1919 年 7 月 14 日，无产阶级革命家毛泽东为了宣传革命道理，开展革命工作，在长沙创办了《湘江评论》，这是一份四开四版的报纸，以评论为主，大部分文章都是毛泽东亲自撰写的，从形式到内容丰富多彩，引人注目。在创刊号的报头下面就刊登了广告价目：“封面首期每字大洋二分，二期至五期一分，六期至十期一分二。中缝首期每字一分半，二期至五期一分二，六期至十期一分，均以五号字计算，长登另议。”由此可见，《湘江评论》的广告已有封面、中缝广告之分和短登、长登之分，价格也随之有所区别，但只出五期就被反动军阀查封了。1920 年 7 月毛泽东又回到长沙参与创办了文化书社继续从事革命活动，并在《新青年》上登载了长沙文化书社广告：“一、宗旨：本社为同志共同组织，财产公有，入资不退，以不分红取息。专经售海内外新出版物，售价极平，仅以取到相当之邮汇费及手续费为止。务期各种有价值之新出版物广布全省，人人有阅读的机会。二、营业范围：书、杂志、日报。三、作用：各种有价值之新出版物，无不乐意代售，脚价清楚，绝无拖欠。希望各地著名作家、出版家，每有新著，即尽速和敝社接洽，以便约定分销。1920 年 7 月。”①

1919 年 7 月 21 日，周恩来在天津创办的《天津学生联合会报》，是五四时期天津出版的进步刊物中最有影响力的一种，对当时的革命进步事业产生了

① 张则忠：《中外广告集趣》，中国经济出版社 1991 年版，第 49、50、51 页。

深远的影响。该报曾委派专人承办广告业务，并在报上表明“本报广告交涉员是陈芝泉”。为了配合五四运动，该报在头版位置上刊登图文并茂的国货广告，以推动提倡国货、抵制日货运动。同年9月22日，该报在天津警察局的强迫下停刊，周恩来亲自撰写启事，说明停刊的原因，同时保证在复刊后“登广告的各家，也是按着日期补登”，赢得了客户的信任，同年10月7日报纸复刊后及时履行了上述承诺。

中国共产党创办自己的报刊伊始，就开办了广告业务，如1923年创办的党的机关报《向导》，从第4号起就刊登介绍进步书刊的广告。

## 第二节　20世纪20~30年代的广告

这一时期是中国近现代广告发展的黄金阶段。辛亥革命以后，中华民国建立，中国本土资本家兴起，他们吸收国外的先进经验，留学取经，人才辈出，产生了大量的广告画家，现代广告公司的雏形开始出现，形成独具中国特色的擦笔广告技法。上海成为近代广告的发源地，其影响辐射至全亚洲地区。广告题材更加广泛，传统与现代并存，在广告的印刷上，胶版逐渐取代了石版，广告多为烟草广告。这一时期中国广告得到迅猛发展，成为近现代广告与传统广告的过渡阶段。

### 一、20世纪20~30年代的政治经济背景

腐朽的晚清王朝在辛亥革命的胜利呼声中走入穷途末路，中华民国建立，中国民族资产阶级登上历史舞台，这就为中国民族资本主义的发展提供了机会。尤其是20世纪20年代初至抗日战争前的这一时期，是中国商业发展的黄金时期，上海、天津、武汉、南京等地在辛亥革命后获得了很大的发展。中国工商界和社会人士越来越重视广告的作用，较前一时期更为积极地以广告来拓宽商品的销路，提高企业和产品的知名度。世界广告业的新技术、新材料不断传进中国，广告媒介更为发达，广告公司业务更为专业化，特别是上海成为旧中国经济和广告业的繁盛之地。

### 二、20世纪20~30年代的中国广告

#### （一）广告媒介多样化

1. 报刊广告兴盛

在这段时间，报纸是主要的广告媒介。《大公报》、《世界日报》等一些著名的民营报纸都刊登大量的广告。如1921年1月6日，谦祥益在《大公报》

一版曾刊登广告："自分设天津以来，尤蒙各界诸君子联袂枉顾，几乎应接不暇，而本号自当益加勉励，力求克己，以保我货高价廉固有之美誉。"在以后该号发行的海报广告中也不难看出这一点。广告中鸿雁展翅，志存高远。最上方明显位置写明"信用久著"以示顾客。又如1925年2月10日成舍我创刊于北京的《世界日报》也登载大量的广告。《世界日报》是1924~1925年先后创办的《世界晚报》、《世界日报》和《世界画报》的总称。《世界日报》始终把广告收入看做是报纸的重要经费来源。报纸刚刚创办的时候，广告来源不多，《世界日报》一方面从别家报纸上选择一些商业广告，不征求业主同意就登载在自己的报纸上，然后派人收取广告费，给多给少都行。另一方面，派人兜揽广告，有时还由报社人员自编广告，用来招揽真正的顾主。以后报纸有了一些名声，广告也逐渐多起来，就常常用三四个版面刊登各类广告。1932年6月以后，《世界日报》搞了一种每条五十字的"小广告"，每条收费一角五分。报纸常常宣传小广告"费钱少，效力大"，刊登小广告的人很多，常常占了一个整版，为报社盈利不少。从1935年11月1日开始，又新设了"一角钱广告"，每条限二十字内，收益更大。《世界日报》在广告方面不断花样翻新，如增加了"商业广告"、"新市场广告"等。但《世界日报》由于对广告内容审查不严，只要付清广告费，一律照登，所以报纸上经常有虚假广告出现。①北京的《晨报》、天津的《益世报》、上海的《申报》等所登载的广告版面也越来越大。据戈公振《中国报学史》一书记载，1925年4月发行的几种报纸，广告占报纸版面的比例是：北京《晨报》占52.7%，天津《益世报》占62%，上海《申报》占42.7%。可见当时广告所占的比例是很大的。

19世纪20~30年代，期刊广告也很活跃，销量最多、影响最大的是著名报人邹韬奋主编的《生活周刊》，它在1923年每期销数超过15万份，主要登载书刊和一般日用商品广告。邹韬奋是一个特别敬业的新闻工作者，视事业为生命，从写稿、编辑到处理来信，从跑印刷厂到拉广告，样样亲自动手，边干边研究，精益求精，还系统地总结过报刊经营管理的经验，后汇集在《事业管理与职业修养》一书中。其中，在如何处理"事业性"和"商业性"的关系上就有许多宝贵的经验和见解。他多次申明，办报刊虽然也要设法赚一点钱以维持和发展事业，但绝不以赢利为目的。就广告的管理来说，对于广告的选择和刊登有着严格的限制："报纸上面登载广告，不应该专为了报社的营业收入，而应该同时顾到多数读者的利益"。"本报对于所刊登的广告，也和言论新闻一样，是要向读者负责的。"所以，凡是骗人、害人的广告，虽出重金，

① 曾宪明：《中国百年报人之路》，远方出版社2003年版，第225页。

邹韬奋也一概拒绝。而且，他还认为应把广告和美化版面结合起来，什么广告放在什么位置，都要从活泼版面考虑，不能让广告割裂新闻。①

此外，还有一些主要杂志，如《东方杂志》和《妇女杂志》等，也都登有较大篇幅的广告。

2. 印刷广告的发展

印刷广告（除报纸外）也得到进一步发展，相继出现了产品样本、企业内部刊物（免费赠阅）、企业主办专业性刊物、月份牌和日历等形式的印刷广告。

月份牌年画广告是我国最早出现的商品海报，也是我国最早出现的为推销商品服务的商品艺术。月份牌广告最早出现在上海，是1896年上海四马路鸿福来吕宋大票行随彩票附送的《沪景开彩图》。在其下方有一行记述文字："上海四马路鸿福来吕宋大票行定制沪景开彩图中西月份牌随票附送不取分文。"这是19世纪末月份牌诞生于上海最有价值的实物证据。从内容上看，该画的中心部分描绘了沪上鸿福来票行门前、福州路一带商业的繁忙景象，向顾客推销自己票行形象的目的十分明确。

月份牌广告大量出现是在20世纪初及20～30年代。在上海、广州、香港、重庆等地的洋行和商号，如烟草公司、火油行、银行、保险公司、酒家、药房、布匹店、化妆品店、五金商店等，都看上了这种用国人喜爱的传统年画形式，附上商品广告，在年末岁尾随商品赠送给顾客的广告形式。月份牌年画广告的发展造就了一批又一批专门绘制月份牌的画家群体。

19世纪末到20世纪上半叶，上海的月份牌可分成三个时期：古装美女时期、时装美女时期、旗袍美女时期。各时期的代表人物分别为周慕桥、郑曼陀、杭穉英。

月份牌第一代著名画家的代表人物是周慕桥（1868～1922年），他是《点石斋画报》的画家，其古装人物画技艺精湛，出手很快。他从纺织品标签开始，由小件至大稿，迅速名闻上海，他在20世纪初推出了自己的作品《潇湘馆悲题五美吟》与《花木兰》，在传统画的基础上糅入了西画造型与透视，视觉效果特好，颇受欢迎。《关云长读"春秋"》月份牌是周慕桥的成名之作，供油酱店、理发店、杂货店等小商店悬挂之需。周慕桥的追随者中较出名的有赵藕生与李少章。赵藕生的代表作是《天女散花》和《夜战马超》，李少章的《赤壁》、《甘露寺》、《华容道》等颇受时人称道，他的《麻姑寿星》与《麻姑献寿》很合市民的心态，发行量很大。

① 丁淦林：《中国新闻事业史》，高等教育出版社2002年版，第291页。

阴丹士林布匹广告

在上海的月份牌广告中，开擦笔水彩技法新风塑造时装美女形象的杰出人物当数郑曼陀（1888~1961年），他在传统线描的基础上淡化线条，用炭精粉擦出图像的明暗变化，然后用水彩层层渲染，不仅人物形象立体感很强，而且因水彩的透明与滋润造成逼真的皮肤质感，很适合表现女性的丰腴、秀媚、丽质天成的阴柔之美，从此为月份牌广告带来了革命性的改变。1914年，郑曼陀的《晚妆图》和《银塘秋水》印行于市，深受欢迎。其主要作品有1919年为大昌烟草公司绘制的《杨贵妃出浴图》、为中国山东烟草公司绘制的《旗袍美女》、为英美烟草公司制作的《裘领美女》等百余件作品。

“曼陀画”风格的月份牌画家还有丁云先、周柏生、谢之光等。谢之光的抗战题材作品是月份牌画史中最有光彩的一页，1932年，日军挑起淞沪战事，激起上海人民爱国抗敌的热潮，谢为此创作了《一挡十》，歌颂了十九路军在上海商务印书馆一带奋起抗战杀败日寇的英勇气概。该画后为日军查封毁坏。他的《木兰荣归图》也寓意了中国人民对抗战胜利的向往。

杭穉英（1901~1947年）一改周慕桥塑造的民国初元宝领美女和郑曼陀创造的清纯女学生形象，推出了略带洋味的时髦旗袍女郎，并成立了“穉英画室”。在其鼎盛时期，每年都能推出月份牌80件以上，而且他还把业务从画月份牌扩大到工商美术的其他设计上，如布牌子、香烟牌子、香烟壳子、食品包装纸、商品包装盒和各种商标等，他和他的画室设计的“美丽牌香烟”、“双妹牌花露水”、“雅霜”、“白猫花布”、“阴丹士林布染料”、“杏花楼嫦娥奔月月饼盒”等在上海滩不仅领导着工商美术设计的潮流，而且其形象深入

中国南洋烟草公司长城牌香烟广告

人心，家喻户晓。

此时的广告招贴、包装装潢、品牌商标等均以美的图画与设计吸引人，通过印刷、加工为工商业服务，并成为专门的艺术。天津老一代商业美术家在中国工艺美术史和广告史上也曾留下辉煌的足迹。1912 年创办于天津北马路的华中印刷局，是天津第一家由国人开办的私营印刷局，以印刷各类包装、广告画闻名，至 20 世纪 20 年代末，大量兼印“小方子”（4 开）、“贡尖”（对开）年画，技术之精湛可与上海同业比肩，凭雄厚的实力长期驰誉“三北”。

木兰荣归图

岳母刺字烟草广告

享有津门商业美术鼻祖美誉的宋省三师徒数人曾在此创作了大量的广告装潢美

术精品。

20 世纪 30 年代，在津门的广告社中，来自粤、港地区的梁宝和创办的宝和社曾创办实用美术画会培训学员。20 世纪 40 年代中期，上海荣昌祥广告天津分公司几乎垄断了天津的户外路牌广告业务。

广告除了绘画和商品内容以外，整体安排也十分重要。好的广告能将商标、店标、书法、篆刻、绘画以及名人题词荟萃一堂，把年历、年画等融为一体，使之充满文化意蕴和艺术性、实用性。20 世纪 20～30 年代就创作了不少广告精品，例如，梁新记双十牌牙刷，采用“一毛不拔”作为广告语，这话原出于“杨子拔一毛而利天下不为也”，本来是带有贬义的，但当时一般牙刷容易脱毛，梁新记用“一毛不拔”做广告，以说明它耐用；1931 年上海华成烟草公司美丽牌香烟广告有“有美皆丽，无丽不臻”，金鼠牌香烟广告有“烟味好，价钱巧”的广告语；上海鹤鸣鞋帽商店的广告，有“天下第一厚皮”、“皮跟之厚无以复加”和“九本一利”的广告语，这种反贬为褒的做法，反而引起人们的好感，使鹤鸣鞋帽商店成为一家著名的店铺。

美丽牌香烟广告

此外，也有不少广告采用当时刚刚流行的美术字体，以表现中国文字的源远流长，如南洋兄弟烟草公司有一幅广告，作者用 300 余个“志”字组成一个巨大的“诚”字，以示众志成城。①

① 《再现逝去的世风民俗　中国百年广告回顾》，《北京青年报》2002 年 10 月 17 日。

3. 广播广告的出现

电波广告的引进是在1922年以后。1922年12月，侨居上海的美国人奥斯邦（Osborn）用一留日华侨的资本在上海设立了“中国无线电公司”，在广东路大来公司楼上装设了一座50瓦特的电台，1923年1月23日开始播音，这是中国境内出现的第一座广播电台。该台每天播出一小时零五分钟，播出内容包括音乐演奏、娱乐唱片、国内外新闻及推销无线电器材（包括矿石收音机、真空管收音机之类）的广告，从而揭开了我国电波广告的序幕。由于生意不好，加上私设电台违反了北洋政府的《电讯条例》，该台约在1923年4月停播，前后只办了3个月。

1923年5月底，美商新孚洋行也在上海创办了一家广播电台，旋因经济拮据而停办。1924年5月，经营无线电器材的美商开洛公司在上海福开森路（今淮海西路）建造了一座100瓦的广播电台（后增至250瓦），每天上午、晚间各播音一次，共约2个小时，内容除播送中文新闻、英文新闻、中外音乐、京剧、评弹等节目外，还报告气象、商情、广告等。其中，广告内容主要是外商广告，推销外国洋货。该台持续播音5年后至1929年10月停播。这是我国早期广播电台中开播时间较长、影响较大的一座电台。

旧中国官办广播电台始于1926年10月，无线电专家刘瀚在哈尔滨建成了我国第一座国人自办的官办广播电台——哈尔滨广播无线电台。1926年10月1日正式播音，呼号XOH，功率100瓦，每天播音2小时，内容有新闻、音乐及钱粮行市等。1927年，北洋政府交通部又在天津、北京相继开设广播无线电台。这些电台一开播即承揽广告业务。如天津广播无线电台开始播音后即播送了一则万义号颜料庄的产品广告。颜料业是天津的一大强势行业，天津的颜料品质驰誉“三北”。1927年春，天津广播无线电台播音员的娇美声音通过电声传了出来：“全国各织染厂、各家庭注意：如用最鲜艳、最坚固、不退色颜料，就请你用天津万义颜料厂出品的‘虎鹿’商标各种颜料。因该厂已有十余年之成绩，信用素著，不但颜料鲜而价值又特别克己。今年为酬谢主顾起见，又将颜料成色特别提高，如蒙赐顾，无任欢迎之至。”① 一段广告词以电台报告商业新闻实景实录的形式晓之于人，声情并茂，令顾客信服。

1927年3月，上海新新公司广东籍高级职员邝赞在公司6楼屋顶花园办了一座50瓦特的电台，节目内容多为广告，替公司推销商品，这是第一座中国人办的私营广播电台。到1936年，上海已有华资私人电台36座、外资私人电台4座、国民政府电台1座、交通部电台1座，这些电台都主要依靠广告收

① 《一声吆喝喊出天津老广告》，《天津青年报》2003年10月28日。

入来维持，民族工商业者逐渐成为华商私营电台的广告客户。民营广播电台的广告分两种：一种是“小报告”，即一日数次由播音员播报，广告之间穿插唱片；另一种是广告客商“买时间”承包节目，按30分钟、40分钟一档买下一个月或几个月，专门为其做广告。民营广播电台的竞争也十分激烈，为了获得更多的广告费，其文艺节目常迎合低级趣味，广告内容多吹嘘商品式样新颖、价格便宜、经久耐用等。①

广播广告的出现是近现代广告史上的又一件大事，标志着广告在更广阔的空间向消费者更迅速地传递商品信息，从而使广告的影响更大、更广泛，到达率更高。到1934年前后，出现了最早的专门承揽广播广告业务的专业广告社。据《申报》1934年9月21日第四版载《中国电声广告启事》云：“本社承办中央广播无线电台管理处各电台播音广告，效力宏大，取费低廉。作提倡国货之喉舌，现已筹备就绪，定于九月二十三日起开业，十月一日开始播放。如各种正当企业及出品，欲广宣传者，凡蒙委托，无任欢迎。地址：南京中山东路三十三号。”

4. 路牌广告的盛行

路牌广告在早期是广告的主要形式，后来虽然让位于报纸广告，但在整个广告业务中还是占有相当份额。由于在大城市里刷在墙上的简陋的路牌广告已不能引人注目，有的广告公司就开始将五彩印制的招贴广告贴在牌面上，后来又改为用木架支撑、铅皮装置、油漆绘画的广告。这些路牌广告设计新颖、色彩鲜明，很引人注目，当时有不少公司，如法兴、克劳、美灵登、华商、交通等，把路牌广告作为主要收入来源。

早在辛亥革命以前，我国就出现了路牌广告，内容大多为香烟、药品及日用百货等，如英美烟草公司在上海的马路、街头遍设广告牌大做烟草广告。到了20世纪20~30年代，制作路牌广告成了当时广告公司的一项重要业务，同时也培养了一批专做路牌广告的技术人员，如1918年，美国人开设的上海克劳广告公司替英美烟草公司“红屋牌”香烟做广告，该公司中国工人蒋梦麟开始招收学徒，培养了一批专做油漆路牌广告的漆工，以后遂成为上海地区制作路牌广告的骨干力量。到1921年，上海原又新广告社的一位工人王万荣，创办了荣昌祥广告社，专门为商家及别人的广告公司代漆路牌广告。“到1927年，美灵登广告公司及陈泰兴广告社委托荣昌祥广告社代做路牌广告，于是发展到在上海任何一条马路上，以及沪宁、沪杭两路沿线的所有路牌广告，几乎全是荣昌祥所包办”。到1935年，荣昌祥广告社又把上海的克劳、麦克、彼美

① 余明阳、陈先红主编：《广告学》，安徽人民出版社1997年版，第53页。

"三和"等路牌广告

等著名外商广告社一一收买下来，规模逐渐扩大。到中华人民共和国成立前后，从做路牌广告起家的荣昌祥广告社已成为上海广告界的巨擘。①

5. 橱窗广告

橱窗作为一种宣传方式，其内容都会含有一定的思想性。在不同的时期，反映不同的社会色彩，旧中国的橱窗宣传带有浓厚的封建色彩，如"麒麟送子"、"招财进宝"等。尽管如此，其中也不乏橱窗广告制作中的佳品。

上海是我国商品经济非常发达的城市，是橱窗广告最早出现的地区。我国最早的橱窗广告是 1917 年 10 月 20 日开业的上海老先施百货公司的橱窗陈列广告。20 世纪 30 年代，上海的先施、永安、新新、大新等百货公司，橱窗布置得美观整洁，商品陈列得整齐有序，橱窗广告显得生动活泼，富有诗情画意，十分引人注目。原在英美烟草公司美术部供职，后来自立门户的黄尊我，就曾制作过三则颇有影响的橱窗广告。

一是"单杠飞人"：一位体育健儿高举双手，攀缘在单杠上，伺机而上，操机械发动，健儿飞身在单杠上翻腾，旋转不止，矫健活跃，观者如堵。后来玩具商制作的翻单杠即师其意。

二是"小丑饮酒"：宏兴药房的"宏兴鹧鸪菜"在南京设有门市部，该店的"小丑饮酒"橱窗广告，轰动一时。一个马戏班的小丑，一手持酒壶，一手

① 刘家林：《新编中外广告通史》，暨南大学出版社 2000 年版，第 166 页。

握酒杯，只要开动机械，小丑酒壶高举，向空中斟酒，就见壶中酒涓涓直流，倾入杯中。另一手颤巍巍地举杯及口，一饮而尽。就在手臂一上一下的间隙转换，杯中酒液随着流回到酒壶中，循环往复，直叫驻足围观者称奇不已。

三是“舞狮人”：一人紧衣密扣，手持长柄彩球，旁边一头锦毛斑斓的狮子，音乐声起，武士举球逗打，狮子腾挪舞动，动作有节奏，神态极生动，令观者叫绝。①

6. 霓虹灯广告

上海最早的霓虹灯广告引进于1926年，上海南京路伊文斯图书公司橱窗内，开始设置“皇家打字机”英文霓虹灯广告。1927年，上海开始出现了霓虹灯招牌和露天霓虹灯广告。其后有外商在上海开设霓虹灯厂，规模较大的有丽安电器公司（美国人开设的），解放前夕由中国人接办，改名为“中国霓虹灯厂”。华资电器公司也在此后相继出现，最早的华商霓虹灯厂是1929年由董景安创办的“远东霓虹灯厂”，后改名为“东方霓虹灯厂”。这两家成为解放前夕上海最大的霓虹灯厂，并为广告公司制作霓虹灯广告。

上海地区最早采用霓虹灯做广告的商品是红锡包牌香烟，地点在“大世界”斜对面的屋顶上：在屋顶上建造了一个又高又大的铁架子，中间装一座大钟，周围安装霓虹灯管，收到了很好的效果。此后，蜂房牌绒线也曾用光线闪烁的霓虹灯做广告，很引人注目。当时，上海市最高的霓虹灯广告是矗立在国际饭店顶层的“天橱味精”霓虹灯广告。

7. 书籍广告的兴盛

20世纪30年代是中国书籍广告特别繁荣的时期。国民党的反动文化和革命的、进步的文化之间的斗争十分尖锐，双方的出版社和书店都在利用广告这一手段为自己出售书籍，争取读者，打开销路。

在20世纪二三十年代的上海，鲁迅先生曾主编过一些进步刊物，写过不少思想进步的文章，也曾为所办刊物筹措款项，撰写过书籍广告。如1928年奔流社同人向读者“敬贺新禧”，鲁迅亲自撰写了一篇别具一格而又风趣的新年广告：“爆竹一声除旧，桃符万户更新。过了一夜，又是新年。人既突变为新人，文也突进为新文了。多种刊物，闻又大加改革，焕然一新，内容既丰，外面更美，意在报答惠顾诸君之雅意。惟敝志原落后方，自仍故态，本卷之内，一切如常，虽能说也要突飞，但其实并无把握。为辩解起见，只好说，自信未曾偷懒于旧年，所以，也无从振作于新岁而已。倘读者诸君以为尚无不可，仍要看看，那是我们非常满意的，于是就要——敬贺新禧了！”

---

① 张则忠：《古今中外广告集趣》，北京中国经济出版社1991年版，第85页。

鲁迅先生曾为自己主编的《乌合丛刊》写过广告："大志向是丝毫没有，所愿的无非是：一，在自己是希望那印成的从速卖完，可以收回钱来再印第二种。二，对于读者是希望看了之后，不至于以后太受欺骗了。"由此可看出，鲁迅先生写广告也诚实别致，又富于文学意味，不失文豪之笔。①

1934年6月1日《文学》月刊的"广告栏"刊登了鲁迅为其编选的苏联木刻画集《引玉集》撰写的广告。1935年，他以"三闲书屋"的名义出版《柯勒惠支版画选集》，并为之亲自设计广告。画家的代表作品《饥饿的儿童》被安排至广告画面中，几个上举空碗的孩子充满渴望与凄苦。在同年8月为其译著的《俄罗斯的童话》所撰的广告文稿中写道："作者在地窖里看了一批人，又伸出头来在地面上看了一批人，又伸进头去在沙龙里看了一批人，看的熟透了，都收在历来的创作室里。这些童话里所写的都不像真人，所以也不像事实。然而这是呼吸，是痱子，是痈疽，都是人所必有的，或者是会有的。"鲁迅着重提示读者，高尔基的童话是人类各阶层生活的真实写照和精彩提炼，具有世界意义。广告文字不仅准确概括了高尔基的创作主题、内容，而且有助于读者充分理解作品的意境。从鲁迅先生所撰写的书籍广告中，不难发现鲁迅不仅以负责的态度、生动的文学形式，向读者推荐大量的精神食粮，还使人们欣赏到了难得的艺术广告作品。

20世纪30年代，矛盾曾为其主编的《中国一日》设计过广告版面。他将书的主要内容以广告形式印于封面，使人一目了然。该书的广告版面，右侧是直排通栏大字书名"中国一日"，书名上横题"现代中国的总面目"，版面中间位置直排四行长仿宋体——这里有"富有者的荒淫与享乐，饥饿线上挣扎的大众，献身民族革命的志士，女性的被压迫与摧残"。两行四句用仿宋字"落后阶层的麻木，宗教迷信的猖獗，公务人员的腐化，土豪劣绅的横暴"。版面的左上角是全书缩影，内注明全书字数、装别、定价和优待办法等。这个文字和书影结合的广告，构图新颖，文字精练，有条有理，中心突出。是一个难得的书籍广告。②

在20世纪20~30年代，空中广告、电影广告等新广告形式也出现了，招贴广告、传单广告等老广告形式也使用得更加普遍。如在1936年全国运动会期间，《上海新闻报》借机搞了一次空中广告，把写着"新闻报发行量最多，欢迎客选"的广告条幅用气球放入空中，这是在我国首次出现的空中广告，为扩大《上海新闻报》的影响起了相当积极的作用。同年，在上海还举行了

① 张则忠：《古今中外广告集趣》，中国经济出版社1991年版，第103页。
② 张则忠：《古今中外广告集趣》，中国经济出版社1991年版，第49页。

《中国的一日》广告

全国性的商业美术展览会，为提高广告的艺术水平，更加积极地发挥广告的社会和经济效益起了相当好的作用。再如电影广告，1899年电影开始在我国出现，到20世纪20~30年代，在上海即出现电影广告。1923年前后，英美烟草公司曾在上海安南路特设一动画片绘制所，专为该公司制作动画片广告。1930年，上海华商广告公司开始代理电影广告，多为幻灯片广告，即在电影放映前打出幻灯片来做广告。

（二）广告代理业的出现与发展

1. 广告代理业的出现

进入20世纪以来，上海、天津、南京、汉口等地作为我国重要的经济城市，工商环境不断发展进步，商户与媒体之间的广告业务已由最初的散兵掮客发展到专业的经营者渐次入市，经营理念不断得以强化。20世纪30年代，广告公司的兴起是我国广告发展史上的又一个里程碑。

1909年，维罗广告公司在上海创办，它的诞生带动了上海广告经营机构的发展步伐。1914年，上海闵泰广告社成立，它曾专为英美烟草公司做广告业务，并为其创作和代理了不少优秀的广告作品。随后，贝美广告社（意商）、克劳广告公司（美商）、华商广告公司、联合广告公司等相继成立，并以强大的实力和丰富的广告业务量，成为当时上海乃至华东地区的广告事业发展中的佼佼者。天津也是旧中国广告业较为发达的地区，广告经营单位也较多。据《天津志略》载，天津最早的广告经营单位是1920年开办的新中国广告社和中外广告社，尤其是新中国广告社凭其实力基本上垄断了20世纪20～30年代天津的报纸广告业务。20年代天津的北洋广告社和大陆广告社也较有实力，前者专业代理外商药品广告，并做报纸、电台广告；后者则侧重于杂志广告。30年代的宝和广告社、春和广告社、协和广告社和祥翔广告社，它们或主营外商汽车广告、铁幕广告、橱窗装潢广告等多项业务，或善于承揽报纸广告墨图的绘制和电台广告，或更多地发展路牌广告，被称为代表老天津广告水平的“三和一祥”。

值得一提的是，抗日战争时期在上海创办的荣昌祥广告公司，在多方资金的支持下迅速崛起，成为驰誉全国的路牌广告专营公司。它设在天津的分公司几乎垄断了津门的路牌广告。该公司在全国主要铁路沿线的建筑物墙壁上绘制广告，利润颇为丰厚。

2. 广告公司运作趋于专业化

当时较大的企业在报纸等媒介刊登广告较多，一般设有广告部，专门负责设计广告，例如1902年成立的英美烟草公司是广告大户，当时在《申报》等报纸上每天刊登广告；有的使用广告较多的企业不设广告部，但广告有专人管理；有的舶来品在我国销售不是经过分公司，主要是通过发布广告来推销商品；也有的公司是通过经销商发布广告；民族资本规模较大的企业也设立广告部，如1905年创办于香港的南洋兄弟烟草公司；规模较次的企业虽不设广告部，但广告的设计往往有专人负责，同时管理广告工作。

大的广告公司雇专业撰文人员和画家绘制广告，中、小广告公司多委托自由职业者承绘广告，广告代理商承包报纸广告版面享有优惠折扣，按常规办法，报纸给广告公司的佣金是20%，承包版面则享有较多佣金，和报纸关系密切，享受优惠也较多。大的广告代理商都能从事广告的整体策划。广告代理的产生，改变了广告的经营方式。

### （三）广告画家队伍的出现

近代广告业的发展造就了一大批近代广告画家，尤其在上海，发达的工商业与广告环境成就了一批优秀的美术设计家，周慕桥、郑曼陀、杭穉英、丁云先、周伯生、谢之光、金梅生、叶浅予、丁浩等许许多多画家、商业美术设计家均以高超的技艺和独到的创意创作出大量的广告作品，脍炙人口，当时上海的许多商家和广告公司不惜重金聘请他们，英美烟草公司上海分公司就汇集了胡伯翔、倪耕野、梁鼎铭、丁悚、丁讷、张光宇、张正宇等近20位画家，画家们各擅专长，中西绘画功底深厚，彩色印刷品广告、报纸广告各有分工，佳作连连，著名海派画家胡郯卿之子胡伯翔是其中的佼佼者，他画风独特，笔力精湛，技艺超群，英美烟草公司以月薪500银洋的“天价”请他入主其广告部，他绘制的月份牌广告每件作品都精益求精，令人啧啧称道。

天津广告业的兴起同时也培育了大批知名的广告画家，他们才华横溢，具有较高的艺术水平和道德素养，在各广告经营机构担当重任，宋省三、陈其华、陈嘉祥、肖向新、张玉才等都是业内的佼佼者。天津华中印刷厂是天津第一家民族资本家开办的私营印刷厂，在20世纪20~40年代，该厂图画部聚集了一大批顶尖水平的画家，如宋三省、陈其华、陈嘉祥、赵松涛、李应科师徒，他们的加盟为华中印刷厂注入了活力，也促进了天津商业广告美术事业的发展。后来以花铁印刷出名的天津志成印铁制罐厂曾经以月薪200大洋聘请陈其华作为设计画师。在天津广告业红火发展的吸引下，上海的大批广告画家纷纷抵津，加入到天津的设计队伍中，为天津的广告业增添了新鲜血液。

## 第三节　抗日战争至中华人民共和国成立前的广告

抗日战争至中华人民共和国成立前是中国近现代广告发展的艰难时期。抗日战争爆发后，由于市场受到战争冲击，广告业受到严重影响。中国民族经济基本崩溃，物资缺乏，尤其是广告制作所需的颜料、纸张等严重匮乏，印刷厂也纷纷倒闭。上海沦陷后，主要的广告公司相继歇业，中国广告业发展遭受沉重打击。这一时期的广告出现了大量的民族抗战题材。抗战胜利后，广告业务和广告公司都有一定恢复，但未有长足进步。1948年由于内战的爆发，中国广告业发展再次陷入低谷。

### 一、抗战时期国统区的广告

#### （一）国统区的商业

抗日战争期间，以蒋介石、宋子文、孔祥熙、陈立夫和陈果夫为代表的“四大家族”利用特权，实行“统制经济”，使官僚资本急剧膨胀，官营工业占到国民党统治区工业资本的40%左右。日本投降后，他们接收了日、伪巨额财产和德、意法西斯的投资，加上美帝国主义的“援助”，官僚资本发展到了顶峰。在商业上，“四大家族”建立了全国性的商业垄断组织，棉纱、布匹、染料和煤油等商品几乎独占了国内市场。抗战胜利后，“四大家族”接收了大批日、伪商业企业，出现了许多同美国资本家合营的全国商业组织，美国逐渐独霸战后国统区市场，而民族工商业却只能在夹缝中缓慢发展。

与此同时，蒋介石在国统区又建立了庞大的新闻事业网，一方面利用报刊、广播电台等媒介控制新闻发布权；另一方面利用其为“官式”和“商式”

商业垄断组织服务。它既是国民党控制舆论的主要工具，同时也为广告的刊布提供了有力的载体。共产党、外商、民族资本家等各种势力也都争先恐后地利用它为自己服务。

（二）抗战期间和抗战胜利后国统区的广告

抗日战争爆发后，我国北方的大片领土很快沦陷，党和人民的报刊以及国民党的新闻事业只好在南方的几大城市开办，最初集中于上海、南京，宁沪陷落后，又群迁至武汉。武汉陷落后，大多数报刊随国民党中央移至“陪都”重庆。因此，在重庆除了国民党官营的报刊外，还有共产党的报纸、民主人士办的报纸、中间性质或以中间面目出现的报纸，形成了以宣传抗日为基调而又种类繁多的多元化报纸群。这些报纸都非常重视广告的刊布，其中也包括共产党创办的《新华日报》和《群众》周刊。

1. 国统区的民营报纸广告

从“九·一八”事变起，抗日救亡成为国统区报刊宣传的中心，一些民营商业报刊如《申报》也站在抗日的立场上宣传抗日，并登载了大量以抗日战争为题材的民族企业广告，以抵制日货。如1931年10月4日，《申报》在头版以整版篇幅刊登补品大王“金耳”的广告。一位健壮男子跨步于地球之上，右下方大字“抵制日货之一道”历历在目，广告词云：“国产金耳用于酒席，名谓金耳席，超胜日本鱼翅。金耳酒席又名贵又恭敬，并可强身强种，更可挽回利权。”第二版的广告“冠生园在抗日运动中”，由民族企业第一次在报纸上提出抗日口号“打倒日本帝国主义”，“提倡国产、不尚空谈、要做实际工作”，“抵制日货、贵在力行，无贵乎有恒心”。另外，还有中国福昌公司以抗日民族英雄马占山为主题的系列香烟广告，等等。这些广告结合时事与爱国情结，以强大的视觉冲击力打动了无数消费者，堪称经典之作。

抗战中的“金耳”、冠生园和马占山将军香烟广告

《大公报》和《立报》等也进行了一些救亡宣传。《立报》是著名的报业

企业家成舍我在1935年9月20日创办于上海的小型报纸。该报创办伊始，为了吸引读者，扩大发行，吸引广告主，增加广告，不是就广告抓广告，而是先从抓版面内容做起。成舍我认为："报馆走向成功的三部曲：只有先以全力弄好版面，才可以争取读者，扩展发行；发行扩展，然后各种广告，自然不招而至。不幸多数的报馆创业者，总往往倒果为因，他们先运用各色各样的人事关系，去招揽广告，再运用种种不正当方法，贿赂报贩，减价倾销，而对一份报纸最基本的问题——言论、编辑、采访、排版，反粗制滥造，不肯注意，这种做法，结果必十九归于失败……所以我主张：不能日销10万份，不增加张数，也就不刊登广告。"① 正是在这种营销策略及广告策略的指导下，创刊半年后的《立报》销售数额果然超过10万份，广告客户也源源而至。这时的《立报》乘势增张扩版，另加刊半张或一张，以容纳广告，其广告价格和最高的《新闻报》广告价格标准相同。应该说，成舍我的经验仍是现今报业经营者的圭臬。

2. 抗战时期重庆的广告业

抗战时期，国民政府内迁重庆。当时南京、上海、汉口和天津等地的多家报纸也相继内迁。1937年，在重庆出版的除原有的《商务日报》等外，还有《新华日报》、《中央日报》、《扫荡报》、《大公报》、《新民报》等，都刊登各类广告，广告所占报纸版面的比例已接近或超过新闻的篇幅。

国民党党报《中央日报》于1928年2月创办于上海，也刊登大量广告。当时的《中央日报》是对开两张8版，全部直排，第一版分上、下两栏，上栏半版右侧为报名，左侧则为广告。1947年2月20日，《中央日报》曾在报头左边的广告栏里刊印着卡尔·马克思原著《资本论》的广告，下面还有两行竖排介绍，称《资本论》"是政治经济学不朽的宝典"、"是人类思想的光辉结晶"。蒋介石看了大为震怒，并怒不可遏地下令收回当日全部《中央日报》。

特别值得一提的是《新华日报》。《新华日报》是抗日战争时期乃至解放战争初期，中国共产党在国民党统治区公开出版发行的惟一党报。它筹备于南京，1938年1月11日出版于武汉，后迁至重庆。在国民党统治区，《新华日报》是宣传抗日、反对侵略的政治武器。《新华日报》为了收集资金，传递信息，把报纸办得更好，也刊登一些经济广告和社会广告。1940年1月，《新华日报》在报头下面刊登广告价目："长行每行每日3元；短行每行每日1.5元；经济广告50字以内每日一元。"随着广告量的增长，经济类小广告一年后价格作了相应的调整，1941年2月，《新华日报》刊登的广告价目为："报

① 刘家林：《新编中外广告通史》，暨南大学出版社2000年版，第164页。

中央日報

資本論

卡爾·馬克斯原著

郭大力 王亞南合譯

發售預約

是政治經濟學不朽的寶典

是人類思想的光輝的結晶

資本論研究叢書

正風圖書公司

《中央日报》刊登的《资本论》广告

名旁或报名下方每单元每天 40 元，长行每行每天 5 元，每方寸每天 4 元，短行每行每日 2.5 元，经济小广告甲种 5 元，经济小广告乙种 3 元。”抗战胜利后，《新华日报》辟有专栏“大众广告”，专栏开辟后仅 4 个半月，就刊登近 500 条广告，广告内容包括寻人与代邮、征求与出让、声明与启事、征聘与待聘等，尤以寻人与代邮居多。

抗战胜利后，各类报纸等媒介单位相继迁回原地复刊，广告公司重新活跃起来。当时的广告中，有很多是“寻人启事”。此外，美货也大量充斥市场，广告业务量很大。由于美货对中国民族工业的冲击过甚，致使民族工业几达崩溃边缘。当时的“国货机制工厂联合会”在其主持人的倡导下，发起了一次“用国货最光荣”的宣传运动，旨在抵制外货，挽救民族工业。当时设计了一个标志，在本埠和外埠报纸、路牌上登载广告，号召人们使用国货。但是在 1947 年之后，由于连年内战，导致经济崩溃，中国的广告事业又重新跌入低谷。

3. 国民党官办电台的广播广告

1928 年，国民党“中央广播电台”成立，并于 8 月 1 日在南京丁家桥正式开播。1932 年夏，“中央广播无线电台管理处”成立，从事“全国”广播事业建设。广播事业受到国民党政府的重视。1933年，国民党政府在重庆建立了对外广播电台——国际广播电台。据1947年9月统计，在国统区共有公、私电台81座。这些电台都陆续开办了广告业务。

1933年，国民党"中央广播电台"开始播放广告。各地官办电台竞相模仿。1934年8月，国民党"中央广播电台"为解决经费困难，筹设中国电声广告社承办该台的商业广告业务，并在娱乐节目中播出，规定广告分"普通"和"特种"两类，时段价格分甲、乙、丙三种：甲种广告在每天的17：00～21：00播出，普通类（每次以2分钟计）每次收费8元，特种类每次收费24元（每次以20分钟计）；乙种广告在每天的12：00～17：00和21：00～23：00播出，普通类每次收费6元，特种类每次收费18元；丙种广告在每天的7：00～12：00播出，普通类广告每次收费4元，特种类广告每次收费12元；连续播出价格可优惠。广告须经国民党"中央广播电台"审查，广告用语以国语为主，违禁品不能做广告。一年后，由于电台经费得不到增援而停办。抗战胜利后，国民党中央广播事业管理处通知所属官办电台继续开办广告业务。①

## 二、抗战时期日寇占领区的广告

### （一）日本侵略者在沦陷区的商业掠夺

日本帝国主义商业早在1927年就已经深入东北，当时建立起来的工商企业就有1000个公司，资本为5亿日元以上。东北贸易额有30%是对日贸易。"九·一八"事变后，东北沦为日寇的殖民地，日本加紧了对东北的商业垄断与独占，控制海关，垄断对外贸易，并独占市场，倾销日货，统制物价。"七七"事变后，日本实行全面的物资统治和配给制度，使东北商业完全殖民地化，并服从其侵略的需要，成为掠夺东北人民的一个重要工具。随着日寇军事占领区的扩大，我国的华北、华中、华南等地各主要城市、交通线和附近乡村，成为日寇实行野蛮摧残和掠夺的新对象。为了困死抗战区，日寇又实行了严格的经济封锁和贸易统制。日寇还在蒙、疆地区（包括察哈尔、绥远、张家口、内蒙古、新疆等地）先后成立傀儡政权，除掠夺这一地区的资源外，还垄断着平绥沿线的工商业。日寇的走私活动也很猖獗。日寇在东北和关内建立的殖民地经济和掠夺性贸易，使这些地区的民族工业纷纷破产，民族商业也趋于倒闭和窒息，日伪统治下的广大人民的生活则更加悲惨。

① 朱月昌：《中国电视广告学》，厦门大学出版社2001年版，第15页。

（二）日寇占领区的广告

1. 日寇占领区的政治广告宣传

抗日战争爆发不久，东北、华北、华中、华南等地区逐渐沦陷，东北以长春、沈阳为中心，华北以北平、天津为中心，华东以上海、南京为中心，华南以广州为中心。在沦陷区，日寇及其扶持的伪政权和汉奸组织创办了大批报刊、通讯社和无线广播电台，以控制沦陷区的新闻事业，大力发展为灭亡中国服务的新闻事业，鼓吹“东亚圣战”、“建立东亚新秩序”等舆论。这些报刊主要有北平的《新民报》、《新民周报》、《实报》，天津的《庸报》、《东亚晨报》，上海的《新申报》、《中华日报》、《三民周报》，南京的《总汇报》、《新南京报》等。电台主要有日本在大连建立的广播电台及伪“满洲电信电话株式会社”，上海的伪“上海无线电监督处”，南京的伪“中国广播事业建设协会”等，以控制广播宣传，并进一步控制民营广播电台。这些报刊、电台不仅是其政治宣传的舆论喉舌，还配合其经济侵略大做日货广告，以挤兑国货。与此同时，在沦陷区内，进步的新闻工作者冒着生命危险，利用各种办法出版抗日报刊。当时的天津和上海，是抗日报刊最集中的地方，仅此两地，就出版了一百多种抗日报刊，这些报刊上登载一些抗日题材的广告。

2. 日寇占领区的日货广告

日寇占领区日货广告盛行，天津的《庸报》、北平的《新民报》等日伪报刊都在头版刊登大量的日货广告，诸如“仁丹”、“花王香皂”、“大学眼药”、“味之素”、“狮子牙粉”、“丽德雪花膏”等日货都曾在这些报刊上连续多天登载广告。《新民报》有时整版都是日货广告，如日本大阪山田安民药房的“老笃眼药”广告就占据了整个广告版。①

日伪政权对月份牌相当重视，妄图利用这个有广泛群众基础的大众美术形式为自己做殖民宣传。为了取得月份牌市场的控制权，替日伪服务的汉奸先是威逼利诱一些三四流的画家为其创作月份牌，或是假画商之名骗得一些有影响的月份牌画家的画稿，然后运往东北印刷。其中，有的用来推销日本商品，如以日本战旗为标志的“太阳牌鞋”；有的印上伪满洲国的年号“康德×年”，再运回上海廉价出售。处于弱势的爱国画家与画商难以与之抗衡，月份牌广告市场逐渐落入日伪政权之手。日伪政权的另一招是印制封建迷信、色情享乐题材的月份牌，以麻醉老百姓的神经，消磨人们的意志。如“极乐世界”、“天堂地狱”等迷信题材在日伪政权的推波助澜下弥漫于木刻年画中，“济公嫖妓”等荒唐的色情故事也登上了月份牌的大雅之堂。

---

①《新民报》1939年10月17日。

日本的“仁丹”广告

3. 日寇占领区的广播广告

日寇占领区的广播，是在日本严密控制下，推行其“大东亚共荣圈”的重要喉舌。早在“九·一八”事变前，日本就在大连建立了广播电台。“七·七”事变后，又建立了一批日伪广播电台及专门机构，以控制广播宣传，如东北的伪“满洲电信电话株式会社”，上海的伪“上海无线电监督处”，南京的伪“中国广播事业建设协会”等，并进一步控制民营广播电台。如1936年11月，通县广播电台——伪“冀东防共自治政府无线广播电台”（简称冀东广播电台）建成并开始播音。其内容主要实施亲日联满、反共卖国的奴化宣传。随后，该台将唐山坚声广播电台（1936年夏，唐山瑞兴祥绸缎庄经理李润堂与天津商人张锦波合伙投资筹办的唐山第一家私营商业广播电台）收编兼并，

日本的鸡冠蚊香广告

更名为“冀东防共自治政府唐山广播电台”，以壮大伪政权“防共自治”、“亲日联满”的舆论宣传实力。随着日军侵华的加深，这个当初由中国人筹资创办的私营商业电台，逐渐被演变成为沦陷区日伪政府反动宣传的工具，直至抗战结束，共存在了两年零两个月，在中国抗日战争广播史上和侵华日军广播史上留下了肮脏的一页。

## 三、抗日战争及解放战争时期解放区的广告

### （一）抗日战争和解放战争时期解放区的商业

#### 1. 解放区的商业发展概况

抗日战争和解放战争时期解放区的商业，随着根据地的建立、变化和发

展，也经历了从无到有、从小到大的建立、演变、逐步发展壮大的过程。抗日战争时期，党在敌后建立了广大的抗日根据地，到1949年4月，全国已有陕甘宁、晋察冀等19个解放区。解放战争时期，解放区不断扩大，至1949年底，除西藏、台湾以外，全国均已解放。革命根据地的商业也随着革命根据地的建立与发展逐步形成和发展起来。根据地的商业是多种经济成分并存，在党和解放区民主政府“发展生产，繁荣经济，公私兼顾，劳资两利”的经济指导方针下，解放区的公营商业、合作社商业、私营商业都得到了发展。公营商业作为解放区商业的领导成分，不断发展壮大，它以合作社商业为助手，并领导私营商业，为革命的胜利作出了贡献。合作社商业和私营商业也在党的政策指引下得到了很大的发展。这些不仅使党和人民冲破了敌人的经济封锁，改善了人民的生活，为新民主义革命的胜利作出了应有的贡献，也为全国解放后建立和发展新型的商业开辟了道路，提供了经验。解放区的商业发展是我国商业发展史上的灿烂的一页。

2. 解放区的报刊事业

革命根据地报刊的创办，以井冈山为主的革命根据地创办了最早的一批红军报刊，其中较为重要的报纸是1930年7月创刊的《红军日报》。中央苏区根据地创刊了一批中央级的报刊，主要有：1931年12月1日创刊于瑞金的中央工农民主政府机关报《红色中华》报和中共苏区中央局机关刊物《斗争》，1931年12月11日创刊的中国工农红军总政治部机关报《红星》，1931年7月创刊的中国共产主义青年团苏区中央局机关报《青年实话》和中华全国总工会苏区中央执行局机关报《苏区工人》等。到1933年为止，瑞金根据地有各种大小报刊34种。长征途中，中央级机关报大部分停刊，只有工农红军总政治部坚持出版机关报《红星》。此外，还有1935年总政治部出版的《前进》报和红三军团政治部出版的《战士报》等。到达陕北创建根据地之后，1935年11月25日《红色中华》复刊，1937年4月24日在延安创刊了中共中央的政治理论机关刊物《解放》周刊。《红色中华》仍以服务于党的根本任务为宗旨，1937年1月29日改名为《新中华报》。《解放》周刊主要把争取民主作为自己的宣传中心，1941年8月31日出到134期后停刊。

抗日战争爆发前后在中国共产党的领导下又创办了一些抗日报刊，主要有在陕甘宁根据地出版的陕甘宁边区政府机关报《新中华报》（1937年1月29日），中共中央政治理论机关刊物《解放》（1937年4月24日），党中央机关报《解放日报》（1941年5月16日），1939年1月15日创刊的《八路军军政杂志》，1939年4月16日创刊的、由全国青年联合会延安办事处主办的《中国青年》、1940年2月7日创刊的、由中共中央职工运动委员会主办的《中国工人》和 1940 年 2 月 15 日创刊的陕甘宁边区文化协会机关刊物《中国文化》等；在敌后根据地创办的中共中央北方局机关报《新华日报北版》（1939 年 1 月 1 日）、中共苏鲁豫皖边区委员会机关报《大众日报》（1939 年 1 月 1 日）、晋西北区党委机关报《抗战日报》（1940 年 8 月 18 日）、中共中央晋察冀分局机关报《晋察冀日报》（1940 年 11 月）和中共中央华中局机关报《江淮日报》（1940 年 12 月 2 日）等，这些报刊的创立为解放区的广告发展奠定了坚实的基础。

（二）抗日战争和解放战争时期解放区的广告

1. 我党重视政治广告宣传

我党在建立初期就十分重视广告。我党的机关报《向导》第 4 期上就刊登了广告。20 世纪 30~40 年代更加注重报纸、广播等舆论宣传的重要作用。1930 年 7 月，彭德怀率红军攻打长沙，总共占领长沙 9 天，出了 6 期《红军日报》，这也是我军第一份铅印报纸，从第 1 期开始就刊登广告，主要登载政治性广告，如红三军团的布告、通告等。

由中国共产党主办的《解放日报》、《人民日报》等也都承揽广告业务。最初开办广告业务的宗旨与资产阶级报刊不同，它主要以大力宣传马列主义思想，扩大党的政治影响力，服务社会与人民为目的。如《解放日报》，1941 年 5 月 16 日在延安创刊，它是抗日战争和解放战争时期，我党在延安的机关报，也曾办理广告事宜，其鲜明的特点是为抗日战争和解放战争服务，为丰富人民的精神生活和物质生活服务。因此，它既刊登政治书籍广告，也刊登遗失启事广告；既刊登政治性通告，也刊登商品广告。如 1944 年 4 月 12 日刊登了光华印刷合作社启事："本社承印各种表册、账簿、股单、商标、地图、画报、广告等石印品，如有印者请来本社接洽。地址：银行后沟。"1945 年 2 月 1 日《解放日报》刊登了该报启事："登广告者请注意：以后一切要在本报刊登的广告，均请将原稿连同广告费，一并送交解放合作社，请勿寄交私人，以免遗失或耽搁时间。"1945 年 8 月 17 日，《解放日报》刊载了中华恒丰牙粉工业社启事："本社为发展边区自给工业，特经政府注册，制出地球牌牙粉，已在边区广泛出售。现据各方反映，认为品质优良，气味清香凉爽，特别在保护牙齿健康上，有绝对保障，希各界注意购用。总批发处：延安大众合作社第三部；经销处：大众合作社各部门各分社。"该日《解放日报》还刊登了大众信用社紧急启事："王云登同志：16 日，你来本社取去之款，其中有错，为了合作事业和双方信用，劳你再来一算为荷，如有知王云登同志住址者，亦盼告知本社为盼。"

《人民日报》是 1946 年 5 月 15 日在邯郸创刊的晋冀鲁豫中央局机关报。

该报从一创刊即刊登各类广告。一般头版广告地位在报头左、右侧。1949年迁入北京后，专设有广告部。1949年3月25日的《人民日报》报头的左边便刊登了三则关于华北大学、华北人民革命大学的招生启事和通告。1949年8月改为中共中央机关报后，广告业务始终不断。同年10月1日开国大典那天，《人民日报》还用两个半版的篇幅登载了各种工商文化广告。①

2. 解放区的广播广告

中国人民的广播事业始建于抗日战争时期的陕甘宁边区。中国人民的第一座广播电台——延安（陕北）新华广播电台于1940年12月30日开始在延安播音，揭开了中国广播历史的新篇章。但旧中国的广播事业经历了从艰难创办到重建，再到转折和发展的曲折历程。1943年，因设备简陋，故障时有发生，斗争条件越发艰苦，无线器材补给困难等原因一度停播，1945年8月在抗战胜利声中恢复播音。在解放战争初期，1947年3月，该台自延安撤出后至1949年3月迁至北平播音，其间曾4次转移台址，3次更改台名，1949年12月5日定名为中央人民广播电台。

解放区早期的广播电台很少有商业广告节目，但偶尔播报一些边区的物价行情，如1946年，针对国民党统治区物价飞涨、民不聊生的现状，延安台除编播解放区物价稳定、人民安居乐业的新闻和通讯外，还专门办过“行情”节目，以解放区和一些新解放城市的物价，跟国民党区物价作对比。②

延安台所播的广告内容多为共产党政府与军队的布告、战绩战报、边区的出版消息、戏剧、音乐等文化活动及个人启事等，多属政治广告、军事广告和文化书籍类广告。如1949年2月2日北平新华广播电台播送了人民解放军平津前线司令部的布告（约法八章）。陕北台播报战绩战报是其一大特点。陈、粟大军解放济南的捷报，就由陕北台及时地播报出来，其内容为“各位听众！现在播送刚刚收到的济南前线捷报：进攻山东省会济南的人民解放军，已经完全占领商埠和外城全部，现在正在内城进行最后阶段的巷战。到23号早晨为止，守敌被歼灭和起义的总共已有六万多人……”后又加播“号外”捷报：“陕北新华广播电台XNCR！各位听众：人民解放军今天下午5点钟全部解放济南，守军全部歼灭，无一漏网，战果正在清查中！”

“对国民党军广播”节目，是一个曾经起过特殊重要作用的节目。它的内容，除去向国民党军队宣传战争的形势，讲解我军的政策，给他们指明出路以

① 陈培爱：《中外广告史》，暨南大学出版社2001年版，第62页。

② 中国广播电视学会史学研究委员会、北京广播学院新闻传播学院新闻系编选：《延安（陕北）新华广播电台回忆录新编》，中国广播电视出版社2000年版，第21页。

外，大部分时间是播送起义和放下武器的国民党军军官名单，包括姓名、年龄、职别、籍贯、起义或放下武器的地点、家属通信地址等，还报道他们到了解放区以后的生活情况，广播他们写给家属、亲友或同事的书信。

1941 年 12 月 3 日，该台日语广播开播，这一天就成了中国人民对外广播事业的生日。主要目的是宣传中共的政策和主张，揭露、瓦解敌人；节目内容包括抗日战报，对日军的政策，日本反战同盟活动等。1943 年 4 月 1 日停播。

1947 年 9 月 11 日，在河北省涉县沙河村的陕北新华广播电台开办了英语广播，在每天汉语普通话广播结束后播音 20 分钟，内容主要宣传我们党的政策和主张，传播我军的胜利消息和解放区人民的新生活等。

抗战胜利后陆续开办的广播电台中有些台如张家口台、东北台等曾开办广告节目。

在革命战争年代，中国共产党领导建立的解放区广播电台大约有 50 座。经初步调整，到 1949 年 9 月，尚有 40 座。

人民广播事业这 10 年的历史，是艰苦创业，艰难发展，在艰险中成长的历史。同国民党统治区的广播事业相反，它走的是一条产生、发展并走向壮大的道路。正是这一特殊的险恶环境，造就了一支具有优良传统和作风的广播队伍，为新中国人民的广播事业奠定了坚实的基础，也为新中国的广告业的发展提供了强有力的传播载体。

**思考·案例·练习**

1. 简述旧中国广播广告的产生和发展。

2. 20 世纪 20~30 年代中国广告业繁盛的原因及表现。

3. 试析旧中国的各种政治力量是如何利用广告媒介为自己的目标和利益服务的。

4. 案例 1：近代少有的优秀品牌广告——20 世纪 40 年代大公染织公司“天下为公”布匹广告

20 世纪 40 年代，大公染织公司的“天下为公”的布匹广告，构思巧妙，设计者将该公司名称“大公”与商标“天下为公”四个字完全合二为一，同时，又将公司名称与商标设计在一个地球内，以地球代表天下，含义深刻，是我国近代少有的优秀品牌广告。

5. 案例 2：20 世纪 20~30 年代永安堂大药房的“虎标”广告

永安堂大药房创立者为我国近代著名的实业家、爱国华侨胡文虎先生。永安堂大药房以“虎标”万金油等优质药品而闻名于世。在 20 世纪 20~30 年代已风行东南亚及我国南方地区，这与永安堂大药房的强势广告宣传分不开。下面几幅图为胡标永安堂在 20~30 年代发行的彩印广告画。

虎标永安堂大药房的药品广告，突出该药房生产清快水、止痛散、头痛粉、八卦丹、

大公染织公司“天下为公”布匹广告

虎标永安堂大药房系列广告

万金油。该广告除醒目的“虎标”图形外，特别强调了该药房各类“虎标”药品“风行全国，到处欢迎”。

最值得称道的是20世纪30年代初永安堂大药房发行的“美女伴猛虎”月份牌广告。这幅广告画画面上的女护士手托一盘永安堂药品，恬静善良，红色文字为“请用虎标良药，保护救国英雄”。左页另配文字——“英雄去救国，依来救英雄，芳心无限热，尽在良药中”。

图文并茂、雅俗共赏的永安堂大药房广告画，以色彩艳丽、内容时尚的画面，以及实用风趣的文字，向大众宣传了它的系列药品，堪称当时经典的广告宣传品。

**参考文献**

1. 曾宪明．中国百年报人之路．呼和浩特：远方出版社，2003
2. 丁淦林．中国新闻事业史．北京：高等教育出版社，2002
3. 白 光．中外早期广告珍藏与评析．北京：中国广播电视出版社，2003
4. 张则忠．中外广告集趣．北京：中国经济出版社，1991
5. 余明阳．广告学．合肥：安徽人民出版社，1997
6. 刘家林．新编中外广告通史．广州：暨南大学出版社，2000
7. 朱月昌．中国电视广告学．厦门：厦门大学出版社，2001
8. 陈培爱．中外广告史．广州：暨南大学出版社，2001
9. 由国庆．再见老广告．天津：百花文艺出版社，2004
10. 赵玉明．中国现代广播简史．北京：中国广播电视出版社，2001
11. 严襟亚、陈子谦．上海广告史话．上海：上海社科院出版社，1984
12. 黄志伟、黄莹．为世纪代言：中国近代广告．上海：学林出版社，2004
13. 益 斌．老上海广告．上海：上海画报出版社，1995
14. 赵 琛．中国近代广告文化．吉林：吉林科学技术出版社，2001

# 第七章 旧中国的广告管理与广告教育（1840~1949年）

【本章提要】近代以来，随着报刊广告的出现，以及20世纪20年代专业广告公司的诞生，广告业获得极大的发展，对广告的管理已不再局限于道德规范的制约，而是提上法制管理的日程。但旧中国的广告管理是不健全的。我国的广告学研究和教学活动起步于民国初年及“五四”时期，起初广告学附庸在应用新闻学中，至20世纪20~30年代，广告学成为一门独立的学科，研究专著陆续出版，广告学教育及广告人才的培养也提上日程，这些都促进了广告业的发展。

本章内容主要包括：

※《商标注册试办章程》是我国最早的商标法，也是我国广告管理的滥觞。

※ 民国政府的广告管理及其特点。

※ 解放区的商标管理。

※ 我国早期广告研究及教学活动的开展及其特点。

## 第一节 广告管理

随着广告业的发展，在广告管理上，近代以来一改过去广告管理只局限于道德规范制约的情况，清廷及北洋政府、国民政府相继出台了一些稚嫩的广告管理法规，促使广告管理逐渐走向法制化的道路。但此时的广告管理还很不健全。尤为难能可贵的是广告业界及媒介的自觉精神、社会的责任感和职业道德也在不断增强，广告媒介的自律和广告业伦理等问题也被提出来了。

## 一、清政府的广告管理

(一)《商标注册试办章程》

旧中国的广告管理，起始于1904年出台的《商标注册试办章程》，它由清政府颁布，这是我国最早的商标法。该章程是由当时任清政府海关总税务司的英国人赫德起草的，共二十八条，规定："无论华洋商欲召用商标者，须依此例注册。商标者，以特别显著之图形、文字、记号，或三者具备，或制成一二，是为商标之要领。"清政府于商部设立注册局一所，专办注册事务，津、沪两海关设商标挂号分局，以便挂号者就近呈请。章程颁布后，并未能够开展全国性的注册业务，仅在津、沪两海关受理商标挂号，报商部备案。

1923年5月北洋政府颁布《商标法》(44条)，同时颁布《商标法施行细则》(37条)，并设商标局进行管理。同年9月，商标局率先编辑出版《商标公报》，其内容有当时的商标法律、商标局公告、公文等，许多厂商呈请注册的商标图样也刊印公示。当时，挂号商标有25900件，几乎全部是外国商标。北洋政府虽然设立了商标局办理商标注册，但由于政局混乱，商标工作难有建树。

1930年南京国民党政府又颁布了一部《商标法》，这部商标法中规定："凡因表彰自己新生产、制造、加工、挑选、批售或经纪欲专用商标者，应作本法呈请注用。"这部《商标法》于1935年做过一次修订，但在动荡不安、内忧外患的旧中国，商标工作难有较大的发展，从1927年至1948年，注册商标只有50000件。

(二)《民律法案》

20世纪20年代的《民律法案》，曾对广告的解释、效力、撤销、悬赏等方面做了16条规定，这是我国最早的广告管理法规条款。但在旧中国，由于对广告的监管缺少必要的法律法规，乃至在媒体上还公开出现过贩卖毒品的广告。

如1903年，在十里洋场的上海，《新闻报》就多次出现烟土、吗啡的广告，一度引起上海市民的哗然。当年农历四月初七发行的《新闻报》上就有一则烟土广告："大土（烟土）减价，每箱价银七百六十两，每只廿六元四角，另剪每洋一两八钱。"而吗啡广告更露骨："吗啡出售，狮马白牌绿牌云水新牌俱全，原箱出售，格外公道，赐雇移玉三马路石路西首福康里口中法老药房。"

由此可见，晚清政府是腐败无能的，在广告发布中，几乎没有任何监督和管理手段。

## 二、民国政府的广告管理

国民政府对广告的管理，在当时的民法、刑法、交通法、出版法中均有涉及广告的条款，并开始征收广告税。如1937年国民政府修正公布的《出版法》，规定：报刊等出版物之主管机关为社会局，刊登广告的内容要遵守该法第四章“出版品登载各项之限制”。

### （一）颁布《修正取缔树立广告的办法》

20世纪30年代，国民政府的社会部及各省、市的社会局都负有管理广告活动的权利和责任。1936年10月，国民党政府社会部颁布了《修正取缔树立广告的办法》，对广告加强了监管。

### （二）颁布《户外广告张贴法》

《户外广告张贴法》由国民政府社会部颁布，这是对户外广告管理的重要法规。天津对户外广告的张贴早在20世纪20年代初就有严格的规定。如借用他人外墙需经主人允许，需到管界警署领取准许证，需至市巡务处投捐等。针对无视章程、肆意张贴大小广告的行为，1922年3月，相关机构曾命令行商公司速将违规广告取消，并限10日内重新办理手续。《益世报》同时在显要位置刊登了这一内容。针对纷杂无章的招幌广告，1928年4月，天津警察厅发出布告：“现值春初亢旱，火警时闻，亟应加以取缔，以资限制。自此布告以后，各商号挂用均以本铺门口为限，不得招挂在便道以外，并不得过长，致碍行人。”同时提倡，日后改用铅铁或铜制招牌，有利市容、交通、公安。“试一举而数善具备，各商当必乐也。”

### （三）对广播广告的管理

国民党政府交通部电信局除核准广播电台的开办外，还对广播广告进行直接管理，各地开办电台要事先报批，经营过程应接受检查。1938年广州市政府公布的《广州市审查民营广播电台播送节目暂行办法》第四款规定：“各民营广播电台所播送之广告不得作虚假夸张之宣传并须将广告词名送广州市社会局审阅，如认为有更改之必要者得通知更改之。”《广州市私立广播电台取缔规则草案》第九条规定：“播音节目之成分关于宣传教育演讲方面不得少于百分之四十，其娱乐节目至多不得超过百分之六十，广告节目包括在娱乐节目内，不得超过娱乐节目三分之一。”

### （四）市级广告管理规则的出台

1943年9月，重庆市政府社会局颁布了《重庆市广告管理规则》和《广告经营标准》。1949年4月，天津市公用局公布了《管理广告规则》，规则中不仅对广告从业商的注册经营加以严格约束，同时更强调了广告的真实性，促进了商业文明的进步。

广州市的户外广告管理规则出台较早，据1923年的《广州市公共广告场所使用及广告所得捐征收细则》记载，当时广州市设置公共广告场所1600处，专供张贴广告之用，此外其他地方不得任意张贴。其设置地点，先由广州市政府公安、教育两局会同选定，后改由公司、局会同公安、工务、教育三局选定。当时广州市划分为12个广告区，并将其分为三等。凡在公共广告场张贴广告，均须先将广告样本申请公安局审核批准盖章，并按不同等级之广告区缴纳费用，由管理机关代雇工人张贴。

1931年，广州市的户外广告形式除张贴广告外，路牌广告、电光管广告、车船广告也得到了广泛的采用。此外，还出现了手提肩荷者或化装者或携带乐器者的游行广告。路牌广告须经广州市政府审查核准，领取许可证始能发布，必要时须由财政局转送工务局审核，但其他各项户外广告只须经财政局审查核准，领取许可证即可发布。公共广告场设置地点，由广州市新生活运动促进会会同财政局、工务局及警察局选择指定后由财政局征商报设。

1948年，广州市政府规定户外广告均由广州广告公司承办，转报广州市工务局审查核准方得发布。游行广告则须先向警察局申请发给许可证。公共广告场设置地点，原由工务局择定，后改由广告公司选定报工务局、社会局审核。各广告场墙壁均用白底黄线划定范围，内分方格，每广告一格，以便张贴整齐划一。

长沙市于1934年发布了《游行广告管理规则》，规定凡举办游行广告，要先报警察局核准，发给许可证方能举办。广告游行时间规定为上午9时至下午8时，人数不得超过20人，游行时要接受沿途警察指挥，队伍经过学校和医院时要停止鼓类乐器。1938年，长沙市政府开征“广告捐”，并制定了7章28条的“暂行章程”。广告捐率按广告种类确定，剧院广告按章加征3倍，香烟广告按章加征5倍，国货可以免征广告捐。下列广告禁止设置：（1）妨碍公安；（2）伤害道德；（3）虚伪蒙混；（4）侵犯他人权利。这是长沙市的第一个广告管理条例。

1929年9月，杭州市政府公布《杭州市广告取缔规则》，规定：凡刊登于新闻纸之广告，由市公安局对新闻纸审查，其余各种广告除党部及政府之文告外，均须先将底样送市公安局核准盖戳方得揭布；张贴涂饰或建造广告之场地由市政府工务局指定之。对违反规定者，除触犯法律应依法究治外，由公安局处以1角以上15元以下之罚金。是年，市政府指定广告场所，计有新市场木架广告10处、墙壁广告8处、临时广告100余处。

1923年2月，杭州市征收广告捐，分普通、特别两种，其捐率为：普通广告（以张贴者为限），面积在1市尺以内者每100张征银5角，1市尺以外至3市尺以内者1元；特别广告，墙壁图画广告每方尺月征银3分，悬挂或建筑广告5分，电灯或利用光学之广告7分。

1924年7月，市政府公布《修正杭州市广告管理规则》，对广告分为三类，即公布广告、特许广告、市招广告。除党政机关及公团之文告外，须将揭贴之广告送市政府工务科审议盖戳后方得张贴，特许广告除报载广告由市政府社会科逐日审查外，均须申报市政府工务科核准后方得设置。该规则还规定，凡承接各项广告为业务者，不论公司或个人，统称为广告承办人，广告承办人须向市政府工务科申请，领得营业执照后方可营业。1925年市政府为清洁市容，决定取消揭贴广告，同时建立美术广告牌，准许设置者有74处。1927~1930年，由市政府指定地点装置木架广告牌21面，粉饰墙壁广告26处，取缔随意张贴之广告，以整市容。1935年5月，市政府再次颁布《杭州市广告管理规则》，规定广告的申请核发许可证由市工务局办理。1936年1~3月核发各种广告许可证516件，1937年验发广告证237件。

1949年5月杭州解放。9月，杭州市人民政府工务局为整顿市容，在市区设置公布栏46处。10月，市人民政府公布《杭州市广告及广告商暂行管理规则》，禁止下列情形广告出现：（1）违反人民者；（2）违反政令者；（3）迹近欺骗者；（4）有伤风化者；（5）妨碍市容者；（6）其他应行取缔者。还规定广告的审查发证及广告费征收标准的订定由市建设局办理。

### 三、解放区的商标管理

我党在抗日战争和解放战争时期建立起来的解放区也非常重视商标的管理。解放区商标管理的历史可追溯到20世纪30年代末，1939年，我党建立起来的抗日根据地就曾搞过商标管理工作，尤其是在查禁日本投机商人利用日货冒充国货商标方面，做过大量的管理、检查工作。

在抗战期间，皖江等抗日根据地的民众，多次开展使用国货、抵制日货运动。由于民众大规模地抵制日货的倾销，使得在华的日本商人生产和销售的商品受到较大的影响。狡猾的日商除了将劣质日货销往沿海大城市外，还想尽一切办法销往内地，包括皖江等抗日根据地，由于根据地人民的强烈抵制日货运动，日商就摇身一变，将劣质日货冒充国货，将日货商标冒充国货商标，欺骗根据地的消费者。为了抵制劣质日货冒充国货商标，皖江等抗日根据地成立了缉拿劣质日货的检查队，对过往解放区的物资进行严格检查，当时，我党老一辈革命家、长期从事组织和领导我党经济工作的邓子恢同志，曾对日货商标冒充国货商标的检查、管理工作做过重要指示和检查。1939年5月15日，时任新四军江北指挥部政治部主任的邓子恢，在《关于根据地如何与敌人进行政治经济斗争》一文中，提出抵制冒牌国货商标的管理办法，共8条，如第一条："抵制仇货（即日货）及芜湖来的一切伪国货"；第四条："在各市镇组织抵制仇货委员会，成立仇货检查队等，查明仇货种类商标切实查禁"；第六条："在民众中宣传'不买日本货'，使民众自动不买"；第八条："总之，抵制仇货，禁运土产出口"。这些对劣质日货冒充国货商标的管理规定，在当时的商标管理中发挥过很大的作用。实际上，在抗日根据地，我党一直将日货冒牌国货商标问题看成是整个解放区经济工作的重点之一，如果检查不力，将影响到整个抗战大局。

1944年5月25日，晋察冀边区颁布了《晋察冀边区商品牌号专用登记办法》，进一步对解放区的商标加强管理。

## 四、广告行业自律

随着广告业的发展，在广告管理上，不仅政府方面出台了一些稚嫩的广告管理法规，尤为难能可贵的是广告业界及媒介的自觉精神、社会的责任感和职业道德在不断增强，广告媒介的自律和广告业伦理等问题也被提出来了。

### （一）《劝告禁载有恶影响于社会之广告案》

这是我国最早的广告自律文件。"五四"前后，社会上出现较多不真实、不道德的不良广告，广告业界一时鱼龙混杂、泥沙俱下，这对广告业自身和社会的发展都极为不利。1920年5月5日，全国报界联合会（1919年4月15日成立于上海）在广州召开第二届常务会，针对此情况展开激烈讨论，最后通过《劝告禁载有恶影响于社会之广告案》。其内容如下：

"广告固为报社营业收入之一种，然报纸之天职在改良社会，如广告有恶影响于社会者，则与创办报社之本旨已背道而驰，如奖券为变相之彩票，究其弊可以凋敝民力而促其生计，且引起社会投机之危险思想。又如春药及诲淫之书，皆足以伤风败俗，惑乱青年。此种广告，皆与社会发生极大之恶影响，而报纸登载，恬不为怪。虽日营业，毋乃玷污主持舆论之价值乎？且贪有限之广告，而种社会无量之毒，抑亦可以休矣。报界联合会为全国报界之中枢，有纠正改良之责，宜令在会各报一律禁载上述之广告。其类此者，亦宜付诸公决，禁止登载。牺牲广告费之事小，而影响于社会大也。"①

当时，到会的来自全国各地的报馆和通讯社共计120家，有代表196人。这个提案产生的影响应该是比较广泛的，此举也在全国各地得到了充分响应，

① 戈公振：《中国报学史》，中国新闻出版社1985年版，第181页。

绝大多数主流媒体的广告版面创意独具匠心，工商、文化宣传并具，健康有序。1921 年 6 月，天津县知事接事业厅通令，以商标为公司、工厂的特别标识，查禁假冒，有效维护了工商经营者的利益。1922 年 3 月 29 日，《益世报》发出了以“禁止商标采用国旗”为题的通告。天津商会就商标仿冒、重复、抢注等现象多次特发商标注册公告，并重申商标法及实施细则，还受理了多起商标假冒和商标纠纷案。可以说《劝告禁载有恶影响于社会之广告案》的颁行为后来广告业界的健康发展指明了道路。

（二）“中国广告公会”

这是我国广告业界最早的行业组织，1919 年在上海成立。该会由上海地区中外企、事业单位及机构人员组成，会员主要有《申报》馆、商务印书馆、美孚洋行、南洋公学、英美烟草公司、密勒氏评论报、海宁洋行、慎昌洋行、万国函授学校，以及美国驻上海领事馆等。万国学校的海格为首任会长，不久由商务印书馆的编辑部主任邝富灼博士担任会长。该会自成立以来，曾多次开会交流经验、探讨广告学术，并曾就参与世界广告组织的事宜进行商讨。该会开会及开展活动的情况多次在《申报》上登载，这对广告业界的行业自律、各广告媒介之间的合作都非常有利。该会的成立促进了我国广告业的发展。

（三）“上海市广告商同业公会”

1927 年，上海“维罗广告公司”、“耀南广告社”等六家广告公司，为了争取、保护业界共同的利益，解决同业之间的纠纷，共谋发展，联合成立了“中华广告公会”。该社到 1930 年更名为“上海市广告业同业公会”，解放后称为“上海市广告商业同业公会”，成员增至 91 个广告公司、行、号、社等，主要分三大类：报纸类、路牌类和其他类，以报纸类实力最强，为中坚力量。这是旧中国规模最大的广告行业组织，它的存在在一定程度上缓解了同业之间的矛盾，促进了广告业的健康发展，同时也说明，旧上海是中国广告业发展较快、广告业界自律性较强的地区之一。

## 第二节　广告研究与广告教育

“五四”时期，我国的广告研究及广告教育开始出现，20 世纪 20 年代初的一些大学开设了广告学的课程，1918 年成立的“北京大学新闻学研究会”是我国最早的广告研究团体。此后广告学的研究与教育逐渐发展起来。但是，由于我国商品经济发展缓慢，长期停留在较低层次上，使得相关的广告研究与教育受到极大限制。

## 一、广告学研究

我国的广告学研究和教学活动起步于民国初年及“五四”时期。早期的广告学只是作为应用新闻学的一部分。随着广告业务的不断发展，至20世纪20~30年代，广告学才成为一门独立的学科。

### （一）早期广告学研究

1. 早期广告学附庸于应用新闻学

20世纪以来，我国较早流传的应用新闻学著作是1913年由上海广学会出版、史青翻译的原美国新闻记者休曼著的《实用新闻学》。该书英文原著出版于1903年，是美国第一部应用新闻学专著。全书共16章，6万多字。其中第12章《告白之文》、第13章《登载告白》是研究广告及广告业的。这两章详细论述了广告文案的写作方法和报刊广告的刊登事宜。尤其讲求研究广告诉求对象，研究广告的心理效应及研究广告的美学原理，重视广告及广告业的伦理道德等。这对此后广告学的研究与教育都有借鉴意义。

1918年10月14日，北京大学校长蔡元培组织创建了“北京大学新闻学研究会”，向校内外公开招收会员，由徐宝璜、邵飘萍担任导师，给会员讲授新闻课程。我国第一个新闻学教育和新闻学研究机构就此诞生。新闻研究会把广告作为研究和教学的一项内容。1919年12月，“北京大学新闻学研究会”出版了徐宝璜的《新闻学》，这是我国学者自著的第一本理论新闻学专著。该书共计14章，约6万余字，其中第10章《新闻纸之广告》，对报纸的广告、发行作了初步的论述。徐宝璜认为：“广告者，乃有力之商业媒介。新出物品之发卖，旧货之减价出售，某物之优点何在，均可由此而传达于全社会。”“又，广告者，人事之媒介也。例如当一公司欲请一经理而不能得其人、一人欲担任该经理而不能得其事之时，各登一广告，二者各如其愿矣。”他主张：“新闻社（报馆）对于广告……当先审查其内容何如。若所说者为事实，而又无碍于风纪，则可登出之。若为卖春药、治梅毒、名妓到京或种种骗钱之广告，则虽人愿出重资求其一登，亦当拒而不纳。因登有碍风纪之广告，足长社会之恶风，殊失提倡道德之职务。而登载虚伪骗人之广告，又常使阅者因受骗而发生财产之损失”，“故一报长登不正当之广告，必致广告之信用扫地，因之其价值不堪阅矣。最后结果，必为广告减少”。①

著名新闻学者、报史专家戈公振对我国早期广告学研究也作出过重要贡献。1927年11月，商务印书馆出版了他的《中国报学史》，该书利用丰富的

① 刘家林：《新编中外广告通史》，暨南大学出版社2000年版，第183、184页。

广告资料及统计数据，系统论述了我国报刊广告发展的历史，并详列五表，对我国当时的广告现状做了深入的剖析。其中，第一表为《广告之分类》，将广告分为商务广告、社会广告、文化广告、交通广告和杂项（凡不能列入以上各门者属之）等五类；第二表、第三表为报纸《广告面积与全张及新闻面积之百分比》；第四表为《广告每门面积与广告全部面积之百分比》；第五表为《广告各门每次平均面积》。① 通过上述五表，戈公振对当时我国报纸广告的状况作了精确的量化分析，得出了许多中肯的结论，并对广告的政治思想意义和文化价值作了深入的论述。

2. 独立发展的广告学

广告学成为一门独立的学科，并有专著出版发轫于“五四”时期。我国最早出版的广告学研究专著是甘永龙编译的《广告须知》。该书于1918年6月出版，是以美国的《How to Advertise》一书为蓝本编译而成的。《广告须知》的出版受到读者的广泛欢迎，至1925年11月已发行7版。1925年，上海商务印书馆出版了日本学者井关十二郎著、唐开斌译的《广告心理学》。而我国较早研究广告心理学的学者当属孙科，他的《广告心理学概论》② 是我国最早研究广告心理学的长篇论文之一。

（二）广告学研究专著

20世纪20~30年代，我国研究广告学的专著陆续出版。主要有：

蒋裕泉的《实用广告学》，1926年由商务印书馆出版，这是我国第一本广告学专著。

蒯世勋的《广告学ABC》，1928年由上海世界书局出版。

苏上达的《广告学概论》，1929年10月由上海商务印书馆出版。

孙孝钧的《广告经济学》，1931年由南京书店出版。

刘葆儒的《广告学》，1932年由上海中华书局出版。

王贡三的《广告学》，1933年由上海世界书局出版。

罗宗善的《最新广告学》，1933年由上海世界书局出版。

陆梅僧的《广告》，1940年由长沙商务印书馆出版。

如来生的《中国广告事业史》，1948年由上海新文化社出版。

此外，还有许多谈报业经营管理的专著，也把广告作为一个非常重要的问题加以研究，并把广告经营作为报业经营的一项重要内容。如吴定九所著的《新闻事业经营法》（上海联合书店，1930年出版）、刘觉民编的《报业管理

---

① 戈公振：《中国报学史》，第六章第三节“广告”，中国新闻出版社1985年版。

② 载《建设》月刊第1卷第2号，1919年9月出版。

概论》（上海商务印书馆，1936 年出版）、詹文浒的《报业经营与管理》（上海正中书局，1946 年出版）等书，都对报纸的广告、发行进行了详细研讨，内容涉及报纸广告的组织和运作方式、广告版位的等级、广告费用的计算、广告的责任及信用等重要问题。①

## 二、广告学教育

随着广告业的发展，我国广告学教育和广告人才的培养也提上了日程。旧中国的广告学教育与人才培养从无到有，经过了一个缓慢发展的过程，可将其划分为两个发展阶段，即起始阶段和发展阶段。

### （一）起始阶段（1918 年）

我国广告学教育及广告人才的培养起始于 1918 年 10 月 14 日正式成立的北京大学“新闻学研究会”。这是我国历史上第一个新闻学研究团体，它把广告学作为新闻学研究和教学中的一个重要组成部分。该研究会举办了两期研究班，培养会员百余人，为新闻界输送了不少优秀人才。此后的 20～30 年间，我国的新闻教育事业逐渐兴起并发展起来，全国不少学校开始开设新闻学的有关课程，部分大学开始筹办或成立报学系或新闻学系，职业新闻学校也纷纷成立，它们都把“广告学”作为一门重要的课程。

### （二）发展阶段（1920～1933 年）

20 世纪 20 年代，是中国高等新闻教育奠定基础的时期，一些大学在这个时期办起了新闻学系科。1920 年 9 月，上海圣约翰大学（私立教会大学）成立“报学系”（后称新闻系），这是我国的大学中最早成立新闻学系的一家。该系用英语授课，设有新闻原理、编校、社论、广告以及新闻史等课程；1921 年，厦门大学特设“报学科”，为该校八科之一；1922 年，杭州之江大学也设立了“报学”科目；1923 年，北京平民大学正式成立“报学科”，为该校三大学系之一；1924 年，燕京大学也开始创办“报学系”（后称新闻学系）；1925 年初，上海南方大学设立“报学系”和报学专修科，把“广告原理”与“报学原理”、“采访学”课同列，作为该系必修的三大主课之一；1925 年夏，上海国民大学也设新闻系，由《时事新报》总编辑潘公弼讲报业管理与广告经营；1926 年，上海光华大学也开设“新闻学”和“广告学”两科；1926 年 2 月，复旦大学在中文系内设新闻学组，1929 年 9 月，正式创立新闻系，并把“广告学”作为重要的必修课程，也是重要的实习课程。

在职业新闻学校中，1928 年秋，谢英伯在广州创办的“中国新闻学院”

① 参见刘家林：《新编中外广告通史》，暨南大学出版社 2000 年版，第 185、186 页。

是我国第一所新闻专科学校。1928 年 12 月，顾执中在上海创办“民治新闻学校”，1933 年元月，上海《申报》馆创办“新闻函授学校”，1933 年 2 月，成舍我创办“北平新闻专科学校”等。这些新闻专修学校都把“广告学”作为一门重要的课程。

上述这些学校新闻学系或新闻学专修学院的创办、广告学课程的开设等，对推动我国广告学的研究和广告人才的培养起了重要作用。

**思考·案例·练习**

1. 简述民国政府的广告管理及其特点。
2. 分析我国早期的广告学研究与教育的发展情况。

**参考文献**

1. 戈公振．中国报学史．北京：中国新闻出版社，1985
2. 刘家林．新编中外广告通史．广州：暨南大学出版社，2000
3. 张晓东，宋玉书．广告法规与管理．大连：辽宁师范大学出版社，2001
4. 严襟亚，陈子谦．上海广告史话．上海：上海社科院出版社，1984
5. 徐宝璜．新闻学．北京：中国人民大学出版社，1994
6. 左旭初．中国商标史话．天津：百花文艺出版社，2002

# 第八章 中华人民共和国成立初期及社会主义改造完成后的广告

（1949～1978 年）

【本章提要】中华人民共和国的成立，结束了半封建半殖民地和军阀混战的动荡、屈辱历史，我国进入了全新的历史时期。但由于特殊的国际、国内形势，直至 1978 年，我国的广告业并未因之获得迅速发展，而是经历了一个曲折的发展过程。

本章内容主要包括：

※ 中华人民共和国成立初期，我国的广告业处在整顿和恢复时期。

※ 计划经济体制下，商品经济萎缩，市场作用被忽略，广告业发展极为缓慢。

※ 高度统一的政治、经济体制却使广告管理得到加强。

※ 历时十年的“文化大革命”严重摧残了广告事业的正常发展，户外广告受到严重破坏，广告媒体深受冲击，导致商业广告基本停顿。

※ 1978 年底召开的中共十一届三中全会，确立以经济建设为中心，对外开放、对内搞活的重大方针，大力发展社会主义商品经济，我国的广告业才枯木逢春、重现生机。

## 第一节 国民经济恢复时期的广告业（1949～1952 年）

从 1949 年 10 月中华人民共和国成立到 1952 年底，这是我国国民经济为期 3 年的恢复时期，也是我国广告业的整顿和恢复时期，上海、北京等许多大城市加强了对广告业的引导与管理，使解放前遗留下来的广告业在这短短的 3 年中得以迅速恢复和发展。由于特殊国情的需要，这一时期的广告带有浓重的政治色彩。

## 一、政治经济背景

### （一）中华人民共和国成立初期的国际、国内政治形势

1. 国内形势

1949 年 10 月中华人民共和国成立了，这是中国人民的历史上一件划时代的大事，它标志着中国半封建半殖民地的屈辱历史的结束，我国进入了从新民主主义向社会主义过渡的新时期。但中华人民共和国此时所面临的形势是极其严峻的。由于旧中国是一个半封建半殖民地的社会，帝国主义长期的经济掠夺、国民党政府的腐朽统治、长期战乱的破坏使国民经济濒于崩溃的边沿。人民政府当时面临的一个艰巨的任务就是恢复和发展国民经济，以便为大规模、有计划地进行经济建设创造条件。

2. 国际形势

中华人民共和国刚刚成立，在国际上，还得不到承认，帝国主义，尤其是美国，不甘心在中国的失败，对新生的人民政权在政治上实行不承认政策；在经济上进行封锁禁运；在军事上实行包围，并支持国民党残余势力进行破坏、颠覆活动，企图把新生的人民政权扼杀在摇篮中。中国共产党的主要任务是一方面收拾国民党丢下的这个千疮百孔的烂摊子，努力尽快恢复和发展国民经济；另一方面防止帝国主义及国民党残余势力的破坏和颠覆活动，巩固新生的人民民主政权。只有努力恢复和发展国民经济，新生的人民民主政权才能得以巩固；只有巩固了新生的人民民主政权，才能为国民经济的恢复和发展提供有力的保障。二者相辅相成，缺一不可。

### （二）国民经济恢复时期的商业

1950 年 6 月，中共中央召开了七届三中全会，根据当时的情况，制定了边抗（抗美援朝）、边稳（稳定物价）、边建（恢复和发展国民经济建设）的方针，并采取“公私兼顾、劳资两利、城乡互助、内外交流的政策，达到发展生产、繁荣经济的目的。① 据此，大力发展国营商业和合作社商业，建立全国统一的新型商业体系成为这一时期的重中之重。经过 3 年的努力，取得了可喜的成绩：一是国营商业得以建立和发展。表现在全国性的商业行政部门和企业机构的建立，并实行高度集中统一的商业管理体制。二是合作社商业的建立和发展。与此同时，还展开了打击投机资本、稳定市场物价的斗争，畅通了城乡物资交流，促进了工农业生产的发展，安定和改善了人民生活。

① 商业部商业经济研究所：《新中国商业史稿》，中国财政经济出版社 1984 年版，第 3 页。

中华人民共和国成立初期的广告业，就是在这种大背景下恢复和发展起来的。

## 二、国民经济恢复时期广告业的发展

全国解放前夕，我国的广告业和当时的经济形势同样艰难，恶性的通货膨胀使物资匮乏，物价飞涨，民不聊生，工商业停滞，广告业奄奄一息。中华人民共和国成立初，为了大力发展工农业生产，活跃城乡经济，新的人民政府采取了各种有效措施，在广告行业比较集中的上海、天津、重庆、广州等地，成立了相应的广告管理机构，并出台了一些地方性的广告管理法规，加强对广告业的引导和管理；针对当时广告业务中存在的问题，对广告行业进行了整顿，将解放前遗留下来的大量分散和私营的广告社、广告公司等，合并成一些较具规模的广告企业，使广告业迅速地恢复和发展起来。

### （一）广告管理法规的颁布

#### 1. 地方性广告管理法规的出台

解放初期，在广告管理法规方面，天津、上海、重庆、西安等各大城市取缔了国民政府发布的广告管理法规，出台了一些新广告管理方面的规则和办法。这些地方性的广告管理法规主要有：

1949 年 4 月，天津市人民政府公用局率先公布了《广告管理商规则》。该规则规定："凡在本市营业之广告商，持营业执照填具申请表，包括资本额、经营何项广告、副业、营业概况、经理人姓名等，呈请公用局登记审查合格发给登记证后，始得申请广告业务。"天津市政府公用局是广告管理机构。天津市政府还对影响国家经济发展和人民生活的重点商品的广告做了规定，如针对医药广告就做了《管理医药广告暂行办法》的规定。

1949 年 12 月，上海市人民政府公布了《广告管理规则》。该规则规定："凡在本市区，以含有招徕宣传性质之文字、图画等用各种方法揭布者，概以广告论。由公用局以本规则管理之。"1951 年，上海市工商局还规定，电台广播广告及报刊刊发商业性广告的内容，均应由电台、报刊负责人签名盖章，送经同业公会初审，汇送工商局审核许可后，方可发布。凡在报刊公布的商业广告传单，必须加印工商局登记号码，在寄发以前必须经由各该同业公会出具证明书。实际上是通过"同业公会"核实广告的真伪，要求"同业公会"作出担保。

1950 年，西安市人民政府公用局印发了《广告管理暂行办法》。1951 年，西安市工商局发布《关于印刷厂商管理暂行办法》，其中许多条款涉及广告。

1951 年底，重庆市人民政府发布了《重庆市广告管理暂行办法》，并成立了广告管理所。1952 年 5 月，重庆市政府又公布了《广告管理暂行管理条例》。

1951年5月，广州市人民政府颁布了《广州市广告管理暂行办法》，规定广州市广告管理机关为广州市建设局。

1949年10月,杭州市人民政府公布《杭州市广告及广告商暂行管理规则》。

总之，中华人民共和国虽然出台了许多广告管理的办法，但直到1979年以前，中国的广告管理还是分散的，没有明确的、统一的广告管理机关和全国性的针对广告活动的法律、法规。1982年2月，国务院颁布了《广告管理暂行条例》，这是中华人民共和国成立以来的第一个全国性综合广告管理法规。

2. 地方性广告管理法规的内容及特点

国民经济恢复时期，一些地方性广告管理法规具有以下主要内容和特点：

一是界定了“广告”的定义及规定了广告管理的范围。如广州市发布的《广州市广告管理暂行办法》规定：“本办法所称广告包括纸张广告、宣传品（包括文告、政治性标语、传单及其他宣传品）、张贴处、广告牌、招牌（包括木质、光管及其他物质制造的招牌），以及胶片、幻灯片、广播、幕布、模型广告等均属之。”同时还规定：“凡公私广告及其设备，在未张贴、设置、放映、广播前，均须向人民政府建设局申请审查，经核准，交管理费加盖图记领证后，方可办理。”

二是强调对广告内容的管理。各地所颁布的广告管理法规，对广告内容进行规定：必须以“纯正为主”，“凡工厂、商店推销商品之广告宣传者，必须以品质、效能、使用方法做纯正之介绍，不得虚伪夸大”，并规定了种种不能刊播发布的情况，这说明至此广告价值取向发生了变化。如1949年出台的《杭州市广告及广告商暂行管理规则》，禁止下列情形的广告出现：（1）违反人民者；（2）违反政令者；（3）迹近欺骗者；（4）有伤风化者；（5）妨碍市容者；（6）其他应行取缔者。同时还规定，广告的审查发证及广告费征收标准的订定由市建设局办理。

三是强调对广告经营单位的管理。天津、重庆等城市相继公布了《管理广告商规则》或《广告业暂行管理条例》等，对广告经营单位，从经营思想到具体的操作都做了相应的规定。天津、上海等地还实行了广告商“许可证”制度。如上海市规定：“凡在本市经营广告业务之广告商，应有固定场所及经营业务，并应向公用局请领许可证，凭此向工商局请领工商登记证，方得营业”；“已登记许可之广告商，代客办理、揭布各种广告，须呈请主管机关核准为限”；“代客揭布特许广告，应在其广告的下端，注明该广告商的名称，以便查验”。此外，各地广告管理部门还利用广告业界行业组织——“同业公会”来加强行业管理。

四是作出广告主刊播广告必须出具证明的规定。在各地出台的广告管理法中，对广告客户刊播广告作出必须出具相应主管部门或同业公会等的证明。私营企业刊播广告，必须出具同业公会的证明；国营企业的产品广告，必须出具行政主管部门的证明；有关医药之广告，须经卫生局盖章或证明；凡由市教育局管理之学校及社会机关刊播招生广告，须经教育局盖章证明；出版物之广告，须有主管机关发给登记证；戏剧、电影之广告，须出具文化局证明；有关车船之广告，须经公用局或港务局盖章证明。①

（二）政府对广告业的整顿、引导与管理

1. 政府对广告业的整顿

中华人民共和国成立初期，政府对广告业的整顿主要体现在两个方面：一是对私营广告业的整顿。解散了一些经营作风不正、业务水平低下、濒于倒闭的广告社，把分散的广告社合并成具有一定规模和业务能力的广告公司。如天津市在1951年把全市的广告业合并为广告总店，下设5个门市部。二是对广告媒介的整顿。对国民党遗留下来的广播电台和报社，采取军事接管的方式。对于私营商业电台和报社，采取组织管理方式，发布规章制度，限制刊播内容，并加强审批、查核，使之发生了根本的变化。

2. 建立广告管理机构及职能单位

中央级广告管理机构建立后，一些地方性广告管理机构也相继建立，如上海市工商局、北京市工商局、天津市公用局、重庆市文化局、西安市公用局、广州市建设局等都担负起广告管理的责任，并受各地人民政府的领导。有些省、市还成立了“广告管理所”等专门机构，如重庆市就成立了“广告管理所”，这成为后来我国三级广告管理机关制度的开端。

这一时期属中华人民共和国广告管理机构及职能单位的初创时期，各地区执行广告管理职能的机构并不统一，后来地方性的广告管理机关逐渐统一由各地的工商局管理。

3. 重视发挥广播广告的作用

中华人民共和国的诞生为人民广播事业的发展开辟了广阔的道路。为了有效地利用广播这一有效的舆论工具，解放初，政府就陆续接管了各地广播电台，并新建了一些广播电台。1950年4月，我国正式开办了对外广播，建立了国际广播电台，呼号为“北京广播电台”（Radio Beijing）。1952年4月1日，吉林省九台县有线广播站的成立，标志着我国农村有线广播网建设的开始。各地电台的恢复和建立促进了我国广播事业的发展。

解放初期，一些大城市的广播电台也开办了专门的商业广播电台，增设广

① 《建国以来广告业发展概况》，载《中国广告年鉴1988年》第9页。

告节目，播出经济广告、文化广告和社会广告。中华人民共和国成立后，北京、上海、江苏、天津等地的83座广播电台在解放后不久就开设广告节目，广播广告的发展势头很好，多数广播电台广告经营活跃，广告收入增长。上海台、北京台可以向国家上缴利润，天津台也在1951年实现了经费全部自给。

随着广播广告的发展，其间也出现了一些问题，个别电台从单纯盈利的观念出发，不注意群众利益，对广告内容不加审查地播放出去，严重地影响了人民生活，危害国家利益。有鉴于此，政府加强了对广播广告的管理。1952年9月，在中央广播事业局的指示下，华北五省二市人民广播电台所属的广告台，在天津市召开一次经验交流会。会议对两年以来的广播广告宣传工作做了总结，肯定了成绩，批判了单纯盈利的思想，确定了今后的工作方针，并强调广播广告宣传必须与国家的经济政策、工商业发展情况和群众的需要密切结合起来。这是中华人民共和国成立以来召开的第一次广播广告会议，对推动广播广告事业的健康发展起了积极的作用。

总之，在中华人民共和国成立初期的一段时期内，由于人民政府所采取的各项措施，广告行业得到了一定程度的恢复和发展。报纸、杂志、电台、路牌等商业广告业务依然很活跃。以报纸广告为例，1950年的《人民日报》，初时报头左、右方就是广告，报头下方有广告科、经理部、总编办电话，第二版下方一小部分版面为广告，第三版下方约1/4的版面为广告内容。从5月1日起，《人民日报》增加为六版至八版，广告量加大。5月1日这天的《人民日报》第六版、第七版、第八版通版皆为广告。为迎接“红五月”，各公司、各单位都借机大做广告。此后，《人民日报》一般第六版以后版面皆为广告已成为通例。从广告内容看，中华人民共和国成立初期，以私营企业刊播的广告为主，其中销售商品的广告、药品广告、私人行医的广告，以及社会广告（如招聘、求职、寻人、寻物等）和文化、文艺广告（如招生、电影、戏剧、书籍、刊物广告等）所占比重最大。在广告形式上，可以说，既保留了过去那些行之有效的广告宣传手段，又发展了一些实用、低廉而针对性强的广告形式，如以零售商为对象的商品目录、商品知识说明书及案头印刷广告等；以城市消费者为对象的商店橱窗广告；以广大农村为对象的年画、门对等传统形式广告；还有包装盒、包装袋以及书签、扇子、日历等实用性广告。这些广告形式对加强商品流通和整个国民经济复苏发挥了积极作用。

中华人民共和国成立初期，国家贫穷，经济需要恢复，百废待兴，国防需要巩固，工业需要重点发展，国家的有限财力需要集中于一些亟待建设的方面。“艰苦奋斗”、“勤俭建国”是当时的口号，人们以奢侈浪费为犯罪，以艰苦朴素为光荣，这就使广告的鼓励消费、诱导消费的功能无用武之地。随着文

20世纪50年代的音乐歌舞海报

《解放军画报》

化为政治服务的倾向加强，商品经济的发展日益受到遏制，广告的性质和作用也产生了变化，广告被笼罩上浓厚的政治色彩。

## 第二节 社会主义改造时期的广告业（1953~1956年）

社会主义改造时期，由于当时国家对工商业实行加工订货、统购包销的经济政策，广告公司的业务量骤减。同时，为配合对私营工商业的社会主义改造运动，在工商行政管理部门的支持下，对广告公司也进行了大规模的改组，在一些工业比较集中、经济发达的城市，建立了国营广告公司，并加强了对广告业的管理。

## 一、“三大改造”与商业的发展

### （一）“三大改造”

从1953年起，我国开始执行第一个“五年计划”，从事大规模的经济建设。与此同时，也开始了对农业、手工业和资本主义工商业进行社会主义改造（即“三大改造”）。

“三大改造”期间，国家首先在全国范围内对重要农产品实行了统购、派购和统一收购。这是我国进入有计划的经济建设时期开始实行的一项重要政策；在对资本主义工商业的社会主义改造过程中，国家采取了对私营工业委托加工订货、统购包销政策，把私营工业的生产纳入国家的计划；对私营商业根据其特点采取不同的方针、政策；对资本主义批发商业实行逐步代替政策；对资本主义零售商业实行委托经销、代销和公私合营等国家资本主义的初级形式，并最终实现全行业公私合营，完成对资本主义商业改造的胜利。这样资本主义工商业产销开始不同程度地被纳入了国家计划经济的轨道，这对开展大规模的经济建设起了积极的作用。

### （二）社会主义商业的发展

由于党和国家在商业方面制定了一系列的正确政策，进一步加强对商业的领导，加之工农业生产的发展和人民购买力的提高，社会主义商业取得了很大的发展。社会商品流通额逐年扩大，市场繁荣，物价稳定。这一时期是社会主义商业的重要发展时期，也是中华人民共和国成立以来商业部门经营情况最好的时期，资金周转快，占用少，流通费用水平比较低。

这些措施和这一时期商业的发展，给我国的广告业也带来了一些变化。

## 二、广告业的新发展

### （一）组建公私合营的广告公司

在对资本主义工商业进行社会主义改造的过程中，广告行业也相应地有了新的变化。在公私合营的改造高潮中，全国各主要城市对原有的广告从业人员也进行了思想教育，逐步克服资本主义经营作风，开始树立为生产者、为消费者、为人民服务的思想。与此同时，为配合对私营工商业的社会主义改造运动，在工商行政管理部门的支持下，对广告公司进行了大规模的改组，那些分散的各自经营的广告行业被改造成为具有一定规模的公私合营的广告公司。如北京市的广告公司改组为在市文化局领导下的北京市美术公司；1956 年，广州市广告户共有 39 家，由广州市文化局组织进行了社会主义改造，并成立广州市第一家国营的广告企业广州美术装饰公司；上海市对原有旧广告社进行调整合并，组成由上海市商业局领导下的中国广告公司上海分公司（1959 年改名为“上海市广告公司”），把全市 100 家左右的广告商按经营范围改组、归并为五个公私合营的广告公司和一个广告美术社，还将一个霓虹灯厂划归中国广告公司上海分公司归口管理，与此同时，又成立了由上海市文化局领导的上海美术设计公司。一批国营广告公司的建立，使得广告的服务对象、宣传内容及其作用都发生了根本的变化。

全行业公司合营后，由于工业企业的很多产品由国营商业包销，广告公司的业务量骤减，从而导致广告业务的剧跌。在当时，已很少再有做广告的企业。在这一时期的后半段，报纸广告版面减少，一些城市的商业电台被取消，广播广告日益萎缩。1956 年，党的“八大”指出，落后的生产力和人民群众日益增长的物质和文化生活的需要的矛盾是当前社会的主要矛盾，确定了大力发展生产力的方针。同年 5 月，刘少奇同志视察中央人民广播电台时，对轻视广告的思想提出了批评，他说：“广播电台为什么不搞广告？人民是喜欢广告的。生活琐事和人民有切身关系，许多人很注意和自己有关的广告。过去北京有一些电台播广告，你们取消了，是不是怕搞广告？报纸也是要登广告的。我看有些城市电台可以播广告。”① 此后，广播广告经营有所回升。但好景不长，1957 年，“以阶级斗争为纲”的指导思想使广播广告的经营举步维艰，一家接一家的广播电台先后停止了广告经营。直到 1957 年在布拉格召开了国际广告大会，我国商业部派员参加，此后广告业缓慢发展的情况才有所好转。出席布拉格国际广告大会，是中华人民共和国成立后第一次与外国广告界的业务交流。

### （二）进一步加强对广告业的管理

在社会主义改造时期，为了进一步加强对广告业的管理，许多地方政府对原有的广告管理法规做了补充和修订，有的发布了新的广告管理法规，或者改进了管理办法。如 1954 年，武汉市人民政府公布了《武汉市广告管理暂行办法》，对广告管理的范围、广告发布的审批程序、广告收费标准等做了具体规定。1953 年 8 月，广州市人民政府决定将广告管理工作移交广州市工商管理局负责，并于 1954 年 3 月 16 日公布了《关于补充和修正〈广州市广告管理暂

① 刘少奇：《关于广播工作的谈话》，北京广播学院新闻研究所编《广播电视论丛》上集，中国广播电视出版社 1985 年版，第 241 页。

行办法〉的布告》。修订后的《广州市广告管理暂行办法》分十章三十八条，涉及的范围更加广泛，内容更加具体、丰富，管理政策更加严明。如第一章“总则”中指出：“凡在广州市内以文字、图画、电影、广播、模型等利用各种宣传方式，揭布广告，概由工商行政管理局依本办法办理之。”第二章“特许广告”中规定：凡在“道旁、墙壁、屋顶、码头、车站、铁路两旁之路牌广告，戏院、游艺场、花园、公共场所等广告，为特许广告，应先申请工商局核准登记，照章交纳管理费，领证后方得装置”。此外，天津、上海、广州等城市都修订了广告管理的办法，并实行了广告登记收费的管理办法和刊播广告的审批制度。

## 第三节 全面建设时期的广告业（1957~1965年）

1956年，我国完成了社会主义改造。同年7月，“八大”召开，中国共产党领导全国人民开始转入全面大规模的社会主义建设阶段，广告也随之有了一定程度的发展。这一时期广告业的发展主要体现在为对外经济交往服务、为方便人民生活服务以及为政治服务的功能方面。

### 一、全面建设社会主义时期的商业

#### （一）资本主义工商业改造的胜利

1956年，我国完成了社会主义改造，随着私营工商业社会主义改造的基本完成，原来五种经济成分并存的国内市场发生了根本的变化，资本主义商业从商品流通中被排挤出去，形成了社会主义统一市场。在社会主义统一市场内，国营商业是主体力量和领导力量。同年8月，中国共产党召开了第八次全国代表大会，开始领导全国人民转入全面的大规模的社会主义建设阶段。该会议也体现了政府对商业工作的加强，大会提出了第二个“五年计划”时期商业工作的基本任务：继续加强工农产品的收购和供应工作，扩大商品流通；改进购销关系，继续对主要生活必需品实行统购统销政策，同时对某些工业品实行选购，并有计划地组织一部分在国家领导下的自由市场；继续贯彻执行稳定物价的方针，进一步发展商业网，方便人民的生活。

#### （二）“大跃进”时期的商业

1958年5月，中国共产党八大二次会议通过了“鼓足干劲，力争上游，多快好省地建设社会主义”的总路线。随后，中国迅速掀起“大跃进”高潮。“大跃进”急于求成，造成国民经济比例失调，加上农业连年受灾减产，市场不平衡情况十分严重。商品供应越来越紧张，市场物价呈上升趋势。这一时期的商业工作虽取得一定的成绩，但由于“左”倾错误的影响和缺乏经验出现了许多问题，集体商业急于向全民所有制过渡，使流通渠道单一化；商业部门提出了“生产什么，收购什么；生产多少，收购多少”的口号，从此，工业产品不论多少，也不论品质好坏，价格高低，全部由商业部门包下来。由于商业流通成了独家经营，市场不再有竞争，广告业因此受到严重冲击，而且“大购大销”运动也助长了社会大浪费。“大跃进”对商业的轻视和削弱，以及大办工业等错误，影响了工商业的正常发展。

（三）国民经济调整时期的商业

“大跃进”时期经济工作指导思想上的错误和造成的危害，中共中央很快就察觉到了，并采取了有效措施进行纠正。从1960年下半年起，我国进入了国民经济的调整时期。主要做以下三方面的工作：一是商品流通渠道的调整和疏通。二是调整农产品收购政策。三是稳定市场与整顿商业队伍。经过调整，国民经济全面好转。

## 二、全面建设社会主义时期的广告业

（一）强调广告在对外经济贸易中的功能

1. 我国对外经济贸易的发展

这一时期我国的对外贸易较前有所发展。20世纪50年代中期，我国就逐渐打破了西方国家对我国的禁运和封锁，与原苏联、东欧、亚洲、非洲以及欧洲的某些国家，开始有了贸易往来。1957年春，我国出口商品交易会首次在广州举办，此后每年春、秋两季“广交会”就一直持续下来。对外经济贸易的发展，带动了我国出口商品的对外广告宣传。1957年12月，有13个社会主义国家代表参加在布拉格召开的社会主义阵营国家国际广告工作会议。会议作出了题为《从人民利益出发，发展社会主义商业广告》的决议，提出了社会主义商业广告的基本任务，并认为社会主义广告的基本特征是“思想性、真实性和具体性”。我国商业部派员虽仅以观察员的身份出席会议，但开阔了眼界，受到了启发，对今后的社会主义广告业的发展极为有利。

2. 政府加强对承办外商广告和出口商品广告的管理

随着对外经济贸易的发展，我国有45个城市对外开放，来华广告日益增多，部分广告企业在承接来华广告业务中出现许多问题。有鉴于此，1958年，外贸部、商业部、文化部、工商行政管理总局联合发出了《关于承办外商广告问题的联合通知》，确定“外商广告由上海市广告公司、天津市广告美术公司、广州市美术广告装饰公司承办。在地方，由商业局、工商行政管理局领导广告公司的业务活动。各报刊停止直接对外”。通知还规定进出口广告须经当地外贸局批准，不得与外商签订长期固定合同，外商广告佣金为25%，由内、外广告公司平分。

（二）强调广告方便人民生活和为国家服务功能

1.“真实、美观、经济、实用”的社会主义商业广告

1959年8月，商业部在上海召开了21个对外开放城市的“商业广告会议”。这是我国广告史上一次具有重要意义的会议。这次会议肯定了广告在社会主义经济中的作用，指出：“在社会主义制度下，商业广告是经常向人民群众如实地介绍商品，是指导人民消费的基本方法之一，是社会主义文化领域中一种美术形式；运用广告扩大城乡、内外交流，对搞好商品生产和改善企业经营，组织人民经济、文化生活是有益的。”根据社会主义广告的性质和任务，商业部还提出了“真实、美观、经济、实用”，贯彻实行党和国家的政策的要求，强调广告主题的选择应富有教育意义和能激发人们高尚的情操，反对资本主义庸俗的气氛，充分肯定了商品广告应当具备社会主义的“思想性、政策性、真实性、艺术性和民族风格”。这些方针和要求，长期以来起了广告管理法规的作用，这对于发展社会主义广告业起了积极的作用。

1958年，商业部和铁道部联合发出通知，为使商业广告更好地为生产和消费者服务，要求利用车站、候车室、车厢及列车内使用的用具等为媒介开展广告业务。在这一段时间内，广告业务有了一定的恢复，如上海、天津的广告公司的广告营业额就比1956年上升了六倍多。然而，这一局面持续不到一年，1958年大跃进开始，工业部门提出了“需要什么，生产什么”，而商业部门则提出了“生产什么，收购什么；生产多少，收购多少”，接着进一步提出“工业不姓商，大家都姓国”的口号。从此，工业产品不论多少，也不论品质好坏，价格高低，全部由商业部门包下来。由于商业流通成为独家经营，市场不再有竞争，广告业受到严重冲击，广告管理一度废止。1959~1961年我国又连续三年发生自然灾害，使国民经济遭遇严重的困难，广告事业雪上加霜，急剧下跌，只有少量的生产资料广告及书刊、电影、展览会等文化类广告。这种情况在1962年国民经济进入全面恢复期之后才有所改观。1962年以后，由于实行了“调整、巩固、充实、提高”的八字方针，各大城市的广告又相继恢复。到1965年，上海市的广告营业额回升到500万元左右。

2. 广告中的政治宣传和时事宣传

这一时期的广告有一大特点，那就是广告中带有浓重的政治宣传和时事宣传色彩。在1957年商业部就发出通知，要求全国商业系统认真做好广告宣传工作，并明确了商业广告的任务。其中有一条就是“配合国家政策、政治运动进行政治宣传，并通过广告的艺术形式来美化商品和市容，丰富人民的文化

生活”。1959年5月，商业部发出《关于加强广告宣传和商品陈列工作的通知》。该通知中再次强调：“各种形式的商业广告都应该为政治、为生产、为消费者、为美化城市服务，以贯彻国家政策和真实、美观、经济、适用为原则，力求做到生动活泼、健康美观、鲜明乐观和通俗易懂。”要求各地（特别是45个对外开放城市）做好商业广告宣传工作。同年8月，商业部在上海召开的21个开放城市的“商业广告会议”又一次提出了“必须把商品宣传和政治宣传结合起来，做到具有社会主义的思想性、政策性、真实性、艺术性和民族性风格。”由此可见，这一时期的广告宣传与国家政策和政治运动紧密相联，有时是作为政治任务来布置的，带有浓厚的政治宣传特色。

（三）橱窗广告大放异彩

1. 广告形式的多样化

这一时期的广告形式多种多样，在原有媒介的基础上发展了传单、票板、海报、报帖、标签、包装盒、日历、火柴盒等形式。火车站内外的陈设广告，在车厢的图书、杂志、硬书夹、棋盘、扑克盒、餐车食谱、壁挂、风景画以及售货员提箱上都可做广告，尤其是橱窗广告更是大放异彩。

2. 橱窗广告大放异彩

橱窗广告向来以琳琅满目的商品和新颖别致的陈设吸引顾客。这一时期的百货商店可以说都争相利用橱窗这一形式大做商品陈列广告以吸引顾客，连食品商店也不例外，如北京的“年糕张”的橱窗，为了吸引顾客，竟将年糕的制作过程展示给顾客；又如“东来顺”的橱窗把切羊肉片的情景展现出来，使人们通过欣赏其切肉片薄而均匀的操作技术，以引起食欲而购买。这些橱窗广告方便了购买，传播了知识，美化了环境，充分显示了社会主义广告为生产、为人民服务的特点。

## 第四节 “文化大革命”时期的广告业（1966~1976年）

这是中国广告业发展的特殊时期。“文化大革命”时期，政治宣传掩盖了其他宣传内容，广告多以时政内容为主，这一时期是中国近代以来政治广告最多的时期。

### 一、“文化大革命”时期的商业

1965年以前，国民经济经过调整，取得了很大成绩，许多主要经济指标恢复到了历史最好水平，市场情况也很好。但为时不久，一场史无前例的

"文化大革命"使国民经济遭受了巨大的损失。

在十年动乱中，商品流通领域遭到极其严重的破坏。"文化大革命"前形成的以全民所有制商业为主体、集体所有制商业为辅助、集市贸易为补充的社会主义统一市场遭到破坏，三条渠道变成了国营商业独家经营的局面。商业经营管理处于无政府状态，"文化大革命"发动初期，全国就处于"打倒一切，全面内战"的混乱局面。在"踢开党委闹革命"，到处揪斗所谓"走资本主义道路的当权派"的形势下，商业领导机关很快就陷入瘫痪。商业机构、体制、流通渠道、企业管理等都搞乱了。加上重工业优先、低消费、高积累的经济结构，影响了我国的商业发展。

## 二、"文化大革命"中的广告业

### (一)"文化大革命"对广告业的破坏

1. 对户外广告的摧残

对于广告业来说，"文化大革命"无疑是一场灾难。红卫兵的"破四旧、立四新"运动，则是这场灾难的开端。而首先受到冲击的是户外广告。

在"文化大革命"扫"四旧"时，传统商店招牌和牌匾、对联、门面的画饰以及广告、霓虹灯等都被看做是"四旧"而统统砸烂，一律改换为"工农兵"、"革命"、"文革"、"红旗"、"红卫"、"东方红"等有政治含义字样的新招牌，以及"四海翻腾云水怒，五洲震荡风雷激"之类的对联。1966年8月21日的《人民日报》记载了当时的情景："8月20日以来，首都红卫兵纷纷走上街头，到处张贴革命传单，到处集会演说，向一切旧思想、旧文化、旧风俗、旧习惯发动猛烈攻击……红卫兵在广大市民的热烈支持下，倡议把'长安街'改为'东方红大路'，把'东交民巷'改为'反帝路'，把'西交民巷'改为'反修路'……在红卫兵革命精神的鼓舞下，王府井百货大楼的革命职工搬掉了门上'王府井'三个大字，改名为'北京市百货商店'；'全聚德'的革命职工在红卫兵革命精神的鼓舞下砸掉了70年的'全聚德'三个字，正式挂上'北京烤鸭店'的新招牌，正式的烤鸭店照片广告，被换成毛主席语录；'亨得利钟表店'的革命职工们，自1964年以来两次提出改掉老字号的要求，但没有实现，现在职工们在红卫兵的鼓舞下，经集体讨论，改名为'首都钟表店'；20日晚上，当红卫兵把沿用资本家命名的徐顺昌服装店改名为'东风服装店'时，街上一片掌声，人们齐声高呼'毛主席万岁'、'东风压倒西风'！"①

① 《人民日报》1966年8月21日。

在上海，第一商业局所属的8个公司共有零售商店3 700多家，改换招牌的即有3 000家以上，更换的新名称严重重复，例如，上海市鞋帽服装公司有零售商店417家，改换新招牌后有340家重复，仅“红卫”商店就有32家；北京市王府井一条街就有6个“红旗”商店。不仅如此，商店的橱窗广告也一律改为陈列“红太阳”、毛主席著作、毛主席语录和红色的政治标语口号，使广大顾客在“红海洋”中很难辨认出商店的经营分工，给购买者增加很多麻烦。①

天津市商业中心滨江道一带，许多商店也换去了旧字号。天津市最大的商场“劝业场”沿用了36年的牌子被革命职工砸掉了，换上了“人民商场”的新名称；具有45年历史的北洋纱厂被职工们改名为“四新”纱厂，该厂原来的拳头产品“金三鼎”棉纱商标也改为“工农”牌商标。②

这场运动还直接影响到商品本身，各大商场被迫停售所谓“有问题”的商品。这些“有问题”的商品主要指：一是商品本身“有问题”的，如中高档化妆品、工艺美术品、金银饰品、高跟鞋、绣花枕头、扑克牌以及高档烟酒等。二是所谓商品本身虽无问题，但名称、商标、图案、造型“有问题”的，如带有封建迷信色彩的天女散花、鸳鸯戏水、长命富贵、八仙过海等，带有外文或外文译音的，如卡其、华达呢、凡尔丁、派力司、维尼龙、麦尔登、巧克力、威士忌等；带有私人姓名的，如张小泉剪刀、白敬宇眼药膏等；另外，毛线、毛衣、毛毯等带有“毛”字的商品，都统统在停售之列。这些被停售的商品范围相当广泛。据调查，仅北京市百货大楼停售的“有问题”的商品就达6 800多种，占该公司经营品种总数的20%；武汉市武汉商场停售的“有问题”的商品有4 200种，占该商场原经营品种的24%，导致商场经营品种十分单调，严重影响商业的正常发展。③

2. 对广告媒体的冲击

广告媒体在“文化大革命”中也遭到严重冲击。“文化大革命”中，报纸、杂志、图书的出版数量急剧下降。1965年全国共出版图书20 143种，杂志700种，报纸343种；到1970年，图书下降到4 889种，减少了15 254种，杂志下降到21种，减少了769种；报纸下降到42种，减少了301种。

---

① 商业部商业经济研究所：《新中国商业史稿》，中国财政经济出版社1984年版，第318页。

② 《人民日报》1966年8月25日。

③ 商业部经济研究所：《新中国商业史稿》，中国财政经济出版社1984年版，第318页。

广播广告也遭到冲击。早在1957年，“以阶级斗争为纲“的指导思想已经使广播广告的经营举步维艰。此后，一家接一家的广播电台先后停止了广告经营，“文化大革命”中电台广告被彻底取消。

3. 对广告管理机关和广告公司的冲击

在这场史无前例的浩劫中，许多城市的广告管理机关被撤销，广告公司被解散，广告从业人员或改行，或下放劳动，不少的技术档案资料被销毁或被当做废纸出售。如上海市广告公司改名为“上海市美术公司”，靠承接画稿设计、承办政治宣传牌施工等业务才得以维持下来。上海市霓虹灯电器厂除改霓虹灯广告为政治标语外，主要靠生产变压器、晒图灯等产品为生。广州市的广告管理工作也受到严重冲击，1970年12月24日，广州市“革命委员会”财贸办公室决定撤销广州市广告管理所，广告行业趋于解体，广州美术服务公司(原广州美术装饰公司)以绘制政治宣传画为主要任务，其他美术广告社大部分转行经营五金、机械、印刷等。

历时十年的“文化大革命”，不仅使党、国家和人民遭受中华人民共和国成立以来最严重的摧残，而且现行的商品制度也从根本上被否定了，广告作为商品生产和商品交换的宣传工具被否定也不足为奇。不过并未像有些人所说的那样——“文化大革命”中广告消失了。在这期间还是保留了许多的书籍、电影等文化类广告和部分生产资料工业广告，以及社会性和政治性广告，尤其是政治类广告特别兴盛。

(二)“文化大革命”中保留的广告业

1. 生产资料广告

在“文化大革命”时期，尤其是红卫兵运动最盛期的1966~1967年，大量的报纸和杂志被取缔、查封，但报纸的商业广告并未停止。以《人民日报》为例，这个时期报纸还有广告，广告科依然对外承接广告业务。《人民日报》一般为六版，广告多出现在第六版的下方，有时第五版也刊登部分广告内容。如1966年7月3日《人民日报》第五版刊登了五则广告，有四则为生产资料广告，其中一则是上海震华电器厂的产品介绍；一则为地方国营苏州市社会福利机床电器厂的“机床云母电容器”的介绍，图文并茂；另外两则为北京电解铜厂主要产品介绍和北京灰砂石总厂的“石棉粉”广告。1966年7月28日的《人民日报》第六版下方也登载了几则生产资料广告，主要有徐州钢铁厂的“保温材料矿渣棉”广告、公私合营新中化学厂出品的“化学试剂乙二醇乙醚、乙二醇甲醚”产品广告和北京化工三厂联合服务站“密封防水嵌缝材料马牌建筑油膏”的商品广告。尤其是第三则广告，马牌商标特别醒目，并配有图案。1966年11月10日的《人民日报》也刊登了吉林市精密仪器厂

"XDX-50 型细聚焦 X 光机"新产品广告、天津合成纤维厂出品的"氨基乙酸"广告和天津照相机厂出品的"YJ3YD64 型文献复印机"广告。翻检 1966~1967 年的《人民日报》不难发现，当时北京、上海、天津、西安、太原、广州、沈阳等市的国营、公私合营企业的产品广告不时地刊登在《人民日报》上。

在 1967 年 7 月 29 日，《人民日报》广告科的电话号码虽从报纸版面上消失了，但刊登广告则存续到 1970 年初。1970 年 1 月 19 日《人民日报》还刊载了三则工业广告，这三则工业广告是天津市投影显示器厂"投影显示器"广告、辽宁省铁岭光学仪器厂"公差带投影仪"广告、沈阳市电热原件厂"管状、板状电热器产品介绍"广告。此后，生产资料广告才从报纸版面上消失了。1970 年初生产资料广告消失后，《人民日报》还有两个人负责处理《红旗》杂志要目介绍的"书籍广告"和样板戏演出的"文艺广告"。

生产资料类的商业广告能在"文化大革命"中存在，大概是因为这类广告本身并不带有什么政治、文化的含义，又是与工业化进程相吻合，在红卫兵运动或其他政治运动中并没有受到什么冲击和批判的缘故。

封面

插页 1

插页 2

内页

北京电表厂的样本广告

2. 书籍、电影等文化类广告

"文化大革命"时期，书籍、电影等文化类广告特别兴盛。以《人民日报》为例，1964 年以后，除了生产资料广告外，基本上刊登的都是书籍、电影、展览会等文化类广告，1966~1976 年"文化大革命"最盛时期尤为如此。翻阅这一时期的《人民日报》，我们不难发现，《解放军文艺》、《解放军歌曲》、《解放军画报》、《红旗》、《中国妇女》等杂志以及《毛泽东诗词手稿》、《毛泽东诗词三十七首》、《毛泽东思想万岁》等书籍的书刊广告定期地刊登在

《人民日报》的第五版或第六版的版面上。《毛泽东和百万文化革命大军在一起》、《毛泽东接见红卫兵和革命师生》、《东方红》、《草原晨曲》、《秘密图纸》、《青松岭》、《鸡毛信》、《上甘岭》、《分水岭》等电影在北京各大影院的放映广告,《革命歌舞》、《毛泽东思想光辉照草原》、《红灯记》、《沙家浜》、《奇袭白虎团》、《红色娘子军》、《智取威虎山》等剧目在北京各剧场的演出广告，中国人民军事博物馆、故宫博物院、中国美术馆、北京天文馆等单位刊出的启事，北京体育馆的各种体育赛事广告，中国对外贸易公司主办的春、秋两季的“中国出口商品交易会”广告，“焦裕禄同志先进事迹”、“越南人民一定打败美帝国主义”及“今日朝鲜”等图片展览启事以及各种政治宣传画发行广告盛极一时，与商业广告的萎缩形成了鲜明的对比。特殊的时代造就了革命书籍、电影及展览会等文化类广告的兴盛和发展。

3. 政治性宣传广告的兴盛

政治性广告是指统治集体、政治组织、社会团体、政治家、社会活动家、平民百姓阐述政治观点、政治主张，发布政策法规，号召政治行动，通告政务管理活动等内容的宣传广告，旨在告知大众，统一认识，影响行动，以求博得民众的支持。“文化大革命”时期是我国政治性广告最兴盛的时期。

《拾到五分钱》宣传画

“文化大革命”时期，各种户外广告，特别是路牌广告，被铺天盖地的政治宣传口号、形象所代替，变成了政治宣传牌和语录牌，形成了所谓“红海洋”的特殊景观。就连商店及粮店之类的陈列广告，所陈列的样品都是“非卖品”，是为了美化环境、装点门面，为体现市场繁荣、为宣传“形势大好，不是小好”而摆设的。影剧院门前也只有宣传八个样板戏的特大海报。报刊保留的广告也多是宣传政治书刊及“革命”文艺。以“红卫兵”、“东方红”、“造反者”、“井冈山”等命名的群众组织自发创办的报刊，遍及全国，其总量至今无法准确统计，至少不下万种以上。这些报刊的主要内容要么是连篇累牍地刊登中央及本单位“走资派”的“罪行录”、内部“首长讲话”和文件、“派性斗争”和武斗的消息及文章，要么就是有关“路线斗争”的历史资料和学习毛主席著作、首长讲话以及中央文件的心得体会，分析讨论形势的意见等，带有明显的特殊时代的政治宣传内容。“文化大革命”时期的商标也带有时代的特点，翻看那个时期保存下来的商标，随处可见政治口号的踪迹。

中国烟草工业公司香烟广告

南昌酒厂工农牌白干、二锅头酒商标

“文化大革命”时期收音机说明书

（三）“文化大革命”中商业广告基本停顿的原因

关于“文化大革命”中广告市场消失的原因，许多学者的意见均归因于红卫兵的“破四旧”运动。但据黄升民教授考证，并不完全是这样，还应从经济环境和社会环境的变动中探求其消失的过程和原因。主要有以下三方面的因素：

1. 红卫兵“破四旧”运动的冲击和批判

“四人帮”的极左路线和红卫兵的“破四旧”运动给广告业极大的摧残。正如前面所言，“文化大革命”初期的红卫兵运动严重地冲击了户外广告和广告媒介，所有的霓虹灯广告被捣毁，路牌广告改为政治宣传牌和语录牌。报纸、杂志、图书的出版数量急剧下降，报刊广告减少，广播广告被取消，许多广告方式绝迹，许多城市的广告管理机关被取消，广告公司也遭受严重的冲击，广告业务量骤减。有些广告公司还被解散，广告人员或改行或下放劳动。

2. 重工业优先的经济政策导致广告市场的萎缩

20 世纪 70 年代初中国广告市场的消失，不但是由于政治运动的冲击和批判，更主要的应该归因于中国的经济体制。在计划经济体制下，本来整个就是一个卖方市场，企业生产什么都能卖出去，再加上重工业优先、低消费、高积累的经济结构，致使广告产业在国民经济中的地位下降。在各类广告中，最敏感地反映这个变化的是消费品。随着工业化的进程，消费品的广告不但没有增加反而下降了。进入 20 世纪 60 年代，这方面的广告市场迅速萎缩，最早走向消失，退出了流通领域。进入 20 世纪 70 年代，随着计划经济的进一步强化，企业自主权的丧失，“自我循环”体系的完成，生产资料广告未经任何政治意识形态的批判，也自动从社会舞台上消失了。

3. 社会经济环境的变化

“文化大革命”中广告市场的逐步消失和商业广告的停顿还与社会环境的

变化有关。在1966年“文化大革命”开始以前，广告市场已经发生了各种微妙的变化，最值得注意的是广告费的减少和消费品广告比重的下降，以《人民日报》的广告为例，20世纪50年代初期，每年的平均广告费收入为33万元，“文化大革命”前则降至13万元。在该报的广告版面上，20世纪50年代至60年代初，面向个人的消费品如药品、化妆品、衣料等占据了相当的广告版面，进入20世纪60年代，这类广告急剧减少。1964年以后，基本上是生产资料广告和文化类广告。① 从一些统计资料看，1953~1978年国民经济基本格局也发生了变动，积累率总趋势不断上升，消费率总趋势不断下降，而生产性积累的比重逐步增大，人均消费水准增长速度极为缓慢，导致我国城乡居民形成典型的“滞后型消费”特点，这也是导致广告市场变动的原因之一。②

整个“文化大革命”时期，社会主义的广告事业受到了前所未有的破坏，1976年10月，党中央采取果断措施，结束了“文化大革命”十年动乱，使我国开始进入了新的历史发展时期。1978年12月，党的十一届三中全会决定全党工作的重点转移到以经济建设为中心上来，我国进入“对内搞活经济，对外实行开放”的改革开放时代，为广告事业的恢复和发展创造了条件。1979年以后，我国广告业进入整体复苏和快速发展时期。

**思考·案例·练习**

1. 简述中华人民共和国成立初至1978年我国广告业发展的几个阶段。

2. 分析“文化大革命革”时期我国商业广告停顿的原因。

3. 案例：“文化大革命”时期最后消失的生产资料的报纸广告——1970年1月19日《人民日报》刊载的三则工业广告

1970年1月19日《人民日报》还刊载了三则工业广告，这三则工业广告是：(1) 天津市投影显示器厂“投影显示器”广告。这是一则图文结合的广告，主要介绍该投影显示器的用途和特点。(2) 辽宁省铁岭光学仪器厂“公差带投影仪”广告。从广告提供的信息看，该厂原为沈阳市光学仪器厂，现推广的是该厂生产的“TZY-D型公差带投影仪”产品，该广告特别强调此型号公差带投影仪的用途、性能、精度和效率。(3) 沈阳市电热原件厂“管状、板状电热器产品介绍”广告。该广告用图表的形式介绍了本产品的使用范围、说明、技术规格。

这是“文化大革命”时期最后消失的生产资料的报纸广告。一方面说明，“文化大革命”时期，尤其是“文化大革命”最盛时，生产资料广告还是不时地出现在报纸媒体上，

---

① 黄升民：《广告的消失和复苏》，载雷跃捷等主编的《新闻学广告学论集》，北京广播学院出版社1994年版。

② 参见《中国统计年鉴1986》，中国统计出版社1987年版。

认为“文化大革命”时期我国商业广告消失了的观点是不正确的。另一方面也说明，“文化大革命”时期我国的商业广告逐渐在萎缩，至1970年以后，《人民日报》的生产资料广告也自动消失了。究其原因，除了红卫兵运动的破坏之外，还应从经济环境和社会环境的变动中探求其消失的过程和原因，主要应从经济体制和消费市场的变化中去探讨。

**参考文献**

1. 陈培爱．中外广告史．北京：中国物价出版社，2001

2. 刘家林．新编中外广告通史．广州：暨南大学出版社，2000

3. 朱月昌．广播电视广告学．厦门：厦门大学出版社，2000

4. 商业部商业经济研究所．新中国商业史稿．北京：中国时政经济出版社，1984

5. 雷跃捷，哈艳秋．新闻学广告学论集．北京：北京广播学院出版社，1994

6. 方汉奇．中国新闻事业通史．北京：中国人民大学出版社，1992

7. 赵玉明．中国现代广播简史．北京：中国广播电视出版社，2001

8. 中国广播电视学会史学研究会、北京广播学院新闻传播学院新闻系．延安（陕北）新华广播电台回忆录新编．北京：中国广播电视出版社，2000

9. 中国广播电视学会研究委员会．第五次中国广播电视史志研讨会专辑（内部资料）.2000

10. 中国广告年鉴编辑部．中国广告年鉴 .1988

# 第九章 中国传统广告的复苏
（1979～1986年）

【本章提要】中国的广告业沐浴着改革开放的春风迎来了新的发展春天。第一条电视商业广告、第一条外商广告、第一本广告学专著、第一个广告学专业开设……中国的传统广告业逐渐复苏。这一时期，中国广告从意识形态上的拨乱反正，形成了最基础的广告市场，并开始引进国外广告的先进理论，作为发展借鉴的对象。但是中国的商业广告业沉寂了10年之久，在恢复发展时期，起步工作艰辛，政治形态的阴影和人们对广告的误解，使这一时期的广告主要以启蒙为主。国营广告公司的恢复，对外贸易的展开，中国的广告业艰难地掀开了新的历史篇章。

**本章内容主要包括：**

※ 在时代大转折下广告业的复苏。

※ 行业法规、制度、教育机制的恢复和建立。

※ 国外理论、西方观念带来的传统广告制作方式的恢复。

※ 外商企业给中国广告市场带来的新变化。

## 第一节 为广告正名

### 一、时代的转折

1976年粉碎“四人帮”后，中国的政局发生了重大变化。1978年，中国共产党十一届三中全会的召开，确立了全党全中国人民的工作重心转移到经济工作和“四化建设”上来的基本方针，并提出了“以计划经济为主，市场调节为辅”、“对内搞活经济，对外开放”的口号，从而宣布了政治时代的终结和经济时代的到来。1979 年，中国广告业开始复苏，发生了重大转折。

中国的广告业沉寂了 10 年之久，百废待兴。但时代的步伐一旦起步，潮流便不可阻挡。

## 二、为广告正名

中国经历了长时间极左思想和意识形态的影响，广告被挂上了资本主义的标签，被认为对于中国社会是毫无意义和用处的，因此，不少思想走在前列的广告人意识到，要使中国的广告真正实现复兴和发展，思想上的拨乱反正是当时最重要的任务，必须证明广告的合法性和必要性。

丁允朋的《为广告正名》刊登在文汇报上

1978 年上半年，重新组建的上海包装广告公司进出口公司基本恢复了同 19 个国家和地区的广告业务关系，同年向中国发布中国产品广告达 161 次，总额达 83 万美元。时任广告公司科长的丁允朋，对于广告的初步成长，十分高兴，他意识到了广告的巨大能量和独特的魅力，同时也激起了他对恢复国内广告业务的热情和信心。于是，在 1978 年底，作为上海两报一刊的通讯员，丁允朋在《文汇内参》上介绍进出口广告业务的恢复情况的时候，提出了恢复国内广告的建议和设想。这个敏感而不确定的话题，在一个月后作为上报中央的内参，引起了中宣部部长胡耀邦的重视，他批复可以一试。

1979 年 1 月 14 日，《文汇报》发表了丁允朋的署名文章《为广告正名》。文中澄清了对于广告的种种误解，指出“我们应该运用广告给予人们以知识和方便，沟通和密切群众与产销部门之间的关系”，“我们有必要把广告当做促进内外贸易，改善经营管理的一门学问对待”。整篇文章用了一分为二的观点，将广告和资本主义的生意经剥离开来，对有用的部分加以肯定，对广告的合法性做了有力的辩护。

《为广告正名》以一种勇敢的姿态，把中国广告推上了现代的历史舞台。随后，众多的广告学家延续这一思路，直接从市场学的角度讨论广告的合法性，艰难地把广告从姓“资”还是姓“社”的问题中剥离开来，使之成为一个中性的商品经济学和市场经济学的概念。

### 三、广告的复兴

#### （一）近代广告的发源地——上海

没有哪一个城市能在中国广告史上具备如此重要的地位，惟有上海一直以一种优雅的姿态站在了时代的前沿。

20 世纪 30 年代，中国的老上海广告曾经代表了一个年代的缩影，同样，在中国近现代广告发展史上，上海仍然是孕育新广告的摇篮。

提到上海广告为中国广告复兴，我们不得不再次提出这样两家公司：上海广告公司和上海市广告装潢公司。他们在上海广告乃至全国的广告业发展中写下了辉煌的一笔。

上海广告公司从 20 世纪 60 年代起一直经营全国的进出口广告，经历了十年动乱后，于 1977 年开始重建对外联系，1978 年的广告经营总额已经达到 83 万美元。在十一届三中全会后，党中央提出的将工作中心转移到经济建设上来的方针，使一批上海广告公司的广告人敏锐地感觉到一个新时代的到来。在获得了有关部门的肯定后，上海包装广告公司在《文汇报》上发表了《为广告正名》，在舆论上做好了复兴的准备，同时四处奔走，说服媒体发布外商广告。

在上海广告公司的带动下，北京外贸系统和广州外贸系统在 1979 年相继成立了北京广告公司和广东省广告公司。广告复兴之火迅速在全国外贸系统形成燎原之势。

另一个对国内广告复兴作出巨大贡献的是上海市广告装潢公司。该公司成立于 1952 年，是中华人民共和国成立初国内最大的专业广告公司。“文革”刚刚结束，他们就开始着手恢复国内广告业务。在 1979 年初，上海市广告装潢公司在国内大报上陆续发布广告，形成了重大的影响，并促成了第一条国内商业广告：参桂补酒。上海市广告装潢公司在促进国内广告业的恢复方面作出了巨大的贡献。

让我们将目光投向那些辉煌的日子：

1979 年 1 月 14 日，《文汇报》发表《为广告正名》。

1979 年 1 月 28 日，上海的《解放日报》为了弥补春节期间没有缩版带来的损失，在一版和三版的下端刊登了两条通栏广告；同一天的17：05，上海电视台也播出了“上海电视台即日起受理广告业务”的中国首条电视广告，继而播放了中国大陆电视台第一条电视广告——“参桂补酒”。

参桂补酒广告脚本稿

1979年3月9日晚，上海电视台转播篮球赛，中场休息时播出了中国男篮球员张大维喝“幸福可乐”的画面。这引起了众多市民的惊诧。这是广告恢复后的第一例名人电视广告。

1979年2月23日，上海广告公司在《文汇报》上刊出招商广告。

1979年3月15日，上海电视台播出了上海广告公司代理的第一条外商广告：瑞士雷达表。同日，广播广告“春蕾药性发乳”在上海人民广播电台播出，这是全国广播广告的第一例，标志着广播广告的恢复。

同时间，上海南京路上也竖起了广告公司代理的第一块户外广告牌。

……

在那个年代，上海广告率先突破了计划经济的制度羁绊，写下了中国广告史上漂亮的一笔。这里不仅有媒介掌控者的见识和胆量，同样也显示了广告投放者的勇气。上海广告表现出了商品的意识和市场的理性，突破了当时人们对广告的偏见，对重新恢复人们对广告的信任起到了极深远的作用。

（二）广告法规、制度和理论的初显

1980年11月28日，在广州召开了第二次全国性的广告工作会议，在中国广告恢复之初，议定了几件广告事业之基础大事。

首先，会议讨论了《广告管理条例》（草案）。该条例涉及广告经营单位的限定、广告实施方法的探索、广告内容的监督，以及按照社会主义原则开展竞争等问题。这是广告恢复之初的第一部广告大法。《广告管理条例》后来以《广告管理暂行条例》的名称，由国务院于1982年2月6日正式颁布。

其次，会议提出了建立中国广告公司联合体，并讨论了广告联合公司的章程，在管理体制、隶属关系、经营范围"三不变"的前提下，按照专业化协作和自愿互利的原则组建联合体。中国广告联合总公司成立于1981年4月。

《中国广告》封面

再次，会议讨论组建"中国广告艺术协会"，出版学术杂志《中国广告》。广告恢复之初，人们对广告的意识混乱而肤浅，成立这样一个组织，出版这样一个刊物，可保证在学术上对广告问题进行深入的探讨。"中国广告艺术协会"后更名为"中国广告协会"，于1983年12月27日成立。《中国广告》杂志于1981年4月15日在上海创刊，并于7月15日正式出版。1985年，中国对外贸易广告协会在上海创办了《国际广告》，与《中国广告》一起，成为中国当代广告史上最重要的学术理论刊物，为现代广告的理论引进和启蒙作出了重大的贡献。

除了此次意义重大的会议，一些广告理论家在20世纪80年代为广告思想的普及和人们意识的转变起了重要的作用。

1981年6月，学者潘大钧和张庶平合著的《广告知识与技巧》出版。这是我国大陆出版的第一部广告学著作，虽篇幅不大，却很简明实用。随后，有一些学者撰写了系列的广告书籍，从"实用"的角度切入广告理论，对广告的基本知识进行了普及。

1985年，广东教育出版社出版了《广告学》一书，由暨南大学的傅汉章和邝铁军编著，立足于经济学、市场学、心理学和美学的基本原理来论及广告，将广告作为一门综合的边缘性学科来研究，称得上是真正具有理论意义的广告学专著。

走在前沿的学者将国外的先进理论介绍性地引入中国，使越来越多的人意识到广告是一门精深而复杂的学问，并逐渐注意到了广告的重要性。

## 第二节 行业市场大发展

### 一、传统广告制作方式的恢复

“简单告白+艺术装饰”是广告复兴之初最普遍的广告设计模式。

20世纪70年代末80年代初的市场是在计划经济下的市场，产品处于“供不应求”的状态，只要做广告就一定能获益。最初的广告人和企业家虽然明白了广告的重要作用，但只将宣传理解为传达产品本身的信息，即向公众宣告我有什么产品以及产品的性质、特性、功能和作用。直截了当的文字表述和简单的构图、背景装饰，构成了20世纪80年代中国广告表现的基本模式。

由于这种“简单告白+艺术装饰”的模式只是机械的拼合，并无内在的联系，故而很快分化为两个极端：一部分广告走极端实用的纯产品信息告白，不再讲究构图和艺术装饰；另一种广告走极端的唯美纯艺术表现，不再传达产品的信息而是以艺术创作的方式来表现自我情趣。

另一股广告浮夸风的兴起也从20世纪70年代末开始。1979年11月12日，《文汇报》发布了一条由上海柴油机厂自行设计的产品广告，在显著的位置著明该产品“荣获国家一等品奖”、“历史悠久、质量可靠、配套便利、配件齐全、服务周到、实行三包……”从此，以获奖证明产品优良，以四字诗的文字排版设计的广告模式风靡全国，形成了20世纪80年代中期的广告时尚，很多广告都采用“畅销国内外、驰名中外、誉满全球”等浮夸之词。

从总体上来讲，在广告复兴之初的几年，广告的信息只停留在简单商品信息的传达阶段，并没有真正从消费者的角度来考虑传播效果。所以，广告的复兴只能称得上是传统广告的复兴。

### 二、外商广告的进入

#### （一）第一个吃螃蟹的公司

外商广告的进入和中国现代广告的恢复是同步的。1979年3月18日18：15，上海电视台播出了中国电视史上第一条外商电视广告——瑞士雷达表。随后，可口可乐、雀巢咖啡、丰田汽车……众多国际品牌纷纷开始登陆中国。

作为第一个“吃螃蟹”的瑞士雷达公司，我们不得不佩服他们极具策略性的眼光。

作为世界上著名的手表厂商，雷达手表窥视中国市场良久，并深信中国是一个高档手表的潜在市场。但中国那个时期还没有广告，中国消费者对雷达手表也一无所知，要打开中国市场必须等待时机。1979 年，雷达公司抓住了中国广告复兴的契机，电视广告在上海电视台仅仅播出了两次，每次 60 秒，虽然是英文的解说，却取得了非常好的效果。从 1979 年到 1982 年的三年期间，雷达公司没有在中国实际销售过手表，但广告起到了很好的宣传作用，使雷达成为中国市场上家喻户晓的品牌。

（二）日商广告

广告恢复时期，最多的外商广告来自日本，日商广告成了这个时期广告的主流。经过“二战”后的励精图治，日本经济得到了飞速的发展。从 20 世纪 70 年代起，日本开始了全球范围内的经济扩张。面对正在开始恢复、逐渐庞大的中国市场，日本企业和产品开始用广告攻势敲开中国的市场大门。精工、索尼、东芝、松下、日立……众多日本品牌以独特新颖的广告设计和精美的广告制作使中国人在饱受创意匮乏的电视广告后眼前一亮。

索尼和尼康路牌广告

日本广告界和中国的联系一直是相当紧密的，自从中国广告进入恢复发展时期以后，中日广告业的友好合作一直在进行。1979 年，北京广告公司与日本株式会电通、大广签订了广告代理协议；同年，第一个来华广告团日本电通一行四人访问了上海市广告装潢公司，并签订了业务合作协议；1980 年，北京广告公司派出了我国第一个广告考察团赴日本参加日本《电通赏》，同年，电通广告公司进入中国，在北京、上海开设办事处，开始在中国进行市场调查和效果研究领域的探索，并向中国介绍日本广告界的行业知识……

日商广告的进入，给中国带来了先进的营销、广告理念，同时也给媒体带来了新的节目交易方式。改革开放初期，媒体节目资源极度匮乏，为了弥补引进节目的费用，大量的日商广告通过节目自带广告进入中国。1981 年，中央电视台引进了日本动画片《铁臂阿童木》，中国的亿万观众在记住这个可爱的机器人的同时，那个穿着未来装载歌载舞的女孩高唱的“TOSHIBA，TOSHIBA，新时代的东芝”也印在了大家的心中。

**思考·案例·练习**

1. 第一条报纸广告、电视广告、广播广告的发布时间分别是何时？
2. 案例分析

背景：在国内广告恢复的初期，越来越多的外商广告，特别是日商广告的进入，遭到了许多中国人的反对。1985 年，日本东芝公司在上海的标志性建筑——上海国际饭店的顶层设置了巨幅的霓虹灯广告牌，遭到了上海市民的强烈抗议，愤怒的市民认为在上海的标志性建筑上设立日本广告有辱国格，最后，相关单位不得不在国际饭店的顶层其他几个方向添设了国内产品的广告。同年，北京的王府井等地段的日商广告牌也引起了市民的极大不满，迫于舆论压力，北京市下令拆除了除东二环以外的户外商业广告牌①。

“东芝广告”事件引发了一场席卷上海的争论。面对社会各方面的声音，上海的《文汇报》、《解放日报》分别以言论的形式对此事做了报道，并提出了正面的看法，指出外商来中国做广告并不涉及国家主权这样的政治问题，正常的经济活动只会有利于双方经济的发展，只有观念更新才能冲破改革开放的种种阻力，不断前进。

讨论：“东芝广告”事件对中国当代广告的复兴起到了什么样的作用？

**参考文献**

1. 黄升民，丁俊杰．中国广告二十年．北京：武警音像出版社，2000
2. 余红，邓正强．中国当代广告史．长沙：湖南科学技术出版社，2000
3. 陈培爱．中外广告史．北京：中国物价出版社，2000
4. 黄升民．广告观．北京：中国三峡出版社，1998
5. 寇非．中国·广告．北京：中国工商出版社，2003
6. 国际广告研究所．中国广告猛进史．国际广告，1999（5）

---

① 寇非：《中国·广告》，中国工商出版社 2003 年版，第 18 页。

# 第十章 现代广告的探索
（1987～1991年）

【本章提要】随着中国经济的发展和特区政策的实现，传统的广告业面临着巨大的挑战。在新广告探索者的指引下，中国广告开始追求现代化之路。在这一时期，中国广告业自觉地学习和借鉴西方现代广告的理论，全方位地开展广告实践活动。国家宏观调控使市场经济的建立和发展趋于平稳，业界逐渐完善的制度体系也为新一轮的发展做好了准备。

**本章内容主要包括：**

※ 以消费者为中心的现代广告观念的建立。
※ 广告代理制的初步实施。
※ 现代广告创意的新气象。
※ 公关的崛起。
※ 早期的广告策划。

## 第一节 现代广告意识的觉醒

### 一、现代广告观念的建立

从1978年中国共产党十一届三中全会提出“计划经济为主，市场调节为辅”到1998年党的十三大提出“国家调节市场，市场引导企业”，中国经济出现了由传统市场向现代市场的转轨。这时的主要问题，已经从“能否做广告”转移到了“如何做广告”。特别是1985年以后，中国的经济结构开始发生变化，轻工业开始出现高速增长的势头，家电等日用消费品的广告急剧增长，在某些行业内出现了“卖方市场”向“买方市场”的转折，竞争也日趋激烈。在这种竞争的压力下，一些企业和广告经营者感到传统的广告观念已不能适应市场发展的潮流，他们开始摸索新的广告运作方式，并迅速接受了西方的现代广告理念。

20 世纪 80 年代初期，西方现代的广告理念已经被零星介绍到中国，但没有形成足够的影响和规模。直到 80 年代中期，一些广告先行者才敏锐地感觉到传统广告和现代广告的区别，开始切实地关注西方现代广告理论和作业方式。同时，西方当代广告理论的最新成果也被陆续介绍到国内，“品牌形象论”、“USP 理论”、“CI 理论”、“品牌个性论”等，开始逐渐为国内业界广告人所熟知。

在 20 世纪 80 年代初期，国内不少学者对引入广告理论和探讨现代广告的发展之路作出了巨大的贡献。在他们的极力倡导下，现代广告理论建立了“以消费者为核心”的新观念，这和传统广告“以生产者为核心”的原则形成鲜明的对比。广告人开始从研究消费者的心理出发，更多地探讨中国受众的文化心态和中国经济环境下的消费者行为分析。

这一现代广告核心观念的建立直接影响到了广告创意与设计的表现风格，广告创作者开始抛开单纯的广告形式表现，更多地、认真地研究消费市场、目标对象，针对不同的消费者进行不同的广告诉求，在营销行为的指导下进行广告创意与设计。

## 二、广告代理制的实施

### (一)《试论代理制的优越性》的发表

现代广告代理制的理念和模式在 20 世纪 80 年代初就随着西方的现代广告理论引进到中国。到 80 年代中期，随着现代市场因素在我国大陆的增加和相关广告市场体制改革等问题的提出，一部分广告公司和企业才真正注意到这一问题，并意识到实行代理制的重要性和迫切性。

1987 年，陈志宏发表了《试论代理制的优越性》一文，明确提出“我国广告体制改革可采用和实行广告代理制”，对我国实行广告代理制的诸多好处进行了简要阐述。

1987 年 8 月，中国广告协会的入会代表在广告学术讨论会和学术委员会的会议上，就广告代理制的历史发展和基本内涵进行了集中深入的探讨，也对中国建立现代广告代理制的现实困难和变通方式做出了分析。

（二）温州模式①

由于广告经营管理体制混乱，浙江温州地区的虚假广告成灾。针对这一情况，浙江省工商行政管理局的厉忠辉建议在温州实行广告代理制。国家工商行政管理局采纳了这一建议，于1990年5月30日下达了《关于在温州市试行广告代理制的通知》，9月1日开始正式实施。在实施前期实行“两个过渡，一个结合”。所谓两个过渡，一是实行从审查代理到策划代理过渡，即目前以广告代理单位的审查代理和客户自我策划为主，在审查代理中逐步建立相对稳定的广告客户，建立机构，培养人才，锻炼市场调研、营销战略战术的谋划等方面的能力，向广告策划代理过渡；二是暂时保留主要媒介单位的媒介广告代理权，作为补充，待条件基本成熟，再撤销这些媒介的代理权，向综合广告代理过渡。所谓一个结合，就是形式审查与实地审查相结合。形式审查，即审查广告主的合法资格和广告内容有关的证件。实地审查，即在形式审查合格的前提下，到广告主所在地进行企业和商品的有关情况，包括广告的承诺能力和信誉的核实，并征询广告主的上级主管部门和有关部门的意见，防止违法企业在证件上作假。

厉忠辉认为温州市广告代理制之所以能够称为既废止旧的广告经营机制，又能引向全面广告策划的过渡机制，并得到试行的理由有四点，即：适应了当时制止虚假广告的迫切需要；适应了当前广告主的承受力；适应了当前广告专业公司的业务能力；适应了新闻媒介单位维护自身声誉，对社会负责的需要。

厉忠辉的分析是切中要害的，然而“温州模式”并没有在全国迅速推广，广告代理制的全面推行仍然举步维艰。尽管如此，20世纪90年代初中国广告界对广告代理制自身内涵的认识以及如何在中国实施广告代理制的设想还是大大深入了一步，这为1993年政府在《关于加快广告业发展的规划纲要》中将建立广告代理制作为未来10年转换广告经营机制的主要目标，打下了坚实的理论基础。

## 第二节　广告业内的探索

### 一、当太阳升起的地方——CI热潮

1990年12月，中央电视台一曲“当太阳升起的时候，我们的爱天长地久”的太阳神企业形象广告歌曲，感染了每一个电视观众，也为中国拉开了

① 余虹、邓正强：《中国当代广告史》，湖南科学技术出版社2000年版，第71页。

CI热潮的序幕。

“太阳神集团公司的前身是广东省东莞黄江保健饮料厂，是一家很小的乡镇企业，是生产以‘万事达’为商标的生物保健口服液。企业名称是当时典型的‘地名+行业’的模式，没有内涵和延展性；注册商标‘万事达’虽然迎合了广东老百姓求吉利的心态，但缺乏个性和与商品的联系，显得俗气；产品叫做‘生物健’，强调产品的原料和功能，有科技感，但又显得太硬。企业名称、商标与产品三者互不相干，没有内在联系，在传播中不能形成合力。因此，时任厂长的怀汉新决定赋予企业和产品一个易于传播、含义隽永的名字和一个设计简洁醒目、给人美妙联想的标志。1987年，怀汉新委托广东的两位设计师梁斌和潘殿伟创意设计了‘太阳神’商标，接着从1988年至1989年由刚成立的广州新境界设计群负责总体策划，导入CI。太阳神以其红色圆形和黑色三角形为基本形式、具有强烈冲击力和现代感的视觉识别系统迅速传遍中国大陆，并远至港澳和东南亚等地区。”①

太阳神标志

从1988年到90年代初的几年，太阳神集团的CI探索开始由VI（统一视觉识别）深入到MI（统一理念识别）和BI（统一行为识别），逐渐建立起一套完善的企业文化和企业形象识别系统。在这套系统中，不仅包括了企业的商标、标志、文本，还囊括了企业的经营信条、经营策略、企业管理、人才、公关、服务等，可以说是一套严谨、科学、计划性强、整体性强的完整体系。

① 寇非：《广告·中国》，中国工商出版社2003年版，第77页。

“太阳神刚成立时只有5万元的资产，导入CI后，当年的产值达到520万元，1989年更上升为4 300万元，1990年达到2亿元，1991年增至8亿元，1992年更达到12亿元。太阳神的一位总经理曾经说，太阳神企业一半的利润是由CI带来的。”①

由于“太阳神”的CI导入获得的一系列的成功，从1993年起，中国开始出现了一股CI的热潮，因此，有人把1993年称为“中国CI年”。在这一年里，“企业形象”一词空前时兴，中国CI与市场经济同步进入了发展时期。在短短的几年中，以“太阳神”为开端，“万宝”、“健力宝”、“乐百氏”、“李宁”、“海王”、“森碧氏”、“浪奇”、“999”、“美菱”、“中国银行”、“联想”等相继导入CI，树立了一批新的企业形象。中国企业的发展涌入了一股新的时代气息。

## 二、公关的兴起

### （一）《公关小姐》引发的公关热

20世纪80年代初，一部叫做《公关小姐》的电视剧风靡大江南北，人们从这部电视剧中，获得了对公关的最初印象。

“在（祖国）大陆，最早的公共关系部率先出现在沿海改革开放最早的深圳特区及临近的广州、汕头等外商公司中，因为这些公司运作过程参照其海外母公司的经营管理模式，设立了公共关系部，开展了最早的公关业务。”②特别是在宾馆、饭店等行业表现得尤为明显。《公关小姐》正是取材于广州的中国大酒店首任公关部经理、美籍华人田士玲小姐和她的下任经理的公关故事。

美国公共关系研究和教育基金会主席R. 哈罗博士对公共关系的含义给予这样的解释：公共关系是一种特殊的管理功能，它帮助一个组织与其公众之间建立和保持相互沟通和了解、接受与合作的渠道。广告的诉求在于深入人心，动之以情；公关的诉求在于深入人脑，晓之以理。两者都是市场营销的手段，在营销活动中占据重要地位。

### （二）公关活动实务

1984年，里根总统访华的消息传至北京，随行的还有500多人的新闻代表团。长城饭店的总经理孙华意识到了这条消息背后的巨大商机，决定以此机会，宣传长城饭店。

---

① 寇非：《广告·中国》，中国工商出版社2003年版，第78页。
② 寇非：《广告·中国》，中国工商出版社2003年版，第24页。

《公关小姐》图片

首先，孙华通过努力获得了接待里根随行代表团的权利，在新闻代表团入住期间，长城饭店尽力满足他们的每一个需求。为了使代表团的新闻机构能及时地把稿件发回国内，长城饭店主动在楼顶架起了扇形天线，并把客房的套间布置成工作间。对于美国三大电视广播公司，长城饭店分别把具有中国特色的“艺亭苑”、“凌霄阁”和“露天花园”介绍给他们作为播放电视新闻的背景，这样，不仅使长城饭店最具魅力和中国特色的三处场景尽收西方各国公众眼底，同时伴随着各电视广播台的“我们在北京长城饭店向您讲话”，长城饭店的名字也飞遍了世界各地。

接下来，长城饭店又通过多方的努力与协调，获得了里根总统答谢宴会的所有权，中美首脑、外国驻华使节、中外记者云集长城饭店，电视上出现长城饭店的豪华宴会厅，各国电视台记者和节目主持人异口同声地说：“我们现在在中国北京的长城饭店向您转播里根总统访华的最后一项活动——答谢宴会……”在频频的举杯中，长城饭店的风姿一次又一次地跃入世界各国观众的眼帘。

“通过这一活动，北京长城饭店的名声大振，很多来华访问的记者、旅游者、经商者都慕名而来，入住这家里根总统曾经盛宴的地方。据统计，开业的头两年，70%以上的客人来自美国，这不能不归功于那次极为成功的公关活动。”①

长城饭店初露锋芒，显示了公关的特殊力量，也为中国的公关活动打开了一扇门。

### 三、广告策划的早期尝试

“以消费者为中心”的现代广告意识一旦确立，“策划”和“创意”这两个概念得到突出和强调。在传统的广告形式中，只需将厂家和产品的情况介绍清楚即可，无需考虑消费者的接受。但当市场发生根本的变化，广告主和广告公司才开始动脑思考如何有效地说服消费者，广告才真正成了一门复杂的科学和艺术。

1986年10月，中国广告联合总会在成都召开成员公司经理会，会上提出“以策划为主导，以创意为中心，为客户提供全面服务”的口号。其后，这一口号被推广到全国。相比“创意”的神秘而言，我国在“策划”概念提出之初的思考就更多地倾向于科学主义，显得平实而周到。

#### （一）健力宝的两张牌

1984年3月，广州市三水酒厂生产出了一种可以消除运动疲劳、增添活力的电解质运动饮料，取名为“健力宝”。

当时，国内市场被众多国内外产品占据。健力宝针对市场形式，打出了漂亮的两张牌，顺利地将健力宝推上了中国第一饮料的位置。

健力宝的第一张牌是一张“体育牌”。借助“运动饮料”的个性价值，健力宝通过体育界的帮助，成功地将广告打入了市场。1984年，健力宝被评选为第23届奥运会中国体育代表团指定饮料。当中国队在此次奥运会上取得优异成绩后，健力宝也被各国媒介盛传为“中国魔水”。

1987年，健力宝耗资250万元购得了全国第六届全运会饮料专用权，在开幕式那天，健力宝集团对所有的到场观众赠送了饮料，一时间广州天河体育场成为健力宝的海洋，这一体育盛事经电视台转播，健力宝的形象也传至天涯海角；1990年，健力宝又花巨资买下了第十一届亚运会运动饮料专用权和火炬传递的专利权，健力宝的名字传遍了亚运赛场。除了资助大型体育赛事外，健力宝还承办了以“健力宝”命名的乒乓球队、篮球队、武术队等。

借体育之名，凭借独特的品质，健力宝获得了惊人的成功：1986年销售额为5 000万元，1987年1.3亿元，1990年4.07亿元，1991年6.3亿元……

---

① 寇非：《广告·中国》，中国工商出版社2003年版，第23页。

健力宝亮相 1984 年奥运会

除了体育这张王牌，健力宝的“政治牌”也打得十分出色。

1992 年下半年，美国总统大选期间，克林顿夫人到纽约为其丈夫助选，健力宝驻纽约公司闻讯，经多方努力获得了为大会提供饮料的资格。当晚，在克林顿的助选大会上，当克林顿夫人与纽约的名流交谈时，一位公司小姐捧来一盘“健力宝”饮料，纽约市的美国朋友向克林顿夫人介绍这是风靡世界体坛的运动饮料和中国首屈一指的健康饮品。随即，站在一旁的公司负责人及时向克林顿夫人献上了一杯健力宝饮料。就在克林顿夫人笑盈盈地举杯饮用时，早有准备的摄像师连忙按下快门，在闪光灯闪光的一瞬间，健力宝公司经理顺手拿起一听饮料，于是照片上清楚地出现了“健力宝”三个字。

健力宝公司的这一举动引起了美国记者的极大兴趣。那张克林顿夫人畅饮健力宝的照片很快出现在《纽约商报》上，接着，纽约的各大报纸、电台、电视台纷纷做了报道，健力宝做了个不花钱的大广告。

(二) 神州与万家乐的对垒

20 世纪 80 年代中期以后，中国市场的竞争迅速升温，企业之间的广告冲突也日益加剧。在这一时期内，神州牌热水器和万家乐热水器之间的广告战尤为激烈。

近百年来，在市场营销领域，多种品牌竞争的最后结果就是留下两家品牌针锋相对。百事可乐和可口可乐，耐克与阿迪达斯，这一对对欢喜冤家都在缔造着对比竞争广告的神话。但往往大战的结果不是两败俱伤，而是互相促进，共同发展，把市场逐渐培育成熟。

20 世纪 80 年代，神州牌热水器诞生于广州顺德的一个乡镇企业，很快占领了市场。在市场成熟期间，神州热水器通过广告宣传和技术改进，到1988年已经在全国60个燃气热水器生产企业中居于领先地位。

然而在1988年夏天，一枝独秀的神州牌热水器遭遇了强劲对手的挑战，在报纸上出现了整版广告，《中国出了个万家乐》，这篇报道的标题十分醒目，在内容上则重点介绍了万家乐的技术优势，突出其全部引进了日本和西德的先进设备与技术，号称是中国规模最大、生产技术最先进的中外合资企业。

“万家乐”的亮相使神州的独霸地位产生动摇，神州开始艰难的反击，从此“神州”和“万家乐”之间的拼技术、拼质量、拼广告的“战争”揭开了序幕。

“神州牌热水器，安全又省气。”

“‘万家乐’万家欢乐，岂止安全又省气。”

“全国质量评比，两个100分，双双荣获A级，神州牌热水器。”

“万家乐热水器，轻工部优，A级榜首。”

更为精彩的广告语是“‘万家乐’崛起神州，挑战海外”，“款款神州，万家追求”。如此不露痕迹的对比式的广告语将中文的机智巧妙发挥到极致，至今仍被传为广告业界的美谈。

1989年，香港影视红星汪明荃伴着《万水千山总是情》和《京华春梦》走进了我国大陆市场，她出色的演技给亿万观众留下了深刻的印象。“万家乐”厂家借机请汪明荃为产品做广告。于是，伴随着汪明荃甜美的微笑，“万家乐，乐万家”的祝福被送进了中国亿万家庭。

1991年，神州借为妇女儿童基金会募捐的机会请到了香港明星“肥肥”沈殿霞为产品做代言。“肥肥”是香港很有个性的艺术家，在中国和东南亚拥有很高的知名度，是有名的“开心果”。于是，当汪明荃含蓄而抒情地说“‘万家乐’，乐万家”时，“肥肥”则直截了当地说：“我说还是神州好。”汪明荃浪漫地说：“‘万家乐’，好温馨的名字!”“肥肥”诙谐地说：“人家说我，一个赛仨；其实啊，神州才是一个赛仨。”

“神州”与“万家乐”这场针锋相对、旷日持久的广告战在中国当代广告史上是绝无仅有的。这场战争的结果是奇迹般的共同发展：1992年，“万家乐”的产值达到了5亿元，“神州”的产值也上升到了4亿元。“神州”与“万家乐”的广告战反映了中国人广告智慧的迅速发展，双方由剑拔弩张到相逢一笑，达到了一种很高的境界，最终实现了市场的双赢。

## 四、现代广告创意的新尝试

中国广告复兴之初，广告表现只讲究简单的告白，没有任何创意而言。在

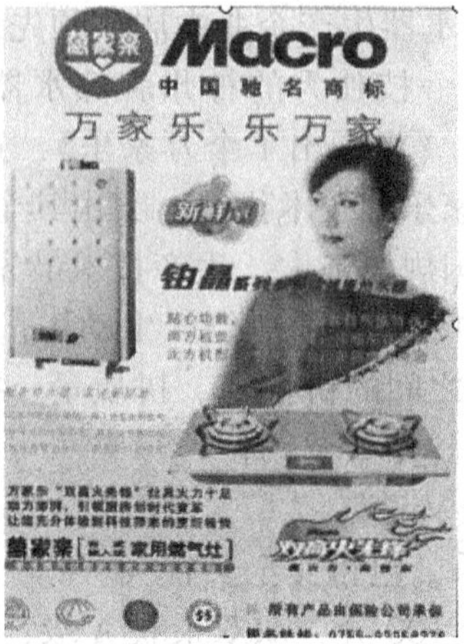


汪明荃为万家乐热水器做电视广告

20世纪80年代中后期，随着市场环境的变化和对行业认识的成熟，广告表现开始出现了创意的新气象，广告创意也和市场营销一起成为广告运作的最基本要素。

（一）浪漫与科学的完美结合

浪漫与科学结合的代表是白马广告。

白马广告的创办者是广州美院的一群年轻的艺术家。他们针对当时人们对现实改变的渴望，坚持在广告中要考虑受众接受的心情和状态，强调广告一定要“好看”。白马广告在广告中创造了浪漫梦幻的境界，满足了消费者对美好生活的向往。他们代表的浪漫风格，一度引领了那个时代广告创意的方向。

白马广告的浪漫不是不可琢磨的虚幻表现，一定程度上，这种浪漫是建立在科学分析受众和产品的基础之上的。白马广告具有代表性的《太阳神·形象篇》，用辽阔的大地、广阔的天空、辉煌的太阳，一个巨人托起代表“太阳神”的大写A，使之顶天立地，创造了一个天、地、人的神话。这则广告有效地传达了太阳神企业的宏伟愿景，将中国古神话和现代企业的经营理念深入、巧妙地结合，以恢宏和强烈的视觉冲击力创造了太阳神的浪漫神话。

白马广告将所有带有梦幻的元素应用于自己的广告创作中，从蓝天、白云、沙滩、海浪、美女、鲜花到西方的黄昏、动物、西式服装，甚至是对怀旧情绪的演绎，使创作出的广告都表现出了极端的浪漫和梦幻，产生了超现实的效果。

白马广告为中国的广告创意注入了一抹美好的浪漫色彩。

（二）温情、亲情、故乡情的情感诠释

20 世纪 80 年代，中国广告的前沿地带广州受到港澳台地区的影响，广告注重生活化和人情味，这种风气逐渐传入了内地，一时间，温情、亲情、故乡情情满广告。

早在 20 世纪 80 年代初，一曲“燕舞，燕舞，一曲歌来一片情”曾唱遍了大江南北，在当时普遍细数产品特点、唠叨产品性能的广告中脱颖而出，广告出现了感情化的创意。80 年代中期，广告界倡导“以创意为中心”，再加上港台电视情感化的渲染，越来越多的广告开始讲究以情动人，出现了一些优秀的广告作品。

燕舞收录机电视广告

“威力洗衣机，献给母亲的爱”曾是感动中国人多年的一则优秀广告。广告中借助乡土人情，把子女对父母的感激之情融入到广告作品中，将亲情表现得淋漓尽致，情味十足。

在形形色色的情感广告中，最为人称道的要数“南方黑芝麻糊”的广告了。古色古香的小路，挑担的大嫂，浓浓的芝麻糊，“一股浓香，一缕温暖”，这则历经十多年仍让人难以忘怀的广告，用唯美、怀旧的场景，平易近人的表现手法，以朴素自然的情景回忆恢复人们对传统食品的记忆，将美好的记忆和故乡情添加到产品中，把人情味留在了人们心中。

南方黑芝麻糊电视广告

（三）名人广告

名人广告在我国广告发展早期就已经出现。20世纪30年代中国的上海，一些当红明星就开始为可口可乐、力士等知名品牌拍摄广告。但在中国经历了长期的经济低迷后，名人广告的出现可谓一波三折。

首先开设中国名人广告之先河的是潘虹。1988年，潘虹为上海日化厂的“霞飞”金牌特日蜜拍摄了一条广告，播出后社会反响很大，很多消费者认为心目中的明星为了经济利益去拍这样的广告是不可理解的，在得知潘虹这则广告完全是义务之举后舆论才得以平息。随后，在1990年，李默然为深圳南方制药厂拍摄了一条“三九胃泰”的广告，此举也遭到了社会的强烈议论，李默然将广告所得全部捐给了第二届中国戏剧节。

尽管名人广告遭到了社会和传统观念的质疑，但它独有的冲击力却得到了人们的普遍关注，也给企业带来了巨大的经济效益。1985年霞飞创立之时资产仅25万元，到1991年产值达到4亿元，并一举成为“中国驰名商标”；南方制药厂也在广告播出后的6年内产值达到了6.3亿元，位居中国大型企业前列。

企业发现了借名人之势宣传产品是一种极为方便的捷径。于是，自潘虹和李默然之后，中国的名人广告一发不可收拾，愈演愈烈，一时成为广告业界的

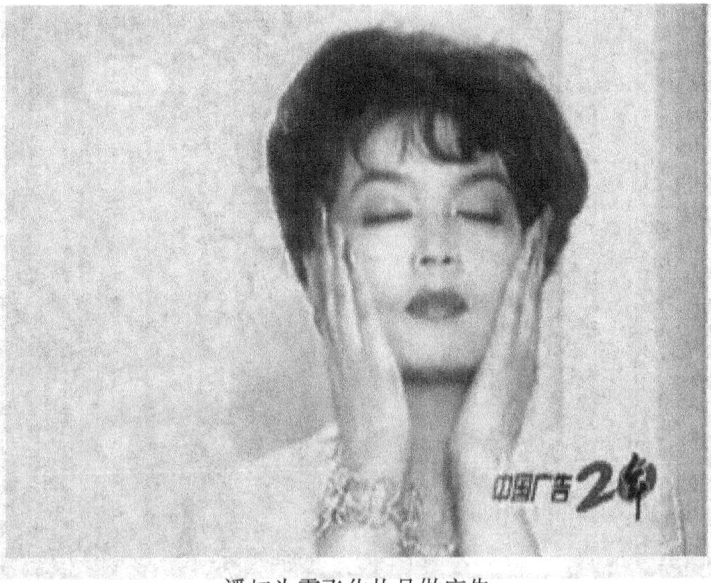


潘虹为霞飞化妆品做广告

风潮，各种演艺明星、社会名流都争先为企业产品做广告，企业也会在推出新产品的同时首先考虑明星代言。由于市场的炒作，明星的代言费已被炒至天价，业界也出现了专业的广告明星。

由于明星广告的泛滥，已逐渐使消费者对明星广告失去了兴趣。广告播出后普遍的效果是消费者只能记住明星却记不得产品，而有些明星为多个产品做代言造成消费者记忆的混乱，厂家花了钱却为别人做了广告，可谓得不偿失。

在某种意义上可以说，是“宝洁”广告的理念改变了众多中国企业的商业观念、产品模式和广告投放模式。

## 五、“宝洁”带来的改变

作为世界著名日化品企业的宝洁公司，推向市场的产品无一例外地深受消费者的欢迎。究其原因，无外乎“宝洁”的一句经典名言：“在对手关注我时，我在关注消费者。我们真正的对手只有一个，就是消费者。”宝洁公司永远把消费者的需求当做奋斗的目标，它所有的产品都是基于对消费者需求的深入研究而开发生产的。早在 1934 年，宝洁公司就在美国成立了消费者研究机构，成为美国工业界率先运用科学分析方法了解消费者需求的公司。“在 1985 年，宝洁公司就委托市场调查公司，在中国做了 3 年地毯式的市场调查，调查

李默然为三九药业做广告

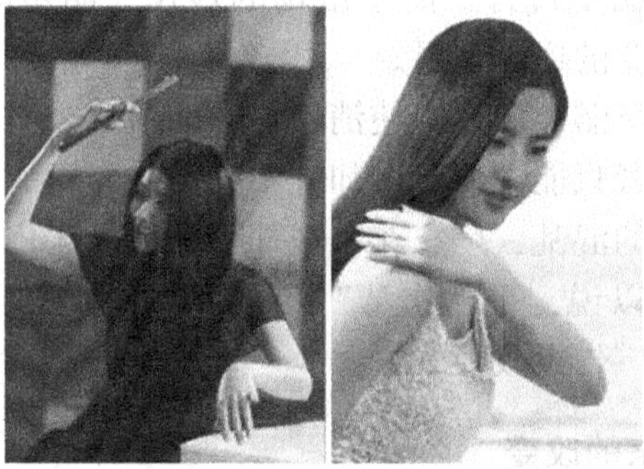

宝洁公司广告

中国百姓的生活习惯、消费习惯、消费心理等，内容涉及生活的各个细节，如几点起床、先刷牙还是先洗脸、用什么样的牙膏和牙刷、每次挤多少牙膏、怎样刷牙、洗发时是洗一遍还是洗几遍、几天洗一次、怎么洗、用什么洗等。”①

① 寇非：《广告·中国》，中国工商出版社2003年版，第51页。

通过这样的调查，宝洁公司对中国消费群体建立了充分、清晰、客观的概念，除了推出它旗下知名的产品外，还针对中国市场开发了符合中国消费者消费习惯的产品。

迄今为止，宝洁公司每年仅在华北地区投入的市场调查资金就不低于700万元。“宝洁”教会了中国企业什么是真正的消费者至上。

多品牌策略是宝洁公司独特的品牌营销策略。早在1931年，宝洁公司就成立了自己的品牌管理系统。针对不同的消费者推出不同的品牌，跳开了各个品牌之间的竞争，并成功地使自己的每一个品牌在每一个消费群都成为了主导品牌。这种策略在中国市场上也获得了成功，其日化品已占中国市场的70%~80%。众多中国的企业也在“宝洁”的影响下开始采用多品牌策略来开发市场和扩大产品生产，可以说，“宝洁”创造了品牌扩展的神话，被业界誉为“品牌教父”。

“宝洁”公司在中国市场取得成功的要素是“宝洁”的广告对中国的家化广告进行了“洗脑”，告诉了中国企业广告应该这样做、这样投。抛开“宝洁”开创了家化用品广告的模式不谈，其在全国市场轰炸式的广告投放就使中国企业大开眼界，似乎一夜之间，在所有电视频道上均出现了自信的“飘柔”、关键时刻解除尴尬的“海飞丝”，“宝洁”的广告理念已经在美化中国人的生活中起着不小的作用。

## 第三节 广告教育和广告管理

### 一、广告教育的发展

在早期的广告复兴阶段，广告曾一度被艺术化，中国众多的广告从业人员认为“广告=艺术”，造成了广告重艺术表达而轻视市场的反映。在广告视角逐渐多元化后，经济学成了剥离广告和艺术关系的重要武器，把广告纳入经济学的领域是广告复兴以来的理论主线。同时，一些国内学者将广告放在社会文化学的视野下，在总结广告经济作用的同时，更强调广告的社会文化意义和道德责任。在20世纪80年代末，传播学理论逐渐引入了中国，广告学开始在传播学的视角下展开研究。广告的研究方向更加全面化。

我国的广告教育是随着广告理论的研究重心同步发展的。早期的广告学大多隶属于艺术学院，广告及相关专业设置的美术学院大多叫做美术装潢系或艺术设计系；80年代后则开始归属于经济学范畴，广告成为经济学的一部分；随着传播学理论研究的深入，更多的高校设置了新闻传播学院，将广告纳入新闻传播的大方向。目前，对广告的学科归属，国内的学者仍在不断地深入研究，国内一些高校也会根据自身的特点和优势对广告学科进行设置，这正反映了广告学作为边缘性学科的特点。

祖国大陆的第一个广告学专业于1983年6月在厦门大学新闻传播系创办。随着广告教育这扇门的开启，国内的院校都相继开设了广告学专业，走在前列的有北京广播学院（现已改名为中国传媒大学）、厦门大学，武汉大学等。至2004年底，我国已有近三百所高校开设了广告学专业和方向，并在专科和本科的基础上开设了研究生教育和博士生教育。广告教育蓬勃发展。中国广告教育走过的二十多年，为中国的广告行业输送了大量专业人才，对我国广告行业的规范化运作作出了巨大的贡献。

## 二、规矩方圆——管理规章的出台

广告作为一个对社会经济、文化甚至政治都有重要影响的伴随性行业，随着规模的不断扩大，经营复杂程度的提高，在很大程度上依赖于法律法规对它的约束。这就是所谓的“无以规矩，不成方圆”。

早在1979年我国广告复兴之初，一部分学者就提出了面对国内蓬勃兴起的广告事业，应该有部广告法来约束广告从业者的行为。但面临复杂的市场环境，直到1982年2月6日，国务院才颁布了《广告管理暂行条例》。这是我国建立以来第一部全国性综合广告法规。它为复兴之初的广告活动提供了最基本的法律依据。为贯彻《广告管理暂行条例》的实施，1982年4月，工商行政管理总局制定了有关《实施细则》。

通过贯彻和执行《广告管理暂行条例》和《实施细则》，对广告业进行了最初的清理和整顿，在一定程度上遏制了广告业的混乱。国家工商管理局对1984年和1985年的广告市场进行了清理和整顿，重点打击了虚假广告，为初步建立广告业的市场秩序打下了基础。

1987年，国务院在总结新问题和完善《广告管理暂行条例》的基础上颁发了《广告管理条例》，使广告的管理更加完善和确定。

1988年底，国家工商局针对国内虚假广告泛滥的情况发布了《关于整顿广告经营秩序，加强广告宣传管理的通知》，重点清理虚假广告和不规范经营。经过1989~1991年全国的清理整顿，广告市场的秩序出现了明显的好转。

经过三年的反复酝酿和修改，《中华人民共和国广告法》1994年10月27日在第八届全国人民代表大会常务委员会第十次会议上通过，使我国的广告管理正式纳入了法制化的轨道。

至今为止，我国关于广告管理的法律条款已经有了二十多种，对市场管理的各个层面和各个行业管理的各个层面均有了法律的规范，有力地保证了广告业的健康发展。

**思考·案例·练习**

1. 论述我国专业广告公司的演变过程。
2. 简述我国广告代理制的运行规则。

**参考文献**

1. 黄升民，丁俊杰．中国广告二十年．北京：武警音像出版社，2000
2. 余红，邓正强．中国当代广告史．长沙：湖南科学技术出版社，2000
3. 陈培爱．中外广告史．北京：中国物价出版社，2000
4. 黄升民．广告观．北京：中国三峡出版社，1998
5. 寇非．中国·广告．北京：中国工商出版社，2003
6. 国际广告研究所．中国广告猛进史．国际广告，1999 年第 5 期
7. 李春喜．寻找太阳神陨落的轨迹．金周刊．2002
8. 何春晖．中国公关的回顾与展望．传媒观察．2002
9. 却咏梅，张锐瑞．直视中国公关业．中国教育报．2002-3-22，第 5 版

# 第十一章 现代广告的动荡和发展（1992～1997年）

【本章提要】1992年，中国迎来了一个巨大的发展契机。邓小平的视察南方讲话和党的十四大的召开，确立了建设社会主义市场经济的大政方针，改革开放不但使中国的市场面临更开放的竞争，更主要的是它带来了人们思想上的解放。面对这样突如其来的机遇，中国的广告业有些急功近利，不规范操作和竞争使刚建立起来的广告市场变得动荡不安。但随之而来的，是整个业界对现代广告发展规律和模式的思考和探索，在深入把握西方经济理论的基础上，中国的广告人也开始寻求适合中国市场经济的广告业发展新路。

**本章内容主要包括：**

※ 广告市场的分化及组合。
※ 中央电视台广告招标机制的建立。
※ 广告形式的创新。
※ 行业组织——4A的建立。
※ 跨国公司在中国的挑战。

## 第一节 社会发展的契机

### 一、广告市场的分化、重组

1992年，对中国来说是极重要的一年。邓小平视察南方路上发表了一系列关于鼓励加大经济改革力度的讲话，打破了中国20世纪80年代保守沉闷的局面；1992年底，中国共产党十四大的召开，也正式确立了我国的社会主义市场经济体制的大政方针，指出社会主义市场经济是和社会主义制度相结合的，在所有制的问题上，提出了以公有制为主体，多种经济成分共同发展的基本发展模式。

这一政策的提出直接影响到我国广告业的发展。市场环境的宽松使广告业界的发展注入了新鲜活力。

我们从以下一组数据可以感受到那个年代的热潮：

| 日期（年） | 全年广告经营额（万元） | 广告费占国内国民生产总值比例（%） | 全国广告经营单位（户） | 全国广告从业人员（人） |
|---|---|---|---|---|
| 1990 | 250 172.6 | 0.135 | 11 123 | 131 970 |
| 1991 | 350 892.6 | 0.162 | 11 769 | 134 506 |
| 1992 | 678 675.4 | 0.255 | 16 683 | 185 428 |
| 1993 | 1 340 873.6 | 0.388 | 31 770 | 311 967 |
| 1994 | 2 002 623.0 | 0.429 | 43 046 | 410 094 |

——中广协《会员通讯》2000 年专集

形形色色的广告公司如潮地涌现给广告市场带来了极大的活力，同时也增添了混乱、动荡和不安。这些动荡和不安表现在：

在发展时期的广告界，众多广告公司的出现带来了业界人才的频繁流动和竞争，“从根本上动摇了经过十多年努力刚刚确立起来的、相对稳定的人才配置格局。此外，大量‘非广告专业人员’涌入广告界，混水摸鱼，没有章法，八仙过海，各显神通，从而迅速打乱了本来就十分脆弱的广告秩序”①。

同时，无数广告公司的涌现加大了市场竞争的力度。虽然竞争带来了一部分广告公司业务水平的快速提高，但在市场竞争机制还不完善的情况下，更多的广告公司是靠恶性竞争投机取巧。众多不规范的广告运作和虚假广告泛滥，广告法律制度的不健全也使很多人有机可乘。

在一片繁荣的背后，广告市场也陷入了极大的无秩序之中。

## 二、广告运作的两极分化

1992 年以后，中国经济再度升温。在急剧动荡又急功近利的市场环境中，消费大众对广告日渐排斥，广告的吸引力已经开始衰落。在这样的背景下，广

① 余虹、邓正强：《中国当代广告史》，湖南科学技术出版社 2000 年版，第 128 页。

告运作开始趋向于两极的操作，一方面是追求在短期内用惊世骇俗的轰动效应引起人们的注意；另一方面是走科学精巧的广告道路，真正靠精耕细作来获取消费者的好感。

夏天最冷的热门话题

1993年，《文汇报》刊登的头版整幅广告赫然醒目，引起了全国上下的强烈反响，这是广告业恢复以来，中国报纸头版整幅刊登广告的先例。如果说此举是开采用新闻效应获得社会认同的先河的话，和以后的广告形式相比，靠奇招异数取得轰动效应的多以“奇”、“怪”、“气派”来显示。如巨人集团就以铺天盖地的广告喧哗夺人耳目，充分体现了气势大、口气大、架子大。巨人广告多用大型军事武器，多制作大军事画面，多用大字眼，给消费者的承诺也是狂热的大口气。“巨人大行动”、“让一亿人先聪明起来”、“天才和笨蛋并非遗传，乃孕妇所为”都是“巨人”叫嚣一时的口号。与20世纪80年代兴起的白马浪漫主义创作的“太阳神”、“健力宝”等大制作的形象广告相比，90年代初的大制作更多地显示出了一些近似“摆款”来夺取市场的广告策略。这场风气从90年代以后企业惊人的广告投放上初见端倪，央视招标几亿元的标王更显露出广告行业不理智的风气。另外，从“百万大酬宾”到“几万大奖征集广告语”，从1996年湖北一家公司用飞机空撒8万元现金庆祝开业到将天安门、长江大桥等重要建筑开发为广告媒体，每一项利益的驱使更使广告业直接冲击着法律与道德的底线。

反思这一阶段的广告实践，我国的广告更多地表现为虚假广告的泛滥，社会普遍的不信任危机，而对于广告的文化品格，也直接反映了广告业自律的缺乏，宣传社会腐朽观念、庸俗化的倾向十分严重。

丽珠得乐胃药广告

在这场喧哗与骚动中，仍有一些广告人坚持走现代广告的探索之路，利用科学与理性化的操作推动着广告业向成熟、精制的道路上发展。“白加黑”精准的广告定位，直接从众多广告药品中跳了出来，让人耳目一新；“丽珠得乐”一句简单的“男人更需要关怀”打动了亿万人的心，真挚动人；“孔府家酒”的想家篇至今仍是不可多得的广告精品，将中国的“酒”文化与“家”文化巧妙地结合，传统的风格与现代手法的结合使广告传达的信息更加巧妙动人。

孔府家酒电视广告

这一时期既给了广告业放肆的宣泄，也让智慧充分展现。这样的双重景观，共同造就了广告业“黎明”前的风景。

## 第二节 撞击中的成熟

### 一、中国式的 CI

自从 1984 年 CI 理论首次引进我国大陆后，20 世纪 90 年代初“太阳神”利用 CI 的成功案例直接使我国大陆对 CI 的理论和实践表现出极大的热情与希望。

在很长的一段时间内，全国范围内 CI 事业的开拓，如研讨会、培训班等形式的 CI 普及风靡中国的企业界、广告界、理论界，而主要探讨的方面是有关 CI 理论和方法的全面启蒙和中国式的 CI 问题。

传入我国的 CI 理论主要有日本式的 CI 和美国式的 CI，前者由企业的理念识别、行为识别和视觉识别三位一体的系统组成，后者则只强调单一的视觉识别系统。对于大多数的中国企业来讲，美国式的 CI 是一种更适合操作的方针，短期内即可获得明显的效果，所以更多的企业在操作中更倾向于美国式的 CI。但随着一些专著和译著的传入，中国企业界对日本式的 CI 也产生了极大的兴趣，更多的理论倾向于研究 CI 中三种识别的统一。

针对国外理论和中国实践矛盾的凸现，国内一些专家和学者面对中国企业复杂的市场环境提出了中国式的 CI 之路。其中最著名的是贺懋华先生在 1996 年阐述的 CI 的内涵：“从 CI 的构成要素方面，中国型的 CI 由 MI（企业理念识别）、BI（企业行为识别）和 VI（企业视觉识别）组成……在实际运用中，中国型的 CI 又分为‘软件系统’（市场调研、企业诊断、产品分析、企业精神、市场战略、公关事务等）和‘硬件系统’（商标、标准字等基本要素和应用设计系统）两部分。中国型的 CI 极注重 VI 系统的视觉设计，但 MI、BI 则是 CI 的灵魂。”贺懋华先生提出，对中国企业而言，软件系统是 CI 的核心，硬件系统是 CI 的表象，极端注重和强化“战略策略系统”，并建立优秀的视觉系统，才是真正意义上的中国型 CI 计划。

这一中国化的 CI 策略，以差异化的方式将中国型的 CI 与日本式和美国式的 CI 做了比较，强调了中国式的 CI 在特定市场条件下的实践性功能，并带有“谋略型”的意味。正是这样的特征形成了中国式 CI 的特长，建立企业之间的互补机制，使企业的个性形象与战略形成统一性，以科学的方法寻求企业的长期持续发展策略。

但是随着“太阳神”一类的企业以CI的成功导入和新闻媒介的扩大宣传，一时之间CI被奉为包治企业百病的灵丹妙药。面对社会掀起的一股盲目迷信CI的风气，有人开始从理智的角度反省中国的CI热潮，指出CI是一种企业或集团的战略行为，不能把CI孤立于营销和广告之外，更不应该用它来标新立异，谋取不义之财。

在1996年中国企业管理协会召开的“企业形象高级研讨会”上，太阳神企业总经理的一席话带给人深入的思考：“CI不是万应灵丹，形象推广不能代替市场的终端促销，合理的经营机制和管理体制才是企业竞争力分配的来源。”他认为，轻视产品的商品力和销售力而一味夸大形象力的作用是教授们的市场幼稚病，是形而上学的。“实际上，产品的商品力和销售力永远在发挥着决定性的作用。”

## 二、标王的沉浮——中央电视台招标

### （一）投标的传播模式

每年11月8日的梅地亚中心，无疑是一个造梦的地方。自从1994年中央电视台在这里举办了“第一届中央电视台黄金时段竞标会”之后，每年的这一天，梅地亚都成了天下英雄汇聚的地方。

央视招标

中央电视台的广告招标是被逼出来的。在20世纪90年代，中央电视台广告部主任一周内可以收到全国各领导批发的一叠要求广告时段的条子。为了处理各种关系，中央电视台在1994年11月8日这一天举行了央视黄金时段的招标会。在第一届招标会上，参与竞标的企业有77家，招标金额总计3.6亿元。最终孔府宴酒以3 079万元的身价夺得了标王。从此，每年的这一天，梅地亚中心的竞标会都成了全国企业界、广告界的一次盛会。

招标使中央电视台批条子、走后门的现象得到了有效的控制，同时也为中央电视台获得了巨大的广告收入，广告收入有了成倍的增长：1994 年招标额为 3.6 亿元，2003 年央视招标的总额已达到了 44 亿元。央视黄金时段的招标，充分显示了中央电视台在中国媒介中的霸主地位（见表 11-1）。

表11-1　　1994～2003年 CCTV 招标广告收入　　(单位：亿元)

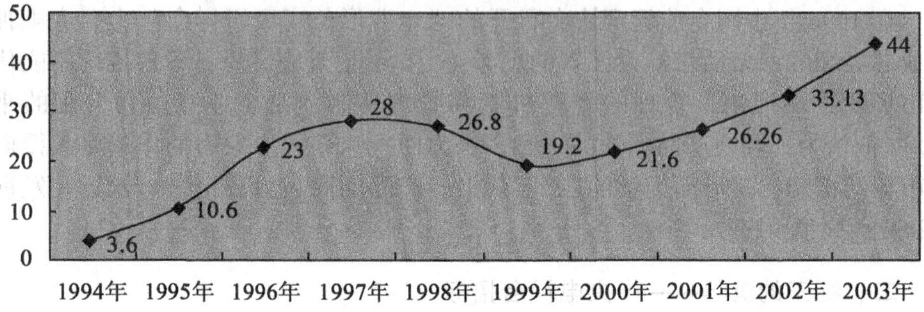


数据来源：人民网

在众目睽睽下以一掷千金的豪气博得全国的瞩目成了许多人的梦想，而每年的广告招标就是实现梦想的时候。孔府宴酒斥巨资获得首届“标王”称号后，一时间“喝孔府宴酒，做天下文章”的广告语传遍了大江南北，第二年的广告收入就达到了 9.18 亿元，跨入全国白酒行业三甲。而第二、三届“标王”均被秦池酒获得。随后，爱多 VCD、娃哈哈先后登上了标王的宝座。纵观这些企业，无不都是借助标王的名气，从名不见经传的小型企业成为全国家喻户晓的知名品牌。

获得标王的明星品牌在极短的时间内迅速提高了知名度，但随后由于经营管理、营销管理等多方面原因，孔府宴、秦池、爱多的神话都相继破灭。为了回避人们对企业的沉沦和标王不好的联想，央视便不再承认标王的称号。同时对招标规则也做了修改：如全部采用明码竞价、增加了新闻联播前 3 块 5 秒的标版、采取了分月投标的方式，根据季节性产品的不同对广告市场进行细分……2003 年，央视又相继对新闻联播和天气预报的标的时段进行调整。这些措施使招标能向着更科学的方向发展。经历了 10 年的招标后，在不断的改进中，中央电视台的招标规则已经基本完善。

同时，在中央电视台招标的不断完善中，我们能看到企业对于投标也逐渐成熟，天价的投标额已基本罕见，中标的单位也突破了以前的沿海城市扩展到内地，一些外资企业、知名国际品牌也参与到了央视的招标过程中。特别是在 2005 年央视的广告招标中，世界最大的广告主之一宝洁公司以 3.85 亿元勇夺标王，成为广告界的热点，也为央视10年来的招标路程抹上了亮丽的一笔。

央视招标的10年是中国企业走向成熟的10年。经过10年的不断成长，中国的企业不但懂得了广告宣传、知名度扩大的重要性，更懂得了产品质量、企业形象、经营管理等因素在企业成长中的意义。中国的企业少了几分浮躁，多了几分理智，在探求和摸索中寻找中国企业的发展之路。

（二）标王启示录

标王曾一度是中国企业界的神话：在问鼎标王之前，孔府宴酒只是山东鱼台的一个小型国有企业，用其员工的话来说，企业产值“多年来都没有超过千万”。而在夺标后的365个日子里，“喝孔府宴酒，做天下文章”的豪情广告在央视数以千次的轰炸，硬是给孔府宴酒炸开了一片蓝天：1995年，孔府宴酒实现销售收入9.18亿元，利税3.8亿元，主要经济指标跨入全国白酒行业三甲，成为家喻户晓的全国品牌。1995年，孔府宴酒史无前例地达到10亿元的销售额。

1995年，秦池以6 666万元获得中央电视台新闻联播后5秒黄金标版，成为第二届标王，一举从一个山东地区不景气的小酒厂成为全国的明星企业，销售额由2.3亿元猛增到9.5亿元，当时秦池酒厂厂长更是豪情万丈：“1995年，我们每天向中央电视台开进一辆桑塔纳，开出一辆奥迪。”1996年11月8日，秦池又以3.2亿元的天价夺得第三届广告招标的标王，这一数字相当于1996年秦池全年利润的6.4倍。标王概念被一阵恶炒，一时间成了一个褒贬不一的词汇。

由于媒体的充分关注，标王效应成为迅速打造品牌的一个样本。随后而来的标王们，无一不是看中了这个“品牌速成”的捷径，都想一夜成名天下知，提升自身的知名度从而打造品牌优势。而如此速成的品牌，到底有没有底蕴，其在竞争中的优势又会维持多久呢？

孔府宴酒的品牌速成后，不但没有将广告带来的暂时效益用在技术创新和产品结构调整上，反而出现了连续的失误。而在另一方面，国内白酒市场的萎缩，全国白酒产量从先前的800万吨下降至400万吨。短短几年后，孔府宴酒在市场上销声匿迹。

2002年，某媒体曝出：孔府宴酒低价品牌转让！孔府宴酒风光不再。

步孔府宴酒后尘的是秦池，在付出3.2亿元巨额广告费用之后，标王的荣耀并没能给秦池带来滚滚财源，而是一杯难咽的苦酒。巨额资金的投入使得秦池在产业结构调整、欲加快发展时左支右绌，为了保证市场需求，秦池盲目增加生产线以扩大生产规模。1997年初以后，秦池的各项指标开始大幅下滑。后来，秦池不堪3.2亿元巨额广告费用重负，中途被迫转卖广告时段，对产品和企业整体营销和品牌形象造成了不良后果。

此后秦池更是遭遇灭顶之灾。秦池大量勾兑白酒出售被媒体披露，企业形象被损害，销售额迅速下降。1997年底，秦池销售收入比上年减少了3亿元，库存的"秦池老窖"正等待变成真正的"老窖"。2002年，山东白酒企业经济指标披露，秦池的销售额为3 819.1万元，只有1996年9.6亿元的1/30，利润一栏为"空"。

孔府宴酒和秦池的沉浮给"标王"这两个字蒙上了一层悲剧色彩，有人把标王的败落归结于央视的招标，但实际上却是多方面的原因造成的悲剧后果。当年的"标王"沉迷于这一名称带来的轰动效应，不惜拿出经营预算很大的一部分来投身招标，这种短期的效应是一种近似"釜底抽薪"的做法，直接的影响是企业放弃稳扎稳打的生产经营管理，为支付昂贵的广告费而从其他渠道动摇产品的质量。央视的招标只是在短期内使企业获得高知名度，企业要发展壮大还是需要科学的经营管理、营销管理，走不得一点捷径。

标王的沉浮给了当代企业诸多启示，也用血的教训为后来的企业开辟了一条理智、科学的道路。

## 三、行业规范——4A

### （一）国际4A

4A是美国广告代理商协会的简称（American Association of Advertising Agencies），它成立于1917年的美国圣路易斯，是全球最早的广告代理商会。美国4A现有630个成员，加上这些成员的分公司，全美有广告公司近11 000家。4A协会会员的广告经营额占广告总经营额的70%~80%。在1995年经营全球营业额的前25位广告公司中，美国的4A公司有15家。4A协会由董事会领导，还设有各种理事会，除一些专职人员外，主要是依靠会员中的专业人员组成。协会在东、西、中部设有四个办事处，共有95个专职人员。还设有45个专业委员会，如户外、广播、金融委员会等。

美国的4A广告协会主要的责任和义务是加强和改进美国的广告代理业务，提供综合经验，培训专业人才，制定行为规范，还要研究如何对广告公司进行管理，包括每年列出180家广告公司收入与支出的百分比供会员公司参考，就广告人的工资报酬提出建议，对名人做广告的酬金制定出参考意见，帮助客户寻找适合的广告公司，等等。4A广告协会在华盛顿设有一个由七人组成的办事处，其职责为游说国会，以图在立法时保护会员的利益，并就会员提出的一些问题与政府部门进行交涉，尽管很困难，但会员很支持。例如，佛罗里达州对广告收税高于其他州，使佛罗里达州的广告业收入减少，广告业就给州政府施加压力，而广告协会也派人或花钱请说客游说，迫使佛州政府减少广告税收。协会负责培训的部门还组织大学生到广告公司实习，使他们毕业后能顺利找到理想的工作。

目前，美国4A逐渐演变为全球范围内规模化的广告公司的代名词，变成一种国际通用的叫法，意思为“合格的广告代理商协会”。目前发达国家和地区的广告行业，均成立了以综合性广告代理公司为成员的4A协会，4A也成为了一个公司综合实力的体现和象征。

1979年中国对外开放时，第一家外国广告代理商日本电通公司开始为日本家电产品在中国市场做广告。时至今日，越来越多的外国品牌来到中国市场。伴随着客户的市场开拓，跨国4A广告公司紧随而来。至1994年底，进军我国大陆的外商（合资、合作）广告公司（包括绝大部分的全球著名跨国广告公司）已达300家。1998年全球前10名广告公司全部在中国设立了合资公司（包括盛世长城国际广告有限公司、麦肯·光明广告有限公司、智威·汤逊中乔广告有限公司、上海奥美广告有限公司、上海灵狮广告公司、北京电通广告有限公司、美格广告有限公司等）。

由于大量国际品牌涌入中国市场，跨国4A广告公司在中国的发展非常迅速，在我国大陆前50家广告公司排序中，外资公司已占22家。1996年开始，跨国4A广告公司除服务于跨国企业客户外，纷纷争取国内企业大品牌客户，开发国内市场，给本土广告公司带来较大的冲击。

（二）广州4A

中国广告市场的扩大使中国广告公司的数量以惊人的速度逐年递增。有数据显示，截止到1997年，我国的广告经营单位已经有5.7万户，广告从业人员54.57万人。特别是在广州、上海、北京等经济发达的地区，广告公司林立，服务水平也良莠不齐，广告公司之间的激烈竞争使整个广告行业陷于无序纷争的状态。在这种情况下，1996年11月1日，广州率先成立了广州地区综合性代理公司委员会，简称广州4A。

第一届广州4A的成员共有18家，其中一半是跨国公司，一半是本土实力较强的综合性公司。协会以“为客户提供有效的广告计划及作品”作为客户服务的核心，确立了自己的守则，所有的4A成员必须遵守。广州4A的成立意在提高整个广州市广告行业的自律水平，促进广告公司之间的业务交流，维护整个行业的健康发展。

4A公司的成立成为一种规范的力量，使整个行业实现公平竞争，对损害行业利益的行为做了有效的抵制，使整个行业向着健康有序的方向发展。同时，广州4A成立后举办的各类专业化的培训、竞赛活动推动了年轻广告人专业水平的进步，4A成员代表广告界向政府职能部门反馈的意见也在一定程度上促进了政府管理部门的规范。

在广州4A成立5年后，全国的4A组织才开始成立。2001年5月，中国对外广告协会在北京改组成立了“中国4A广告公司委员会”，宣告了全国性的4A组织诞生。接着，上海4A、北京4A也在同年7月、9月纷纷成立。

总的来说，广州4A开创了中国广告业和国际化接轨的先河，意在加强整个广告行业的专业化水平和自律水平。但从成立的近10年来看，与国际4A公司相比，中国的4A还存在着较大的差距，作用仍十分有限，权威性也遭到了业界的质疑。由于广州4A在规范化运作方面约束力不强，所制定的协会规范得不到所有会员的有效执行，而在4A的成员中，水平也参差不齐，对于会员的资格认定、行会的规模扩大等问题，目前也亟待广州4A解决。

中国加入WTO后，如何按规矩办事及如何形成广告公司之间的良性竞争是摆在中国广告人面前一道严峻的课题。我们相信在中国4A的带领下，中国的广告业将朝着更规范、更健康的方向发展，在国际竞争中占据一席之地。

## 第三节 洋企业和洋广告

### 一、跨国公司在华战略

跨国公司进入我国大陆市场是伴随着中国市场的复兴而发展的。至今，越来越多的跨国公司更加看好中国市场，世界顶尖公司也都在中国设立了分部，并和中国大企业建立合作关系，共同开发中国市场。

跨国公司在登陆中国市场前做了充分的准备。在准备阶段，跨国公司花了大量的时间来收集信息，并通过各种渠道建立关系。在准确地估计了市场的需求后，跨国公司才通过代理商和设立办事处等方式踏入中国土地。经过一段时间和中国市场的磨合，跨国公司逐渐地适应了中国市场的运作形式，开始设立独资公司，并识别出最有潜力的领域制定开发计划，逐渐实现本土化。最后，当中国已经成为其全球战略的重要组成部分后，跨国公司的主要任务就转移到采取措施减少新的进入者的威胁，并保持市场份额的持续增长和企业的竞争优势。

（一）跨国公司在华投资的特点

目前，跨国公司在华投资呈现出了新的特点。

第一，跨国公司在华投资的层次和规模不断提升，“开始从传统的劳动密集型的小项目到资金、技术密集型的大项目，从一般的加工业到高科技产业、第三产业"①。在跨国公司进入中国市场的早期，追求和看中的是中国的一般资源，如廉价劳动力，但随着中国市场的成熟和技术的进步，跨国公司已经开始在中国市场追求更高的战略资源，如专利、品牌、高级人才等。

第二，在华由合资合作开始走向独资或控股，由传统的投资建厂到并购行业内的龙头企业和上市公司，以高起点、短周期抢占市场。2002 年，法国欧莱雅先后收购了本土著名的护肤品牌"小护士"和"羽西"，极大地扩充了在中国的市场和竞争力；柯达也购买了"乐凯"20%的国有法人股，加大了在中国市场的筹码……从 2000 年开始，外商独资的企业量已经超过了合资企业。

第三，随着投资规模的扩大和经营重心的转移，跨国公司纷纷在华建立地区总部，就近管理和协调在华业务，整合内部资源，提高运营效率。同时，跨国公司也纷纷在华建立地区性研发中心，携资金优势网罗国内的优秀人才，面向中国市场和全球市场开展研发。目前，跨国公司在华地区性研发中心达到 400 多家，仅上海就有 100 多家，它们既是跨国公司全球研发体系的重要支持，又是聚焦中国市场的研发主体。

第四，从本土化经营到全球化运作，跨国公司已将中国纳入到全球生产、供应和研发的体系中，实现了生产要素的全球交换和流动。从输出产品到输出技术、品牌、标准，从有形资产到无形资产的博弈，中国市场已经成为跨国公司全球市场的重要组成部分。

总之，跨国公司进入中国已经是势不可挡，特别是加入 WTO 后的中国市场的进一步开放将带来更激烈的竞争。这样的环境将把中国的本土公司纳入到更残酷的局面中，但这正是中国广告业走向世界的开端。

（二）跨国公司在中国的挑战

跨国公司的本土化进程和中国企业的国际化是同步进行的，这场较量应该是公平的。跨国公司虽然有雄厚的资金实力和基础，但面对庞大的中国市场和中国消费者的特殊消费心理，也会觉得无所适从。毕竟，中国市场的竞争已不再是"强者生存"，而是"适者生存"。

跨国企业进入中国后都会经过一段时间的"水土不服"，要面临经营的挑战和管理、人才等多方面的考验。

首先，跨国公司最首要的问题就是要更深入、熟悉和适应中国的市场。比如了解中国的面子文化、交往中的潜规则等具有中国"特色"的消费心理。同时，对于中国的市场也必须要有明确的定位。在中国温饱型消费占 90%的

① 陈志宏：《国际跨国广告公司在华战略及对中国广告业的影响》，《2004′中国广告业发展论坛会刊》，第 43 页。

情况下，如何调整产品从研发到市场推广的进程都是跨国公司亟待解决的问题。最关键的是中国市场的进步使一些跨国公司沿用全球同一的广告设计和公关要点，这种生搬硬套使中国消费者难以接受。所以，越来越多的跨国企业开始根据中国的国情调整它们的宣传手段，以适应中国消费者的文化特色和消费心理。

其次，在管理上，跨国企业需要解决东西方文化差异的同时，更重要的是需要解决决策和管理上的层层延误。绝大多数的跨国公司的中国区总裁都是隶属亚太区，亚太区上面才是全球总部，中国总裁和全球总裁之间有多层间隔，面对中国千变万化的市场行情，多层次的审批必然延误诸多商机。而且在中国的高层领导多来自于中国大陆以外的香港、台湾地区以及东南亚地区，对中国大陆市场、国情的了解都极为表面。所以，跨国企业尽快改变用人之道，实现高层领导的本土化也是当务之急。

最后，跨国公司也必须重视中国企业的挑战。中国本土企业的学习能力很强，而且竞争力也在不断增强。从传统领域到高新领域，和跨国公司的抗衡，已经不能让他们在中国高枕无忧了。

## 二、中国广告业直面的四大挑战

跨国广告公司作为重要的跨国企业，也早在20世纪70年代末以合资的形式就进入了中国市场。而对跨国广告公司来讲，选择中方的合资对象主要从中国公司的实力、与媒体的关系等多方面进行考察。跨国广告公司进入中国市场，不但带来了一些先进的理念和管理运作方法，也为国内广告界培养了一批专业化的广告人才，对繁荣中国的广告市场起到了积极的促进作用。

在中国的广告业国际化的进程中，经历了从盲目崇拜、抄袭模仿到接受国际化规范的创意策略，将西方的广告创意策略、概念与本土文化内在和外在形象结合的阶段，竞争能力已获得了极大的提高。但总的来讲，仍然要直面四大挑战。

第一，现代广告是知识密集、人才密集、技术密集的高科技产业。但目前我国广告业所占的国内生产总值的比重还不到1%，而且本土广告公司经营单位众多，分布区域分散。

第二，现代的广告业追求专业化分工和规模效应。“我国的广告业必须从目前的‘小而全’、‘小而散’、‘小而差’的低水平操作方式，转变为包括市场研究、营销企划、媒介投放等多方面、全方位、系统化和整合化的现代广告运作模式，并在专业分工的基础上实行全面的效益提升。”①

第三，现代广告业追求品牌效应，强调个性化经营，看中长远利益。而目前我国的广告主、广告公司和媒介单位多数在追求短期效益，造成了广告市场的相当混乱。所以，我国广告界必须改变这种观念，把目光放得长远，从根本上净化广告市场。

第四，现代广告业追求科技、信息、智力的有效服务。因此，我国的广告业在发展的过程中，不但要追求科技含量，更要提高全面服务的附加值。

中国的广告行业比西方起步要晚一二百年，存在差距是必然的。但我们必须看到中国本土广告公司对国内市场、客户心理和消费者心理需求的深刻了解是不可取代的优势。只要中国的广告行业能在踏实、勤恳中努力学习和发展，我们相信一定能在白纸上画出最美好的图画。

**思考·案例·练习**

1. 试述1992年以后中国广告市场的分化及组合。
2. “标王”的沉浮给我们什么样的启示？
3. 跨国公司在中国面临什么样的挑战？
4. 案例分析：

**奥美在中国**

奥美在中国具有传奇般色彩，它的创始人大卫·奥格威先生更被誉为广告界的“教父”。至今，奥美已经在全球100多个国家和地区设有359个办事机构，并拥有上万名广告专业人士。1991年，奥美与中国最大的国有广告公司——上海广告公司合作，成立了中外合资上海奥美广告有限公司，开始了中国的业务，服务的主要客户有IBM、摩托罗拉、中美史克、上海大众等知名品牌。

但正是这样一家叱咤国际广告界的国际公司在中国却出现了“水土不服”。

1995年，达因公司经营了一种有效改善肾虚和性功能障碍的保健品“御苁蓉”，并开始了与奥美的合作。奥美认为中国消费者接受“性保健”的概念会有心理障碍，所以“御苁蓉”以“肾保健”的概念进入市场，制定了以促使消费者改变态度，正视自己的健康问题的策略，并制作了平面广告和电视广告片。但市场在运作半年后却没能快速启动，在一项调查中显示的直接原因是大部分的消费者只听说过“御苁蓉”，却没有人知道是什么，市场的认知完全没有建立。达因停止了和奥美的合作，采用了中国传统的报纸宣传文章、城市招贴和售点广告等形式，销售有了明显的好转。1997年，达因再次与奥美合作，奥美

① 陈志宏：《国际跨国广告公司在华战略及对中国广告业的影响》，《2004′中国广告业发展论坛会刊》，第49页。

通过“幸福家庭，健康维系”的影视广告宣传，同时加强了终端售点的建设，使“御苁蓉”的销售达到了2亿元。

1998年，奥美改变了“御苁蓉”的广告策略，由原来的补肾市场改为诉求男性壮阳，并制作了广告“水枪篇”，以水枪比喻，带出补肾的问题。业内人士评价这则广告是“绝妙的创意，却把消费者吓跑了”，因为没有哪个成年男性愿意承认自己像广告中表现的那样“疲软”。这个广告一出来，“御苁蓉”的销售额开始下降，投入几百万元的广告费拍摄的广告也在两个月后撤了下来。此后，达因公司中断了与奥美的合作，也再没有投放过任何“御苁蓉”的广告。

奥美进入中国市场以后，曾成功地服务了众多知名的国际性大客户，但不仅是“御苁蓉”，奥美和奥妮、江中等国内大企业的合作也都无疾而终，鲜有成功的案例。

思考：奥美在“御苁蓉”的失败这个案例说明什么？

## 参考文献


1. 黄升民，丁俊杰．中国广告二十年．北京：武警音像出版社，2000
2. 余红，邓正强．中国当代广告史．长沙：湖南科学技术出版社，2000
3. 陈培爱．中外广告史．北京：中国物价出版社，2000
4. 黄升民．广告观．北京：中国三峡出版社，1998
5. 寇非．中国·广告．北京：中国工商出版社，2003
6. 国际广告研究所．中国广告猛进史．国际广告，1999年第5期
7. 宋学宝，张德．辉煌的陷阱：秦池启示录．IT经理世界．1999-8-10
8. 中国广告年鉴编辑部．中国广告年鉴．1989～1992
9. 黄升民，丁俊杰．现代广告战略．北京：知识出版社，1994
10. 邓白云．中国广告实用手册．上海：上海世界图书出版公司，1994

# 第十二章 现代广告的开拓与超越
（1998~2004年）

【本章提要】经历了市场的动荡和撞击，中国的广告业进入了开拓与创新的新时期。大量国外理论的导入，越来越多的中国广告人开始把广告放在市场营销的大环境下思考广告的运作，西方理论和中国国情的矛盾又引导中国的广告人不断地开拓新路。媒介与广告的关系越发密切，新的媒介为广告带来新的变化。广告繁荣的同时又面临着更多法律和道德的挑战。中国广告经历着一个前所未有的新时代。

**本章内容主要包括：**

※ 西方营销理论的进入对中国广告业的冲击。
※ 国内广告管理制度的推行对业界的影响。
※ 适合中国市场的广告探求之路。
※ 中国未来广告发展预测。

21世纪的到来对中国来讲无疑是一个绝好的契机。经济的飞速发展和市场的进一步繁荣都为广告的欣欣向荣提供了土壤。党的十六大报告中提出了要“全面建设小康社会”，在《十六大报告》中也提出了关于经济、社会财富以及鼓励个人劳动创造财富的提法，使企业界和广告界对未来的发展前景充满了信心。

## 第一节 新理论的空前进入

### 一、整合为王——整合营销理论传播

新世纪的到来给广告行业带来了更多的机遇和挑战，世界广告行业的快速

成长和成熟给发展中的中国广告业创造了巨大的压力和挑战。与世界广告发达地区同步的广告理论进入中国，为中国广告的发展之路起到了指引的作用。

整合营销传播（即 Integrated Marketing Communication，缩写为 IMC）作为一种实战性极强的操作性理论，兴起于商品经济最发达的美国，在 20 世纪 90 年代得到了企业界和营销理论界的广泛认同，成为市场营销界最为重要的理论。在经济全球化的形势下，近几年来，整合营销传播理论 90 年代末在中国得到了广泛的传播，并一度出现“整合营销热”。

美国广告公司协会（American Association of Advertising Agencies，简称 4A）是这样给整合营销传播进行定义的：

“整合营销传播是一个营销传播计划概念，要求充分认识用来制定综合计划时所使用的各种带来附加值的传播手段，如普通广告、直接反映广告、销售促进和公共关系，并将之结合，提供具有良好清晰度、连贯性的信息，使传播影响力最大化。”

整合营销传播理论提出传统营销模式的终结，强调现代营销的新阶段是从传统的 4P 阶段关注到以消费者为中心的 4C 阶段，即从关注产品、渠道、促销、价格因素在广告中的地位转向关注消费者的需求、购买的方便、沟通和消费者接受的心理价位。可以看出，在 4C 理论中，强调的是以消费者的利益为中心，通过广告、公关、营销等多方位的整体组合向消费者传达统一、一致的声音。

整合营销传播理论在中国引起了业界极大的认同，这种先进的营销理论一度成为广告界、营销界谈论的热点，一些走在行业前列的广告公司用这一理论提升了众多知名品牌的形象，使他们在本行业内脱颖而出，成为领头品牌。

但同其他国外传入的理论一样，整合营销传播理论在很大程度上也存在着和中国具体市场相适应的问题。比如说整合营销传播理论目前在我国只适合于一些诸如家电之类成熟的行业，在这些行业中，消费者面对同质化的宣传，需要依靠统一的信息传达加深品牌印象从而达到购买。而对于我国众多的行业来讲，仍然在市场的培育期、产品的发展期，整合营销传播并不能发挥很明显的作用和优势。所以，一些国内务实的营销人也提出：“先不要谈论 4C，我们要先扎扎实实地做好 4P。”毕竟，中国的市场需要实事求是的操作，来不得半点激进。

### 二、科特勒与《营销管理》

相信搞营销的没有人不知道菲利普·科特勒的“营销圣经”——《营销管理》。目前在新华书店旺销的是此书的第 11 版，20 年前它刚刚进入中国的时候是第 5 版。当时的印刷量是 2 300 册，用 3 年时间售完。而目前，此书每年在中国的印量都高达 10 万册以上。

《营销管理》封面

1984 年，时任上海市长的汪道涵在美国发现了菲利普·科特勒的《营销管理》，敏锐的感觉告诉他这是一本难得的好书，随后汪道涵将其引入中国。在当时，像这样比较系统的营销书籍在国内还没有见过，其中的一些学术概念对于那个时代的人来说，简直就是天方夜谭。但经过各方面的努力，此书终于翻译出版。现在我们在封面上看到的两位中文译者中，当年那个风华正茂的梅清豪现已年过半百，而梅清豪的父亲、被称为中国营销奠基人的梅汝和老先生却已故去。

《营销管理》以介绍 21 世纪市场营销的新内容为主，把营销思想应用于所有产品与服务市场领域，并提供了一个营销管理的广阔视野和分析框架。读者可从中探索和分析营销管理的不同组成部分，包括营销的定义和一些重要的概念。如营销观念和价值、顾客和目标市场、营销组合、关系营销等。同时，书中还阐述了社会责任和道德在营销决策中所扮演的角色，并讨论了全球经济一体化中营销的特性及其所面临的机遇和挑战。

《营销管理》为中国的广告人打开了一扇通向世界高级营销领域的门。现在无论是在北京的清华、北大，还是在上海的复旦、交大，在中国的大多数大学的经济管理研究生课程中，《营销管理》已成为核心教材。中国工商管理硕士教育指导委员会在2000 年 8 月颁布的 MBA 教学大纲上，建议采用此书作为《营销管理》学科的教材。

现在，中国跟国外的理论交流已很方便，美国出版的书，中国几乎可以同时出版。各种新的营销概念、营销方法已被中国的广告人熟练地挂在嘴边了。但到今天为止，中国的广告人逐渐认识到中国人最需要学的还是那些最基本的概念，老老实实地学习市场营销是什么、销售是什么、广告是什么、公关是什么、销售管理是什么、服务是什么。同时，对于一些新的营销概念、营销方法，也需要仔细甄别，因为不同的国家发展阶段不同，这些新的理论和概念不一定都完全适合中国市场的发展。毕竟，中国广告人寻求的是适合中国特色的市场发展之道。

### 三、定位时代

相信现在“定位”绝对是一个比较时尚的词汇。任何人都会在表达中运用到它：产品需要定位、个人形象需要定位、处世态度也需要定位。

《定位》封面

“定位”这个词语是伴随着一个时代而到来的。在营销理论中经历了三个发展阶段：产品时代、形象时代和定位时代。让我们来回顾一下这些时代的到来和发展。

20 世纪 50 年代的产品时代。20 世纪 50 年代初雷斯提出的 USP 理论，要求向消费者提出一个“独特的销售主张”，而且这个主张是竞争者无法做到的。品牌只要将自己独特的卖点（USP）传播出去，借助一个强有力的卖点，就可以最快最好销售，并建立起自己有独特个性的品牌。但到了 50 年代末 60 年代初，随着科技的进步，各种代替品和仿制品不断涌现，寻找 USP 变得日益困难。

20 世纪 60 年代的形象时代。大卫·奥格威提出品牌形象论。当产品趋向同质化，随着人们对产品种类认识的加深、消费经验的增加，消费者愈来愈倾向于选择企业信誉强、品牌感觉好的产品。这时，建立起良好的、有独特感性价值的品牌形象才能更好地、稳定地吸引消费者的关注和购买。例如万宝路香烟通过多年一致的推广，已让“牛仔世界”的形象深入人心，从而使自己成为全球头号品牌。广告界刮起了“品牌形象论”的旋风。

20 世纪 70 年代的定位时代。品牌形象大行其道的结果，是不可避免的形象近似与相互干扰。特别是由于社会的发展，产品、媒介与信息暴增，使得全方位地传达品牌信息，建立独特清晰的形象，显得日益困难。1969 年两位美国人特劳特和里斯提出了定位理论；1979 年他们出版了专著《定位：攻心之战》。他们将定位的概念定义为：“定位始于产品，可以是一件商品、一项服务、一家公司、一个机构甚至一个人，也许可能就是你自己。但定位不是你对产品做什么，是你对未来的潜在顾客的心智所下的功夫，也就是把产品定位在你未来顾客的心中。”

在营销界，“定位”一词已有了更多的延伸，但无论是用在“品牌定位”、“产品定位”还是“广告定位”，人们都要明白定位的基本内涵：在对本产品和竞争产品进行深入分析、对消费者的需求进行准确判断的基础上，确定产品与众不同的优势并将它传达给消费者以确定产品独特地位的动态过程。

现在对企业来讲，定位决定着购买，并成为驱动企业成长的力量，所以说“只有消费者才能造就企业”。这也同样说明，为什么说定位战略是一个企业的终极竞争战略，是企业家必须予以高度关注的企业重大决策。企业所有的有形资产，都像是钢筋水泥一样，而定位却像是地基和产权，没有地基的钢筋水泥是没有意义的。企业通过定位使产品变成品牌。

消费者一旦对品牌进行归类或者说定位之后，就很难接受改变，无论花多大力气、多大投入也很难做到改变消费者的心智。因为定位本身就是人们的一种保护机制，是人们在信息泛滥环境中的生存之道，通过定位之后，消费者把与之不符的信息统统划为多余，从而实现了简化和自我保护。

“定位”时代的到来加速了中国广告界与世界市场的同步。在“定位”理论的指导下，中国成功地塑造了很多强势的品牌，也为中国企业参与到世界竞争中增强了力量。

### 四、“公关第一，广告第二”

三十多年前，阿尔·里斯与杰克·特劳特提出的“定位理论”轰动一时，并在很大程度上改写了营销与广告战略的历史，至今余威不减。然而，就在人们沉迷于广告无所不能这个当代神话传说之际，阿尔·里斯在其与女儿合著的新书《公关第一，广告第二》中，提出了另一个足以颠倒营销乾坤的理念：广告的衰落与公关的崛起。此书2002年推出后，在欧美公关、广告业界立即引起强烈反响。2004年4月，中文版面世中国，其惊世骇俗的理念恐怕会对现正“疯狂”的广告商、商家客户带来巨大的心理冲击，并将打破市场营销中最大的神话之一：创建一个品牌需要昂贵的广告费用。而对于不堪广告骚扰的顾客来讲，该理念兴许是一种福音。因为《公关第一，广告第二》点中了广告的最弱一环，也是最致命的一环：广告缺乏可信度，“广告只是那些急着想要扩大销路的厂商自我吹嘘的声音”。

《公关第一，广告第二》封面

作者在书中将广告和公关比喻成伊索寓言中的风和太阳：风吹得越紧，此人衣服裹得越发紧；但太阳加强热度却让行者脱下了大衣。广告的疯狂性将使消费者失去耐心和信心；而公关会激发消费者的潜在消费欲望，自动自觉地去选择该品牌。“公共关系正在取代广告成为主要的品牌塑造工具。”①

在书中，阿尔·里斯断言：“营销已经进入公共关系的时代。”② 同时，作者这样安排了广告的最终去向——历史做了解释，“当一种交流方式失去了它的功能性作用后，就变为了一种艺术形式”③，广告将进入博物馆，甚至可能以展览的方式延续其生命，这是一个极为大胆的预言。

对于书中阐述的广告正在走向衰落、公关将无可置疑地取代广告的地位和作用的观点，中国广告界褒贬不一，持赞同、反对态度的都有，但毫无疑问的是，它尖锐而鲜明的观点会给中国的广告人以不同的启示。

## 第二节 带着枷锁的舞者

### 一、零代理

20世纪80年代初，我国代理制得以恢复。在经历了近四分之一世纪的发展后，进入21世纪之初，中国广告界掀起了一场以“零代理”为标志的价格竞争。

所谓的“零代理”，就是广告公司将从媒体得到的代理费再返回给客户。这种形式的出现，对我国的广告界无疑是危害极大的，业界自然是一片讨伐之声。

我国《广告法》第29条规定：“广告收费应当合理、公开。”《广告管理条例》也在第15条中规定：“广告业务代理费用标准，由国家工商行政管理机关会同国家物价管理机关制定。”对于代理费的标准，我国一直奉行国内广告业务是10%，外商来华业务为15%。

代理制实行以来，由于市场环境的竞争，15%的代理费一直没有完全实

① 阿尔·里斯·劳拉·里斯：《公关第一·广告第二》，上海人民出版社2004年版，第268页。

② 阿尔·里斯·劳拉·里斯：《公关第一·广告第二》，上海人民出版社2004年版，第10页。

③ 阿尔·里斯·劳拉·里斯：《公关第一·广告第二》，上海人民出版社2004年版，第20页。

施，大多数的广告公司只收取2%~8%的代理费。零代理的出现，是市场发动价格战的一种极端的手段，无疑是对行业规定的漠视，对《广告法》的践踏。

零代理的出现，看似广告公司已无利可图，但是由于近年来媒体之间竞相压价，媒体折扣低至1至2折，媒体价格的巨大弹性使实行零代理的公司仍然可以获利。另外，一些广告公司可以对媒体进行大量购买，这样可以拿到极低的折扣，同时可以获得媒体的“返点”。所以有些公司以不收代理费来积累大宗的买单。可见，实行零代理并不是不赚钱。

零代理的出现不但反映了广告界的恶性竞争，也暴露了媒介单位的不规范操作。事实上，传统代理制已经不能适应目前市场的发展。以中央电视台的招标为例，每年标的额达到上亿元，而很明显广告公司不可能得到几千万元的代理费。但是，对一些发起零代理的大型广告公司来讲，这种以雄厚资金为基础挤垮竞争对手的方式显然有点不公平。由于零代理的出现，一些实力不太雄厚的广告公司慌忙应战，但没有足够的资金投入必将会使对客户的服务质量大打折扣，还可能会造成一些操作不规范的广告公司从不正当的地方省钱，造成整个行业的信誉下降、服务水平下降，最终不但损害了广告公司的利益，也严重损害着广告客户的利益。长久下去，必然使整个广告市场萎缩。

广告界出现零代理，是不正当竞争的结果，是同行业之间的相互残杀，如此下去将使竞争对手都元气大伤，拉大与跨国广告公司之间的差距，更不要说来面对WTO时代的竞争和挑战了。

对于代理制的收费标准，国外一直在进行着摸索和改革，无论收取“服务费”也好，或者直接按照广告公司在服务中的表现付费也好，甚至按照广告投放后营业额的比例为广告公司付费也好，中国必须要寻求一个合适的解决方案。

### 二、关于2%的问题及其影响

2000年5月16日，国家税务总局发布了国税发［2000］84号文件。在该《企业所得税税前扣除办法》中规定：“从2000年1月1日起，纳税人每一纳税年度发生的广告费支出，不超过销售（营业）收入2%的，可据实扣除。超过部分不能计入成本，可无期限向以后纳税年度结转。”“业务宣传费（包括非媒体的广告性支出），在不超过销售（营业）收入5%范围内，可据实扣除。”

2%广告限额的出台令广告业界哗然，这项规章对中国广告市场的各个层面产生极大的影响，甚至打破了广告市场的格局和形态。后来，在全国广告界的深入讨论下，2001年8月5日，国家税务局下发了［2001］89号文件，就制药、食品、日化、家电、通讯、软件、房地产开发、家具建材等部分行业广告费用所得税税前扣除标准做出了调整，每一税务年度可在销售（营业）收入8%的比例内据实扣除广告支出，超出部分可无期限向以后纳税年度结转。

虽然由2%变成了8%，但政府对于广告限额的规定仍然在业界引发了极大的争论。政府此项政策的出发点是加强国家税收制度的管理和征收力度，对于防止偷税漏税、规范市场起到了一定的作用，但实际上对广告公司、媒介和企业各个方面均起着负面的影响。

首先对于广告公司而言，在广告限额的情况下，广告主必然会对广告公司提出更为苛刻的要求，处于广告主和媒介双重夹击之下的广告公司则更难生存，利润空间少而又少。广告法规定的15%的代理费在现在的广告行业已形同虚设，很多公司的代理费用已降到了最低限度。但同时，广告的限额对广告经营者的要求逐渐提高，一定程度上撼动了广告代理制，促使了中国广告代理制进入"服务费时代"。这点可以说是2%限额的有利方面。

这一制度的出台，真正受到影响最大的是广告媒介单位。2%的政策出台后，全国不少媒介2002年初的广告收入下滑了20%～50%不等①。二十多年来，中国媒介已经形成了以广告收入为主的运营模式，主流媒体的经营收入有80%以上来自广告，而广告限额的规定极大减少了广告媒介的收入。

另外，广告限额的规定直接影响到企业。在现代的市场运作中，广告已经是企业生存和发展的重要手段之一，依靠广告的投入，不少企业成就了"一夜成名"的神话，"一条广告救活一个企业"的故事至今仍在不断上演，"大媒体+大投放=大品牌"仍是现代广告的重要运作模式。虽然这种急功近利的做法遭到学界和业界的质疑，但是不可忽视的广告效果足以吸引一批又一批的企业前赴后继，竞相模仿。那么，广告限额制度的出台，虽然一定程度上会使企业在广告投放上慎之又慎，客观促进中国的广告市场朝着科学理性的方向发展，但总的来说却是加重了企业同行之间的竞争，使新生的品牌和在市场上处于劣势的品牌加速死亡，同时也削弱了中国民族企业在市场竞争中的力量。

"2%的广告限额打破了中国广告市场的平衡，广告主四处观望东西徘徊，媒体寻寻觅觅上下求索，广告代理公司无所适从左右为难。延续与重构，探索与突破，适应与调整，整个广告行业被2%所驱动，戴着锁铐起舞。"②

---

① 黄升民：《新广告观》，中国物价出版社2003年版，第77页。

② 黄升民：《新广告观》，中国物价出版社2003年版，第80页。

## 三、医药广告的沉浮

### (一)“处方药”大众媒介终结时

“对于医药广告来讲，2001 年 4 月 1 日具有特殊的意义。”① 根据国家药品监督局、国家工商行政管理局和新闻出版署联合签发的 37 号、39 号两个文件规定，处方药被禁止在大众媒体上做广告，只能在国务院卫生行政部门和国务院药品监督管理部门共同主办的医学、药学专业刊物上介绍。有关部门还公布了第一批可以投放处方药广告的专业媒体。

其实早在 2000 年 1 月 1 日，处方药与非处方药的分类管理办法已经正式实施。但 2001 年 4 月 1 日，终究带来了“处方药”大众媒介时代的终结。

### (二) 药品消费与广告

“据 2000 年的数据表明，药品广告的投放金额为 74.96 亿元，占全国广告总额的 10.56%，医疗器械类广告的投放额度为 21.62 亿元，占全国广告费用的 3.02%，医疗服务类广告的投放金额为 30.51 亿元，所占比例为 4.28%，三者相加广告投放占全国广告总投放额的 17.86%。”② 成为中国广告业的龙头。

我国医药广告的增长是和医药行业的快速增长相对应的。2000 年医药行业的生产总值达到 2 332 亿元，比去年同期增长 20%。医药行业的增长是和我国社会人口自然增长和社会老龄化紧密相关的。国家对处方药和非处方药的分类管理加强了市场的活力，极大促进了 OTC 市场的发展，现在众多消费者已经形成了“小病买药吃，大病上医院”的消费观念。这种消费行为直接导致消费者在购买药品的时候会以广告为依据，直接造成了现代医药企业迷信广告，医药广告高居投放榜首的现象。

处方药广告的禁止使医药广告缺失了近 20 亿元的市场，但国家对医药行业广告加强严格的管理，更大程度上规范了市场行为。

## 四、17 号令

### (一) 山雨欲来风满楼

进入 21 世纪以来，中国的电视事业得到了飞速的发展，卫星电视、数字电视多种形式极大丰富了人民的生活。但一定程度上，中国的电视观众又是最无奈的，电视广告如噩梦般如影随形，一部热播的电视连续剧会每 5 分钟打断

① 黄升民：《新广告观》，中国物价出版社 2003 年版，第 81 页。
② 黄升民：《新广告观》，中国物价出版社 2003 年版，第 81 页。

一次，广告插播的时间远远大于电视剧正剧的时间，有些地方电视台电视剧每两集中间插播广告的时间长达20分钟，广告的品质又极差，而任意调换频道也会满眼都是广告，严重影响了观众收看电视的心情，对广告的反感程度与日俱增，观众怨声载道；对电视台来说，广告时间过长也严重困扰了他们很多年，“广告任务完不成—延长广告时间—收视率下降—降低广告折扣—广告任务完不成—延长广告时间……”如此形成一个恶性循环；对广告主来讲，花了不少的钱可投放效果却很差，有些广告的胡乱编排严重影响了广告效果。电视广告的市场环境亟待一种强制性的力量来改善和净化。

（二）势在必行

2003年9月15日，国家广播电影电视总局以总局令的形式公布了《广播电视广告播放管理暂行办法》（以下简称《办法》）。这个于2004年1月1日起施行的《办法》对广播电视广告做出了很多具体而敏感的规定，比如除19:00至21:00以外，电视台播放一集影视剧（一般为45分钟左右），可以插播一次广告，插播时间不得超过2分30秒；比如用餐时不得播放治疗痔疮、脚气等类药品及卫生巾等卫生用品的广告等。

17号令是在充分尊重观众和广告客户的基础上制定和颁布的，央视市场研究公司调查显示，一般的观众可以忍受的电视广告的长度不超过2分30秒，所以《办法》规定在非黄金时段播放电视剧时，每集中间允许插播一次广告，插播时间不得超过2分30秒。另外，从本质上讲，广告主购买的不是电视台的时间资源而是观众资源，这个资源的多少通常是以节目收视率作为衡量标准的。而广告主现在看重的是广告收视率而非节目收视率，所以现在很多广告客户为了保证收视率，即使多花很多钱也要抢占节目后第一条广告的位置。但现在电视台能够提供的一般都是节目收视率而非广告收视率，因此尽量减少广告的播出数量就是为了保证广告收视率与节目收视率不发生巨大的反差，从而保证广告客户的投资回报率。

17号令的出台在广告界掀起了轩然大波，给2004年省级和地方电视频道的广告经营带来新的变数，对省级和地方电视台的经营是一个艰巨的挑战，各电视台积极调整广告时间以适应新规定的要求。一些经营地方台广告投放业务的广告公司、媒介公司也根据新规定的要求为广告主安排投放时间。

进入2004年1月以后，中央电视台黄金时段的广告时间已严格控制在每小时9分钟以内，各类就餐时间禁止出现的广告也已被彻底清除，各地方电视台广告环境也确实规范了许多。但各大电视台2004年度新的广告价格的出台，对企业的媒介投放产生不可忽视的影响。数据表明，自17号令执行以来，全国电视广告的价格平均上涨了20%。加上地方电视台普遍提高折扣，2004年的广告价格比2003年至少上涨了30%。

广告市场的净化直接带来了广告效果的提升。根据调查结果显示，大多数播出机构以执行限播令为契机，及时调整节目的编排，着力打造品牌栏目和品牌频道，积极改进广告经营理念和策略；一些电视台也在不断开发新的广告形式和挖掘白天时段的广告价值。广告的含金量、受众的关注度和满意度、电视广告传播的整体效果和国内广告市场的运作等，都获得很大的提升，规范和净化广告市场将换来多赢的局面。

### 五、虚假广告的泛滥

随着市场经济的发展，虚假广告宣传也逐渐成为社会的一大危害。

对于虚假广告的界定，一般认为有以下几种情况：1. 广告主介绍的商品、服务本身即是虚假的；2. 广告主自我介绍的内容与实际不符；3. 对产品、服务的部分承诺是虚假的、不能兑现的且带有欺骗性的。总之，只要是以欺骗方式进行不真实的广告宣传的，都属于虚假广告。

虚假广告对消费者的危害极大，中华广告网在网上举行了“2002年虚假广告最多的十大产品或行业评选”，共有1 974人参与了投票，评选结果为：1. 减肥品：11.80%，233人；2. 保健食品：11.09%，219人；3. 药品：10.08%，199人；4. 房地产：8.26%，163人；5. 医疗：7.90%，156人；6. 化妆品：7.40%，146人；7. 商场打折：6.84%，135人；8. 医疗器械：6.38%，126人；9. 旅游：4.31%，85人；10. 家装产品：3.75%，74人。位于前几位的均是直接关系到消费者身心健康甚至是生命安全的产品，所以清理广告市场的虚假宣传已成为现代广告管理的重中之重。

进入2003年以来，各地工商局都加大了查处虚假广告的力度，特别是对违法的药品广告更是处以严厉的打击。但广告市场的净化仅靠监管部门的管理和制止是远远不够的，最根本的还需要广告人本着对消费者负责、对广告客户负责的态度，自我管理、严格自律才能从根本上杜绝虚假广告对社会的不良影响。

### 六、泡泡漂漂——冲击道德标准

2003年，一则XX洗衣粉的广告在业界掀起了热烈的讨论。一个画外音女声十分暧昧地拖长声音问他的男人——“泡了吗?”答曰“泡了。”“漂了吗?”答曰“漂了。”它播出后却引起了有关道德标准的讨论。虽然厂家一再强调这句广告语本无恶意，旨在向消费者演示新的洗衣观念，但终于抵御不了舆论的压力，将广告替换为一群阳光时髦的少女向人们演示新时代的洗衣方式

“一次浸泡，两次漂清”，“泡泡漂漂晾起来”。

无独有偶。2004 年 1 月，《海峡都市报》上也刊发了这样一篇文章：有两幅大型灯箱广告让附近的居民反应强烈，甚至有居民准备把它拆了。是什么广告惹人如此气愤？原来是某文化传播公司招租广告牌的广告：“想占有我吗？那就上吧！”其实早在 2000 年，CNAD 广告网就有“想兴奋就上吧”这样诱惑味十足的广告语出现在业界的杂志上，引得人们浮想联翩，但鉴于广告人都讲究创意和出新，加之只是小范围地发布在专业杂志上而没有引起太大的反响。但这样的话出现在光天化日之下，就不得不引起道德标准的思考了。

“想占有我吗？那就上吧！”

我国的《广告法》第 7 条明确规定：“广告的内容应当有利于人民的身心健康……不得有下列情形：……妨碍社会公共秩序和违背社会良好风尚。”国家工商总局在 1997 年 12 月颁布的广告活动道德规范也在第 7 条规定：“广告主发布商业广告，应当自觉遵守和维护公共秩序和社会良好风尚，不应以哗众取宠、故弄玄虚、低级趣味等方式，片面追求广告的感官刺激和轰动效应，对社会造成不良影响。”这则广告虽没有直接出现不良的语言，但它摘取了只字片语，利用语言的多义性和歧义性，使人们在成为定式的语言习惯下给这句话新的暧昧含义，这就不得不说是对传统道德的冲击了。广告讲究创意出奇制胜，但这样的创意必须是在社会法律和道德允许的范围内。我国的管理制度虽然已经得到了很大的规范和完善，但仍然有很多新的情况和现象无法适应，这就极大地需要广告人的自律，为社会创造良好的风气，也为自身塑造健康的形象。

## 第三节　市场是检验成功的惟一标准

在马克思主义哲学上有这样一条真理：实践是检验真理的惟一标准。在广告和市场营销界也同样存在这样的真理：市场是检验成功的惟一标准。进入21世纪以后，消费市场的变化使得广告形式不再是以唯美为惟一标准，一些创意平平甚至是“恶俗”的广告却为企业创造了一个又一个销售神话。同时，传媒界、房地产界也在不断“变身”以适应市场的发展和消费者千变万化的需求。广告越来越难做，所以，广告业和其他行业的整合也势在必行。

### 一、脑白金和哈药模式

#### （一）市场才是硬道理

脑白金是近几年来争议最大的产品，它的广告形式遭到了全社会的抵制和抨击，但尽管如此，却不能阻止脑白金三年来几十亿元的销售佳绩。

脑白金在针对中国消费者进行消费习惯的深入研究后，对目标消费群做出了如下的判断：

中国老百姓对“神秘性事物”辨别不清时，极易信任“科学”、“权威”、“专家”的言论；中国人重“孝”道，而“孝敬爸妈”一般也以送营养保健品为主；在民间，逢年过节主客双方互送礼品，实质上送的还是“面子”；目前事业处于上升阶段、消费能力强劲的中青年人群，社会应酬多，“送礼”需求最为旺盛；中年人社会压力大、老年人肠胃不好是中国人普遍存在的问题，中老年人都有加深睡眠、改进肠胃的需要；家庭独生子女越来越多，只要保健品效果好，就会愿意给父母购买。

通过上述分析，脑白金从送礼入手，通过广告轰炸强势灌输“今年过节不收礼，收礼还收脑白金”、“孝敬爸妈脑白金”的观念，后来又通过对功能展开集中诉求，传达脑白金“促进肠道吸收，改善睡眠”，请市民验证“有效才是硬道理”。

从2000年脑白金广告打入市场以后，其独特的广告形式和投放模式一直是社会的热门话题，而且这个话题一说就说了三年。就广告形式而言，在市场培育期，脑白金以大量的报纸软文从科学的角度树立了权威的形象，在成长期又以电视媒介为主要形式加深产品的曝光率和知名度。就广告内容而言，脑白

“脑白金”广告

金前期的软文操作成为自它之后产品开启市场的标版，虽然电视广告对广告人来讲没有丝毫的创意可言，广告画面没有内容、没有美感，虚夸性质严重；而对老百姓而言，脑白金广告也确实有点“讨人烦”，但又不得不承认这种药确实效果还不错。与好创意相反的广告容易形成“记忆点”，同样达到了印象深刻的效果。而报纸、网络、广告人以及消费者对脑白金广告形成争论，结果间接扩大了脑白金品牌的知名度。

进入2001年以后，脑白金改变了以往的广告宣传模式，企业的负责人也在公开场合向广大观众道歉，表示会创作好的作品来改变“恶俗”的形象。脑白金更多地投入到公益广告的宣传，同时加大其他渠道的宣传。

通过各种整合性的广告策略，脑白金创造了保健品销售的奇迹，无论优秀也好，“恶俗”也好，市场才是硬道理。

（二）哈药模式

说起广告轰炸，不得不提到哈药六厂。自1999年以来，中国的电视观众再也不能清清静静地看广告了，只要打开电视机，10分钟之内，无论在哪个频道都可以看到哈药六厂的广告。这样铺天盖地的广告宣传使哈药六厂这个濒

“脑白金”广告

临破产的小厂迅速“起死回生”，产值从1998年的2.3亿元迅速暴增到10亿元，2000年翻番到20亿。哈药的成功使后来者竞相效仿，而哈药这种医疗保健品的广告投放模式也被业界称为“哈药模式。”

哈药六厂广告

“哈药模式”的最基本形式就是“见缝插针的广告投放+全明星阵容”。

哈药的广告投放可以称得上是“大手笔”，仅1999年，哈药广告投放费用就已达6.19亿元，2000年直接达到11亿元。哈药在媒体购买模式上也进行了创新。哈药直接和各个地方电视台的媒体谈好一个价格，采用的是一种见缝插针式的投放，只要有时间就插播哈药的广告。这种广告投放模式使消费者无处藏身。

哈药的广告没有任何创意可言，惟一的亮点就是广告的全明星阵容。中国国内的老中青电视明星几乎全部在哈药的明星阵营中。大伙无一例外地在镜头前向人细数补钙、补铁、补血的重要性，难怪有人说中国人全民“缺钙”。哈药借明星的名气直接快速地使产品和消费者建立了联系。

面对哈药的广告轰炸，消费者从厌烦发展到愤怒。2001 年在中国一则新闻报道中称：“今年可以说是‘哈药年’，几乎在每一个时间段都可以欣赏到哈药的‘科普广告’和‘明星广告’，有人甚至得了哈药恐惧症，只要一看到哈药的广告就会‘头昏恶心’，必须立刻更换频道。”哈药的广告也会高居每年消费者评出的“十大恶俗广告前列”。

“恶俗”固然，但不可否认的是“哈药模式”产生的效果。据调查，哈药主打产品“盖中盖”的消费者认知率在90%以上，而“朴雪口服液”、“葡萄糖酸锌”等产品也具有很高的市场知名度。在不知不觉中，哈药的广告已经给消费者洗了脑。

“盖中盖”广告

“哈药模式”取得成功后，电视中随即冒出了哈三、哈四，后来者也采用同样的手段开始对消费者进行轰炸。其实，“哈药的成功离不开其扎实的市场基础和畅通的销售渠道，广告只是起到了推波助澜和催化剂的作用”。① 哈药六厂把握了中国 OTC 市场刚刚启动的绝好机会，用频繁的广告开启市场的大门。而哈药六厂完善的管理、稳健的财务制度也保证了企业有充足的资金用于

① 寇非：《中国·广告》，中国工商出版社 2003 年版，第 218 页。

广告宣传。所以“哈药模式”也并非可以轻易“克隆”。

现在，哈药面临着从产品的知名度向美誉度转换的问题，“哈药模式”也使广告人再一次回到了广告究竟是科学还是艺术的思考。

## 二、从“瘦报”看中国报业发展

### （一）中国报业的发展

改革开放二十多年来，中国内地报业经济取得了举世瞩目的快速发展，报业市场也得到空前巨大的扩展，丰富了世界报业发展的实践。据统计，截止到2002年底，我国内地共有报纸2 137种，分属1 200家报社和报业集团，比20年前增长近10倍。报业已成为中国发展最快的产业之一，成为促进中国经济高速发展的重要力量。

随着我国报业的综合实力和运作水平与以往相比达到了一个较高层次，在目前的经济发展水平下，内地报业市场已经初步饱和，内部竞争日趋激烈，报业发展正在由规模数量向优质高效转化。

组建报业集团是推进内地报业由粗放经营向集约经营转化的重要措施。1996年9月，《广州日报》拉开了报业集团化的序幕。至2000年底，全国已有南方、光明、经济、北京日报等16家报业集团相继组建完毕，并均取得了不凡的成绩。在中国广告协会公布的年度传媒广告经营排序中，2000年报业的前五名均系报业集团成员。2001年后，报业集团相继稳步发展，又有湖北、湖南、吉林、河南等10家报业集团相继成立，至今全国报业集团已成立了39家，充分显示了媒体改革的力度。

报业发展的另一个重要标志是都市报的崛起。众所周知，报纸主要经济收入来自于广告，从中国的市场状况来看，都市是报纸的读者群和广告客户集中的地方。所以在20世纪90年代中期，一批以城市居民为主要读者，强调新闻性、综合性，贴近市民生活的城市报纸在全国兴起。这些报纸常以“XX都市”为名称，所以被称为都市报。

1995年，四川的《华西都市报》是中国最早打出“都市报”旗号的报纸，通过大胆的创新和改革，这份报纸在两年时间内快速成长，在三年内发行量翻了五倍，广告收入也急剧上升，报纸不断扩版。这种同步上升为《华西都市报》创造了一条良性循环的道路，获得了社会效应和经济效应的双丰收。

《华西都市报》为中国的报业开辟了一条发展的光明大道。接下来，《南方都市报》、《大河报》、《新京报》等都市报纸相继出炉，以“快、新、活、深”的报道风格和强调新闻实效性迅速形成了报业发展的趋势。都市报是市场竞争的产物，同时也加速了中国报业的市场化进程。

(二) 都市报的"瘦身"运动

在21世纪之初，国内报界掀起的新一轮改版浪潮中，"瘦报"是突出特点之一，而且许多新创刊的报纸也采取了"瘦报"的形式，"瘦报"俨然成为流行的报型。

1999年1月1日创刊的杭州《都市快报》开国内当代"瘦报"的先河。《都市快报》创刊时就是一份四开的"瘦报"，采用1∶1.629比率的报型，版心高38.5厘米，宽24厘米，比正常四开报要高3.5厘米，完全与国际接轨(美国报纸出版商协会规定的比率为1∶1.63，即比传统版心窄5厘米、高3厘米)，并专门斥巨资引进设备出版"瘦报"。2001年12月3日起，《北京青年报》改成"瘦报"，取消中缝广告，但版面容量不变。此后，国内报界出现了"瘦报"热的现象。

中国青年报
China Youth Daily
没有画上句号的
郑州洛阳"龙头之争"

《中国青年报》封面

其实早在1976年，美国发行量最大的报纸《纽约时报》，为了便于读者阅读和降低生产成本，将报纸的8栏改为6栏；随后，《华盛顿邮报》及其他欧美国家的《泰晤士报》、《国际先驱论坛报》、《今日美国》等报纸都先后改为“瘦报”。我国香港、澳门、台湾地区的一些报纸也先后采用了“瘦报”的形式。“瘦报”是一种符合国际潮流的趋势。

与传统开张的报纸相比，“瘦报”更加人性化，更适合现代人的需求：报纸变“瘦”后，其视幅反而更宽，不仅便于在拥挤的餐厅、候车（机）室、车厢等公共场所展开阅读，而且更便于携带；作为“黄金报型”，“瘦报”更符合网络时代人们的阅读视频和阅读习惯；“瘦报”取消了中缝广告，版面的基本栏也从8栏改为6栏，使版面语言更为简洁，气势更加流畅；降低报纸成本，有利于减少环境污染。据统计，在报纸字数和信息容量没有减少的情况下，“瘦报”用纸可以节约8%左右，在变形中悄然增强了“瘦报”的竞争力和赢利能力，同时也为环保作出贡献。

“瘦报”热不仅是国内报纸对国外报纸成功模式的学习、借鉴，也是国内报纸与国际报纸主流趋势接轨意识的体现。

## 三、房地产热

### （一）碧桂园神话

1993年，某开发商看好房地产项目，在广州顺德投资了上亿元开发大面积的花园别墅楼盘“碧桂园”。尽管各类媒体反复宣传这里是珠江三角洲“金三角的交汇点”，但并没有引起消费者的兴趣，看房的人少之又少。迫不得已，开发商找到了著名策划人王志纲。

王志纲看了即将成为“死盘”的碧桂园，直接提出了要搞房地产必须要跳出房地产，要用一种全新的策划思路去将碧桂园作为一个系统的工程来做。于是在1994年1月3日，《羊城晚报》刊登了一条奇特的悬念广告——“可怕的顺德人”，广告向广大市民暗示在珠江三角洲顺德黄金点——碧桂园，可怕的顺德人要搞一个跨世纪的文化工程；一夜之间，这则广告引发了千万广州人的好奇心，几天之后，第二则广告再次出击；两周后，“可怕的顺德人”谜底在报纸上揭晓，广告向成功人士进言：要使事业有续，最明智的投资莫过于投资子女；广告最后推出了“21世纪大潮的黄埔军校”，即碧桂园学校的办学方案和招生条例。

当时广州的“高价学校”正风起云涌，王志纲的碧桂园办学立刻引起了成功人士的极力追捧，学校报名人数大大超过了计划人数，一跃成为广州“高价学校”的龙头老大。碧桂园学校的策划一举成功。在接下来的一系列广告攻势中，王志纲又采用了全方位的广告策略向社会推出“碧桂园生活”，最终使碧桂园成为时尚高档的生活社区，最多一天销售别墅千万元，楼盘的推广总额达到上亿元。

“碧桂园”的成功策划显示了智慧和知识的力量，同时也使我国的策划业摆脱了“一拍脑袋，一个点子”的时代，社会开始重新认识到策划的重要意义。

（二）大盘时代

广州作为中国房地产市场化最早的地方，一直以领先的观念、新颖的手法吸引着全国同行的目光。自1999年至今，广州两大板块的大盘开发让全国房地产界大开眼界。通过这两场战争式的开发竞赛后，住宅已成为中国人生活方式的重要载体，承载了人类的最多生活梦想。从此以后，通过开发商的各种概念传达，在人们心中房子，已不再只是安身之处，更是安心的地方，购房也成为了善待家人、奖励自己和见证人生成功的标志。

广州首先开发的是洛溪板块。洛溪在行政关系上隶属番禺，距广州20分钟的车程。1999年以前，洛溪新城和丽江花园凭借其开发规模和品牌宣传已经深入人心。洛溪新城以低廉的价格进行粗放经营，而丽江花园则以“精品模式”打造了深受广州白领阶层和“小资人士”深爱的品牌。1999年，广州碧桂园、奥林匹克花园的长驱直入，顷刻改写了洛溪的市场局面。

广州碧桂园以一次性开发50万平方米的气势进入洛溪板块，开盘时一举推出50万平方米的建筑面积。“碧桂园——给你一个五星级的家”大标题彩版广告一版接一版地出现在广州媒体上，加上“两万首付”“订金可退”等极具诱惑力的广告承诺，令开盘之日盛况空前：在3 000多平方米的售楼大厅里人潮似海，扶老携幼的买家失去了往日理智和甄选的标准，一改往日挑剔的眼光，忘记广州人清明不置业的陈规，随心所欲挑选几十万元的房子。碧桂园以闪电的速度在10天内就成交了2 000套，打破了大盘“持久战”的销售策略。

奥林匹克花园的开盘又一次吸引了广州人的目光。奥林匹克花园瞄准现代人生活水平提高后对运动和健康需求的增加，适时地将体育、健康的概念融入到房地产开发中，将“运动——健康”的主题发挥得淋漓尽致，也为广州人带来了全新的现代生活模式。开盘的300套房子引来了4 000人排队，在洛溪大盘中大放光彩。

洛溪的房产大战称得上是一场“巨人游戏”，经过了10年多的开发和积累，使洛溪至今仍是热点板块，各大盘也获得了共赢的局面。

另一场房地产大盘之争发生在距洛溪一江之隔的华南板块。“公元1999年

"碧桂园"房产广告

6月，一条从广州南跨珠江直通番禺的华南快速干线彻底改变了华南村的命运。"① 珠江三角洲最有实力的八大开发商云集这块面积两万多亩的土地，拉开了一场迄今为止中国房地产史上竞争规模最大、程度最激烈、竞争水平最高的世纪之战的帷幕。2001 年 4 月，华南板块的发展商联合发表了《新世纪宣言》，共同喊出了为把番禺建设成为未来新广州最适合人居的地区而奋斗的呼声。随后星河湾、南国奥林匹克花园、中华养生园等大盘为广州带来"新造城运动"。

房地产的大盘时代为中国人民带来了新的生活方式。房地产≠钢筋+水泥，房地产的竞争也从室内发展到室外，从有形发展到无形。

---

① 王志纲工作室：《大盘时代》，四川人民出版社 2001 年版，第 5 页。

(三) 热形势下的冷思考

房地产成为了中国近几年来一个热门的话题。曾有业内专家预测“未来的十年，中国的房地产业将成为城市经济的支柱产业”。但他们对目前中国的房地产市场并不乐观，认为我国的房地产出现了圈地泡沫、投资过热和消费超前等三大现象，房地产市场还需要大力调整。

2002年，国家国土资源部发布《招标拍卖挂牌出让国有土地使用权规定》，该规定指出，自2002年7月1日起，全国各地区的商业、旅游、娱乐、写字楼和商品住宅等各类经营性用地，必须以招标拍卖挂牌方式出让。这则规定旨在减少暗箱操作土地购买的可能性，但却导致了房地产业正在演绎的一场疯狂的“圈地运动”。在我国尚无市场预警系统的情况下，盲目“圈地”，可能会导致局部地区的新一轮供过于求。

另外，房地产投资占全社会固定投资的比例逐年上升。从2000年到2002年9月，各阶段的比例分别是15%、17%和24%。房地产投资占全社会固定投资比例快速增长，表明社会资金在向房地产业迅速涌动，如果这种趋势再进行下去，房地产市场会越来越热，最终可能导致泡沫经济的发生。同时，我国房地产价格上升速度有加快的趋势。2000年到2002年第三季度，房屋销售价格指数分别比上年同期上涨1.1%、2.2%和4.0%；土地交易价格指数分别比上年同期上涨0.2%、1.7%和6.0%。在房地产价格上升的同时，我国的物价却在下降。2000年到2001年，居民消费价格指数分别比上年增长0.4%和0.7%，2002年连续9个月负增长。房地产价格与消费价格增长的比例不对应，甚至向反方向运行，为居民投资房地产创造了较大的利润空间，提高了居民对房地产的投资性和投机性需求。

中国进入WTO后，我国的房地产业将面临挑战。以上海为例，目前上海有房地产开发企业3 500多家，但注册资本仅500万元的小企业占了一半，企业能级不高。商品房销售面积前10名的企业，其销售总量仅占全市的12%，与香港十大房地产商占香港房地产市场80%的份额相比，形成明显反差。面临国际竞争，我国的房地产市场仍需居安思危。

## 四、广告与各领域的整合

在这样一个竞争激烈的年代，广告业的利润空间已经不断地被广告主和媒介压榨得所剩无几，广告业已经进入了微利的时代。广告公司为追求合理的利润，在市场竞争中占据一席之地，许多公司开始悄悄地转型，经营媒介、经营销售，而走得最成功的，是海润广告公司涉足影视。

相信现在提起海润，更多的人想到的是影视公司而非广告公司。在1989

年，海润广告公司成立了，当时市场竞争还不是很激烈，代理商得到的佣金也比较高，海润代理了国内多家大品牌，在十几年的发展中服务了奥妮、联合利华、吉列、哈药、西门子等知名客户，创造了年营业额11亿元的业绩，也连续十年被列位中国十大广告公司。

1993年，海润进军民营影视制作发行，并成立了海润影视有限公司。海润影视以投资、买断、摄制、发行等方式活跃在亚洲影视业内，每年的作业规模在100部（集）以上，仅2000年在影视制作方面的投资就逾亿元。短短的8年，海润就制作发行了《英雄本色》、《陀枪师姐》、《永不瞑目》等30多部影视作品，其中许多优秀的电视剧捧红了一大批青年优秀演员。

《永不瞑目》广告

2003年，世界最大的传媒集团“美国在线—时代华纳集团”在内地寻求合作伙伴，最后决定与海润“结缘”。主要原因不但在于海润的电视节目在中国有很强的收视率，制作水平也处于中上游，更在于海润作为内地一直名列前茅的本土广告公司，不但业务实力强劲，更重要的是其十分熟悉中国消费者的消费心理和本土广告的运作规范，这无疑能帮助华纳打开中国市场。2月23日，时代华纳正式宣布，该集团已经与海润传媒集团结成战略伙伴关系。“这是对海润在影视方面成绩的最好承认。”①

另一家涉足影视制作方面的广告公司是华谊广告公司。在1990年底，华

① 寇非：《广告·中国》，中国工商出版社2003年版，第259页。

谊也依靠中国银行、农行金穗卡、国家电力等标准化规范项目列居中国十大广告公司行列。1998年，华谊投资拍摄了第一部电视剧《心理诊所》，在很好地推广后得到了很大的收益。随后，华谊转向了影视圈，连续拍了10多部电影，包括《大腕》、《一声叹息》、《没完没了》等腕级影片，在电影排行榜上连续3年都是冠军。

除了广告公司和其他行业以整合来谋求更广阔的发展空间，一些其他行业的重量级人物也在关注广告行业，形成共发展的局面。2002年，张艺谋为威驰新风拍摄的广告也一时之间成为街头巷尾谈论的热点，广告独特的表现手法、唯美的音乐，加上张艺谋一贯的炒作，使这则广告影片从选角、征集主题音乐到开机拍摄，播出的一举一动都成为新闻界、娱乐界、广告界关注的热点。而张艺谋为这则长达5分多钟的广告影片设计的独特的播放模式也吊足了人们的胃口。且不谈论这则广告的效果怎样，但它的操作手法，也给广告界上了一课——原来广告是可以这样拍的。

广告业和影视界的结合，极大程度上推动了我国影视市场的发展，将广告公司的经营和影视发行艺术相结合，给影视界带来了新的风气。广告公司和社会其他行业整合以达到资源和优势的互补将是一条新路。海润和华谊的做法或许能给困境中的中国广告公司一点启示。

## 第四节　走进新时代

### 一、宏观经济的健康发展拉动广告业的整体提升

让我们先来看这样一组数据：截至2003年底，我国的国民经济保持了8.5%的高增长速度。伴随着宏观经济的增长，我国的广告业也达到了一个崭新的高度：2003年我国的广告营业额突破千亿元大关，达到了1 078.6亿元，取得了19.44%的高增长率，占国民生产总值的0.92%；广告经营单位达到10.18万户，比上年增长13.66%；广告从业人员87.14万人，增长率为15.20%①。如此强大的增长空间主要来自于两个方面：一是我国产业结构的调整，二是国民消费模式的结构性突破。这两种变化在广告投放上可以直接体现（见表12-1）：

① 数据来源于2004年中国广告业发展论坛。

表 12-1　　1997~2003 年广告投入前五名商品类别

| | 1997 年 | 1998 年 | 1999 年 | 2000 年 | 2001 年 | 2002 年 | 2003 年 |
|---|---|---|---|---|---|---|---|
| 第一名 | 零售业 | 食品 | 药品 | 药品 | 药品 | 房地产 | 房地产 |
| 第二名 | 房地产 | 家电 | 食品 | 家电 | 食品 | 药品 | 药品 |
| 第三名 | 护肤用品 | 药品 | 家电 | 食品 | 房地产 | 食品 | 食品 |
| 第四名 | 摄影制品与零部件 | 化妆品 | 化妆品 | 房地产 | 家电 | 家电 | 家电 |
| 第五名 | 护发用品 | 医疗服务 | 房地产 | 化妆品 | 化妆品 | 化妆品 | 化妆品 |

数据来源：国家工商总局

国民经济的良好运行势头会直接推动广告市场的健康发展。从当前的国民经济各行业发展的势头来看，汽车、房地产、医药医疗、旅游、通讯产品等行业的长足发展都将是广告行业增长的基本条件。随着行业竞争的不断升级，广告主对消费市场的争夺也将白热化。对我国广告主的研究表明，目前企业最强调的是策略组合的重要性，而在所侧重的营销策略中，促销策略的重要性被认为远远大于产品策略，也就是说，企业要在竞争格局中保持领先，广告战役等各类促销大战将作为营销利器被竞争者争相采用。所以，未来广告业仍然会继续繁荣，广告投放量还会上升。

## 二、广告主体的规模化生存

广告主、广告公司和广告媒介一直是广告业的三大主体。到了 21 世纪，广告主体加强了与各领域的整合步伐，追求规模化生存：自从 20 世纪 90 年代以来，广告主已经出现了产业"集中化"的倾向，上规模、建集团成为一股潮流；同时，随着 90 年代后期经营环境的日趋严峻，媒介经营者也积极进行自身资源的重新配置，媒介领域也出现了"集团热"，直至 2001 年，全国报业集团的数量在不断增长，期刊出版掀起了重组的热潮，各地的广电集团也纷纷成立，这一年被成为中国的传媒年。

对于广告公司来讲，两个主要的趋势是国际广告集团在全球范围内更大规模的合并和收购本土的广告公司。根据 WTO 贸易减让表，2003 年 12 月 10 日以后，中国合资广告公司将被允许外资控股，2005 年 12 月 10 日以后，将允许建立独资外企广告公司。到目前为止，全球前 10 名的广告公司已全部在中国设立了合资公司。这两个规定的放开，将直接对中国广告界的格局产生重大的影响，一方面以 4A 广告公司为代表的境外广告公司将会加速深化"本土化”的进程，另一方面，外资广告公司将会加快对本土广告公司的控制。根据2003年度广告生态调查，表示在“未来一年有扩张计划”的广告公司占到八成，其中有一半以上的公司计划采用“与其他公司建立战略联盟”这种扩张方式，广告公司间的合作将以多种方式进行，包括业务上的合作、股权上的合作、地域上的联盟等。

随着广告主规模化改革的加速，在广告业的生存链条上，广告主的主导地位将进一步加强，广告主的意识改变直接影响到广告业其他两个因素的发展，从而推动广告市场的整盘发展。首先，随着媒介资源的扩大和消费市场的成熟，广告主更倾向于综合使用多种媒体，并积极开发新媒体，打破了原来传统四大媒体的垄断局面。而对于广告公司，专业化生存也显得日趋重要。登陆中国的大部分国际广告公司都以整合营销、传播服务见长，并随着对中国企业和市场的了解，也将力求在某些个别领域进行整合。本土广告公司应专注于某种服务的功能，强调“专职”。

## 三、媒介是企业的重要资源

随着新式媒体资源的开发，传统的媒体地位受到一定的冲击，但传统媒体的领导性地位在短期内不会动摇。（见表12-2）

表12-2　**2000~2003年四大媒体广告份额的变化**

| | 2000年 | 2001年 | 2002年 | 2003年 |
|---|---|---|---|---|
| 电视 | 23.70% | 22.57% | 25.58% | 23.64% |
| 报纸 | 20.55% | 19.84% | 20.87% | 22.53% |
| 杂志 | 1.59% | 1.49% | 1.68% | 2.26% |
| 广播 | 2.31% | 2.37% | 2.42% | 2.37% |
| 合计 | 48.15% | 46.27% | 50.55% | 50.80% |

由上列数据可以看出，报纸、杂志的广告份额获得明显的上升。报纸、杂志以其方便、灵活的特征一度受到广告主的厚爱。目前广告主的媒体投放一般是用报纸广告打广度，用杂志媒体做深度。毕竟，对于中国的市场环境，消费者有明显的从众化心理，更加重视他人和社会的评价，所以在一定程度上，大众媒体仍然是广告主的首选，企业要形成领导品牌，在传播上采取对高端媒体资源的垄断性占有，用品牌传播拉动消费者心目中的品牌占有率。

另外，新式媒体的开发与创新也进入了一个新的阶段。楼宇电视定位于高端的白领消费者，成为创新媒体的典范。公交车的液晶媒体和公交拉手媒体也成为广告、媒体的亮点，为未来的分众媒体迎来了新的发展阶段。随处可见的电子显示屏、DM 广告也成为媒体的新宠，未来会有更好的发展前景。而网络广告、媒体互动短信业务也将取得进一步的发展，成为新的广告增长点。

百事可乐广告

广告主体关系的不断演变伴随着广告主与媒体的联合，毕竟，媒体的本质对广告主来讲是传播的终端，是达到和接近消费者的前提。掌握合理的媒体资源，是企业发展的重要基点。

## 四、未来广告业发展的大趋势

前进中的中国广告业必将面临更大的机遇和挑战。2004 年 9 月，在中国召开了第 39 届世界广告大会，如同 2008 年北京奥运会意味着世界对中国综合国力和国际地位的认同一样，世界广告大会在北京举行意味着最具增长潜力和想像空间的中国广告市场得到了全世界的关注，中国快速发展起来的本土广告产业得到了国际的重视和认同。这是世界对中国广告与市场经济飞速崛起的见证。

中国兑现 WTO 承诺，到 2005 年底全部放开广告市场，中国广告传播业的国际化程度会更高。与此同时，跨国广告公司向二线城市的扩张，本土广告公司集团化的发展，国家对媒体环境的治理整顿，随着人才流动使跨国公司和本土公司差距的缩小，都直接影响着未来广告业的发展走向。无疑，中国连续 20 年经济的高速增长已经使中国成为了最具发展潜力的国家市场，中国的广告业要与世界同步，必须借助 WTO 这个契机，学习外国的商业模式和运作方法，在国际竞争中提高广告经营单位的经营质量和效益，使我国的广告业真正达到世界水平。

因此，中国当代的广告人任重而道远。

**2004年中国广告公司营业额前10名排名**

| 2004年排名 | 名称 | 2004年营业额（万元） | 2003年排名 | 2002年排名 |
|---|---|---|---|---|
| 1 | 北京电通广告有限公司 | 50 262 | 1 | 3 |
| 2 | 盛世长城国际广告有限公司 | 41 877 | 2 | 1 |
| 3 | TOM户外传媒集团 | 39 187 | 8 | 7 |
| 4 | 江苏大贺国际广告集团有限公司 | 31 800 | 6 | 8 |
| 5 | 麦肯·光明广告有限公司 | 27 698 | 5 | 6 |
| 6 | 江苏省邮政广告有限公司 | 27 265 | 4 | 2 |
| 7 | 大连天歌传媒股份有限公司 | 26 869 | — | — |
| 8 | 上海广告有限公司 | 26 687 | 16 | 17 |
| 9 | 北京通成推广公交广告有限公司 | 24 277 | 13 | — |
| 10 | 上海美术设计公司 | 22 270 | 9 | 10 |

数据来源：2005年7月《现代广告》

**思考·案例·练习**

1. 简述整合营销传播理论的主要内容。
2. 你认为公共关系最终会取代广告成为主要品牌塑造工具吗？
3. 案例：

**蒙牛在“非典”时期的广告策略**

2003年，中国遭遇了极大灾害的“非典”困扰，在这一时期，社会人心惶惶，诸多企业信心不足，削减或撤销了在央视的广告投放。而蒙牛集团的总裁牛根生对这一时期做出了清醒的判断：“非典”时期出门的人少了，但看电视的人增多了，每个人看电视的时间延长了；“非典”时期的消费不会停止，只是购买地点和购买方式改变了，购买由大卖场转向了社区，由频繁购买改为一次性购买。所以，在“非典”时期，蒙牛不但没有改变与央视的合作，还加大幅度增加了投放预算，明智的抉择使蒙牛乳品的销售额获得了爆发性成长。

蒙牛在“非典”时期的广告策略充分地反映出中国企业的敏锐洞察力和对特殊时机的

把握能力。中国的企业在新的平台上稳步前进。

## 参考文献


1. 黄升民，丁俊杰．中国广告二十年．北京：武警音像出版社，2000

2. 余红，邓正强．中国当代广告史．长沙：湖南科学技术出版社，2000

3. 陈培爱．中外广告史．北京：中国物价出版社，2000

4. 黄升民．广告观．北京：中国三峡出版社，1998

5. 寇非．中国·广告．北京：中国工商出版社，2003

6. 国际广告研究所．中国广告猛进史．国际广告，1999 年第 5 期

7. 唐·E. 舒尔茨、史丹立·田纳本、罗伯特·劳特朗．整合行销传播．北京：中国物价出版社，2002

8. 黄升民．新广告观．北京：中国物价出版社，2003

9. 中国广告年鉴．1998~2003

10. 丁俊杰．呼唤诚信、沟通与融合——有感于广告业某些不良现象．广告导报，2002 年第 6 期

11. 丁一凡．幕后脑白金．智囊，2001 年第 11 期

12. 刘国基．从广告代理公司谈起．国际广告，2002 年第 4 期

13. 广州 4A. 广告人关于“0”代理的声音．国际广告，2002 年第 6 期

# 第十三章 港澳台地区的广告

【本章提要】香港、澳门和台湾是我国领土不可分割的部分。由于种种历史原因，港澳台地区的广告经历了和祖国大陆广告不同的发展轨迹。因为有着共同的民族心理趋向、相同的文化背景，虽然这三个地区经济发展的水平和祖国大陆地区有所差异，但它们的发展经历将对祖国大陆广告业的现实发展和远景规划起到重要借鉴作用。

**本章内容主要包括：**

※ 香港地区广告业发展历史描述。
※ 香港地区广告行业组织、公司经营和行业管理。
※ 澳门地区广告业的发展形态。
※ 澳门地区广告业的未来展望。
※ 台湾地区广告业在各个历史发展时期的面貌、特征和成就。
※ 台湾地区主要媒介的发展和现实状况。
※ 台湾地区广告管理和海峡两岸的双向交流。

## 第一节 香港地区的广告

### 一、香港地区广告发展概述

#### (一) 发展规模

香港作为中西方文化交流的国际大都市，广告业水平一直较高，被誉为亚洲的广告之都。2000年香港广告总额超过200亿港元，人均广告支出在世界排名第一。香港是跨国广告公司较早大规模进入的地区之一，经过30多年的发展，香港广告业已经实现了规范化、数字化、国际化、电脑化，其广告公司已成为与消费者有综合沟通能力的多元化顾问型企业。进入 20 世纪 90 年代，香港专业广告公司已达上千家。

与内地广告公司相比，香港广告公司具有较高的专业运作能力，在策划、创意、制作方面拥有成熟的经验和不凡的表现，具备出色的综合代理能力，在亚洲广告界以拥有先进的制作技术、卓越的管理、优良的服务受到同行的赞誉。另外香港广告业在高素质的人才队伍、发达的信息网络、参与国际广告代理的经验与国际市场的广泛交流与合作等方面，也是对内地广告界极具吸引力的强势所在。

1997 年香港回归，内地、香港经济一体化进程为两地经济的合作与发展创造了极为有利的条件和机遇。自 2004 年 1 月 1 日起，内地将进一步向香港开放服务业，允许香港公司在内地设立独资广告公司。虽然香港广告公司数量巨大，但是主要广告市场基本上由多家大型国际广告代理公司控制，留给香港本地广告公司的发展机会非常有限。因此这则条例成为了连接香港本地广告公司与内地广告公司的桥梁，给香港广告公司增加了新的经济增长点和市场发展空间。它将增进祖国大陆和香港地区广告界人才的相互交流，促进资本与"智本"的紧密结合，有助于中国广告行业的整体发展，提升整个行业的运营模式及其操作水平的层次。

（二）广告媒介

作为经济水平比较发达的地区，香港地区的媒介发展也极为全面。电视、报纸、杂志、广播等大众媒介的大部分商业收入靠广告费来支撑。

香港的电视媒介虽然起步较其他媒介形式晚，但发展速度和影响力却是最大的。"香港人对电视的兴趣极为浓厚，男女老幼从电视节目中各取所需，自寻其乐，电视已成为香港人日常生活中不可缺少的内容。"① 所以香港地区的电视业极为发达，香港电视广播有限公司（简称无线电视）和亚洲电视有限公司（简称亚视）是亚太地区著名的影视制作公司，在香港和亚洲的收视率极高，也是深受广告主信赖的广告媒体。

香港各个电视台的广告时间和标准不同。根据香港政府的规定，广告时间不得超过整个播放时间的 1/10，即每 100 分钟的播放时间里只能允许 10 分钟的广告时间。但在黄金时段的广告插播也很频繁。香港地区的广告播放针对不同的消费者、不同的广告时间选择播放，如清晨针对关心市场行情的消费者播放股市行情，上午针对家庭主妇播放生活消费品，晚上则是家庭普遍关注的产品的广告。

---

① 陈培爱：《中外广告史》，中国物价出版社 2002 年版，第 170 页。

香港的报纸和杂志媒介也是较快发展的媒介形式，特别是报纸在广告业中的地位正和电视媒介的差距逐渐缩小。随着报业竞争的不断加剧，各报纸杂志之间的同质化现象比较严重，所以如何加强发行量、提高广告水平也是困扰香港媒介的重要问题。总的来看，由于香港消费者受西方文化影响较大，所以香港广告给人很西化的感觉。香港的中文广告感觉是有一点洋味的中文，视觉上也十分西化，配上美术风格化的字体，即使完全是中文稿子，也运用中文素材，看上去还是有点洋腔调。

对于其他媒介形式，香港地区发展最为壮观的当属户外广告。作为闻名世界的“东方明珠”，香港的户外广告足以显示香港经济繁荣的程度，各类广告牌触目可见，霓虹灯广告彻夜通明，真正做到了消费者只要目光停留的地方就会有广告出现。

## 二、香港地区的广告公司

“80年代中期香港的广告公司已有600家左右，到了90年代则发展到近千家。”① 在如此的面积中聚集如此多的广告公司，其竞争程度则可想而知。香港的广告业分工很细，各类规模、各类水平的广告公司并存，但总的来讲主要分这样四类：一是跨国公司在香港设立的分公司或联营公司，这类广告公司是香港广告业的主体，主要服务外国厂商和香港地区较大的客户，营业额占香港广告业营业总额的90%；二是香港本地资本规模较大的华资广告公司，这类公司的规模和水平居于中等；三是祖国大陆在香港地区开办的广告公司，主要为出口商品宣传服务；四是小型的代理公司，从事比较专一的广告业务。

“香港地区的广告公司的专业化程度较高，分工很细，相互之间又有着有机的联系。”② 除了为客户进行全方位的代理服务外，依靠香港地区发达的经济技术水平，广告公司在创意、设计上也拥有很高的专业水准。在各公司之间的相互竞争和配合中，整个香港广告的行业水平不断提高。

## 三、香港地区的广告管理

随着香港广告业的发展，香港政府也在不断加强对广告行业的管理，建立有序竞争的广告秩序，提高整个行业的服务水准。

香港的广告管理主要通过政府部门的行政管理和自发行业组织的行业自律来完成。政府管理广告的部门是影视及娱乐事务管理处，各类广告要请各部门

---

① 陈培爱：《中外广告史》，中国物价出版社2002年版，第176页。
② 陈培爱：《中外广告史》，中国物价出版社2002年版，第178页。

的专家进行审查。香港地区涉及广告管理的法律条例有20多种，主要有电视条例、商标条例、公共娱乐场所条例等，内容主要涉及一般性的广告管理、特殊产品类的广告管理和特定对象的广告管理。除了加强广告管理的执法力度外，香港的广告管理还主要依靠民间性的广告组织加强行业自律，防止不正当竞争。香港地区的行业组织主要有：香港广告商会（又称4A广告协会）、香港华资广告业商会（简称CCAA广告协会）、香港广告业联会和广告商会（又称2A商会或香港客户协会）。

## 第二节　澳门地区的广告

### 一、澳门地区广告市场概况

澳门特区由澳门半岛、凼仔岛、路环岛组成，陆地面积为27.3平方公里，人口有40余万。基于土地面积狭小与市场环境的局限，澳门长期以来无法形成系统的商品市场。在澳门的经济体系当中，一直以旅游博彩业为地区最重要的收入来源，博彩专营税占澳门政府总收入的近50%，旅游博彩业连同出口加工业、银行保险业与房地产建筑业，成为本地经济的四大支柱。

据不完全统计，澳门本地注册广告公司有300多家，比较活跃的公司约四五十家。近年来澳门本地经济好转，带动广告业发展。过去，经济低迷，广告客户投放广告资源较谨慎；随着旅客量上升，广告受众层面扩大，广告顾客也加大资源投放在广告上，令制作空间扩大。现时澳门的广告市场已不再局限于服务45万人口，未来将面向泛珠三角甚至全国13亿人口市场。广告业务将从帮助企业建立品牌，到市场推广、包装以及宣传等，而且市场亦不限于本地。澳门广告业的优势是具有国际视野及国际品位，易于融入国际市场。

总的来讲，澳门广告市场呈现以下特色：

（一）低档次的市场规模

根据澳门广告学会在1997年初就澳门广告市场所做的调查显示（调查主要分析各政府部门、专营事业每年的广告预算费用）报告指出，全年澳门地区的广告费在2亿5千万至3亿5千万澳门元，平均在3亿澳门元。

香港学者冼日明、游汉明等曾研究过广告市场问题，他们曾根据30个国家或地区的资料统计分析，提出广告市场规模的五个档次：

（1）最高档：广告费在150亿美元以上；

（2）次高档：广告费在60亿至150亿美元之间；

（3）中　档：广告费在10亿至50亿美元之间；

(4) 次低档：广告费在1亿至9亿美元之间；

(5) 最低档：广告费在1亿美元以下。

按以上的五个档次划分，澳门的广告市场规模显然属于最低档次，距次低档次还有两倍以上的差距，可见澳门的市场仍处于低发展阶段。

(二) 较小的发展空间

人均广告费是分析市场发展空间的主要依据，澳门人均广告费=全年广告费（以中位数3亿澳门元计算）除以地区人口数目（40万）=750澳门元。澳门地区的人均广告费比祖国大陆高，与香港、台湾地区的差距则不算太大，这主要是澳门人口数目不多、基数较低引致。但从另一个角度而言，人均广告费较高，正反映出市场发展空间相对较小。

相反，中国人口众多，人均广告费较低，但正反映出内地拥有广阔的市场发展空间。

(三) 低发展阶段的市场

在分析广告业务与经济发展的关系时，一个重要指标是广告费与国民生产总值的关系，即广告费与GDP的比例。一般可以分为四个阶段。

(1) 在1.5%以上，超高发展阶段。如美国、英国、澳洲、荷兰等国广告业已进入此阶段。

(2) 1%~1.5%，高发展阶段。如日本、我国台湾和香港地区的广告业处于此阶段。

(3) 0.5%~0.9%，中发展阶段。如法国、马来西亚的广告业处于此阶段。

(4) 在0.5%以下，低发展阶段。如印度、巴基斯坦的广告业处于此阶段。

用这一比例看澳门的广告业，1997年澳门的广告费与GDP的比例约为0.5%，可见澳门是处于低发展阶段的市场。

## 二、澳门广告业的形态和业务类型

基于澳门的市场环境与其他客观因素，使澳门广告业有着与众不同的发展形态，归纳可分为下列两个方面：

(一) 以服务及意识的推广为主流的广告业务

广告是对商品、服务或观念进行的信息传播，由于澳门的商品市场规模较少，缺乏地区生产的品牌，而进口货物的品牌基于市场狭小，在广告费上投入不多，使澳门的广告业以服务及意识的推广成为一般广告公司的主要业务。服务的广告以地区内的旅游娱乐事业、酒店服务业、金融银行业为主，受众大多是游客；而政府在公民意识的推广及政令颁布方面也很大程度上通过广告来进行，像肃贪、环保、工业安全、公民责任等，相信此形态的广告路向仍然是未来十年的主流。

（二）以印刷媒介及举办活动为主导的广告业务

澳门大众传播媒介不甚发达，只有一间电视台及一个电台，均分别设有中葡文频道。由于电子传媒起步及水平与邻埠香港相距甚远，加上澳门居民以收看香港电视节目为主，使澳门的电子传媒发展受到局限，更使这方面的广告水平多年来仍停滞不前，电视广告因此无法成为强势宣传途径，间接使印刷媒介及举办活动成为主流的宣传方式。目前澳门大众传播媒介的广告，以印刷媒介的报纸广告发布为主，现有的八家中文日报、四家葡文日报，估计广告量占媒介广告80%以上，其中以《澳门日报》占量最多。印刷媒介的其他形式如书籍、海报、传单等的印刷也是业务主要方向，因此也使平面设计成为广告工作的重要一环。

另外，举办活动也是澳门推广形式的主要项目，特别是政府部门。据估计，每年澳门政府及民间团体举办的大小活动，例如晚会、晚宴、文娱康乐活动等，就达到500个活动日，因而使公关策划及广告制作两者于广告业中扮演重要角色。

## 三、澳门广告业的展望

（一）专业性的加强

澳门的广告经营单位超过210个，一般都是公关策划、平面设计、制作装饰、礼品订购、媒介代理等五大类型，但就实际环境而言，澳门大部分公司的经营范围却甚为多元化，究其原因，主要是每间公司的规模较小，业务多元化能增加业者的生存空间。美其言是业务全面，但反过来说，专业性不强是行业通病，这方面要通过人才的培养和行业整体水平的提升，才能逐步改善。当然，市场环境的变化与客户对广告认知的提高才是专业化的前提。只有专业化的提高，澳门广告业才有机会迈向国际化。

（二）回应效果

澳门在回归祖国后，澳门特别行政区在政府形象与城市形象两方面的推广工作，更大程度上了借助本地区广告同业的力量。随着澳门的发展，广告业在面对新机遇的同时，也面临重大挑战。因此，澳门广告业的求新求变，在意识与科技的应用上都需不断加强，配合社会发展需要，才能达到有效的传达效果。

（三）发展外向性的市场业务

基于广告事业在澳门的发展空间受到限制，广告同业正逐渐将业务发展至祖国大陆，发展外向型的市场业务。由于澳门一直是一个对外开放的城市，资讯掌握及时，加上拥有作为贯通欧盟与祖国大陆桥梁的有利形势，对外承接外商进军祖国大陆市场的推广工作有着先天性的优势。但澳门广告界急需解决的问题是要加强对中国国情的了解，例如中国的广告法例、媒体运作及习惯等，才能打开新局面，使澳门的广告事业迈步向前①。

## 第三节 台湾地区的广告

### 一、台湾地区广告史的演变

台湾广告业从20世纪60~90年代大约每十年走过一个发展阶段，即20世纪60年代的萌芽阶段，广告业处于起步时期，广告公司规模小但比较完善，而电视媒体的产生成为推动广告业发展的巨大动力；20世纪70年代的发展阶段，广告公司规模不断壮大，人数增多，内部管理也按代理制的要求分工较细，广告公司的服务功能也逐渐扩大，同时，外国先进管理经验也随着跨国广告公司的进驻而带给台湾广告业新的气象，为后来的发展奠定了良好的基础；20世纪80年代，台湾广告业进入融合阶段，1984年，随着台湾解除海外人士投资广告公司的限制，一些跨国广告公司开始大量涌入台湾，通过独资、合资和技术合作的方式与台湾本土广告公司建立联系，进入台湾市场，国际化广告公司进军台湾市场在带来先进的经营理念和服务品质的同时也加剧了市场竞争，造成了经营成本的增加和人员跳槽现象的严重；20世纪90年代，台湾广告业进入了稳定发展的成熟阶段，在这一时期，台湾广告业受到世界经济不景气的冲击，市场出现了极度的下滑，但随着海峡两岸广告界相互交流的升温，促进了海峡两岸广告水平的同时发展，台湾的广告公司开始寻找更新的发展方式和更广阔的市场。

在台湾广告业发展的四个阶段中，我们可以从1985年前后划分为两个时期。在这之前是本土广告主导，企业类型、经营服务手法都是传统的（小规模、单一服务、业主决策、本地资本、媒介主导），在这之后开始步入国际化。形成转折点的主要因素是跨国广告公司的蜂拥而至。迄今为止，台湾广告市场除联广这样个别的大型本土广告公司外，其余均为中外合资公司、中外合

---

① 本章内容由澳门广告学会会长胡锦汉先生提供。

左岸咖啡广告

作公司和跨国广告公司的分支机构分割。台湾广告业在国际化的进程中，也经过了早期的盲目崇洋、抄袭模仿西方广告，到接受西方规范的创意策略，再到将西方的广告创意策略概念与民族文化内涵形象有机结合的几个层次。本土化因素始终是台湾广告的特点和影响它充分国际化的制约条件。

### 二、台湾地区的媒介和行业概况

台湾广告业在30余年的发展中由最初的2亿元新台币发展到1994年的806亿元新台币，仅1994年台湾地区的人均广告费就是祖国大陆的76倍。如此飞速的增长和台湾媒介的发达是分不开的。台湾地区无论从报纸到杂志的总量还是报纸广告的总量都远远大于香港地区和祖国大陆。

在所有的媒介中，台湾的四大媒介占广告费总额的80%以上，电视广告占1/3强。激烈的媒体竞争压力促进了台湾广告水平的飞速发展，台湾地区的电视广告已摆脱了传统的叫卖式，拥有了优秀的创意和极高的制作水平。台湾广告业的意识形态、大制作手法、消费者的心理认同都一度成为祖国大陆广告人模仿的手法。

和香港西化的广告风格相比，台湾的广告则倾向于比较玲珑精致的小品文，文案内容情绪深入，常在细致入微处深深打动消费者，而且在平面表现和语言风格上，都具有非常浓的“乡土”味道，使人读起来有一股亲切的本土感。

台湾没有专门的综合性的广告“法律”、“法规”，只有针对某一方面制定的规章、规范及涉及相关问题的“法律”。为了规范高速发展的广告业，1971年9月，台湾“新闻局”决定加强对广告影片内容的审查，同时要求卫生主管部门加强对药品广告的审核。1975年，“台湾电视学会”成立了“净化电视广告规范编订小组”，以加强对电视广告环境的净化和行业自律。

除了台湾当局及有关行政部门外，台湾地区的广告业还制定了一些行业的自律规则，如《报业道德规范》、《无线电广播道德规范》、《电视道德规范》等。总的来讲，台湾地区的广告管理和广告道德均制定得比较详细，市场也相对趋于规范。

### 三、海峡两岸的广告交流

海峡两岸的广告交流一直处于比较谨慎的状态。台湾地区“新闻局”官员表示原则上不同意传播媒介刊登祖国大陆的广告，《中国时报》也表示只愿意接受没有简体字和无关政治的祖国大陆广告。

1990年，国家工商局和对外经济贸易部批准厦门市广告公司和厦门商业广告公司可以代理进入台湾地区的商品广告业务。从1991年以后，两岸广告界人士互访增多。1994年，国家工商行政管理局、国务院台办颁布《关于加强海峡两岸广告交流管理的通知》，允许台湾企业和个人在祖国大陆发布企业广告、商品广告和寻亲广告，进一步推进了两岸之间的广告交流，更好地适应海峡两岸经济交往和合作。1996年1月，福建省广告协会代表团赴台湾参加1996年两岸广告研讨会，会上就代理制、媒介经营、新技术在广告中的应用、闽台广告界今后的交流和业务开拓等问题进行了深入的交流和探讨。这作为两岸隔绝四十多年来，祖国大陆广告界人士首次赴台参加活动，具有划时代的意义。从此，两岸广告界人士都积极寻求发展的时机，以在日益开放的局面下获得共同的进步。

**思考·案例·练习**

1. 简述香港地区广告宣传的特点。
2. 简述澳门地区广告业未来发展的方向。

**参考文献**

1. 黄升民、丁俊杰．中国广告二十年．北京：武警音像出版社，2000

2. 余红、邓正强．中国当代广告史．长沙：湖南科学技术出版社，2000
3. 陈培爱．中外广告史．北京：中国物价出版社，2000
4. 黄升民．广告观．北京：中国三峡出版社，1998
5. 寇非．中国·广告．北京：中国工商出版社，2003
6. 国际广告研究所．中国广告猛进史．国际广告，1999 年第 5 期
7. 唐·E. 舒尔茨、史丹立·田纳本、罗伯特·劳特朗．整合行销传播．北京：中国物价出版社，2002
8. 黄升民．新广告观．北京：中国物价出版社，2003
9. 中国广告年鉴．1998~2003

# 第十四章 世界古代广告发展历程
（公元前300万年～公元1450年）

**【本章提要】** 广告的历史和人类社会的历史一样久远。伴随着人类的交流活动，社会广告最先应运而生，并在人类的交往和融合中发挥着独特的作用。第三次社会大分工的出现，服务于商品交换的经济广告出现在历史舞台。综观人类历史，实际上就是一部人类的信息传递和交往，文明由孤立、隔绝经过碰撞、融合成为一个整体的历史。广告在这一过程中，伴随着社会的发展获得不断的成长和进步，同时也逐渐由各地区、各国家独特、个别的现象而呈现出跨地区、跨国度进行传播的趋势。

**本章内容主要包括：**

※ 广告最早产生的地区及这一地区文明发展的进程。

※ 广告发展的历史分期及不同阶段的显著特征。

※ 广告如何由孤立个别的现象逐渐演变成人类信息传递过程中带有规律性的普遍现象。

※ 不同时期广告的具体表现形态。

## 第一节 广告出现及广告最早产生的地区

### 一、原始广告溯源

广告活动作为人类交流传播信息的工具，其历史和人类社会一样久远，它伴随着人类的产生而出现。在社会生产力水平极端低下的原始社会，由于人们交流信息的需要，用来传递社会生活信息的社会广告就应运而生了。

（一）人类的群体活动与早期信息交流

广告是人们建立社会联系的有效方式，而人类互通信息的需要则是其产生的最直接的动力。原始社会作为人类社会的最初社会组织形式，社会生产力水平极端低下，物质极度匮乏，决定着原始人类只能靠大自然的现成供给才能维持生活。人们主要依靠渔猎和采集的方式获取食物，而此时的人类尚未具备充足的与自然抗衡的力量，面对外部环境的凶险和恶劣，人们只有相互协作、集体劳动，才能共同生存下去。在这种相互交往中，原始的社会广告活动发挥了重要作用。

这种原始的信息交流活动，最开始是面对面的交流，随着人类思维和技术的进步，逐渐开始借助一些简单的媒介物来传达信息。这些社会广告所传播的内容首先是与当时的生活生存情况息息相关的，比如在采集食物过程中为彼此通告而发出的有节奏的呼喊声、遇到危险情况时发出的警告，以及为捕获到猎物所进行的庆祝活动等。虽然这些信息交流在今天看来比较简单，但是这种活动既向特定群体传达了有意义的信息，同时这些信息也具有较强的可识别性，具备了广告活动基本的要素。所以，我们认为它们是早期社会广告的雏形。这种简单原始的信息交流因为人类社会生存发展的需要而产生，同时伴随着社会的发展经历了不同的发展时期，并获得自身不断丰富的发展内容。

（二）民族、部落的出现及有目的信息交流活动增多

原始社会广告活动在传递生活信息的同时，也促使人们逐渐组成了一定的社会组织。人们在不断进化和发展过程中，出现了人类社会发展史上的第一个人类社会组织——血缘家族。这是一个以血缘为纽带组成的基本生产和生活单位，在组织内部，人们共同劳作，而在外部，共同抵抗袭击①。当时为了生存的需要，迁徙频繁，集团之间的联系还比较少，此时的信息交流还只是局限在血缘家族内部。到了旧石器时代晚期，生产技术有所进步，采集和狩猎也有所发展，人类有可能从较为频繁的迁徙生活转入相对稳定的定居生活，从而为不同集团之间进行相互联系和交流创造了条件；同时大规模的围猎活动的进行，也需要更多的人参与；而且，随着人类思维的发展，对自身的认识也不断增加。在这些因素的共同促进下，人类社会组织在形式上由血缘家族过渡到了氏族公社。氏族公社的重要特征之一表现在婚姻形式上，就是由血缘家族时期的“族内婚”转为氏族之间的“族外婚”。这种婚姻形式的进步不但有利于人类体质的进步，而且由于互相通婚的氏族组成了早期的部落，使得人们的活动区域得到扩大，人类信息交流的范围也从氏族内部扩大到了两个或更多的氏族之间，交流的信息内容也随之丰富，形式也日益趋于多样化。这一时期，反映原

---

① 参见高海林、阎照祥主编：《世界通史（古代史卷）》，河南大学出版社2000年版，第11~12页。

始人生产生活情况的洞穴壁画、帮助人们记忆的结绳，以及各种生活用具上简单的图画和象形文字，都是原始人渴望交流、表达情感的最直接例证，也是较为原始的广告形态。

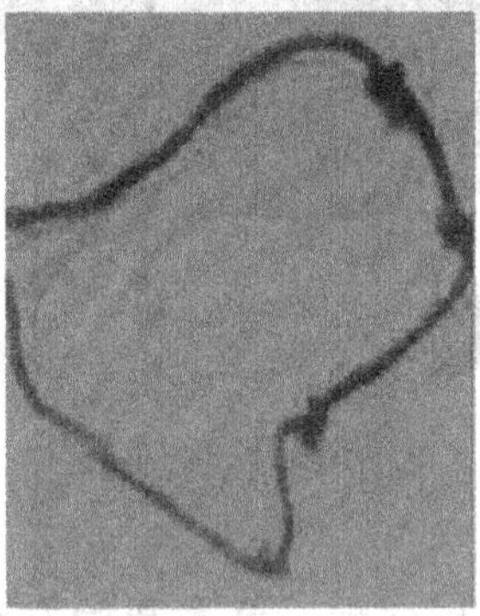

结绳记事

原始社会广告媒介除了烽火、鼓号、结绳等外，最主要的形式是原始人居住的洞穴。人们通过在岩壁上刻下记载他们日常生活情形的图画信息。由于此时的原始人类有了最早的宗教信仰和仪式，所以除了传达早期人类生活的踪迹外，这些壁画外还包含了很多丰富的文化科技艺术信息。比如刻于法国洛赛尔岩壁上的妇女浮雕，表现的是一位右手举着只角状容器，可能是在执行某种宗教仪式的妇女或女族长，也有可能是在执行祈祝丰产的仪式①；而很多壁画则刻画猎物被矛头击中打死，以此祈祝狩猎的成功。类似的很多旧石器时代的洞穴壁画都是原始人传递信息的媒介。还有很多洞穴中的动物形象则是表现部落图腾崇拜的偶像或象征部落聚会的神物。

一些原始艺术品也反映了原始人类已经开始研究自然现象的情况。这些原始艺术品也被认为可能是传递某种科技信息的工具。比如学者利用显微镜和红外线观察，发现一些壁画形象和角骨上刻有不断重复的规律痕迹，就认为这样的刻画可能代表了原始人类对节令和日历的观察，因而具有季节符号的意义。而某些看似随意的组合则包含了一些自然信息，如在法国蒙特加尔出土的一只鹿角指挥棒，其上刻画了紧凑排列的两只海豹、两条蛇、一只鲑鱼和三根野草，经过研究，并根据动物们所表现出的特征综合判断，学者们认为这是一幅表现春季来临时候的气候观测图，可解读为：春风初拂之时，鲑鱼四处回

① 朱龙华：《世界历史（上古部分）》，北京大学出版社 1991 年版，第 24 页。

法国洞穴岩画

游，海豹相互追逐，蛇类进行交配，草木开始发芽①。法国拉斯科克斯山洞里，有一匹圆腹短腿、细步慢跑的“中国马”，被认为表现的是马在夏季换毛的特征，因而这种壁画形象具有季节符号的含义②。

原始人类在战胜自然求得生存的过程中，往往通过这种独特的方式进行彼此间的信息交流和传播，不断提高自身的凝聚力和生存能力。

约一万五千年前，随着原始人类开始使用复合型工具和磨制石器，人类社会开始由旧石器时代向新石器时代过渡。磨光石器的使用使社会生产力得到了提高，产生了原始的农业和畜牧业。其意义在于随着原始农业和畜牧业的产生，人类的经济活动由旧石器时代的攫取型转为生产型，食物来源得以丰富和稳定，人们生活水平提高，为人类的定居生活和人口的增长提供了条件，出现了规模较大且有一定布局的村落。并且原始人类开始研究自然，产生了初步的天文、地理、生物学、数学等知识，促进了人类文明的进步和发展。

随着农耕和畜牧业进一步的发展，在适宜经营农业的地区出现了一些以农业生产为主的定居部落，而在适宜进行畜牧养殖的地区，出现了以放牧为主要经济活动的游牧部落。农业和畜牧业的分离，即人类历史上出现了第一次社会大分工，极大地促进了劳动生产率的增长。于是不同的部落内部开始出现产品剩余和积累，为了换取自己需要而又不生产的产品，不同部落之间的交换开始变得经常化。随着这种交换的经常化，手工业发展日益呈多样化和专业化趋

① 参见朱龙华：《世界历史（上古部分）》，北京大学出版社 1991 年版，第 33 页。

② 参见朱龙华：《世界历史（上古部分）》，北京大学出版社 1991 年版，第 32～33 页。

势，最终导致手工业从农业中分离，即第二次社会大分工出现。第二次社会大分工，使产品的种类和数量显著增多，于是出现了以直接交换为目的的商品生产。此时的交换不再局限于两个部落之间，而是在数量更多的部落间进行，甚至远达海外，方便商品交换的货币也出现了。频繁的商品交换活动逐渐产生了专门从事商业的商人，恩格斯称商人的出现为第三次社会大分工①。人类进入了原始商品生产和交换的时代，为了使商品顺利交换出去，各种传达商品信息用来招徕顾客的经济广告产生了。在沿海一些经济发达的地区，产生了最早的叫卖、陈列、音响、招牌、唱曲等多种广告形式。

(三) 阶级国家出现及有目的的信息交流活动的增多

原始社会末期，随着社会生产力的发展，导致了一系列的社会变革。在社会组织上，父系氏族公社取代母系氏族公社；社会分工导致物质文明的进步以及私有制和阶级的出现；随着农业技术的进步，生产趋于个性化，个体家庭出现，贫富的差别加剧，共同促使以血缘关系组成的氏族逐步解体，人们开始按照地域聚集组成村落。而部落之间战争的增加和军事民主制度的发展，使早期的部落首领逐渐成为掌权的军事领袖，个人权威迅速增长。总之，到原始社会末期，面对日益加剧的贫富分化、频繁的战争、早期的阶级斗争和各种矛盾的不断激化，能够处理这些矛盾并稳定社会秩序且具有强制性的统治机关——国家诞生了。

随着人类历史的不断前进，作为人类信息交流需要及社会需要产物的广告，无论在内容上还是形式上，都在一定程度上得到了丰富和发展。

## 二、文明产生的地区及原始广告形态

(一) 早期文化、军事、商业广告的萌芽

原始社会解体后，在世界范围内，出现了早期的城邦国家，它们拥有共同的社会特征。首先，在一定区域的聚集人群中，已经有好几个互相联系且人口在5 000人左右的城镇、集市或城市，这表明经济获得了发展，人们之间的联系会更加紧密。其次，已有独立创造的文字体系，或者借用部分外族文字，形成自己的文字。这为人类进行更为复杂的经济活动和文化活动以及信息交流提供了方便的条件。人类开始不断地进行文化交流活动，随之，产生了有关文化广告的萌芽。再次，这些地区已经出现纪念性的建筑和进行仪典活动的中心场

---

① 高海林、阎照祥主编：《世界历史（古代史卷）》，河南大学出版社2000年版，第22~23页。

所①，这表明早期的国家统治机构已经形成，并有了统治人民的工具。这些文明地区不但是世界文明的摇篮，也孕育了早期政治广告的形态。

商业活动的出现带动了经济广告的发展。地处陆海交通枢纽的腓尼基，由于地理条件的优越和航海条件的便利，成为古代一个重要的商业地区。公元前1000年中叶，腓尼基商人几乎独霸地中海地区的商贸活动，他们在主要的贸易大道两旁的土岩上刻上代表方向的表牌，被视为最早的路牌广告。而在古希腊和罗马，一些商业较为发达的沿海城市广告已经出现了叫卖、音响、文图、招牌等多种形式。古代迦太基人商人把商品的情况编成歌曲、小调，用动听的声音伴着工具的音响唱出来，组成了叫卖交响曲。在古代雅典，出现了类似四行诗的化妆品广告，大街上则经常有官方派的人员向市民口头通告商品的上市行情等。

文字的发明和文化活动的进行，促使了早期文化活动开始萌芽。而早期奴隶制国家之间为争夺土地、财富和水源，经常发生战争，互相兼并。频繁的战争打破了之前较为封闭的生存状态，密切和扩展了人们之间的联系，加强了各地之间经济和文化的交流，不同的文明相互碰撞，不断融合，共同推动了社会向前进步。伴随着这些军事活动的进行，用来宣传战争和推动战争活动的军事广告产生了。而早期的国家统治阶层为了对内的统治和对外城邦交往的需要，则促使了大量政治广告的出现和繁荣。这一时期，政治、军事广告也是推进文明进步的利器。

### （二）五大文明地区的广告环境与广告表现形态

原始社会解体以后，在世界范围内最早进入文明社会的有五个地区，主要包括埃及的尼罗河流域、西亚的两河流域、南亚的印度河流域、东亚的黄河流域及欧洲的爱琴海文明地区。这些地区由于自然地理环境优越，文明发展程度较高而率先进入文明社会。在这些文明区域中，广告环境也相对优越，广告表现形态较之其他地区也更加丰富。这里选择具有代表性的尼罗河流域文明、两河流域文明及爱琴海文明分别加以阐述。

位于非洲东北部尼罗河流域的埃及，地理条件极为优越，尼罗河每年一次的定期泛滥，给两岸带来肥沃而松软的黑色淤泥和充足的水源，赋予当地人们以生命的源泉。古埃及人们用自己的勤劳和智慧在这片沃土上开垦、筑坝，并不断从中获取如水产品、纸莎草、泥砖、牲畜等其他生活用品，发达的农业

① 朱龙华：《世界历史（上古部分）》，北京大学出版社1991年版，第62~63页。

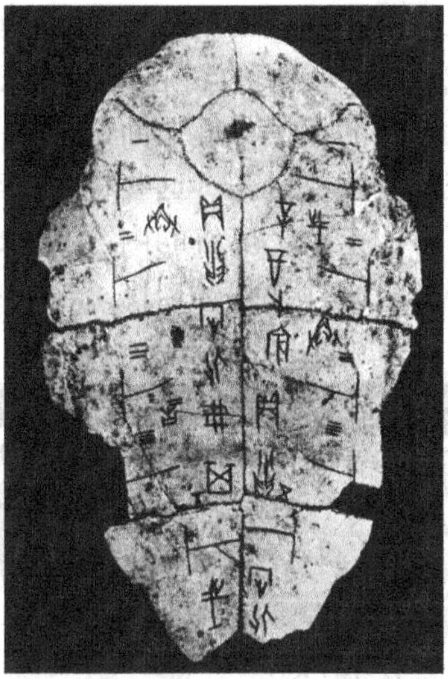

龟甲占卜

文明得以出现，从而开创和发展了人类最古老的文明①。在长期的生产活动中，古埃及人创造了自己的图画文字，并在画壁上创造了早期的绘画作品，其中记载了尼罗河河上穿梭的船只、各种祭祀场景，以及手举权力象征物的大人物等，并创造了比较原始的类似徽章性质的图案用来传达特定信息②。而在当时的一些陶器或象牙制作的小雕像装饰物上，刻有图画文字，用来表示器物所有者或使用者的姓氏、身份、器物的性质以及有关吉祥、祝福等内容。早在公元前约3500年，奴隶制国家初步形成。这些最初的国家成为“诺姆”，数量有十几个，但规模较小，人口不多，都以设防的城市为中心。各个诺姆国家之间为了争夺土地、财富和水源，经常发生战争，互相兼并。战争的频繁使得军事广告和政治广告在这一时期大放异彩。由于物质条件的限制，这些早期的军事广告还只是借用一些简单的媒介，比较有代表性的当属调色板和权标头。其中，考古学家在希拉康波里“大宝藏”发现的“纳尔迈调色板”最具有代表性。调色板是一种雕刻精致的石板，背面有一圆臼用来研磨在重要典礼时涂在国王眼皮上的颜料，因而是很名贵的礼品。因为该调色板上刻的王名符号读音

① 参见高海林、阎照祥主编：《世界通史（古代史卷）》，河南大学出版社2000年版，第30页。

② 参见朱龙华：《世界历史（上古部分）》，北京大学出版社1991年版，第72页。

如纳尔迈，因此得名。调色板正面的浮雕，表现了纳尔迈王头戴象征上埃及的白冠，为打击以鱼叉为象征的下埃及三角洲敌人，率师北征并取胜的情景。背面则刻画了纳尔迈王头戴代表下埃及的红冠，凯旋庆功的场面①。除此之外，还有很多类似的调色板，国王的权标头等上面记载了一些重要的军政大事，诸如国王迎娶、战争中虏获的奴隶数量等。这些精心雕刻的器物和内容，都是早期政治广告的形态，它们不但丰富了广告的内容和形式，而且作为一种特殊的文化载体，也为人们了解当时的社会状况提供了栩栩如生的史料。

纳尔迈调色板

在尼罗河畔的埃及人创造高度发达的世界文明之时，亚洲西部底格里斯河和幼发拉底河的两河流域也成为人类最早的文明发祥地。两河流域的最初文明是由居住在两河流域南部的苏美尔人创造的。早在公元前4000年左右，苏美尔地区开始向文明时期过渡，形成了数十个早期奴隶制城邦。为了争夺土地、水源、奴隶和财富以及霸主地位，各个奴隶制城邦之间进行了长达几个世纪的争霸战争。这些小国在相互兼并中互相融合，使得彼此之间的商业、战争、婚姻等关系不断密切。公元前3000年左右，虽然苏美尔地区政治上尚不统一，但政府能够有效地发展水利灌溉工程等，各城邦附近的农田得到充分利用，农业、畜牧业和手工业不断发展②，对外往来日益加强，与周边的地区以及远方地区开始进行频繁的商业贸易活动。这一时期，苏美尔文明的一项重要成就就是发明了圆柱形印章，它既是私有制的物证，也被广泛用于商业贸易，应该是早期商标广告的雏形。苏美尔文明的另一项重要的文化成就是发明了苏

① 参见朱龙华：《世界历史（上古部分）》，北京大学出版社1991年版，第75页。

② 马克垚：《世界文明史（上）》，北京大学出版社2003年版，第10页。

美尔的楔形文字。其实早在公元前4000年左右，苏美尔人就创造了图画式的象形文字，最初是简单的一符一意，后来又出现了表意符号、表音符号和指意符号，逐渐形成一套比较完整的文字体系。约公元前1894年，一支阿摩利人在两河流域南部建立了巴比伦王国，开创了古巴比伦王国统治的鼎盛时期。古巴比伦积极从事商业活动和战争，并在数学、天文学等方面有不少的发明，他们把苏美尔人的楔形文字继承了下来。楔形文字是用三角形的木棒或芦苇做“笔”，用软泥版做“纸”，用绳子在泥版上压好一行行的小格子，在上面进行书写。由于落笔处印痕较为深宽，提笔处比较细狭，其形状犹如木楔，故称楔

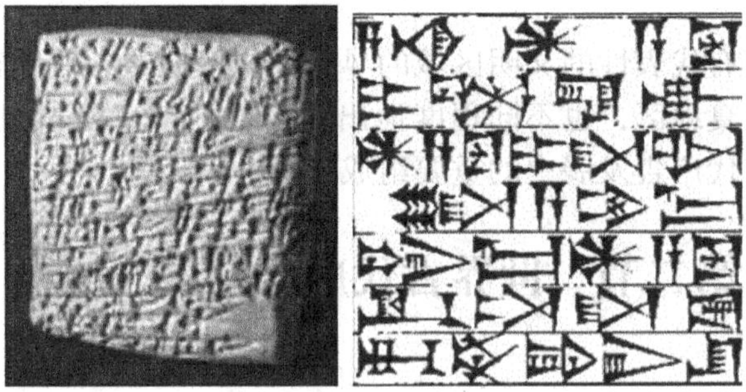

楔形文字

形文字①。写上楔形文字的泥版晒干以后，就变成了一页页可以保存的“书”。这些书的内容，初期主要是记录经济账目等，后来随着这种文字的成熟和推广，其内容也兼及政治、文学、科技等，成为反映整个文明面貌的文字工具。由于两河流域经济活动繁荣，所以除了这些文字性的社会广告之外，也可以推测当时已经产生了宣传商品信息的文字广告。由于古巴比伦时期奴隶制得到了高度的发展和繁荣，所以这一时期统治者用来宣扬功绩和政策的各种政治广告也得到了很大的发展。例如，记载了拉格什与乌玛之间战争的《鹫碑》，以浮雕表现了拉格什王率领重装步兵士气高昂前进时的情形。公元前2000年左右，那拉木辛的《胜利纪念碑》，在一块两米多高的锐角三角形沙岩上，刻画了国王率士兵挺进山区消灭敌人的情景，在胜利女神特斯特光芒的照耀下，国王英姿飒爽地走在队伍前列②。除此之外，还有早期户外政治广告的

① 参见高海林、阎照祥主编：《世界通史（古代史卷）》，河南大学出版社2000年版，第75~76页。

② 参见朱龙华：《世界历史（上古部分）》，北京大学出版社1991年版，第180页。

典型代表《汉谟拉比法典》等。

古希腊半岛的爱琴海文明也是人类文明的发祥地之一。根据考古资料反映，克里特岛在早期米诺斯三世时期（约公元前2200~公元前2000年），进入了原始社会的最后阶段。这一时期的人们，已经普遍使用私人印章，发明了线形文字B，并建立起了奴隶制小国家，当时的王宫里已经建起了自己的档案室，里面藏着珍贵的米诺斯文字的书写材料，其中还有印章，以及刻有文字的泥版、泥球、泥棒等。到了公元前1400~公元前1300年间，随着经济的发展和进步，在王室城堡的下方，出现了比较广阔的市区，一些富商大贾居住其间，线形文字B的泥版文书被广泛应用于商业账目的记录和商业的货物单据的保存等①。

除了上述具有代表性的文明区域的早期广告发展的各种形态外，在其他文明区域特别是华夏地区，也不同程度地出现了各种丰富多彩的原始广告形态，这些都是世界古代广告发展史的重要组成部分。

## 第二节　世界古代广告发展的历程

### 一、世界古代广告发展的两条基本线索

#### （一）政权更迭与政治、军事广告的发展

人类社会进入文明社会之后，作为社会文化形态之一的广告，也进入了快速发展的时期。

社会广告内容涉及政治、军事、文化等多方面的信息，它伴随着社会形态的变化、政权的更迭，以及社会活动的发生而不断得以丰富和发展。从分散的奴隶制城邦到统一性的地区国家，从奴隶制的帝国到封建制的帝国，每一次政治的变迁和政权的更迭，都影响着政治广告形态的演变。从奴隶制城邦时期用来表示国王权力和地位的权标头，记录国王丰功伟绩的各种精美的器物和用品，到帝国时期为了炫耀自己的功业和宣传自己的统治而在交通要道的山崖上勒石刻碑，内容上也由最初的信息记载逐渐变成刻意的信息夸张和宣扬。

最初的奴隶制城邦之间为了争夺土地、水源、奴隶和财富而进行频繁的战争，服务于战争军事活动的军事广告就诞生了。此后的几千年里，不同的国家和集团为了各种利益纷争，大都付诸武力解决争端，战争便从此无间断。伴随着人类无休止的战争，军事广告得到了充分的发展。从原始的利用狼烟传递军

---

① 参见朱龙华：《世界历史（上古部分）》，北京大学出版社1991年版，第337页。

事情报，到公元前 490 年 9 月，在希波战争中，希腊人以少胜多成功抗击了波斯人的入侵后，士兵裴力庇第斯迪皮茨从马拉松战场跑回到四十多公里外的雅典，向聚集在广场中央等待战争消息的人群高喊“大家欢呼吧，雅典胜利了！”① 这次人类传播史上经典的口头军事广告，再到后来广泛应用的各种石刻公告、军事公报等，军事广告从内容到形式再到传播的区域都得到了丰富和扩大。

（二）商业发展与经济广告的兴盛

从人类社会出现第三次社会大分工以后，专门从事商品交易的商人阶层出现，商品生产和商品交换日益频繁和繁荣，用来宣传商品、招徕顾客的商品广告便应运而生。最初的商品广告产生于商业贸易比较发达的地中海地区，迦太

昔日繁华的古罗马城

基人的歌曲叫卖音响广告，古代雅典人的陈列、音响、文图、诗歌、招牌广告等。随着国家中心城市的繁荣和商业的兴盛，广告活动增多，在罗马城内所有的房屋上都有一处专门用来写广告的信息壁，商品广告的种类和数量大幅度增加，内容更加丰富。古罗马灭亡后，进入文明毁弃的中世纪，文字被垄断，经济遭到破坏，广告进入发展史上的萧条时期。从 10 世纪开始，在交通便利、有消费者聚集的地方聚集了工商业者，城市开始兴起，并逐渐成为遍布世界各地的普遍现象。城市的兴起和商品货币关系的发展共同促进了国内市场的形成。而伴随着人类活动能力的不断增强，东西方的交流和贸易来往有了很大的发展，贸易的发展同时也反过来促进了城市的繁荣。工商业进一步发展，交换

① 杨海军：《失落的文明·波斯》，三联书店（香港）有限公司 2005 年版，第 60 页。

的地点不断扩大增多，使国内逐渐形成了全国的经济中心，一些经济较为发达的中心城市像巴黎、伦敦等和全国都有了密切的经济往来。通过商品交换，人们的地域观念逐渐消除，城乡交往进一步加强。这一时期的经济广告得到了很大的发展和提高。公元12世纪中叶，法国的贝星州出现了得到国王路易斯七世特许的12人叫卖队，他们作为专业叫卖队，以为商店叫卖商品挣取收入。公元13世纪，法国国王颁布《叫卖人法则》，以政府的名义对专业叫卖予以规范，从中可以推测出叫卖队在当时的法国已经具备了一定的规模和地位，叫卖广告也是当时人们推销商品的重要工具。

## 二、世界古代广告发展的几个阶段

世界古代广告在不同的地区其发展时间和形式虽然不尽相同，但其基本规律都是相同的。在漫长的社会发展进程中，广告的发展是同一定历史时期的社会政治境况以及生产力和文化科技的发展水平密切相关的。人类社会生活的需要促使了社会广告的产生，各种政治变迁和动荡使得社会广告不断在内容和形式上丰富和发展。生产力的发展、商业的产生、经济的发达繁荣带来了经济广告的出现和进步。广告的兴盛反过来又促进了社会文明的交流和进步以及经济的发展和繁荣。然而，广告的发展始终要受到社会政治经济发展水平的制约。

综观世界古代广告的发展历史，可以分为几个阶段。

首先，按社会性质划分，从人类社会产生到公元前4500年前后，奴隶制社会的解体和人类文明产生，这一时期，属于原始社会时期。这一阶段的广告，内容上仅限于与人类生存状况密切相关的信息，以及有关原始人类的原始宗教信仰和对自然现象的观察和初步研究；在媒介的利用上，受生产力水平的制约，大多通过口头、肢体语言、自然物以及原始人类居住的洞穴等。

从文明社会的产生到封建社会的建立之间的奴隶制社会时期，随着城邦国家的出现和各种军事活动的频繁进行，这一时期的政治广告、军事广告等社会广告逐渐产生并兴盛；但这些政治广告的媒介，大都选择处于交通要道的岩石上，或者特制的石碑、泥版等。同一时期，商品活动产生并获得一定程度的发展，商品广告随之产生；在媒介方面，文字的发明和使用，使得文字广告出现，科技和生产力的进步，为广告提供了更加丰富的形式，诸如布告、诏书、政令、诗歌、招牌、叫卖、音响等。

进入封建社会后，商品经济得到了很大的发展，城市的兴起和繁荣，促使地区性贸易中心出现，贸易活动的频率和范围得到了扩展，经济广告得到了长足的进步，其形式和内容进一步丰富，出现了专业为商店叫卖商品的叫卖队等。各种实物广告，诸如旗帜、招牌等广泛使用，广告内容丰富多彩，涉及经济和生活的很多方面。从上述方面可以看出，在广告发展的漫长历史中，社会广告最先产生，并在很长的时期内占有很大的比重。到了商品经济产生后，经济广告出现，伴随着经济的不断发展进步，经济广告的数量增加，比重也逐渐由小到大。这也再次证明了广告作为有效的信息传播方式，它不但服务于经济的发展，也同样服务于人类文明的交流和传承。

在世界文明的发展历程中，广告有着不可磨灭的贡献。从最原始的社会广告开始，它就有效地传播了本民族的文化，加强了各地之间的交流和融合。到了后期，伴随着人类的足迹所到之处，各种不同的文明相互碰撞，最终导致先进的文明和生活方式逐渐占据主流。从这个意义上讲，广告引领了世界文明的发展方向。经济广告的出现就是适应经济发展的需求而产生的，随着广告的发展，同时促进了商品经济的繁荣和兴盛。使人们随着经济范围的扩大，而逐渐打破地域的限制、城乡的隔离，形成地区性的商贸城市乃至国际性的大都市。

## 第三节 古代世界不同地区具有代表性的广告形态

### 一、法老的权杖

尼罗河流域的埃及是世界上最早进入文明时期的国家之一。早在公元前3500年左右，埃及就出现了数十个的奴隶制诺姆国家，各个国家之间战争频繁，奴隶制得到发展，王权不断巩固和加强。这一时期也出现了很多有关王权的器物。法老是古代埃及的最高统治者，象征其权力的标志就是他的权杖，又叫权标头，权标头是一个中心钻孔、被插于权杖顶端的球状石块。在一些重要的军政大事或仪式上，法老通常都要手持权杖来表现自己尊贵的王者地位。而在权标头上，通常是刻一些代表神权和王权的符号，或者是国王当政时期一些重要的军政大事和其功绩。所以权杖既是宣扬法老权威的神圣之物，同时也是向世人弘扬统治者的丰功伟绩、彰示天下的政治广告。

流传至今的权标头中，最著名的当属“蝎王权标头”。它发掘于希拉康波里神庙区，保存得比较完整，是传说中埃及的一位统治者蝎王统治时期的文物。它的上面刻有表现蝎王主持开渠仪式和其武功业绩的浮雕。蝎王手持木锄在随从的陪伴下在河边运土，而奴隶们在田间辛勤劳作。这些都意在向人们宣扬国王重视水利和国家内政建设。除此之外，权标头上还刻有很多有关军政活动的象征符号。例如，蝎王头上戴的王冠，形状如一个倒置的圆形漏斗，史称之为白冠，代表了整个上埃及地区的最高统治权。还有一系列代表各城邦（诺姆国家）的旗帜，因为蝎王是这些诺姆国家的头领，所以在权标头上，他

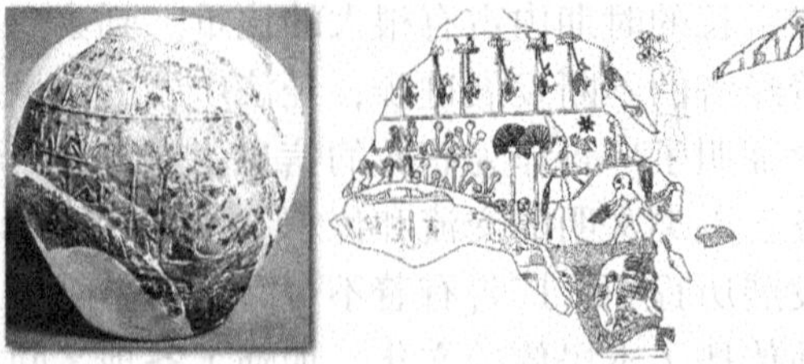

蝎王权标头

的形象比其他人物大上几倍。此外，在他的身后还有两个仆从为他执扇（相当于我国的华盖），仪式虽简单却也突出了其王者气概①。

这些内容生动地向人们展示了古埃及统治者利用手中权杖展示王权，并宣扬其功绩的情形。因为权杖是为当时的人们所准确识别并认同的标志物，其本身又是一种显示和宣扬，所以人们认为它是古代政治广告中实物广告的典型代表。

## 二、苏美尔圆柱形章

两河流域的苏美尔人创造了世界上最古老的文明。圆柱形印章是苏美尔文明的重要成就之一，它随着私有制的发展而出现，并不断得到流行和普遍运用。

它大约出现在乌鲁克时期（公元前3500~公元前3100年），并随之盛行起来。印章在湿软粘土上压印成文，制成圆柱形或圆筒形，目的是便于滚动压印，图案则凹刻于柱面上。材料多选取名贵石料，一般是刻一些和主人的姓氏或身份有关的神话人物、徽记等，并在图案中杂以文字符号。印章是表明了物主的标记，压印于瓶罐、箱柜，或门窗的封泥上，既是私有制的证物，也广泛用于商业贸易，表明商品的物主或制造者的名号或信誉②。

圆柱形印章用在商品上最初仅起标识作用，到后来则发展为商人或工匠在自己出售的产品上签刻姓名以示所有权或信誉的特定标志，这些都应是现代商标的最初雏形。印章使用的目的即是为了用于识别和区分，故其也是早期广告

---

① 参见朱龙华：《世界历史（上古部分）》，北京大学出版社1991年版，第73~74页。

② 参见朱龙华：《世界历史（上古部分）》，北京大学出版社1991年版，第157~158页。

的表现形式之一。

三、汉谟拉比法典石碑①

古巴比伦是古代西亚地区文明中心——两河流域文明的集中代表，后世称之为古巴比伦文明。

汉谟拉比法典石碑

汉谟拉比是古巴比伦王国的第六位国王，在其统治期间（公元前 1972～公元前 1975 年），巴比伦全境得到了统一，文治武功皆取得了空前的成就，而其颁布的《汉谟拉比法典》则是最能代表其文治武功的纪念碑。

记载法典全文的石碑现藏于巴黎卢浮博物馆，是由法国考古队于 1901 年在苏撒遗址发现的。法典石碑由三块黑色玄武岩合成，其高约 2.25 米，略呈

① 参见朱龙华：《世界历史（上古部分）》，北京大学出版社 1991 年版，第 185 页。

柱形，碑顶近似半圆，碑身上部窄下边宽，上部周长1.6米，下部周长1.9米，故又称为柱碑和石柱。碑的上部刻成一块两尺见方的浮雕，代表太阳与正义之神沙马什侧着身坐立，右手拿着王权标授给站于其前的汉谟拉比。碑文则分栏绕行而刻，分为序言、正文和结语三部分，内容涉及当时社会生活的各个方面，处处体现着保护奴隶主阶级利益和奴隶制国家的性质，而序言和结语则概述了汉谟拉比文治武功的业绩和立法订制的宗旨，也集中体现了法典刻制的意义：一是把用来维护国家和阶级统治的各项规章制度昭告民众，并使其遵守执行；二是向天下宣扬自己的丰功伟绩，笼络民心以巩固统治。

从中不难看出，《汉谟拉比法典》作为阶级国家政治统治宣传的载体，其本身便是一则重要和具有影响力的政治广告。

**四、贝希斯敦铭文①**

波斯帝国著名的皇帝大流士（公元前522~公元前486年），具有雄才大略。即位后，立志于平定国内不安定的政治局面，在经历过18次战役擒获暴动首领、平定国内各地叛乱之后，踌躇满志。于是在公元前520年，他令手下人在米底都城爱克巴坦那通往巴比伦的大道间，选择了一处雄伟宽阔的山崖用以刻石记功，并于同年秋天完工，这就是历史上著名的《贝希斯敦铭文》。

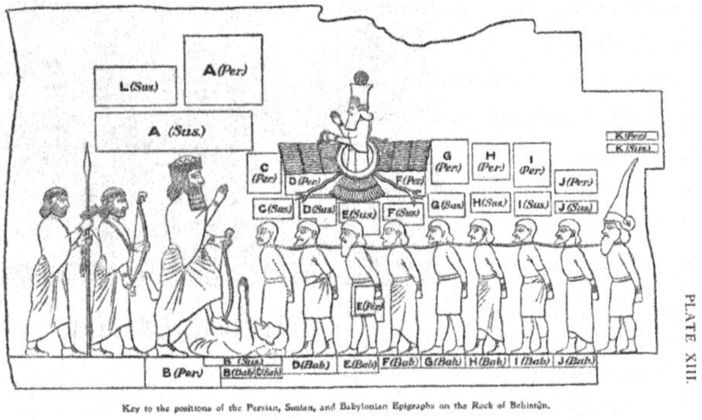


贝希斯敦铭文

《贝希斯敦铭文》共有15 000字，是所有波斯铭文中最著名的一个。它的内容刻在山崖中央最开阔的壁面上，上部是一组浮雕，表现的是昂然直立的

① 参见朱龙华：《世界历史（上古部分）》，北京大学出版社1991年版，第234~235页。

大流士，脚踏在叛军首领高墨达身上，左手握弓，右手则伸向天空，对其上方的波斯主神阿胡拉马资达飞升圣像行礼，其前是被俘获的18个暴动首领，他们的脖子都用长绳系着，双手捆在背后，低头而行，大流士身后则是两位侍臣。石刻下部是用波斯楔形文字刻写的全文，内容依次提及各地的起兵反叛和大流士的征讨得胜，而在浮雕与波斯铭文左侧，又附以巴比伦楔形文字和埃兰楔形文字的对应译文。这样做的目的，显而易见是欲使其内容在更广阔的地区和更广泛的人群中得以顺利传播。而序文和结尾则是宣扬王权和神的意志，警示人们遵守其制定的法律规定。

两年后，即公元前518年，大流士又从中亚远征斯基太人，俘其首领，于是铭文中又加上这次远征的内容，并在浮雕上加刻了第19个“戴着尖帽子”的斯基太头领之像，以此来宣扬大流士的威武和功德圆满。

这些内容和表现形式都突出了其作为早期政治广告的功效，也是早期户外广告的雏形。

**五、印度阿育王的石柱与石刻文献**

古代印度的孔雀帝国时代的阿育王，推崇佛教并热衷于宣扬教义。他在执政期间，在各地广泛刻制铭文，用诏谕或敕令的形式宣扬自己的军政业绩，并广泛传扬佛教号召臣民尊王信佛。其中那些刻于岩石和石柱之上的铭文，被称为阿育王石刻与石柱文献。

阿育王石柱

石柱诏谕实际上是独立的纪念碑，一般是用整块岩石雕凿而成，高则达数十尺，重达数十吨，柱身刻诏谕铭文，柱顶则雕镂成华丽的图案。由于其目的多是为弘扬佛教、宣示法轮常转之物，因此内容也以宣扬佛法为主。其中最著名的是鹿野苑的石柱顶部雕刻，其选址鹿野苑，本是释迦牟尼得道后讲法的地方，是佛教圣地之一，阿育王在此立宣扬佛教的石柱，其意义和宣传效果可见一斑。全柱高达70多尺，尤其引人注目的是其柱头，柱头上雕刻精美绝伦，下部为莲花座，中座圆盘，四侧刻有四法轮及马牛象狮四兽浮雕，上部则刻了四只合体大雄狮，四兽和四狮形象生动，雄伟且富于气韵，今日印度的国徽即取其造型图案①。用极具象征意义的图案来传播佛教，不但具有生动形象之特点，又可以为更多的人所理解和接受。它是古代世界的一则兼具政治与文化意义的广告，也是早期图画广告的雏形。

### 六、泥版文书

苏美尔文明的又一成果则是发明了文字。早在公元前4000年后期，人们就在石板或木板上刻以表示各种事物的图画符号和线行记号，画符中有头、手、脚等图像，这被认为是迄今所发现的最早的文字。到后来，文字刻写进一步专业化，泥版和苇笔（或其他材料制成的硬笔）逐渐成为人们常用的书写工具。苇笔刻成的线条头重脚轻，像木楔一样，后来这种楔形笔划固定下来，为日后楔形文字的形成开辟了道路。到了公元前19世纪，这种“楔形文字”被巴比伦人继承下来。人们在湿软的泥版上用绳子压好一行行的格子，用苇笔或木棒之类的硬笔在其上划道道。由于这种线头重脚轻，由粗到细，又类似木楔，所以人们称之为“楔形方字”②。泥版被写上“文字”后晒干，就成了可以保存的书籍或文献，内容十分丰富，包括国王修建神庙、战胜敌人的功绩和一些日常生活的记录。在早期国王建造的图书馆内，几乎都是这种泥版文书。它们对文化和文明的传承无疑起到了一定的作用，同时也说明了当时已经具备了用文字做宣传的条件。由于当时巴比伦的商品交易十分广泛，文字已经用于宣传商品，商人之间用泥版文书来通信洽谈贸易。

### 七、“纸草”广告

在古代埃及，尼罗河不但为两岸的居民提供了有利的自然条件和农业肥料，而且也为人们提供了其他的生活资料。“纸莎草”就是其中之一。它是沿岸盛产的一种类似芦苇的植物，这种植物叶子又长又阔，人们把它割下来后，再把茎干剖为长条，排齐后压制成片，晒干后便成了纸，即所谓的“纸草”，可以在上面书写文字。由于这种“纸草”轻盈、易携带，也被人们作为原始

① 参见朱龙华：《世界历史（上古部分）》，北京大学出版社1991年版，第300页。

② 参见高海林、阎照祥主编：《世界通史（古代史卷）》，河南大学出版社2000年版，第75~76页。

泥版文书

广告的媒介加以使用。据载，在公元前1000多年，在古埃及的首都孟斐斯，这种“纸草”广告传单就曾被散发过。其中一张是寻找逃跑奴仆的，传单呈淡茶色，篇幅约有32开纸大小，内容是：“奴仆谢姆从织布店主人哈布处逃走，坦诚善良的市民们请协助按布告所说，将其带回。他身高5英尺2英寸，面红目褐。有告知其下落者，奉送金环一只；将其带回店者，愿奉送金环一副。”落款是：“能按您的愿望织出最好布料的织布师哈布”。这被认为是世界上最早的、特殊的“纸”广告①。

① 刘家林：《新编中外广告通史》，暨南大学出版社2000年版，第361~362页。

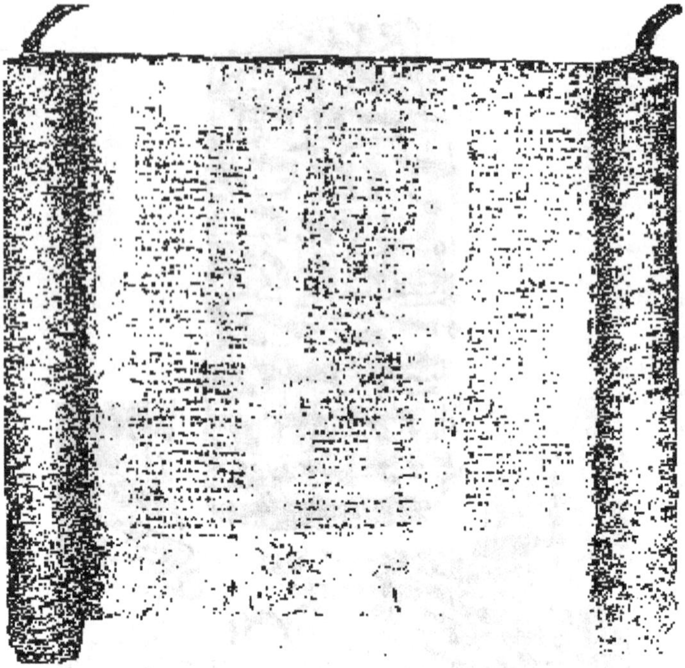

纸草书籍

## 八、罗塞塔碑

罗塞塔碑现存于不列颠博物馆。在1799年拿破仑远征埃及时，其手下在尼罗河口的罗塞塔镇发现了这块高144.3公分、宽72.4公分的石碑，上面刻着埃及的象形文字、俗体字和希腊文三种文字。这是公元前195年，古埃及孟斐斯的祭司（当时的神职员）为宣传、颂扬当时即位的国王普烈玛奥斯五世的功德而写的。此碑颂扬当时的统治者为“太阳之真子，月亮之父”、“人类幸福的维护者”等。

## 九、庞贝古城的广告

公元前510年，古罗马建立了奴隶制的共和国，经济得到发展和繁荣，广告活动增多并兴盛，出现了专门规定的“广告壁”，用来登载各种广告信息。广告内容和形式得到了丰富和发展。

公元前79年，苏维威火山爆发，古罗马的庞贝古城被火山岩石吞没，成为一片废墟。直到1738年，这座沉寂千年之久的古城才被筑路工人发掘出来，

罗塞塔碑

庞贝古城和其墙画

它向人们展现了2000多年前庞贝古城的生活状况。庞贝古城面积约一平方公里，人口2万余人，城内有宗教场所和仪典中心，并出现了专门的商场和集贸市场，广告活动也很普遍，招牌广告、图画广告、文字广告等在纵横交错的街道两旁的建筑物上随处可见。酒店外面挂着常青藤，牛奶店外画着奶牛，茶馆外则画一把水壶悬挂。而建筑物的墙壁上则用油漆写着各种内容的广告，如推销商品、文艺演出公告、寻人启事等，有一则广告写到："一队营房武士，在5月31日进行比武，同时也斗兽。有遮阳光的篷子。"而一则出租房屋的广告则写着："在阿里安的玻利安住宅区，格纳维斯的不动产从7月15日开始出租。房子是带有住宅的店铺和供骑士们居住的房间，如要租用时，向格纳维斯的奴隶提出申请。"除此之外，还有比较早的拉选票的政治广告，如："投马斯洛斯（Marce llus）一票，他是人民的朋友。"据统计，类似这样的墙面广告，在庞贝古城有1 600余处①。

### 十、古代希腊的广告表现形态

位于巴尔干半岛南端的古希腊，在公元前8世纪到公元前6世纪，已经形成了许多以城市为中心，包括周围乡镇在内的城邦，商业比较繁荣。在这些城邦中，以雅典最为著名。奴隶制的发展，不但促进了雅典早期民主制的发展，而且因经济繁荣、手工业和商业比较发达，一些商业广告应运而生。

公元前594年，梭伦进行改革，废除旧制，订制新法。他把这些新法律以及一切有关改革的宪制条款登录成文，写在置于活动框架的木板上，放在雅典市场北侧的国事厅里公开让公民参阅习用，这种政治公开性成为日后雅典民主政治的一大特色②。

每当要举行公民大选举时，声音宏亮的传令官到城里各条街道上、市场周围等大声喊叫，通知"公民"参加选举，这也是早期的口头政治宣传广告活动。

经济广告发展也很迅速，在雅典城内，贩卖奴隶、牲畜、日用品的叫卖声很多。而有的化妆品商贩以四行诗的形式沿街叫卖做广告，词曰："为了两眸晶莹，为了两颊绯红，为了人老珠不黄，也为了合理的价钱，每一个在行的女人都会购买埃斯克里普托制造的化妆品。"③

### 十一、法国巴黎的叫卖队

在西欧，从10世纪开始，在交通便利、有消费者聚集的地方聚集了工商业者，城市开始兴起，并逐渐成为普遍现象，城市的兴起和商品货币关系的发展共同促进了国内市场的形成。东西方的交流和贸易来往有了很大的增加，工

---

① 参见刘家林：《新编中外广告通史》，暨南大学出版社2000年版，第364页。
② 朱龙华：《世界历史（上古部分）》，北京大学出版社1991年版，第382页。
③ 参见陈培爱：《中外广告史》，中国物价出版社1997年版，第226页。

商业进一步发展，交换的地点不断扩大增多，使国内一些大城市逐渐形成了全国的经济中心，像巴黎、伦敦等和全国都有了密切的经济往来，并逐渐发展为国际性的大都市。经济广告在这些城市得到了长足的进步和发展。

公元 1142 年，在法国的贝星州，出现了一支得到国王特许的专业叫卖队，这是一个由 12 人组成的口头广告组织，在大街小巷进行叫卖。他们与酒店商户签定合同，在酒店内为他们做专业的宣传。到了 1258 年，法国政府颁布了《叫卖人法则》，它规定“巴黎的叫卖人可以到任何一家酒店为它担任叫卖工作，店主不得拒绝，但已经雇有叫卖人的例外”；“此等叫卖人可以询问酒店所售酒的价格，以此价目进行叫卖，不论店主同意与否”；“倘若巴黎酒店拒绝雇佣，则叫卖人可依公定价目为酒店叫卖（在巴黎葡萄丰收之年为七毫，歉收之年为十二毫）”。到了 17 世纪中叶，仅巴黎一城的叫卖者就有四百余人。可见其发展的速度和规模。

### 十二、伦敦的商标广告

随着西欧城市的兴起，英国的伦敦也成为了知名的大都市。中世纪时期，商标广告在伦敦比较盛行。商标广告是从最初的实物广告发展而成为象征性的商业标记的。一个盾形的纹章表示客栈；三个修女刺绣图案表示布店；一只手臂挥锤表示金银器作坊；三只鸽子一只杖表示纺线厂；而在伦敦等欧洲城市的街头建筑物上，常可以看到这样的一个标志：一条蛇缠绕在高脚杯上，不用打听，这一定是药店。后来，这种标志被商人或工匠在出售的商品或产品上签刻姓名，并逐渐演变成较为流畅的文字商标。总之，到中世纪后期，商标广告已经普遍应用了。

### 十三、统治者的一些称谓或仪式

自从奴隶制国家建立以后，历代的统治者为了向世人宣扬自己的权威和业绩，喜欢用一些特殊称谓或有代表性的仪式来昭示世人。

在西亚，第四王那拉木辛之世（公元前 2291 ~ 公元前 2255 年）统治时期，自封“天下四方之王”、“神圣的那拉木辛”、“阿卡德的强大的神”等①。在公元前 1700 年左右的古巴比伦国王汉谟拉比自称为“为荣耀而畏神的君主”、“常胜之王”、“四方的庇护者”、“众王之统治者”、“众王之神”、“名哲之君主”、“实行一切计划的贤明的统治者”、“众王之首”、“人民的牧者”、

---

① 朱龙华：《世界历史（上古部分）》，北京大学出版社 1991 年版，第 171 页。

"巴比伦的太阳"等十余种称号①。

波斯的居鲁士在征服巴比伦之后，袭用了两河流域传统的至尊称号："世界之王"、"伟大之王"、"正统之王"、"苏美尔与阿卡德之王"、"天下四方之王"等。到了公元前520年，大流士在平定国内叛乱、功成名就之时，在其宣功铭文上，被称为"伟大之王"、"众王之王"、"波斯之王"、"诸省之王"等②。

在埃及，公元前195年的罗塞塔碑上就歌颂当时的国王普烈玛奥斯五世为"太阳之真子"、"月亮之父"、"人类幸福的维护者"等。

居鲁士像和居鲁士墓

在古罗马，公元前27年，屋大维沽名钓誉出演政治喜剧，元老院的政客于1月16日奉送其"奥古斯都"（兼有神圣、庄严、伟大之意）的尊号，以此象征他已经达到权势威严的顶峰，同时也意味着他的一切实权丝毫不变，历史上则以此事件标志着罗马帝制的全面确立③。公元前2年，他又获得"祖国之父"的最高荣誉，其权力和尊荣至此已经达到无以复加的境地。

如果说各种冠冕的称谓从口头语言上对统治者的威严和尊贵地位做出表现和传达，那么，各种复杂的仪式则力图在视觉上完成这一目标。

在古代希腊，约公元前300年左右，随着亚历山大远征东方，他本人也逐渐学习东方君主，采用豪华阔绰的礼仪，头戴王冠，身穿紫袍，让臣民匍伏在地进行礼拜、下跪、磕头等④。

而在古代罗马，国王在服饰标志和仪式上，都有了很明显的变化，国王在

① 朱龙华：《世界历史（上古部分）》，北京大学出版社1991年版，第185页。
② 朱龙华：《世界历史（上古部分）》，北京大学出版社1991年版，第231页。
③ 朱龙华：《世界历史（上古部分）》，北京大学出版社1991年版，第235页。
④ 朱龙华：《世界历史（上古部分）》，北京大学出版社1991年版，第560页。

隆重场合，必须头戴金冠，身着紫袍，手持鹰头权杖，坐在象牙宝座之上，其旁伴有12位侍从，手捧一束棍棒，上插斧头，即著名的“法西斯”（fasces）权标，象征着军事统帅的绝对权力，日后成为专制独裁的代名词①。

在国王每次率军征战班师回城之时，必须举行盛大的凯旋仪式：国王穿着金紫大袍，脸上涂着朱红色，如同神面，站在四马战车之上，亲率凯旋部队缓缓通过城市街道，直达神庙进行牺牲，而群众则夹道欢呼万岁，场面蔚为壮观。

**思考·案例·练习**

1. 为什么说广告产生的时间和人类文明产生一样久远？
2. 简述世界古代广告是如何伴随着人类文明发展进程由个别现象逐渐成为跨国度、跨地区传播信息的普遍现象的。
3. 简述世界古代广告发展的两条基本线索。
4. 列举世界古代各地区代表性广告形态。

**参考文献**

1. 朱龙华．世界历史（上古部分）．北京：北京大学出版社，1994
2. 马克垚．世界文明史（上、中部）．北京：北京大学出版社，2003
3. 高海林、阎照祥．世界通史（古代史卷）．开封：河南大学出版社，2000
4. 陈培爱．中外广告史．北京：中国物价出版社，2002
5. 刘家林．新编中外广告通史．广州：暨南大学出版社，2000
6. 樊志育．中外广告史．台北：台北三民书局，1989
7. ［德］汉斯·比德曼著，刘红玉译．世界文化象征辞典．桂林：漓江出版社，2001
8. 杨海军．失落的文明·波斯．香港：三联书店（香港）有限公司，2005

① 朱龙华：《世界历史（上古部分）》，北京大学出版社1991年版，第467页。

# 第十五章 世界近代广告的演变（1450~1850年）

【本章提要】1450年，德国人谷登堡发明了活字印刷，使印刷媒体的成长进入一个新的时期，也使印刷广告有了更为广阔的传播空间。广告传播从此时起，逐步进入了大众媒介传播时代，也使广告由国别、地区走向世界成为可能。

**本章内容主要包括：**

※ 近代传播技术的提高与大众传播媒体的发展。

※ 广告由原始形态过渡到大众传媒广告时代。

※ 广告发展以传媒技术的进步作为分期标志。

※ 广告业的发展以社会经济发展为动因、以传播技术的进步而成长。

※ 不同地区的广告发展受到各地政治因素的影响，也有各自民族文化的烙印。

## 第一节 传播技术的进步与广告的发展

### 一、传播技术的进步与广告的新形式

（一）谷登堡发明活字印刷术

1. 传统广告媒体的局限性

文字出现以前，人们之间的信息传播主要是口语传播。口语传播转瞬即逝，记录性差，受空间和时间的巨大限制，只能适用于较小规模的近距离信息传播。文字的产生使人类传播在时间和空间两个领域都发生了重大变革。文字出现以后，人类经历了一个很长的手抄传播阶段。手抄传播效率低、规模小、成本高。据考证，在13世纪的法国，如果要抄写一部小书作为对主人生日的献礼，其成本相当于现在的3 000美元。由于当时文字信息的生产规模较小，

教育的普及程度低，读书与写字的权利都垄断在少数统治阶级手中。因此，文字传播基本上还属于统治阶级的特权。但是，14 世纪欧洲开始了文艺复兴，人们对知识逐渐有了自觉的认识，欧洲的阅读人口大量膨胀，其中包括妇女和上流社会以外的人，这使得文化传播开始向大众化方向发展。

14~15 世纪，欧洲资本主义商品经济开始了最早的萌芽。威尼斯这座濒临爱琴海与近东有着相对频繁贸易的意大利城市，因为政客和商人的贸易需要出现了手抄新闻，并且出现了一批专门待客打听、供应新闻来谋生的人。由于社会对信息的需求，手抄新闻很快从威尼斯流行到各地。但手抄新闻的繁盛并不能满足资本主义经济萌芽时期人们之间大量的信息需求。正如马克思所说的一条朴实的真理："没有需要，就没有生产。"这一状况客观上要求更为先进的传播手段出现。

2. 印刷媒体的优势

印刷时代的到来，是建立在纸张和印刷术发明的基础上的。最早的造纸术和印刷术均出自于中国。早在公元 105 年，中国东汉时代的蔡伦就在前人经验的基础上，利用破布、麻头、旧渔网等制造出比较结实的植物纤维纸。7 世纪，中国出现了雕版印刷。1045 年，宋代的毕昇发明了胶泥活字印刷术。这标志着人类已经掌握了复制文字信息的技术原理。人类开始能够对文字信息进行批量生产。中国的印刷术传入西方以后，德国人谷登堡（1400~1468 年）

谷登堡像和谷登堡印刷厂

于 1450 年发明了铅活字印刷。他用模型铸制铝合金活字，排成版面印制，参照酿酒用压榨架结构，支撑木质印刷架压印书页。因铸制的字母整齐划一，一次排版可连续印出许多张，渐为各国所采用。这就大大提高了印刷的质量和速度，节省了人力、物力，文字信息传播范围得到了前所未有的扩张。古登堡的活字印刷的发明应用，使得普通大众接触知识和信息成为可能，为文化传播向大众化方向发展提供了技术保证，也为之后在欧洲大陆进行的两次思想解放运动（14~15世纪的文艺复兴和16~18世纪的欧洲启蒙运动）提供了物质上的保证，意味着广告信息在媒体上进行批量复制和刊登成为可能，促进了资本主义经济的迅速发展。人类传播由此进入印刷时代，也使广告能廉价、快速地大量复制并使其广泛传播成为可能，近代广告伴随着印刷时代的到来开始了自身最为显著的变化。

（二）广告传播进入印刷广告时代

1. 广告传播的途径和方式的变化

活字印刷的应用促进了广告传播载体的巨大发展，印刷媒体及报刊的陆续出现在很大程度上改善了广告传播途径的单一化状况，广告传播范围也由“小众”变为“大众”，广告成本大幅削减，广告效果大为提高，人类的广告活动由上古时期原始形态的口头、实物、招牌、标识、文字广告等传播方式进入到印刷广告时代。以前面已提到的口头叫卖广告为例，12世纪中叶，法国贝星州出现了得到国王路易斯七世特许的12人叫卖队，他们作为专业叫卖队，以为商店叫卖商品挣取收入。为此，法国政府还专门为这批叫卖广告人颁布了一项法令，名为《叫卖人法则》，规定：“巴黎的叫卖人可以到任何一家酒店为它担任叫卖工作，店主不得拒绝，但已雇有叫卖人的例外。”“此等叫卖人可以询问酒店所售酒的价格，以此价目进行叫卖，不论店主同意与否。”“倘若巴黎酒店拒绝雇佣，则叫卖人可依公定价目为酒店招徕（在葡萄丰收之年为七毫，歉收之年为十二毫）。”可见叫卖广告在当时的法国有一定声誉。但也能看出，叫卖广告必须以人为广告载体，以语言为传播途径，耗费人力、物力，效率低下，传播范围狭窄。印刷术发明以后，广告主们发现利用印刷广告进行宣传活动具有很大优势：它比口头广告寿命长，能从一个人手中传到另一个人手中，保真度高，传播面广，节省人力、物力等。因此在17世纪传单广告和招贴广告取代先前的口头叫卖广告，迅速流行起来。报刊出现后，广告传播媒体转变成为更为先进的媒体：书籍和报刊等出版物。因为书籍和报刊为大众出版物，特别是报刊，在经过一段发展之后，需要越来越专业的组织、越来越细的分工和越来越大规模的资本投入作为物质担保，因此报刊的发行出版开始变为某些专业化的媒介组织所进行的面对大众的、大规模的信息生产和传播活动。大众媒体应运而生，广告传播也由此迈进了大众化时代。

2. 由宗教印刷物到推销商品

中世纪的欧洲长时期处于封建神教思想的统治之下，因此在文艺复兴前期，印刷品刚出现时，最早的印刷品广告仍是宣传宗教内容的。15世纪70年代，在英国出现了有史以来的最早的印刷品广告，广告内容是宣传宗教书籍，发布广告的是英国第一位出版商威廉·坎克斯顿。他将这幅广告沿伦敦大街在教堂门口张贴，向牧师们兜售复活节用的教规书籍。广告长 17.5cm，宽 12.5cm，内容如下：

"需要购买用这个字体印刷成美丽无误的灵魂符咒的二三个礼拜规则的僧侣或其他人，请到维斯特·敏斯特施舍分配所挂有红薯片招牌的店铺里去，价格便宜，请勿揭掉。"

随着文艺复兴运动的不断进行和欧洲资本主义萌芽后欧洲商品经济的发展，印刷品广告由宣传宗教内容逐步转变为商品推销。16 世纪末，传单广告和招贴广告花样百出，内容繁多。既有英国的商业学校的广告，也有法国商人的精致丝织紧身短裤的广告，还有鱼贩公司宣传奉行星期五作为只能吃鱼不能吃肉的斋戒日的广告。1625 年，英国出版的第一本新闻手册《Mareurius Brifanicus》和第一张报纸广告《英国信使报》刊载了一则图书出版广告。1658 年，在刊物《Mercurius Poeiticus》中出现了第一个商品销售广告，内容是售卖中国茶叶。至此，报纸等印刷品开始大量刊登商品推销广告。

## 二、"新闻信"与报纸广告的出现

### (一) 报纸媒体多样化

13~14 世纪，欧洲出现了最早的报纸雏形"新闻信"，其内容是报道市场行情和商品信息。这种新闻信息实际上是一种商业广告。14~15 世纪，意大利由于其有利的地理位置，成为欧洲资本主义商品经济最早萌芽、最发达的地区。威尼斯则成为西欧最大的商业都会，几乎垄断了和近东的贸易，成为各国瞩目的中心。世界各地的政客、商人需要了解威尼斯的情况，这就促使威尼斯出现了一批专门代客打听、供应新闻来谋生的人。这批人自己去收集新闻，自己抄写，自己发行。这些新闻大多是手抄的，俗称手抄报。手抄报公开发行，发行方法有几种：一是将新闻抄写多份，沿街叫卖、兜售，每份收取腓币一枚；二是贴于公共场所，用绳、栏杆等围起来，或是把手抄报张贴于一间房子的墙上，凡阅读者须付一枚小铜元；三是接受加工订货，谁需要什么新闻，这批人就代为打听，收费也较高；四是定期寄给订阅者。这些手抄报纸上面提供的商业与交通信息，已经初步具备了报纸广告的雏形。

16 世纪后期，在德国的法兰克福出现了最早的新闻书。1588 年，奥地利人艾青氏印刷出版了新闻书，每年两册，每册系统地刊登过去 6 个月欧洲、近东各国的重大事件，其中以政治、军事内容为主，间有商业行情。新闻书没有固定的订户，在市场上设摊公开发售，沿用古代印刷书籍的办法，用铅字印刷，可以大量地发行，但发行周期比手抄新闻长。1620 年，荷兰人在阿姆斯特丹开始印刷新闻书，报道德国和欧洲大陆其他国家的政治、军事、商业等新闻，还运往英国高价出售，获利颇丰。在英国，最早出版的《西班牙新闻》、《德国新闻》和《英国新闻》均为新闻书。

17世纪，周刊、日报开始勃兴。1609年，德国奥格斯堡发行了《德国观察周刊》，每星期一张，仅刊登一项新闻。不久，《法兰克福邮报》（1616年）、《马德堡新闻》（1626年）等周刊先后问世。周刊定期出版，有邮局发行，马上吸引了不少订户，办报有了稳定的收入，这就刺激了周刊的勃兴。欧洲各国几乎都在17世纪上半叶有了周刊。1631年，法国巴黎出现了《法国公报》。17世纪40年代，英国出现了《国内纪闻》（1641年）、《国会每日纪闻》（1642年）、《国内新闻周刊》、《每周纪实报》、《英国新闻周刊》等报纸。这些周刊基本上脱离了书本模样，以刊登政治、经济、军事动态为主，间有言论。到1663年，德国莱比锡出版了被认为是世界上最早的日报《莱比锡新闻》。1702年，伦敦出版了《英国每日新闻》，按日出版，四开小张，两面印刷，成为现代日报的始祖。

（二）初期报纸广告形态

16世纪以后，欧洲各国先后完成了文艺复兴运动，封建神权濒临崩溃，资本主义商品经济得到进一步发展，众多城市形成，人口骤增，便利了报刊的新闻搜集和出版发行。交通、通信发展迅猛，在17世纪，欧洲各国的邮路已经连成一片，公路大量修筑。英、法、德等发达国家陆续出现了定期印刷刊物。1609年，德国出现了世界上现存最早的定期印刷报刊《德国观察周刊》。1622年，英国托马斯·阿切尔创办了《每周新闻》，英国的周刊兴旺一时。1631年，法国最早的印刷周报《报纸》出版。到1633年，德国莱比锡出版的《莱比锡新闻》，最初为周刊，后改为日报，这是世界上最早的日报。1665年11月16日，英国的《牛津公报》问世，它是世界上第一个采用单业两面印刷的报纸。报刊的大量发展使广告的影响大为扩大。精明的商人很快发现这一最佳的广告媒体并开始大量使用。从17世纪开始，几乎无报不登广告。广告从初级阶段进入相对发达时期。1625年，《英国信使报》刊载了第一则报纸广告，是一则图书出版广告。1631年，德沃夫拉斯特·勒诺杜创办了第一份官方报纸，并把报纸同广告结合起来。1631年5月，《德国公报》诞生，由国王路易十三特许出版，开始以报道国外新闻为主，后来增加了国内新闻和广告，这是世界上最早刊登广告的报刊。1645年1月，《The Weekly Account》杂志第一次使用了"广告栏"，专门刊登广告，并且正式使用"Advertisement"这个词。1650年，英国《新闻周刊》在"国会诉讼程序"栏目里，登载了一则寻找被盗的12匹马的"寻马悬赏启事"，这被认为是世界上第一篇名副其实的报纸广告。1666年，《伦敦报》正式在报纸上开辟了广告专栏，这是第一个报纸广告专栏，各报争相效仿，这标志着广告正式成为报纸收入主要来源之一。17 世纪中期开始，报纸业以及随之而来的报纸广告业都在稳步增长，广告在报纸版面的占有率也越来越大，有的报纸从头版到尾版全有广告。

## 第二节 大众传播媒介时代的来临

### 一、工业革命与报刊广告的发展

#### （一）工业革命与商业繁荣

第一次工业革命的形成是诸多条件同时汇集的结果，包括资本主义、农业革命、地理大发现带来的新航路与海外殖民地、列国制度的形成、新教徒的精神、重商主义的兴起、科学与人文思想的突破和欧洲大陆所经历的两次大的思想解放运动。特别是风行于 17 世纪的重商主义政策。这是政府主动干涉经济的重大举措，政府政策与商业经济配合，资本、劳力、天然资源、市场与社会风气等条件配合，希望此制度促进国家的繁荣并增加国家的权力。政策内容大多是有关经济政策的计划，尽管最终目标充满政治性，但也在很大程度上扩展了生产量与贸易额，促进了资本主义商品经济的巨大发展。工业革命符合资产阶级的利益，因而受到支持。经济的发展使中产阶级的地位提高，得以增加其政治影响力。工业革命使英国的产业结构发生了巨大变化，制造业（最重要的是棉纺织业）在经济中占据重要地位，从 1782～1855 年间，英国工业产量的年增长率是 2%～4%，比这之前的增长速度至少高出一倍。制造业的兴盛造成了工人的需求量倍增，人口开始迅速地从乡村向城市集中，形成了一批工业城镇。城镇大量兴起，城镇人口急速增长，这便利了报刊的新闻采集和报刊发行。在英国，曼彻斯特、利物浦、伯明翰等城市都是在 17～18 世纪逐步形成的。1770 年，曼彻斯特人口才 1 万，到 1820 年左右达到 35 万。

工业革命为运输业的大飞跃提供了技术保证。1765 年，瓦特发明节省燃料的蒸汽机。1814 年，史蒂芬生将蒸汽机装在机车上，发明了第一部蒸汽火车。1825 年，火车在营业用的铁轨上行驶。1830 年，利物浦和曼彻斯特之间所铺成的铁路成为世界上最早一条名副其实的铁路。所使用的火车，都是史蒂芬生制造的，不论是速度或安全性都比以前大有改进，并且被命名为“火箭号”。在当时，利物浦和曼彻斯特之间的距离是 31 英里，火车平均以 14 英里的时速行驶，证明了火车确实比马车快而载货又多。商业资本的形成及其同货币资本、产业资本的广泛结合，为运输业的大发展提供了经济上的保障。16～17 世纪，地理大发现促成了商业资本发展的大革命，世界市场突然扩大，流

瓦特发明蒸汽机

通商品品种骤增，不同币种的银行汇兑业务大量开展，大量资本开始跨国集中，商业资本同银行资本开始广泛结合，从而形成了大量的资本金注入铁路修筑业和铁路运输业。1836～1837 年及 1844～1847 年间，在英国掀起了一股铁路狂潮，铁路以惊人的速度发展起来。公路网也在不断扩充。信息的传递和报刊的发行随之加速。

（二）商业发展与报刊广告兴盛

17 世纪初，欧洲社会进入到自由资本主义时代，由于 15 世纪末到 16 世纪初的“地理大发现”及新航路开辟的刺激，以及 15 世纪下半期开始到 17 世纪的“文艺复兴”运动的推动，欧洲近代自然科学的诞生，科学技术突飞猛进。这大大促进了资本主义生产力的蓬勃发展，商品经济也得到了长足发展。随着资本主义商品经济的日渐兴盛，海外殖民的不断加剧，世界市场初具轮廓，国际贸易迅速扩张，社会对信息的需求也急剧扩张，早期的新闻书已远不能满足人们每天每时对于信息的需求。17 世纪后半期，报刊在经历手抄新闻和新闻书两个阶段后，德、英、法、美等发达国家陆续出现了定期出版的印刷报刊，周刊、日报开始普及。1665 年 11 月 16 日，英国的《牛津公报》问世，采用单页两面印刷。1702 年，伦敦出版了《英国每日新闻》，按日出版，四开小张，两面印刷，成为现代日报的始祖。周刊、日报的产生，使得个体劳动不能胜任采访、编排、印刷、发行整个过程，需要有一批人分工协作，也需要大量的资本来添置设备、雇佣员工，这就迫切要求资本家的加入。另一方面，欧洲的工业革命和资产阶级革命促进了商品经济的大发展，商品开始繁荣。在市场上，资本家之间形成了初级的产品竞争。资产阶级资本的原始积累增加，资本的集中加速，使资本家独资或合资创办报刊成为可能。资本家们为了推销商品，就需要大量的刊登广告。报纸从广告中可以获得大量利润，使报社成为能够盈利的企业。

印刷工业的大发展和两次席卷欧洲大陆的思想解放运动，促使普通大众掌握一定的文化知识成为可能。随着大工业的发展，各类学校大量地兴办起来，整个社会的文化水准在提高。同时，企业之间的激烈竞争要求资本家雇佣大批知识分子来改革生产工具，需要发展科学技术和其他文化事业。而生产工具的不断改革，产品越来越复杂、精细，需要越来越多的技术工人。产业分工的细化，也要求人们之间需要更多的信息互相了解。这些都在客观上为报刊创造了一定的读者群体。另一方面，伴随着大众读写能力的普及，人们的维权意识不断增强。资产阶级革命过程中，当人们对民主政治、权力分配感到普遍不满的时候，报刊使普通民众有可能了解政治和参与政府管理。印刷媒介开始在社会生活中扮演越来越重要的角色，人们对报刊的需求空前急迫，报刊广告也由此获得了充足的发展空间。1704 年 4 月 24 日，美国《波士顿新闻信》创刊，1704 年 5 月 1~8 日出版的第三期上就刊登了付费广告，这是美国报纸上最早刊登的有偿广告。1777 年元旦，法国第一张日报创刊，该报以报道新闻为主，同时也刊登广告。到 18 世纪末，刊登商品拍卖消息及广告已成为各大报的特色。当时刊登广告的广告主多为书商、药商、化妆品商、船票代理人、房屋出租者等。19 世纪以后，随着报刊发行量的不断增大，广告量也大量增加。以《泰晤士报》为例：1815 年，其发行量为 5 000 份，到 1844 年为 2.3 万份，到 1854 年达到 5.1 万份；1800 年平均每天刊登 100 件广告，到 1840 年每天刊登广告 400 件。据统计，英国在 1837 年有报纸 400 多种，日刊出广告 8 万余条。在美国，1830 年已经有 650 份周刊、65 家新闻日报刊登了广告。

### 二、早期报纸广告的主要内容

#### （一）商业广告的类型

商品经济的发展促进了商品的繁荣，商业广告类型也日益繁盛。16 世纪末，传单广告和招贴广告花样百出，内容繁多。有英国的商业学校的广告，也有鱼贩公司宣传的奉行星期五作为只能吃鱼不能吃肉的斋节日的广告。17 世纪，印刷广告发展迅速，传单广告和招贴广告非常盛行，也开始盛行广告小册子，以适应宣传企业形象的需要。17 世纪中期，法国的《时政要闻》上，有佣仆寻职业、主妇雇佣仆的广告，这成为报刊分类广告的起源。1704 年 4 月 24 日，在美国第一份刊登广告的报纸《波士顿新闻通讯》的创刊号上，刊登了一则广告商们推介报纸的广告，其内容是关于报纸的发行量问题，其文大意为：本报纸向所有需要出售或出租房屋、土地、被盗或丢失货物的人出租版面，刊登广告。这是最早一次媒体为自己做广告的范例。1844 年，美国的《南方信使》杂志出现了杂志广告。1850 年，美国纽约市一家叫“鲁易·泰勒”（Lord&Taylor）的百货店，在马拉的车子外挂了一幅广告，这则广告被认为是美国最早的车厢广告。

17世纪的日本，已经有了企业商标品牌和品牌经营意识。日本人把原本在中国被用来分割房间的帘子用于广告，或者在上面画上商品或者商店的标记（商标）。这样渐渐地演变成商店或者制造商品的厂家的标记。大约在15世纪中后期，日本酒的第一品牌是京都的“柳屋”，商标为六星纹。后来，由于“六星纹”品牌扩大了市场范围，出现了许多模仿该品牌的造酒厂家。应仁之乱（1467～1477年）的时候，业主柳屋家俊向室町幕府的将军足利义政提出诉讼，要求其他业者停止盗用该品牌。诉讼结果没有留存下来，但是后来，柳屋将字号改成了“大柳屋”。到了17世纪，就有了至今仍留存的“养命酒”、“虎屋”以及“西川产业”（如下图）等品牌。

养命酒及其历史

而这一时期，日本商业广告类型的多样化更表现在多种广告类型的综合运用上。在江户时代，开办妓院是被官府允许的，日本全国的妓院超过了100家以上。吉原妓院区开业于1618年。当时，幕府将分散在江户各地的妓院区合并为吉原、品川、板桥、新宿、千住五地。迁移完成于1656年。吉原妓院在经营中运用了多种广告宣传手段，达到了很好的效果，每天的销售额达到了三千两黄金。吉原后来变成了“妓院”的代名词。其主要的宣传手段包括：

（1）橱窗。妓女在店前格子窗内清弹三弦琴等待顾客。这是使用直接媒体的广告。

（2）印刷媒体。包括引札（招贴或传单）、浮世绘、指南书。其他还有诸如《游女评判记》、《散茶评判记》、《色道大镜》、《寝物语》、《难波物语》、《吉原雀》等书籍中均有大量广告宣传内容，大田蜀山人（江户时代后期的文人）、山东京传（1761~1816年，江户时代的浮世绘画师）等人还为其中的书写了序文。

（3）广告剧。经营管理吉原的歌舞伎剧就有20篇左右。而在古典落语中有30篇左右。1825年，仅仅在江户市内就有大小剧场125个。

（4）公共关系。由作家对吉原进行描写宣传。因为很多是袖珍本，所以读者甚多。

（5）各种宣传活动。比如庙会、祭祀等活动。这些都在节日活动中来进行。

（6）其他。喜庆游行等。

（二）文化广告的内容

资本主义的滋长和商品货币关系的发展，使欧洲各国的封建自然经济基本解体，全国性的经济中心初步形成。而文艺复兴运动和宗教改革运动，则给西欧封建制度及天主教会以有力的冲击。因此，在这一时期，围绕着统治权，各个阶层、各种势力开始了一场声势浩大、旷日持久的宣传大战。这一时期的文化广告内容也就以政治宣传为主。

1455年，随着英国封建主之间的矛盾激化，爆发了延续30年之久的封建大混战。因为战争的两大对手兰凯斯特家族和约克家族各以红、白玫瑰徽章为标记，因此这场战争被称为“红白玫瑰战争”。以徽章为标记作为战争双方各自的标志物，并有各自的标志色“红、白”和标志物“玫瑰”。这种标识就是中世纪欧洲政治、军事广告的典型代表。

1517年，教皇立奥十世借口修缮罗马圣彼得大教堂，指派使者去欧洲各地兜售赎罪券，在维登堡兜售赎罪券的教皇特使约翰·特兹尔布道时宣称：只要购买赎罪券的钱币落进钱柜叮当一响，买主所挂心的那个罪人的灵魂立刻从炼狱飞升天堂。德国宗教改革运动的发起者维登堡大学神学教授马丁·路德义愤填膺，10月31日，在维登堡教堂门前贴出所写的《关于赎罪券效能的辩论》，之后借印刷术之助，文章被印成传单广为传播，以此批驳天主教会的救赎理论。显而易见，所谓的“赎罪券”，就是罗马教廷为维护教皇权力和封建教会所进行的政治宣传广告，而教授马丁·路德的《关于赎罪券效能的辩论》，也是利用广告传单的形式针对罗马教皇进行的宗教改革运动的政治宣传广告。

1540年，教皇为抵抗席卷各国的宗教改革浪潮，成立了专门的暗杀、宣传机构——耶稣会。耶稣会以“永远毫不迟疑、奋不顾身听从现在和将来的教皇对我们发布的命令”为宗旨，策划宫廷阴谋，进行间谍活动，深入社会各阶层，进行天主教宣传，散布流言蜚语，迫害新教人士，并企图控制学校教育，天主教会的政治广告开始有组织、有目的地通过各种渠道传播并以各种形式出现。

在日本，文化广告突出的体现在市民文化的戏剧广告和广告歌中。戏剧广告中最有代表性的是日本歌舞伎剧中第二代市川团十郎（1688～1758 年）出演的《卖艾草》剧目。

《卖艾草》的台词是：“艾草，艾草，正法艾草。大的 7 钱，中的 5 钱，小的 4 钱。如果没有钱，白给也可以……”“市川团十郎艾草，请买吧。请吧。那边三楼看台的最下一层站着的各位也请买吧。一个接着一个，一定要买呀。弓矢八幡大菩萨，呵呵，给您行礼了。艾草，不过来吗?”这篇戏剧广告光是台词的话就有 10 分钟。

卖艾草戏剧广告

纪伊国屋文卫门（1665～1734 年）在暴风雨中将纪州柑橘运送到江户，获得巨大利润后，创作了为自己产品宣传的广告歌，歌词大意如下：

“波涛汹涌见白帆，那是纪伊国的柑橘船；看见了柑橘船，那是纪伊国的柑橘船。”

## 三、大众传媒时代的广告业发展

### （一）世界广告中心的形成

英国17世纪中叶的资产阶级革命建立了君主立宪制政体。资产阶级掌握了国家政权，资本主义经济获得了长足的发展，资本集中于少数资本家手中。这些资本家在政治上掌握国家政权，在经济上拥有大量资本，金属活字印刷术也得到了广泛应用。他们开始陆续创办报刊，为资产阶级的政治观点做宣传，以麻痹广大民众，维护其统治地位。18世纪，英国首先进行了以瓦特发明节省燃料的蒸汽机为标志的工业革命，并早于欧洲其他各国完成了工业革命，生产力迅速发展，产业结构发生巨变，制造业在经济中占据重要地位，工厂源源不断地生产各种商品，社会产品丰富，交通运输发达，社会政治经济普遍发展，也促使现代报刊曾一度蓬勃发展，广告业务增多，英国成为第一个世界广告活动的中心。

到了19世纪，广告中心逐步转移到美国，主要原因有以下几点：（1）1783年，美国人民推翻了英国的殖民统治，建立了联邦政府，为资本主义商品经济的大发展清除了政治上的障碍。（2）18世纪末到19世纪中期，大量移民涌入美国，加速了美国工农业的发展，加速了工业革命的到来。世界范围内的经济飞速发展使得商品极大丰富。（3）资本主义迅速发展使得报纸迅速成为资本主义企业的宣传工具。19世纪30年代，美国工业最发达的东北部大城市出现了“便士报”。这种报纸售价低、发行量大、广告收入多，经营管理企业化，以中下层普通百姓为对象，政治色彩淡薄，大量刊登社会新闻、体育新闻以及趣味性、娱乐性的软新闻，从不同侧面去满足读者需要，迎合他们的口味。廉价报纸的兴起促进了广告业的繁荣。（4）1837年，美国爆发了资本主义世界的第一次经济危机，大批企业倒闭，工人失业，商品滞销。大批企业主开始求助于广告，以刺激人们的购买力。美国的广告业由此兴盛起来，并取代英国成为世界广告的中心，这主要表现在：第一，廉价报纸其大众化的编辑风格、新颖的促销策略不仅促进了廉价报纸的兴盛，也促进了广告业的繁荣，广告业的繁荣又进一步推动了报业的快速发展，两者在互动中使美国的报业和广告业一直处于稳定快速的增长之中。以1833年在纽约创刊的《太阳报》为例，创刊初期每份4版，售价只要1美分。在发行上，主要在街头销售，为了扩大发行量，鼓励推销，给报贩相当大的优惠和回扣，并采用赠阅、赠物试销、有奖彩券等促销手段。《太阳报》的上述做法取得了极大成功，初创时发行近1 000份，一年后发行达1万份，三年后3万份，居纽约各报之首，震动了整个报界。随着发行量的上升，广告客户纷至沓来，广告所占版面也越来越大，报纸最后一版全是广告，第三版也有一半专登分类广告，甚至第一版也在新闻之间插登广告。大量的广告使报纸盈利骤增，每年纯利润达2万美元，充裕的广告收入为报纸的发展打下了坚实的经济基础，使报纸有能力不断更新设备、改进技术、扩大生产。1837年，《太阳报》率先采用了滚筒印报机，每台每小时出报4 000份，使报纸的大量发行和时效性有了物质保证。第二，诞生了世界广告史上第一个广告艺术大师。1729年，本杰明·弗兰克林在广告的表现形式上，开创了报纸广告应用艺术手法的先例。第三，出现了世界上第一个真正意义上的广告公司。1841年，福尔尼·帕尔默在美国费城开办了第一家广告公司，为客户购买报纸广告版面。广告文字、设计工作仍由报刊承担，并从中抽取25%的酬金，开创了广告代理制的先河。自帕尔默创办广告公司后，广告代理商日益增多。第四，出现了最早的杂志广告和车身广告。1844年，美国的《南方信使》杂志出现了杂志广告。广告代理商开始代理杂志广告版面。1850年，美国纽约市一家叫“路易·泰勒”（Lord&Taylor）的百货店，在马拉的车子外挂了一幅广告，这则广告被认为是最早的车厢广告。

（二）政府加强广告管理

17世纪末到18世纪初期，由于印刷术的广泛应用和报刊的日渐兴盛，世界广告的第一个中心兴起于英国。广告业的发展使英国政府加强了对广告的管理。1712年开始对报馆增收沉重的印花税，除了每份报纸课税4便士外，英国议会又通过了关于报纸和报纸广告纳税的法案，开征广告特税，“法案”规定：报纸广告无论版面大小，见报便收2先令6便士。到1803年，广告税提高到3.5先令。这是世界上最早由政府实施对广告进行管理的活动。到1853年废除时，每年税收高达17万多英镑。

（三）广告表现求新求变

印刷术的广泛应用，为广告表现手法的革新提供了技术上的保证。17世纪，印刷广告应用进入到迅速发展的阶段。传单广告和招贴广告非常流行。广告内容开始由简单的促销商品向宣传某一工商企业的德行即树立形象方面转变。

进入18世纪，英国政府开征广告税，这在一定程度上限制了报纸广告的自由发展，但同时也促使广告创作者们开始注重广告的效果，促进广告表现手法的多样化，使其更能打动消费者。18世纪中期，英国及欧洲其他国家出现了一批广告画家，在周刊报纸上不断手绘插图广告，广告设计的文字创意内涵得到重视，创意元素在广告作品中得到相当完美的体现。其中最有名的是75行字的沃伦鞋油广告。广告的上部画了一双用沃伦鞋油擦过的光亮皮鞋，一只猫正吃惊地怒视这双皮鞋上自己的影子。这个广告在英伦三岛各报上登了20

年之久。当时一些有名广告画家的作品可以得到高达500英镑的酬薪。1769年，日本人平贺源内受托为新产品牙粉命名和写出宣传文稿。平贺源内将新产品牙粉命名为“漱石香”，这个名称深得人们好感。他在广告文稿中描写道：“盒装的牙粉漱石香，它能使牙齿刷白，除去口臭，20袋包装成一盒，价72文，散装价48文。”并且在文案中用了这样大胆的表现方式：“万一吃了不受用，也不会有什么大不了的损失。”

18世纪前期的美国，经济的飞速发展促使商品前所未有的丰富；技术的发展导致了产品的同质化现象严重；市场活动主体的增多致使市场竞争白热化；报刊的繁荣使得传播环境复杂化。因此广告表现方面的创新就变得异常活跃。这一时期，对广告表现方面的发展贡献最大的是被称之为美国广告业之父的本杰明·弗兰克林。他对广告表现方面的创新不仅表现在广告作品创作本身，而且还表现在报纸广告的编排技巧上，开创了报纸广告应用艺术手法的先例。他在其创办的《宾夕法尼亚日报》的创刊号上就别出心裁，在刊登新闻的重要版面第一版上刊登了一则推销肥皂的广告，广告标题巨大，四周有相当宽的空白，十分引人注目。他还经常用各种广告来填满报纸的广告栏，诸如酒、茶、咖啡及其他食品广告、服装广告、建筑广告、船期广告、寻人寻物广告及他自己发明的一些广告，他总是想方设法使广告栏表现出一种轻松的格调，以吸引读者。后来，有一位传记作家评价他说：“我们必须承认，是弗兰克林创立了现代的广告系统。可以肯定地讲，自他开始以后，我们才像如今这样使用强大的宣传机器，来进行广告宣传工作的。”

在广告表现手法不断创新的同时，一些人开始对广告表现进行最初的理论探讨。1710年9月14日，英国的约瑟夫·爱迪生在给《Tatler》报社的信中，就广告的表现手法提出了忠告，他这样说道：“撰写广告文案最大的艺术在于找到能抓住读者的方法，如果找不到这种方法，那么，再好的内容也不会被人们认识，必然在奸商获取手续费后消失。文中标上重点符号和指示箭头以突出中心意思是非常好的方法。最近盛行注明N，B（请注意）的方法，以使读者注意。德莱塞发明了小插图，并使用莫名其妙的斜体字来书写，目的就是让人们注意观看，因为这样可以满足人们的好奇心，使他们常常觉得看到了什么秘密似的。”很显然，这段言论主要论述的是广告如何才能引起消费者的注意，这也是现代广告创作理论中非常重要的一个方面，它涉及广告理论的核心概念：由“说什么”开始注重“怎么说”这一问题，并就这一问题给出了一些解决方法，而这些方法在现代广告的创作中也是经常能够得到广泛运用的。

（四）广告代理初现美国

1488年，法国大散文家孟太尼提出一个观点：“任何人想出售珍珠，想找个仆人或伴侣同去巴黎旅游，可以把他的想法及要求向一位负责这项事务的官员提出。”这一观点对于建立为客户办理广告及服务业务的专门机构提供了有益的启示。到17世纪，在英国首先出现了广告代理商，1610年，詹姆斯一世让两个骑士建立起了英国第一家广告代理店。1612年，法国创立了“高格德尔”广告代理店。但这一时期铅字印刷刚刚应用于书籍，报刊发行寥寥无几，且大都以新闻书的形式出现，新闻书虽有刊名，但基本上是不定期的，没有固定的订户，只在市场上像其他书一样公开出售。1609年，德国奥格斯堡发行了可能是世界上最早的印刷周刊，但每期仅刊登一项新闻。法国的周刊出现于1616年的《法兰克福邮报》。日报则出现于17世纪中后期，是德国莱比锡出版的《莱比锡新闻》。可以看出，17世纪早期，欧洲的媒介市场并未形成，真正的大众媒介还没出现。商业广告业只是刚刚出现，企业之间也还没有出现明显的竞争现象。因此这时的广告代理并不完全具备广告代理商的基本特点。1722年，被人们奉为“现代广告的保护神”的本杰明·弗兰克林在波士顿协助其哥哥出版了《新英格兰报》，开始了其作为报社伙计和广告人的生涯。1729年，弗兰克林在美国创办了《宾夕法尼亚日报》，并把广告栏安放在报头下面、社论的前面。弗兰克林既是出版商和编辑，又是广告经纪人、广告作家。弗兰克林的广告经纪人身份是同出版商身份合而为一的，广告代理并未从媒体中分离出来，也未形成相对固定的代理制度和佣金制度。

19世纪中前期，在美国出现了最早的广告代理制度。1837年，美国爆发了第一次经济危机，大量产品滞销。大量出于破产边缘的企业开始寻求广告以刺激人们的购买力。此时，美国报刊种类繁多且大都刊登广告，仅1830年，就有650份周刊、65家日报刊登了广告。广告市场日渐形成。1841年，福尔尼·帕尔默在美国费城开办了第一家广告公司。开始时只为客户购买报纸广告版面，广告文字、设计工作仍由报刊承担，他从中抽取25%的酬金。由于这项工作有助于增加报纸的收入和提高报纸本身的效率，广告代理工作受到报业的欢迎。他的经营方式是从媒介廉价批发购买一定数量的广告版面，然后再零售给广告客户，从中取得一定的佣金。这一经营模式使广告代理业从报纸分离出来，形成一个独立的广告经营实体，并同客户、媒介形成相对固定的代理关系和佣金制度，广告代理业由此诞生。1845年以后，帕尔默相继在波士顿、纽约开办了广告分公司。从此，广告代理业日益繁盛。

## 四、近代早期报刊广告的典型案例

1675年，英国的《Pubic Aduice》刊登了一则咖啡广告，其内容如下：

“旧交易所后边的巴少鲁密街上，有种叫咖啡的饮料，这是一种医学上认为对健康非常有益的饮料。它具有助消化、提精神、使人精神愉悦的作用，还能对眼睛溃烂、感冒咳嗽、身体衰弱、头疼、水肿、风湿、坏血病、淋巴腺肿等其他很多方面有疗效。每日早晨及下午 3 时出售。”

这则广告反映出当时人们对食品状况已有一定的了解，以及当时的商品广告的一些大致情况。它说出了产品的销售时间、地点和产品的功效。更为重要的是，这则广告已经反映出当时的广告创作者对广告作品已经有了创意的自觉。从表现方法上讲，这是一则典型的理性诉求广告，语言风格简洁、用词精炼，对于产品“咖啡”的功效引用了权威部门的意见，即“医学上认为”，虽然客观上“咖啡”并不具备这么多的功效。可见，早期报刊广告在表现手法上并不只是对产品平铺直叙的说明，而是已经加了一些文字表现上的技巧，这些技巧可以被认为是最早的广告创意。

另外一个典型的案例，就是前文已提到的“75 行字的沃伦鞋油广告”。

这是一则登在周刊报纸上的插图广告，广告的上部画了一双用沃伦鞋油擦过的光亮皮鞋，一只猫正吃惊地怒视这双皮鞋上自己的影子。这个广告在英伦三岛各报上登了 20 年之久。

这则广告从表现手法上显得幽默风趣，创意的元素较之上一则广告明显更为丰富，利用图画广告本身就比文字广告形象、生动、直观的特点，再配以“猫怒视皮鞋上自己影子”这一如此幽默、拟人化的创意表现手法，可以迅速引起受众的注意，诱发他们的兴趣，从而激发他们的购买欲望。这则广告明显已经具备了现代广告的创作特征。

**思考·案例·练习**

1. 为什么说传播技术的进步直接促进了广告传播的发展？
2. 简述早期大众传播媒介的基本类型及发展概况。
3. 早期印刷广告、报刊广告有什么显著特点？
4. 举例说明近代大众传媒时代广告业已得到长足发展。

**参考文献**

1. 刘家林．新编中外广告通史．广州：暨南大学出版社，2000
2. 王忠诚．各国广告概况．北京：中国财经出版社，1998
3. 樊志育．中外广告史．台北：台北三民书局，1989
4. 李明水．世界新闻传播发展史．台北：台北大华晚报社，1985

# 第十六章 世界近现代过渡时期的广告(1850~1920年)

【本章提要】印刷业的发展，使报纸媒介走进平民生活；铁路交通和通信的大发展，推动了报业的繁荣；杰出的广告人致力于广告的学术理论研究，现代广告雏形形成；一些大型企业也开始有意识地塑造企业形象；报刊数量和发行量激增，广告公司出现。

**本章内容主要包括：**

※ 资本主义经济推动下的第一次全球化浪潮①。
※ 印刷技术、交通革命、通信技术的突破对广告业的推动。
※ 专业广告公司的出现。
※ 早期的广告理论研究。

19世纪后50年，垄断资本主义逐步形成，西方资本主义列强加强对弱小国家的侵略与掠夺，大规模开辟殖民地，形成了畸形的经济扩张。为了获取更多的利益，各国对于大范围的信息交换和循环的需求显得尤为迫切。商品经济发展到资本主义市场经济的阶段，对市场开发的狂热成了对外扩张的强大推动力。地理范围的拓展，为经济领域的商品市场开发提供了基本条件，工业革命促使商品批量生产的快速增长，商品的批量生产必然要求通过多种渠道分销，生产与销售的分离导致了生产商对分销渠道控制权的追求。全国性传播意识的形成促成大众媒介的出现，全国性媒介使全国性广告成为可能。营销和传播无

① 关于人类历史上主要的全球化浪潮的次数，学术界有诸多的争议，本书采用两次的观点，即19世纪中期开始的第一次全球化浪潮和20世纪80年代开始的第二次全球化浪潮。

疑是现代广告诞生的综合动力的两个重要方面。生产者与消费者的时空分离不仅催生了品牌这个识别系统，同时也将介绍产品特征的重任交付于广告。市场的急速扩张、沟通范围的扩大产生了远距离交流的需求，印刷、交通、通信等事业的飞速发展正是响应此类需求而呈现出跨越式前进，在这些技术前提逐步具备的背景下，现代广告姗姗而来。

## 第一节 资本主义经济推动下的第一次全球化浪潮

人类历史就是一部逐步全球化的历史，就是人类整体性与多元性的辩证发展的历史进程。人类诞生之初，它的生存环境基本上是互不联系的地区或地域，而人类发展的历程就是逐步联结与沟通的全球化转变。从经济层面看，第一次全球化是人类的农业经济向工业经济转化的进程，是地域经济、民族国家经济向全球经济与世界经济转化的进程，是由自然经济向商品经济转化，直至导致国际分工和世界市场的形成。

### 一、资本主义经济体系的全球化

19 世纪中期开始的半个多世纪，在人类进程中具有决定性意义，在此期间出现了第一次全球化高潮。第一次全球化高潮是建立在地理大发现与第一次工业革命基础之上的。19 世纪中叶，欧美主要国家继英国之后，也相继开展与完成了工业革命，确立了资本主义生产方式，形成了资本主义经济体系的核心与边缘区域，开始了国际范围内的社会分工即国际分工。而且在它的基础上，形成了因地理大发现而早已准备好的世界市场。

世界性的移民风潮成为第一次全球化的一个重要侧面，在 19 世纪中期开始的半个多世纪中，欧洲共计约有 5 861 万的人口移居到世界其他地区。由于欧洲是世界工业革命的发源地，如此大规模的移民必然将欧洲的先进工艺及经验传播到世界各地。而在这庞大的移民中，超过一半的人移居到美洲（以北美为主），这就为以美国为首的美洲国家带来了工业革命的强大动力和技术保障。在世界市场形成与扩展的基础上，世界经济成为一个整体，经济全球化出现高潮。英国在第一次工业革命以后迅猛崛起，成为“世界工厂”，积极向全球其他地区寻求市场，这种资本与商品的扩张成了全球化的强大推动力。现代意义上的广告正是区域性、全国性、全球性大众营销和传播的产物。

### 二、以科技革命为特征的工业革命

科技是全球化飞速发展的直接推动力，第一次全球化高潮直接与以电磁学

第一次工业革命

理论、电力技术为主要标志的科技革命相联系。19世纪末20世纪初，电磁学、能量转化理论直接导致电力工业的产生。1831年，法拉第发现电磁感应现象，后发现电解定律。麦克斯韦建立了电磁场的基本方程。荷兰物理学家罗伦兹又把电磁理论和原子学说结合起来，创立了物质的电子学说。德国物理学教授赫兹在1888年证实了光和电都是电磁辐射，并首次播出和接收了无线电波，为无线电广播和雷达的发展奠定了基础。德国电工学家、企业家西门子于1866年发明了自激直流发电机。1870年，比利时的格拉姆将其改进为现代电机的雏形，制成环状自激式发电机。后来英国工程师帕森斯发明了带动发电机的最好动力设备——汽轮机。1882年，爱迪生公司建成并投产了一座大型发电厂。不久，第一台有实用价值的直流电动机在1873年出现并于1888年开始试用。电力成为沟通世界的强大原动力，它被输送到世界的每一个角落。

电力的发明推动电报、电话等电信交通的出现。铁路、轮船等运输工具的改进，连接欧亚的苏伊士运河和连接太平洋和大西洋的巴拿马运河的开通，极大地缩短了世界各地间的距离。海底电缆的敷设使信息可以传送到世界各地，仅德国西门子兄弟公司在1883年就制造铺设了近13 000英里，超过地球半周还多。地球上的各大洲和各大洋已联成一片，全球性的经济活动与文化交流已成为现实，地球上的每个地区、每个国家和每个民族都息息相通、事事相关，世界连成一个整体。技术条件的具备是广告传播的保障。

### 三、世界新中心的形成

世界范围内的大融合带来飞速发展的同时，也逐渐形成了新的世界中心——美国。资本的流向、大规模的技术移民，以及相对安定的社会环境，都是美国成为新中心的有利推动力。相反，欧洲虽然是现代文明的发祥地，但是在这半个多世纪里的资源外流以及战乱，深深地伤了其元气，令其霸气不再存在。后来的第一次世界大战更是将欧洲拖入战争的泥潭之中，各国经济均受到重创。广告在美国这个蓬勃向上的新兴社会中茁壮成长，以至今天我们一提到世界广告发展水平，多数情况下指的就是美国的广告水平。

### 四、第一次世界大战

随着资本主义经济的发展和资本主义世界体系的建立，国际竞争日趋激烈。战争在特殊时期成为处理国际关系的重要手段，其影响也更为深远。1914~1918 年爆发的第一次世界大战，波及全球，许多国家都先后不同程度地卷入这场战争。这次战争加强了世界不同地区与国家间的联系，同时也加速了世界格局的变化。从历史发展的进程来看，战后国际联盟的建立被看做是第一次世界大战最有积极意义的成果，可以说作为国际组织，它是密切世界各国联系的一个纽带。

第一次世界大战

战争虽然刺激了新闻事业的发展，但战争期间各国政府严格执行新闻审查制度，记者和编辑的自由被限制，加上战乱导致的物资匮乏，当时的大批欧洲报纸纷纷倒闭。而在此期间，美国的作家、画家创作了大量鼓舞人心的广告词和招贴画。广告第一次被作为指导社会行动的工具。广告公司的工作重心纷纷从推销消费品转向唤起民众的爱国情感、销售国家债券、鼓励节约以及其他的与战争有关的活动。很快政府便设立一个隶属于公共信息委员会的广告部门，来统一领导广告公司的宣传活动。战时的这些经历使民众相信，广告是沟通思想的有力工具，就像他们能够很好地推销商品一样。政治广告在这一时期成为政治宣传的有力武器。

## 第二节 印刷、交通、通信事业的发展

### 一、印刷事业的发展

印刷术起源于中国唐朝，起初采用的是雕版印刷。活字印刷术是11世纪中期毕昇所发明的，对现代印刷术的产生有着重要的影响。15世纪谷登堡创造的铅活字版印刷术在活字材料的改进、脂肪性油墨的应用，以及印刷机的制造方面，更便于印刷产品的大量生产。由于毕昇活字版印刷术没能广泛流传，因此各国学者公认，现代印刷术的创始人，是德国的谷登堡，他揭开了现代印刷业空前发展的序幕。印刷术的发明和应用是人类传播史上重要的里程碑，因为印刷可以大量而迅速地复制信息，以便向广大公众传播，这就深刻地影响了人类的精神生活和文化发展。纸质媒体是现代广告最初赖以存在和传播的主要媒介，而在此阶段受到印刷技术进步促动的报刊的发展对广告的成长至关重要。

#### （一）印刷技术进步对报刊媒介的促进作用

印刷技术的更新换代是工业革命的一部分，虽然1814年《泰晤士报》即开始采用新的高速印刷机印刷报纸，但整个印刷业的工业化却历经了一个艰辛的历程。除了统治者为了实施思想控制而严厉管制印刷出版业之外，印前、印中、印后各个环节的机械化过程都不同程度地遭到传统手工印刷业者的抵制。但印刷机器带来的低成本、规模化符合当时文化与思想水平日益提高的社会公众对信息丰富、及时的需求，历史的车轮将报刊媒介从精英消费推向大众消费①。造纸机、排字机、速印技术、铸版术、照相印刷、彩色印刷等一系列现代印刷设备和技术的出现，不仅大大提高了印刷速度，美化了刊物版面，而且大大节省了劳动力。如照相凸版印刷术出现后，各报刊就用不着再雇佣以前那么多画家，在照相凸版印刷代替昂贵的细线木刻之后，图片印刷的成本减少了

---

① 1971年，两位西方学者（约翰·梅里尔和拉尔夫·洛温斯坦）提出了著名的文化传播的EPS Cycle理论，认为人类的文化发展史如果以传播方式进行划分，基本上可以分为精英文化（Exquisite Culture）、大众文化（Popular Culture）、专业文化（Special Culture）三个阶段。

60%。同时，印刷材料成本降低了90%。技术和观念的更新是报刊积极扩大版面的主要原因，而由于版面的扩大，信息量不断扩大。广告不断地借助媒介大众化进程而自我成长，并且开创了一种以消费为核心的生活方式，也就是所谓的"消费文化"。

（二）印刷技术进步的动因

资产阶级革命之后，各国的新兴资产阶级逐渐取代封建统治阶级登上历史和政治舞台。随着社会政治斗争的加剧，社会对信息的需求不断增长。报纸杂志成为当时资产阶级冲破封建压制、进行革命宣传鼓动、教育人民争取自由的有力武器。而印刷业在工业化之前主要靠手工劳动，成本高、效率低下等影响因素导致根本无法满足对报刊的大众消费的需求，这必然要求在印刷技术上有所突破。

以英国为例，封建王朝由于惧怕民众对新文化和新思想的接触，长期实行限制政策，通过许可制度、检查制度、重税和苛罚等手段来实现对媒介的严厉控制。在资产阶级革命时期，报刊的发展也一波三折。确立君主立宪制之后，统治当局依然对报业等出版事业征收沉重的赋税，当时的印花税法案还规定了要征收广告税和纸张税（统称知识税）。这一切都使原本就效率低下的印刷出版行业更加失去技术进步的动力。19世纪，工人的力量不断壮大，新兴资产阶级和工人争取言论自由的斗争愈发坚决，国会最终于1853年取消了广告税，1855年取消了印花税，1861年取消了纸张税。英国报业卸下了沉重的经济包袱，呈现出空前的活力，英国报业也因此进入廉价报纸①时期。各印刷要素的逐渐机械化也不断地降低了成本，报刊成为及时、廉价的大众媒介，企业纷纷采取报刊广告作为新的推销手段。

（三）报刊大众化给广告带来的机遇

1. 报刊大众化

工业革命给纸质媒介带来了重大的影响，各国报业的发展相继进入以廉价报纸为代表的近代报刊大众化时期。从需求的角度来看，社会经济的飞速发展、人口的大规模迁移及聚集所带来的城市化进程的加快，对普通劳动者的素质提出了更高的要求，于是教育开始普及，识字的劳动者人数不断增加。中下层阅读人群的扩大必然呼唤大众报纸的出现。高速轮转印刷机的应用，降低了印刷成本，1850年一台高能印刷机每小时可印刷1万张报纸。随着市场的繁荣，以及统治者对报刊限制的放松，广告数量不断增加，广告费成为报刊的重

① 廉价报纸（Cheap Newspaper）指的是工业革命后各国先后出现的面向社会中下层的通俗小报，其售价低廉。

要收入来源，这使得从经营的角度来看，廉价报纸的销售成为可能。19 世纪中期开始，报刊大众化的趋势继续发展，报纸种类大量增加，销量也在惊人地发展着。报刊经营全面走上商业化轨道，根据 1850 年的统计，美国共有 2 526 份报纸，而到 1880 年，这个数字增长到 11 314 份。廉价报刊通过大量刊登广告，从而补贴低价发行，扩大发行量，进而获得更多广告。

2. 广告插图印刷沿革

1850 年 Welch 的服装广告

摄影技术的出现对于影像保留和对于报刊印刷所起的作用几乎相同，都是革命性的推动。照相技术诞生不久便被应用于印刷业，无论是报刊文字内容还是新闻图片的排版印刷，照相技术都给其带来历史性突破。

在摄影技术以及照片的印刷技术发明之前，报纸的图片和图书杂志一样，主要是依靠美术师和雕刻师来完成。15 世纪之后，欧洲版画的发达在推动艺术传播和多元化的同时，也促进了报纸的发展进程。此后，美术就一直没有离

1882 年美国北方中央铁路的夏季远游路线雕版广告

开新闻这块创作阵地。1834 年伦敦议会大楼起火，《星期日泰晤士报》的插图作者 Turner 充当了一线摄影记者的角色。美国 1891 年的一个相关统计显示，当时共 1 000 多名画家为近 5 000 家报纸杂志供给图画。

1860 年左右，英国发明了照相凸版印刷术。但是直到 19 世纪 90 年代照相铜版印刷术的发明，新闻和广告照片才开始成为报纸版面上重要的元素。1893 年彩色印刷机出现后，《世界报》将当时可用的五种颜色用到极致，色彩成为版面元素的一分子。在随后的美西战争中，摄影记者发回了大量的新闻照片，紧接着大城市的报纸开始雇佣摄影记者或购买照片，图片新闻时代到来。

**二、交通事业的发展**

工业和交通对于欧洲城市的发展起了促进作用，这是由于欧洲许多城市早

1895 年柯达的杂志广告

在封建时代就已形成，工业革命的任务主要是改变其功能，增加其在经济上的分量。美国与欧洲不同，由于原来西部是荒无人烟而矿藏丰富的土地，随着向西发展的进程不断推进，矿区所开采出来的矿产要运输到繁荣的东部沿海，这就需要大力发展交通基础设施建设，因此很多地方都是先开矿，先筑路，后建城。淘金梦和便利的交通为西部带去了更多的人口，可以说，正是工业和交通的发展，美国产生出一大批新城市。

（一）交通事业的突飞猛进

由于商品运输的需要，欧美一直非常重视发展交通。在资本主义早期，使用马车的公路运输十分昂贵，法、英等国开始开挖人工运河，当蒸汽机用于船舶后，水路运输成为欧美各国的主要运输方式。因此，当时的工业和商业多数

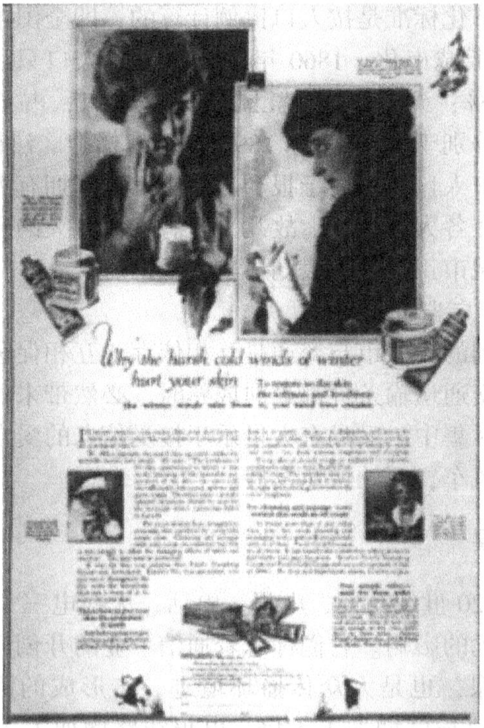


1918 年旁氏的杂志广告，图片居于更突出位置

是沿着内河两岸发展的。

1825 年英国修建第一条铁路，标志着铁路时代的到来。铁路既是工业革命的产物，同时又极大地促进了工业革命的进程。19 世纪前半叶，资本主义正处于工业化阶段，对运输需求特别旺盛，使得铁路迅速发展。铁路很快成为陆地客货运输的主要方式。到 19 世纪末，全世界铁路已达 65 万公里。例如，美国 1830 年仅有铁路 37 公里，到 1916 年已达 40.87 万公里。其中在 1880~1890 年间，年平均建铁路 11 312 公里，而 1887 年一年间就建了 2 万多公里，创世界铁路建设史上年度建铁路里程建设的最高记录。

（二）城市的发展

在农业社会，城市基本上是以土地财产和农业为基础，城市经济在国民经济中不占主导地位。工业革命使第二、三产业和第一产业之间的关系发生了根本变化，第二、三产业在国民经济中的比重日益增大，农业比重逐渐减弱。因此，城市化的过程，本身就是城市地位在整个国家中越来越高的过程。

世界主要资本主义国家都是在19世纪下半叶至20世纪初达到城市化标准的。世界公认的城市化标准是按人口比例计算的，即全国半数以上人口居住在城市，就基本实现了城市化。1860年，美国城市人口只占总人口的19.8%；1900年上升到39.6%；到1920年就已超过农业人口，占了51.2%。而英国和德国则早于美国，分别于1851年和1891年达到标准。法国则于1930年才达到城市化标准。城市人口多，便于报刊的集中发行，拥有大量读者的中产阶级和工人阶级都集中在各大城市里，故几乎所有发行量大的刊物编辑部都设在大城市。换句话说，城市正是大众报刊成长的沃土。

（三）城市化对广告的促进

正如前面所提到的，城市与交通是互相依存、互相促进的关系，因而当人口、经济、媒介、交通运输条件都趋向成熟时，必然带来相当的消费力。消费市场此时既能够相对集中，又具有大量乐于接受信息的受众，广告事业在城市化进程中搭上了顺风车，开始快速发展。

### 三、通信的发展

19世纪后期至20世纪初期，电报、电话、无线电三大发明对人类社会产生了非常重大和深远的影响。它们标志着通信事业的开创，是后来通信和信息事业兴旺发达的源泉，也是大众传播环境进一步形成的巨大推动力。1880~1900年间，美国铁轨长度增加了1倍，电报线路增加了3倍，而新发明的电话把各城市连接了起来。从新闻渠道上讲，遍布全国各地的交通通信网不仅大大方便了刊物的快捷发送，在全国形成了一个周密的发行网络，更重要的是改进了新闻业的协作采访，提高了新闻的质量并扩大了新闻的报道面，由此增加了报刊的可读性。

（一）电报

1. 有线电报

有线电报是19世纪新出现的一种远距离高速传播方式。1837年英国人惠斯通、库克和美国人莫尔斯分别在自己所在的地方建立了第一条电报系统。两者不同之处在于，惠斯通、库克他们是用26根电线分别代表26个字母，而莫尔斯则是采用点、线的不同排列顺序和空白来表示不同的字母。英国铁路运营公司是最早的顾客（1839年）。到1852年，英国已经建立了6 500公里长的电报线路。正是借助有线电报，保罗·路透才最终建立起庞大的路透帝国。莫尔斯于1844年5月25日13时由华盛顿向《巴尔的摩太阳报》发出传播史上的第一份电讯稿，该报于当天下午予以刊载。此后，美国的电报线路迅速向全国各地延伸。向西于1848年到达芝加哥，1861年10月抵达太平洋沿岸，在此基础上，1865 年成立了西部联合电报公司。1866 年，连接美国和英国的海底电缆铺设完毕。有线电报是一种重要的人际传播媒介，使美国居民与欧洲居民间的联系更加方便。同时，有线电报成为报业的一个环节，使报刊的时效性大大加强。

2. 电话

1875 年，富有竞争意识的贝尔抢先为电话技术申请了专利，虽然与他同时期的研究者格雷也在同一天对其碳粒话筒发明思想申请了 caveat（美国曾经采用的保护发明特许权的请求书，在当时是一种专利形式，主要目的是向专利局申请对某些未果的发明思想进行保护，以防他人窃取），但让电话进入人们的生活还是为贝尔带来了学术地位和巨大的财富。贝尔后来改用碳粒式话筒时触犯了格雷的发明权，然而这一矛盾很快就被电话的商业化运动淹没了。贝尔 1876 年 6 月 25 日在美国独立百年纪念博览会上公开表演了电话以后，隔年就将电话投入商业使用，1878 年 1 月又在康涅狄格州的纽黑文（New Haven, CT）建立了第一个有 22 家用户的电话交换机，领先于格雷使电话打入了电信市场。此后电话机不断普及。在美国，1880 年是每千人一部电话，到 1900 年为每百人一部，电话网也不断扩大，1900 年已遍及全国。由于贝尔很早就预测"电报线（实际指的是电话线）像水管和煤气管道那样铺进千家万户的日子即将来到"，因此电话的发明和普及对传播诸领域的发展都起到了很大的推动作用。电话相比当时的电报来说，传播速度快、距离远、效果好。在出现重大或紧急情况时，电话是当时最方便、最迅速的传播手段。

3. 无线电报

巧合的是，无线电的发明者与前两项发明一样，也同时有两个人，一个是人们熟悉的马可尼，另一位是前苏联的波波夫，他们两人的发明均受到自己国家的冷落，波波夫因而抱憾辞世，而马可尼的敏锐的商业嗅觉，使他投身到重视科学的英国继续实验，最终成为这项技术的集大成者。无线电报摆脱了有线的限制，传播方位更加广泛，真正实现全球覆盖。英国借助于马可尼的设备，建立了初期的电视设施和无线广播系统。

（二）报业的电信时代

电报发明之前，来自欧洲的消息到达北美一般需要半个月到 40 天左右的时间，新闻的时效性很差。廉价报纸的创办者抓住普通的读者喜欢及时性、趣味性信息的心理，不惜工本地在各地搜集新闻。而电报由于快捷的特性，无疑成为报主抢夺新闻时机的有力工具。电报业主们也不失时机地抓住报纸这一最大的主顾。电报不仅导致了大规模新闻采集和现代新闻观念的产生，而且带来了新闻的时效性这一现代新闻首位的标准。新闻从邮递时代跨入了电信时代。

电话和无线电的出现，也带给广告传播更大的自由度、更快的速度和更高的效率。

## 第三节　广告主体地位的确立

新闻性更强、信息量更丰富的报刊当然吸引了更多的读者，受众即市场。媒介利用受众赚取广告版面费，广告商依靠大众性的媒介扩大影响，媒介和企业从此建立了一种“利益联盟”。当然科学地看，受众和市场基本上不可能重叠，但受众的营销力仍不可小觑。广告公司成为游走于二者之间的纽带。

### 一、广告主

广告成为真正意义上的广告之后，广告主也成为了企业主的第二重身份。全球化浪潮为西方国家的企业带来了空前广阔的市场，这个时期广告为企业带来的是市场的扩张和家喻户晓的品牌。由于本地市场竞争出现，企业主们纷纷将目光投向大众媒介所能企及的区域、全国及全球市场。一些当时非常重视运用广告的品牌，今天仍然活跃在人们的视线中。除了户外广告和报纸广告之外，当时的广告主还热衷于印制介绍产品的小册子作为广告媒介。例如食谱，就是食品行业的广告主为自身产品进行宣传而采取的方式。食谱广告展示了美国人的饮食习惯、厨房工艺，还有家庭厨房中的角色分担等内容。

至今仍活跃于人们生活中的柯达、旁氏、万胜等著名品牌，就是当时善于运用广告的企业。以成立于 1880 年的柯达为例，1909 年之前以杂志广告为主，内容多为产品介绍，大致可分为感性诉求的图片加较多的文案和人物图片为主加少量文案两种。报纸广告主要是节日广告，促销性质的居多。1909 年之后彩色照片广告增多，模特多化淡妆，出现在休闲的场所，多诉求某些特殊场景保存的重要意义。随着产品不断推陈出新，柯达广告经常以举例的形式，鼓励人们将珍贵的场面记录下来。并针对不同消费者，选择不同的有针对性的媒介。

### 二、广告公司

市场的扩大和传播的便利带来了报纸和杂志出版的大潮，从 19 世纪中期到 20 世纪 20 年代，是现代新闻业开始出现的时期，也是国际传播体系开始建立的时期。以美国为例，19 世纪末的 30 年，日报数量由 489 家增加到了 1 967 家，总发行量从 260 万份增加到了 1 500 万份。广告是许多报刊的主要收入来源，而报刊数量的剧增，势必造成对广告主的争夺。在这种背景下，一种中间机构的设立就显得尤为迫切，广告公司应运而生。

（一）版面贩卖时代与早期广告代理店

从1609年世界上第一份报纸STRASSBVRY在德国出版，广告代理店便紧接着出现了。1610年，英国两位骑士在詹姆士一世的命令下建立了最早的代理店。1612年，法国的J. 雷创立了“高格德尔”广告代理店。1841年，美国人J. L. 胡珀在纽约、V. 帕尔默在费城分别成立了广告代理店。

帕尔默的“媒体经纪人”隶属于报社，为报纸拉广告并收取25%的佣金，但其本身并不负责收广告费，而由广告主直接汇给报社。1845年、1849年帕尔默先后在波士顿、纽约设立了分理处。

胡珀的New York Tribune代理店则常把广告主的同一广告稿发到多家报社，并对报社付版面费用，然后再向广告主收款，即使广告主不按期付款，也照样按期向报社付广告费，胡珀因此在报界信誉大振。

截止到1861年，纽约已经拥有20家广告代理店，但业者均为没有正规的媒体报价单而苦恼，因此就从邮局、通信业者、纸行等各个方面探听报社的发行份数，从事份数调查。广告费虽有价目表，但公开讨价还价，甚至削价求售，毫无利益可言。

（二）版面掮客时代、半服务时代及早期广告公司

版面掮客时代指的是当时广告代理店都是依照价目表和佣金代理报纸的版面。从1880年艾耶父子广告公司为广告主制定媒介计划和撰写文案的服务开始，广告代理商的服务内容逐渐丰富和完善起来。

1. 罗威尔的媒介代理公司

1865年，G. P. 罗威尔创办了媒介代理公司，它和100家报社（多数是地方报纸的版面，当时80%的美国人居住在乡下）定下了每周一栏版面的合同，为期1年，然后以零售的方式向广告主兜售。与以前的广告代理商不同的是，他不仅从报纸取得广告代理费，还从买卖版面中赚取差价。这种运作方式与今天的媒介购买公司更相似。

1869年，罗威尔制作了第一张报纸目录（美国新闻年鉴），提供了全美5 411家报纸和加拿大367家报纸的估计发行量，这有助于报纸广告价格制定的标准化。广告代理店从此脱离报社的代表身份，而获得独立存在的地位。

1873年，罗威尔作出推动广告业发展的另一个重要的贡献，他通过自己创办的杂志《美国记者》，建立了一个旨在提供最可信赖广告代理名单的广告联盟。这个组织存在的时间虽然不长，但却是1917年成立的美国广告代理联盟（4A）的先驱。

1892年，罗威尔将媒介代理公司出让，专心致志地编辑报纸目录，并创

办了一本备受尊崇的广告杂志《印刷者的墨水》。

2. 艾耶父子广告公司

1868 年，F. W. 艾耶在费城开设了艾耶父子广告公司，经营报纸版面的代理业务。它首创了公开契约制度（Open Contracts），即代理店必须对广告主的广告制作或媒体选择负责，其代价是广告主需要付给代理店实际版面价格的一定比率作为佣金，这个比率早期是 25%。

1879 年，艾耶父子广告公司为一家打谷机广告主制作媒体计划表，他们从州政府取得了谷物生产资料，选择适合市场的报纸媒介，拟定广告计划。到 1890 年左右，他们开始使用报价单销售版面，并开始为客户撰写文案。

为了转变行业内削价竞争的局面，当时居于杂志界领导地位的卡内斯出版社公开规定其版面费佣金的比率是 10%，代理商必须向广告主收取公布的广告费，以制止其他减价的规定。艾耶父子广告公司倡导并力行 10%的佣金制度。如果广告代理公司代为做好广告作品则可以收取 15%的佣金。1915 年，广告主、代理公司和媒体三者的关系才被标准化，代理制被沿用到今天。

艾耶父子广告公司客户包括 Montgomery Ward（第一家邮购商店，1872 年开办，2000 年宣告破产保护）、Singer 缝纫机（由发明家 I. M. Singer 于 1851 年在纽约成立）和旁氏护肤品（由药剂师 T. T. Pond 于 1846 年在纽约州推出）等，它被誉为“现代广告公司的先驱”。

3. JWT

1864 年，W. J. 卡尔顿与史密斯建立了一家广告公司。1867 年，公司开始购买宗教杂志的广告版权。这家公司 1877 年被卖给 1868 年进入公司的 J. W. 汤普逊，改以汤普逊的名字命名（中文名称为智威汤逊），这是现存的世界上历史最悠久的广告公司。1890 年，JWT 成为第一家全面代理广告公司，为客户提供文案和广告版面布局。AE 这种职位便是汤普逊首先设立的。汤普逊非常重视杂志媒介，当时其他广告代理商还在依据报纸目录谋生，他已经开始关注以女性为读者的杂志的广告版面开发。19 世纪末，汤普逊已经垄断了一般性杂志的广告经营。人们将杂志发展成广告媒体归功于他其实并不准确，应该说，汤普逊拥有敏锐的嗅觉，他延续前公司的经营策略并将其完整贯彻下去。1899 年，JWT 在伦敦开办了分公司，成为第一家国际性广告公司。

1916 年，汤普逊将公司转让给 S. 莱扎，莱扎和一位文案同仁共同将 JWT 发展为世界性大公司。

## 三、广告媒介

印刷业的工业化为大众传播时代的到来奠定了技术基础，邮政事业的发展使邮件的送达速度大大提高。近代报刊从不定期出版的手抄小报发展为印刷出版的定期报刊，从精英阶层消费品变为大众消费品，因而拥有了相对固定的受众，这是报刊这种大众传媒形成承载广告传播重任的基本条件。根据英国报刊学者福克斯·伯恩德对19世纪英国报刊的时期界定，1855～1875年属于降价时期，1875年之后属于大众化时期。英国最成功的廉价报纸《每日电讯报》于1855年6月29日创刊，创刊号共有4页，每页6栏，广告占4栏。该报不断根据读者口味调整编辑方针，到1871年，发行量达20万份，1888年更涨到30万份。

手抄报刊被称为贵族报刊是因为缺乏广告，经营完全靠销售收入，所以往往需要一直投入，以至于亏本运作很常见。大众报刊出现之后，这个行业的商业目的逐渐显露，广告费成为报刊的主要收入。加上编辑和发行的分离，出现了专门的发行人，报刊广告的运营更加顺畅。哈贝马斯有这样的观点，19世纪上半期，发行人为报刊业建立了一个可靠的商业基础，但是并没有使报刊业本身商业化，而编辑更关注评论的写作本身。到了19世纪下半期，出版发行与编辑之间的关系相应地发生了变化。在先进的新闻传播技术的压力下，编辑的工作从写作彻底变为如何筛选和组织新闻的专业活动，发行人获得决策者的角色。

报业市场起初在竞争环境下呈现的是混乱和无序的局面。办报是通过广告来运营的，因此为了争夺广告客户，各报对发行量都有一些虚夸，所以广告主很在意其花费了许多钱财在报纸上所做的广告，是不是像报纸所说的那样，接触到那么多的读者。

## 第四节　广告理论研究

就像任何其他的行业，广告行业也出现了一些为本领域创造权威文化的专家。从19世纪后期开始，他们将实践过程中所获得的经验集结成册，并将之出版以供其他人借鉴。

自从V. 帕尔默1841年在费城建立第一家广告公司之后，广告公司在很长的时间里担任着报纸的广告掮客。这种状况直到19世纪70～80年代才改变，这段时期“全服务”的观念逐渐形成，并成为20世纪的作业标准。“全服务”的公司可以提供关于市场问题、产品命名、包装设计、广告或产品设计或者购买媒介版面或时间的咨询。

G. P. 罗威尔是第一个积极地为广告行业撰写书籍的广告人。1870年罗威尔出版了《广告人》一书，其中有关于如何做广告的建议的章节。另外一个早期的名为《广告的科学》的小册子，由艾耶父子广告公司于1874年出版。

1888年，罗威尔的《印刷者的墨水》，是最早最成功的广告杂志。智威汤逊的《蓝书》是较早的介绍促销的书籍，书中列举了许多案例，他还出版了针对特定市场的促销方面的书籍。

1890年左右，开始出现了零零星星的关于广告教育的文章，但直到1900年之后，这些文章才开始流行起来。出版商既出版广告概论著作，也出版专门题材的广告学术专著，比如关于直销、关于标志绘制、关于文案、关于广告心理、关于橱窗展示等。后来，出版物的范围扩大到广告研究、广告经济、媒介分析、特定产业广告和广告法规等各个方面。

**思考·案例·练习**

1. 过渡时期广告媒介的扩充表现在哪些方面？
2. 查找两个处于这一时期的广告主的广告作品，并分析他们的广告策略。

**参考文献**

1. [美] 托马斯，克里斯，理查德．广告学．北京：机械工业出版社，2002

2. [法] 阿芒·马特拉．世界传播与文化霸权．北京：中央编译出版社，2001

3. [德] 哈贝马斯．公共领域的结构转型．北京：学林出版社，1999

4. 余志森．两次全球化高潮比较研究．江西师范大学学报，Vol. 36，No. 2

5. 李银波．论美国西进传播的方式．新闻大学，2000年第4期，66~69

6. 蔡雯，甘露．西方报纸版面变革及其动因探析．国际新闻界，2002年第4期，64~70

7. 冯瑞乾．印刷概论．北京：石油工业出版社，1998

8. 罗福林，李兴才．印刷工业概论（第六版）．台湾：中国文化大学出版社，1991

9. 张金玺．美国报纸版式的流变与动因．中国青年政治学院学报，2002年第2期，129~134

10. 涂光晋．世纪之交的美国新闻业．Available：http：//research. ruc. edu. cn/xw/news/comment. asp？newsid=4151

11. 林广．交通运输与纽约城市发展（1820~1870）．城市问题，1997年第4期，51~54

12. 贠红阳．美国西进中的交通运输．渭南师范学院学报，2001 年增刊，17～18

13. 肖华锋．十九世纪上半叶美国“交通革命”背景分析．山东师范大学学报，1999 年第 1 期，21～23

14. 张玲蓉．试论十九世纪美国交通革命．江西师范大学学报，2003 年第 5 期，121～125

15. 陈培爱．中外广告史．北京：中国物价出版社，2002；

16. Barbara Mueller.（1998）International Advertising：Communication Across Culture. 大连：东北财经大学出版社

17. 樊志育．世界广告史话．北京：中国友谊出版公司，1998

18. 广告时代．http：//www. adage. com/

19. 约瑟夫·塔洛．分割美国：广告与新媒介世界．北京：华夏出版社，2003

20. 端木义万．美国传媒文化．北京：北京大学出版社，2001

# 第十七章 世界现代广告的沿革（1920~1980年）

【本章提要】大众媒介的出现与广泛应用给广告带来前所未有的发展良机，营销学、传播学的形成，使现代广告学的框架及体系更加完善。经济大萧条时期，企业开始注重产品宣传前的市场调研及整体规划，广告公司内部分工细化；“二战”带给美国更加丰硕的战果；冷战时期，广告人加强对人们消费行为、消费心理的研究和预测。

本章内容主要包括：

※ 商业环境的多变考验成长中的广告业。

※ 大众媒介的出现为广告业带来宽广的舞台。

※ 营销学、传播学学科的成熟为广告理论研究的规范打下基础。

## 第一节 商业环境的变化

### 一、“一战”后欧洲的危机与美国的崛起（1921~1929年）

（一）欧洲

1914~1918年的第一次世界大战使欧洲遭受重创。战后的第一年，1919年与战前的1913年相比，西方世界的工业生产下降了12.3%，世界贸易更下降了23%。工业革命造成的环境恶化及大量人口外迁流失，使欧洲经济发展失去活力甚至出现断层。伦敦世界经济中心的地位加速向纽约转移，加上第一次世界大战所带来的沉重经济负担，都造成战后各国经济政策的相对封闭性和以更加民族主义的方法处理经济事务的做法，这些很自然地使欧洲特别是德国陷入经济困难。从1924年开始，由于国际联盟的形成，国际斗争趋于缓和，各资本主义国家努力发展经济，很快出现了一个“繁荣”时期，英法等国的工业产量超过战前。

（二）美国

美国的脱颖而出得益于第一次世界大战。这个远离战场的战胜国，经济不仅没有受损，反而大幅跃升。战争期间在国内外军事订货大增的刺激下，美国的制造业增长32%，钢铁和汽车产量翻了一番。1914～1918年间，美国国民生产总值从386亿美元增加到840亿美元。通过第一次世界大战，美国经济最大的获益是在金融方面。战争前后，美国从债务国转化为债权国。1914年美国欠欧洲的私人净债务近40亿美元，而1918年战争结束时，欧洲反欠美国私人净债务30亿美元。战前英镑是世界核心货币，但战后英镑的购买力仅是战前的1/3，美元乘机成为了国际汇兑的主要支付手段。纽约也成为了世界金融交易中心和国际资本的供应中心。

由于战争中广告为鼓舞士气和提倡大众利益所作的贡献，“一战”之后广告行业成为受人尊敬的行业。广告成为时髦的职业，当时流行的观念认为广告是年轻、聪明而又成熟的人从事的工作。正是对广告的重新认识与认同，使大多数美国人在“一战”之后这段十年左右的经济繁荣时期享受着不曾有过的生活标准，而标准的具体内涵则是广告赋予的。广告鼓励消费者消费享乐，消费者成为社会成员的代名词。广播的出现，使纸质媒体遭遇了强劲的对手。

## 二、世界性经济危机（1929～1939年）

（一）美国

美国20世纪20年代的繁荣是建立在贫富差距悬殊的不平衡基础上的，少数垄断组织控制着国家的经济命脉，国民收入的1/3为占人口5%的最富有者所占有；另一方面，1929年，约60%的美国家庭收入仅够维持生活，他们的收入在全国总收入中尚不足24%。这就限制了社会实际消费能力的增长，造成市场的相对狭小。但是，分期付款和银行信贷刺激了市场的虚假繁荣。20年代后半期，美国市场日益盛行分期付款，以此来刺激消费，造成市场的虚假繁荣。这种繁荣不是社会实际消费能力的增长，而是一种提前消费的形式，随之而来的必然是消费的疲软。而资本家为眼前利润驱使，盲目扩大生产，使得生产和市场的矛盾日益尖锐。除此之外，人们无限制的股票投机活动造成这一时期股票价格被大幅度哄抬，股票以其账面价值的3倍到20倍的价格卖出，这大大增加了金融市场的不稳定性，为货币和信贷系统的崩溃提供了条件。1929年10月，以纽约股市的崩溃为开端，引发了一场空前规模的经济危机。

1933年开始，由于罗斯福政府采取的缓解政策，才使美国经济止住下滑的趋势，但危机对美国的影响持续了十余年之久。

1929年世界经济危机期间的华尔街

由于广告在繁荣时期引领了消费狂潮和超前消费，民众开始把广告视为一种引诱人们放纵自己的不好的东西。广告不再追求时尚唯美，而显得现实理性，这其实是一种凌乱的风格。广告主希望自己的投入能够获得回报，而广告公司则顺应广告主的心意，把自己能提供的全部文案和图像都塞进广告里。广告利用人们对生活的担忧，以抢眼的图片和成篇的文案推到消费者眼前，结果使公众与广告的关系更加恶化。这个时期还盛行连环画式的广告。

（二）欧洲

欧洲经济在“一战”之后有一定的恢复和发展。德国虽然是“一战”的战败国，但在道威斯计划实行之后，从美、英获得了200多亿金马克的贷款和投资，经济得以迅速恢复和发展，到1929年，德国重新成为欧洲的经济大国，工业总产量跃居欧洲第一位。但此时美国已逐渐获得经济中心的地位，因此其影响是世界性的，经济危机很快从美国传遍全世界。德国、意大利、日本纷纷通过武力扩张转嫁经济危机，因此经济危机加剧了欧洲及世界局势的紧张，最终导致新一轮的扩张与掠夺。

## 三、第二次世界大战和20世纪50年代（1939~1960年）

（一）欧洲

两次世界大战对欧洲造成了惨绝人寰的大破坏。战后初期，燃料、粮食等基本物资极度匮乏，工业生产设备破坏严重，农村一片荒芜，交通运输几乎陷入瘫痪状态。1946年，西欧的工业生产还不足1938年的70%，重建经济的任务是很艰巨的。防止战争再度爆发的强烈愿望，终于历史性地推动欧洲各国首次清醒地认识到：顺应工业革命后所形成的以西欧为中心的区域经济发展模式，进一步打破民族国家间的经济界限，实现区域经济一体化，甚至一定程度的政治一体化，必将符合西欧民族国家的共同和长远利益。“二战”所造成的巨大破坏，导致了强劲的需求，进而有力推动了西欧及整个欧洲经济的恢复与重建进程。1950年，英、法、意、西德四国的工业生产已恢复到战前1937年的水平。1951年，整个西欧的经济达到了战前水平，并开始进入持续增长的“黄金时代”。

德意志的政治广告

（二）美国

许多人把美国1941年12月参与第二次世界大战视为大萧条时代结束的标志。由于本土又一次远离大战，美国在战争供应品的生产和供应中迎来了经济的复苏，很多美国人担心随着战争结束会重回大萧条时代。但实际情况是，一段时间以来被压抑的居民消费需求强劲地拉动了经济的增长。汽车以及航空、电子等新兴工业呈现跳跃式发展。国民生产总值从1940年的2 000亿美元增长到1950年的3 000亿美元，到1960年，这个数字超过了5 000亿美元，美国经济发展开始进入黄金年代。另外，战后婴儿潮的出现，使消费者和中产阶级的数量大大增加。通过“马歇尔计划”，美国在帮助欧洲经济恢复的同时控制了欧洲的市场。

20 世纪 50 年代，美国服务业从业人数攀升，至 1956 年，白领人数已经超越蓝领的人数。另外，由于生产力的提高导致了农产品的过剩，许多农民选择离开土地。拥有私人轿车的家庭开始从城市移居到郊区，高速公路的增加为郊区带去了便利。商业模式开始发生变化，郊区购物中心的数量不断上升，人们不必到拥挤的市中心购物，“二战”结束后全美国有 8 家购物中心，到 1960 年，这个数字是 3 840 家。许多工厂随后也从城市中搬出来，迁移到人口密度较低的地方。郊区的出现导致了消费的激增。电视、电话、自动洗衣机、空调等成为了美国人生活中司空见惯的东西。

在战争期间，广告努力将产品与爱国主义联系起来，希望借此帮助广告扭转黯淡无光的形象。广告主帮助出售战时公债，鼓励人们节约。他们还鼓励女性加入到劳动大军中去，当然到 1945 年战争结束时，她们中的很多人又重新成为家庭妇女。

但“二战”之后民众对于广告的态度相比较上一次世界大战之后的 20 年代已经完全不同了。由于营销观念的兴起，广告主和广告公司更加重视调查的作用，而且利用调查分析消费者心理和行为的研究越来越多，人们开始怀疑广告公司的动机。广告为了避免嫌疑，常常采用直陈销售信息的风格，以致总体上呈现不和谐的局面。

美国的政治广告

正是由于成人市场的担忧与疑虑，这个时期广告培养了第一个“儿童”市场，市场的主体就是战后生育高峰出生的那批人。随着他们的成长，这个“儿童”市场逐渐演变成第一个“青少年”市场。

## 四、大变革与第三次科技革命的年代（1961~1980年）

世界各国经历了战后的恢复与发展的“黄金时代”，到20世纪60年代，军事实力已经不是惟一的扩张方式了，各国间的经济联系越来越成为国际关系的主导力量。

另外，战后以原子能、电子计算机、空间技术为主要标志的第三次科技革命兴起，西欧凭借原有的雄厚基础，抓住机遇，广泛运用科技成果，改变了传统的工业结构和工业部门的布局，建立了一系列新兴工业部门，大大提高了生产的技术密集程度和劳动生产率，有力地促进了国民经济的发展。

世界上第一台电子计算机问世

但1974~1975年，资本主义世界爆发了战后最深刻、最严重的一次经济危机，这次危机成为战后西欧经济发展的转折点，从此转入“滞胀”时期。英、法、意、西德四国1970~1982年的国民生产总值年增长率仅为2%略多，是20世纪五六十年代的一半。通货膨胀率居高不下，英、法、意三国都达到了两位数，英国和意大利个别年份突破了20%。失业人数激增，失业率显著上升。“滞胀”是资本主义发展史上从未有过的新现象。其直接原因是20世纪70年代的两次石油危机冲击，即石油输出国两次大幅度提高石油价格。这使进口石油费用巨增，国际收支严重恶化，牵动了物价的上涨。在“滞胀”的背后还有更深层次的原因，即资本主义的基本矛盾。前一个时期，各国根据凯恩斯主义加强国家对经济的干预和调节，暂时缓解了矛盾，促进了经济发展。经济的大发展使生产能力急剧扩大，大大超过市场支付能力的需求，严重的相对过剩，在20世纪70年代爆发出来。而且，凯恩斯主义主张扩张性的财政政策，加大政府的支出，包括政府直接采购、实行福利政策等，最终必然导致政府开支过大、财政负担沉重和通货膨胀的加快。另外，从20世纪60年代末起，科学技术创新进入低潮，生产技术的革新停滞，使固定资本更新减缓，投资不振。这些因素综合在一起，使西欧经济举步维艰，在“滞胀”中徘徊不前。

美国政府在20世纪60年代推行较为激进的管理手段，通过增加政府支付和减税以及推行医疗保险计划、食物援助、协助内陆城市建设、增加教育投入和资助等一系列政策来促进经济增长。但随着越战打响及石油冲击的影响，美国出现不景气状况下的物价上涨，这些价格的上涨引发工资—物价螺旋上升的通货膨胀，反过来使生产部门的活动受到紧缩性经济政策的限制，从而造成失业与经济停滞。

20世纪60~70年代初的广告开始变得理性，对社会发生的变化表现得不太敏感，广告业普遍意识到自己在引领消费文化方面的能力，但对于这种能力的运用减少了随意性。除了一些公司推行的创意革命之外，多数的广告人仍然反映出传统的价值观，并且创意和表现的手法也缺乏创意，性别和种族歧视依然经常在广告作品中体现出来。

## 第二节　传媒技术的变革

人类在20世纪20年代进入了电波传播时代。广播和电视的出现，标志着人类的大众传播方式将从印刷传播的时代进入印刷传播与电波传播并存的时代。由于电波传播的全球性，这就为广告的全球化奠定了技术基础。

世界各国的公共广电系统主要播出教育性和知识性的节目，经费来源主要依靠政府和经办部门的拨款或基金会的捐赠、大公司的赞助和出售节目的收入，其目的在于保证节目代表公众的利益，并保持公正性。商业广电系统的节目则主要是新闻、娱乐和广告三部分。但是各个国家公共系统和商业系统的比重不同，这主要受其国家的传统和舆论的影响。

### 一、广播的出现和发展

20世纪20年代至30年代开始，广播接收设备和传输设备都有显著的技术突破。1935年调频广播电台出现，这种广播方式噪音小、音质好、抗干扰能力强，收听效果越来越好。第二次世界大战期间，很多国家开始发展对外广播。战后，广播事业继续发展，电台设置也日趋专门化。20 世纪 70 年代之后，调频电台广泛兴起。

（一）美国

1920 年 KDKA 在匹兹堡开播，这是世界上第一家正式具有了执照的广播电台。一般认为，这一年是无线电广播事业的开端。世界上许多国家相继建立了无线电广播电台。到 1922 年，美国全国已有 500 家注册的广播电台，接近二百万的家庭配备了收音机。

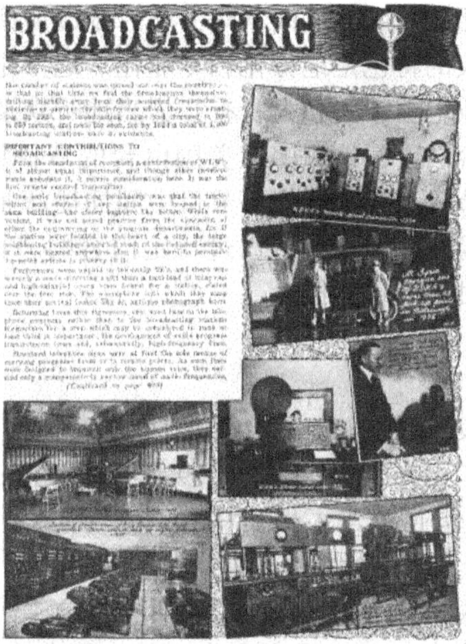


世界上第一个广播电台 KDKA 电台

20 世纪 20 年代中期，广播网的概念出现。1926 年 11 月 15 日，美国无线电公司、美国通用电气公司和美国西屋电气公司组建的全国广播公司（NBC）开始播出节目。1927 年 1 月，NBC 成立了两个不同的广播网（Red & Blue Networks），红网以娱乐性节目为主，蓝网经常播放新闻、严肃音乐和文化节目。1934 年该公司拥有 127 座电台。1928 年哥伦比亚广播公司（CBS）成立，到 1934 年为止有 97 座电台。由于联邦通讯委员会限制广播事业的垄断化，1943 年，NBC 被迫将蓝网出售，以后改建为美国广播公司（ABC）。从此出现了NBC、CBS、ABC三足鼎立的局面。

虽然大萧条时期广播经营出现困难，但收音机的价格却越来越低，而且收音机所提供的是免费的娱乐，因此听众数量不断扩充，节目质量也得到提升，新闻、戏剧、喜剧等节目成为各个电台的主要播出内容。

战后95%的美国家庭拥有收音机，但由于1950年电视开始挤占广播的市场份额，电台逐渐开始进行节目类型的调整，音乐成为广播节目主流。晶体管收音机的面世帮助广播从电视的威胁中继续成长，人们在汽车中或户外可以通过这种价格低廉、便携的收音机收听节目。摇滚音乐的盛行，使20世纪50年代之后的20年里广播事业繁荣活跃。随着20世纪70年代调频广播的收听人数不断上升，调幅广播的收听率逐渐下降，节目则以谈话类和新闻为主。

美国广播事业最大的特色是地方化和专业化。地方化是指美国的广播电台绝大多数是地方性商业电台，由私人所有，为当地听众及工商、政界、文化娱乐界服务。从广播内容而言，绝大多数美国电台的节目集中于某一特定内容，如新闻、音乐、体育节目和天气预报等节目中间插播商业广告。广告成为美国商业广播电台的惟一经济来源。电台通过特定内容的节目吸引目标听众群体，从而使广告主做广告时更有针对性。

（二）欧洲

1. 英国

英国的广播事业发展较快。1920年，马可尼所创办的无线电报公司从他的切姆福斯电台发出了无线电新闻广播，1922年10月该公司联合西方电气公司等另外五家无线电企业组建了民营的英国广播公司（British Broadcasting Company），同年11月14日在伦敦开始日常广播。

鉴于广播影响重大，英国政府组建了收听委员会，采用公共企业的形式来经营BBC，使它保持中立。BBC没有广告，起初经费来源于出售收音机附加费和收听执照费。一年后，持有收音机执照的用户达到12.5万人（实际收听用户高于此数）。节目有病友节目、儿童节目、话剧、歌剧和户外录制节目等。1924年增加新闻、宗教和学校节目，并开始转播欧洲大陆其他国家的节目。

1927年英王颁布“皇家约章”，将其改组为公营的BBC（British Broadcasting Corporation），授予其在全国进行无线电广播的特权，该特权一直持续到20世纪60年代。改为公营后，BBC很快建立了覆盖全国的广播网，1927年持执照用户227万，1937年为830万。

由于电视出现之后英国长时间内仍是BBC一枝独秀，1952年一些人士认为处于垄断地位的BBC限制了言论自由，减缓了广电事业的发展速度，而竞

英国 BBC 大楼外景

争能提高节目质量、增加机构活力。因此他们发起了“压力运动”，成立了“大众电视委员会”，强烈呼吁建立商业广播电视机构。1955 年成立的独立广播公司成为英国第一家靠广告和出售节目的收入经营的商业性广播电视公司。1972 年议会决定开放商业广播，商业电视和广播都由独立广播局（IBA）负责管理。1973 年底一家私营电台伦敦广播公司开播，打破了 BBC 垄断广播的局面。

广告收入是独立广播公司的主要经济来源之一。为了既播广告又不影响观众情绪，公司制订了一系列法规制约广告的内容和插播形式。电台广告每小时最多 9 分钟，教育节目不得播放广告。

2. 法国

法国是欧洲广播电视事业较为发达的国家之一。1922 年法国邮电部在埃菲尔铁塔上架设发射天线，用长波定时播出节目，标志着法国广播事业的开始。截至 1980 年之前，法国的广播事业大致可以分为三个时期：

(1) 国营为主、私营并存时期（1922~1945 年）。私营电台的纷纷出现，使法国政府于 1923 年颁布法令，规定广播事业为国家专利，私人必须通过邮电部特许方可经营，且不得妨碍国营广播和公共利益。由于电台的影响力巨大，在政治家的压力下，法国政府又通过法令限制私营电台，并且通过建立地方发射台网和赎买最大的私人电台将其改为国家广播电台。1933 年开始，政府每年向听众收取 50 法郎作为收听费。这一时期，三家全国台居于主导地位，收音机用户四百多万。电台没有广告。

（2）国家垄断时期（1945~1974 年）。“二战”结束后，政府取消了所有私人电台的营业执照，成立法国广播电视公司（RTF）领带全国的广播电台和电视台。这一时期法国广播电视事业获得重大发展。在 20 世纪 40 年代末，广播业就已超过战前水平，50 年代广播网已经覆盖全国，收音机已经普及。但是仍旧不允许接受广告投放。

（3）分散经营体制时期（1974~1980 年）。由于政府的严格管束，法国的广播事业缺乏活力，许多法国人不愿收听国营广播单调乏味的节目，转而收听设在邻国的私营法语电台。由于改革呼声很高，政府只好将法国广播电视公司的业务拆分成七个国营公司。分散经营之后，电台的节目有了一定程度的改观。

由于长期以来法国对私营商业电台的管制并严格实行国营，致使广播媒体在法国出现之后并没有立即成长为报刊媒介的广告竞争对手，因此法国的广播广告乏善可陈。

3. 德国

德国的广播事业开始于 1923 年，当年 10 月，汉斯·布利多在柏林创办了第一座广播电台（私营），以音乐和娱乐节目为主。之后公营和私营电台在各大城市陆续出现。1925 年，德意志广播公司成立。后来，德国广播事业成为法西斯煽动战争的工具。

盟军占领联邦德国期间，各广播电台均被没收。为避免历史重演，美、英、法占领军提出了重建广播事业的两大原则：广播应为独立的事业，不受政府控制；广播应为公益事业，不能依赖广告生存。由此，西德建立了社会公营的广播电视体制。公共广播系统的收入主要是收听费，但有一部分广告费。播出广告的时间受到严格限制。

## 二、电视的产生和发展

电视出现晚于广播，19 世纪末至 20 世纪 30 年代，各国的科学家在完成一系列的无线电声音和画面传送试验之后，1936 年英国广播公司建立了世界上第一座电视台，11 月 2 日起定时向公众播出黑白电视节目，这被认为是世界电视事业诞生的标志。其他国家相继建立电视台，1941 年第一批商业电视台获准开业。

战争期间许多欧洲国家卷入战火，刚刚兴起的电视事业中断了发展进程，因此电视的真正发展在第二次世界大战之后。电视在 20 世纪 20 年代至 80 年代这段时期历经了黑白电视、彩色电视和卫星电视三个阶段。

由于电视具有传播速度快、受众面广和声像兼备的特点，很快便在大众媒体中确立了优势地位。早在 60 年代，当电视还处于初级发展阶段的时候，

1946 年，美国第一次播出黑白电视录制现场

美国总统候选人尼克松、肯尼迪就把它作为有效的竞选工具，首次以电视辩论的形式进行角逐，当时的收看者约 7 000 万人。电视辩论使选民们有可能全面了解总统候选人对重大政治问题的观点和态度，在一定程度上提高了社会政治的开放和透明程度。最终选民凭借对肯尼迪在电视上的良好形象把他送进了白宫。电视逐渐成为世界各国政治传播的有力武器。

除了对社会政治生活施加影响，电视媒体还渗透到经济生活的各个方面，甚至直接推动某些领域的产业化。从体育的产业发展便可见一斑。过去的体育比赛观看者只限于场内观众，所获利润十分有限。电视转播使观众身处异地也能在同一时间收看到同一场比赛，大大扩充了观众的数量。出售电视转播权，可以使主办机构获得丰厚的收入；由于体育产业的蓬勃发展，还带动了许多与之相关的产业的发展，如运动器械、服装、饮料、食品等。娱乐业也是在电视的节目中涌现出一代又一代的摇滚歌星，追星族成为娱乐产品的热忱消费者，由此而形成庞大的娱乐消费市场。在电视的作用下娱乐业的利润早已不再来自单一的门票收入。

电视广告先是使用静态图片或印刷文字来介绍产品，后来广告主在电视上播出长达 2~3 分钟的产品演示广告，后来才有简短的具有创意的电视广告出现。随着电视机的普及，电视台的广告客户激增，广告的创意也开始注重结合电视的表现和语言的特色。卫星电视的出现使电视媒介迅速发展为全球性的大众媒介，促成广告商品的全球销售，并带来比广播、报纸、杂志更具立体效果的广告支持。

（一）美国

1939 年 4 月美国全国广播公司对纽约世博会的开幕式进行实况转播，被认为是美国正式播出电视节目的开始。1941 年，全国广播公司和哥伦比亚广播公司在纽约的电视台分别获得联邦通讯委员会签发的执照，成为美国第一批商业电视台。同年 12 月，有 32 个商业电视台领到了营业执照。但由于美国参与第二次世界大战，因此电视事业的发展并没有进入突飞猛进的商业发展阶段，战争中全国仅有纽约、费城、芝加哥、旧金山等地的九家电视台继续播送节目，全国电视机台数少于 7 000 台。

在电视机研究技术上与美国势均力敌的英国和德国，由于战争的严重破坏而不得不暂时搁置研究项目，因此美国成为电视技术的领头羊。“二战”结束后美国电视业迅猛发展，电视机的普及率由 1950 年的 9% 提高到 1959 年的 88%。美国 20 世纪在 40 年代开始研制彩色电视。1953 年 12 月联邦通讯委员会开始发放彩色电视机执照。1954 年，全国广播公司率先播出彩色电视节目。但由于成本昂贵，所以彩色电视机普及速度很慢，到 1961 年仍只有约 60 万台，占总数的 1%。这个数字在 70 年代提升很快，85%的家庭拥有了彩色电视机。空间技术的发展，使广播电视信号得以通过卫星传输，卫星转播和地面电缆传送相结合，促进了有线电视的迅速发展。

根据一项统计，美国家庭每天平均有 6 个小时在电视机前度过。美国公众中 67%的人把电视作为消息的一种主要来源，47%的人把它视为最可信的消息来源。青少年从小学到高中的 12 年间，平均每人消耗在电视机前的时间为 2.2 万小时，为在校上课时间的两倍。电视成为当代美国社会生活中的重要力量。它既是向青少年提供教育的工具，又是大多数美国人获得新闻和娱乐的主要源泉。

另一方面，电视提供的信息从深度上不及报纸和杂志，而且，由于娱乐性节目中大量充斥暴力犯罪镜头，对公众特别是青少年造成了不良影响，因此一些专家对此深表忧虑。

美国国会 1967 年通过公共广播电视法案，规定全美所有的教育电视台和非商业性电视台统称公共电视台。1968 年成立了公共广播公司（CPB），统筹联邦政府拨款的分配和使用，协调公共系统各台之间的关系，促进公共广播电视的发展。公共广播电视播出的节目内容比较健康，与商业台形成了鲜明的对比，儿童和教师是公共电视的重要受众群体。

美国的商业广播电视有四大网络：全国广播公司（NBC）、哥伦比亚广播公司（CBS）、美国广播公司（ABC）和福克斯广播公司（FBC）。这四大网在创办伊始至 20 世纪 80 年代，主营的业务都是广播电视，80 年代之后的扩张兼并，均变成多元化和信息传播的大航母，除了广播电视外，还经营相关的其他产业。

新闻、娱乐和广告是商业广播电视的主要内容。

正式的新闻节目开办于40年代末期，50年代陆续增加了不同时段的新闻，以及各种专题新闻节目，新闻节目成为电视节目的骨干。电视新闻的节目质量直接关系着电视网的声望，收视率的高低决定了广告收入。各公司都十分重视新闻节目，竞相投入巨资提高节目质量，以吸引更多的观众。

美国的电视更主要是一种娱乐工具，电视与娱乐性行业的关系远比新闻业密切，这就使电视比纸质媒介更适合成为消费文化的阵地，而受众也更容易在轻松休闲的氛围中接收广告信息。传播研究发现，受众消费大众媒体除了获取信息之外，还有另外一个重要的原因就是寻找娱乐。因此娱乐节目和体育节目在整个播出表中占有很大的比重。虽然娱乐节目的编排要花费巨额资金，但是它同时也带来了巨大的广告收益。娱乐节目已经成为现代广播电视业中一个不可缺少的组成部分。

收视率的上升为广播电视带来更多的广告，而广告额的上升又为运营提供重要的资金支持。

（二）欧洲

1. 英国

英国虽然是世界上第一个播出黑白电视节目的国家，但在“二战”期间，电视播出中断。1946年6月恢复播出电视节目之时，全国仅有电视机1.46万台，执照费每年3英镑。随着经济的重建，电视事业又迅速发展起来，电视机的数量从1950年的34.4万台，1953年的214万台，增至1956年的574万台。

1954年BBC垄断电视事业经营的局面被打破，议会决定允许由新组建的独立电视局负责管理商业电视。1955年9月，伦敦电视台开播。标志着英国出现第一家靠广告收入和出售节目维持经营的商业性广播电视公司。

广告是独立电视局下属商业电视台的主要经济来源之一。公司制定了一系列法规制约广告的内容和插播形式，以达到不影响观众的情绪的目的。如规定电视广告要隔半个小时以上播出一次，每小时不得超过7分钟，并规定教育节目不得插播广告。

2. 法国

1945年法国开始设立电视台，1967年开办彩色电视节目。同年为了保证资金供应，议会允许开放电视广告。电视机数量在60年代初为100万台，70年代初增至1 200万台。到1970年，广告收入已达到法国广播电视管理局总收入的1/4。

3. 德国

德国和英国在“二战”之前曾经是美国在研究电视技术方面的有力竞争对手。1938年，德国电视台正式建立，并开始定时播放节目，紧接着建立起全国电视网和大众化电视机的生产线。但在“二战”中，德国电视台被盟军炸毁，电视业的发展陷于停顿状态。

1952年，西德在广播电台的基础上组建了“德意志电视台”，1967年开始播出彩色电视节目。西德政府对电视台的干预很少，节目内容和技术问题均由专家负责。除了观众每月交纳的收视费之外，广告费也是电视台的收入来源。各台均设有广告，但电视广告按规定每天不得超过20分钟，不得在晚上8点之后以及公共节假日播放，不得在节目中间插播广告。

## 三、大众媒介的广告竞争

大众传播媒介的空前繁荣，对社会发展产生了重大的影响。报纸出现于17世纪，在18、19世纪引领大众传播时代的到来，而到20世纪则形成庞大的规模。报刊所传播的大量信息对人类社会的开放与进步起了推波助澜的作用。而广播电视从出现到发展成熟则用了很短的时间。20世纪20、30年代广播电视相继问世，印刷传播开始面临电子传播的严峻挑战。

报纸是商业经济的产物，广告一开始就是报纸经营的重要内容，也是编辑们在排版和改版时优先考虑的对象。报纸广告的繁荣促成了广告公司服务体系的成熟和完善。到了以广播电视的诞生为标志的即时通信时代，大众媒体对社会发展的促进作用更加直接，但其负面作用也引起人们的注意和担忧：受众接收信息与解读信息的主动性下降，信息越来越成为一种容易消化甚至不需消化的精神“方便食粮”，必然影响了受众整体思维素质的提高，这从某种程度上体现出媒介对大众的控制力。因此，虽然广播电视的运营者同样注重广告的经营，但广播广告的发展并不如报纸、杂志广告那么顺利，各国政府认为电波媒介的影响力远远高于纸质媒介，对广播的管理从节目到广告都比较严格。这一点从欧洲来看尤为突出。欧洲各国对于广播广告的限制，导致了电波广告的成就远远低于纸质媒介。而美国对广播广告的限制不大，因此美国广播广告有很大的发展。相对于纸质媒介政府一般关注的是言论自由的问题来看，广播和电视则更多考虑其政治立场。因此电子媒介出现的初期，其对报刊为主的纸质媒介的冲击主要体现在受众的转移上，纸质媒介长期以来形成的较为宽松的广告环境为其在这场残酷斗争中提供了一定的保护作用。正是在受众流失的同时，报刊深刻意识到定位调整和产品多样化对于保住广告客户的重要意义。各国对广播电视广告的禁锢解除之后，纸质媒介的广告收入受到很大的冲击。

## 第三节 广告主体

### 一、广告主

20世纪20年代至80年代的60年中，市场环境和消费心态的变化使广告主的诉求策略随着不断调整，广告逐渐从单纯地盲目地告知消息、叫卖转变为有针对性地传播与沟通。

“一战”后经济恢复时期广告主发现在日常采购中女性承担了大部分的责任，从这个时期开始，广告的首要目标变成了女性。由于科学技术成为那个时代的新宗教，因此广告主都将科学作为产品的重要诉求，精心塑造了很多参照精英群体的的消费模式，希望普通消费者加以效仿。

在大萧条时期，广告主崇尚现实而明智的广告风格，广告以最节省的方式刊登着。另外由于收音机逐渐普及，广播成为这一时期广告主的新宠，而宝洁的肥皂产品长期赞助广播剧的播出，因此广播剧获得了肥皂剧的名称。

“二战”中广告主积极地扮演了爱国主义倡导者的角色，战后经济状况持续好转，消费狂潮又一次开始。但这时消费者对广告存在很深的疑虑，促使广告主不得不开始关注消费心理和动机。电视的出现和迅速普及为广告主创造了前所未有的广阔的大众市场。

20世纪60年代之后，广告主越来越自觉地关注消费者的需求和消费感受，广告成为广告主与消费者全方位沟通的重要工具。在目标对象上不再简单囊括大众媒介所能传播到的所有范畴，而是根据自身实际有针对性地到达具体的受众。

### 二、广告公司

（一）全方位服务时代的到来

“一战”结束后，欧洲的经济危机并没为广告业带来大的进步，但广告设计多注重艺术性，留下了备受称道的优秀平面作品。美国则经由战争生产的刺激，出现了繁荣昌盛的经济局面，广告业也因此受到推崇。汽车、收音机、冰箱、洗衣机、电话、电影等的广告是当时的主流。而广播媒体的出现，使总体的广告量大为增加，广告代理公司的服务由仅仅制作广告稿，到加上市场调查和媒体测定，进而把主力放在广告活动的策划和实施方面，广告效果预测在当时也非常盛行。

1929~1933年世界性经济危机，广告业也和其他行业一样经历了黑暗的时期（在欧洲这一状况延续到战后的50年代）。由于工业生产的停滞，广告预算减少，广告公司只能强迫员工缩减工作时间（每周四天）、削减工资（法定节假日也不带薪）；广告主经常要求审查广告，而广告公司为了保住客户则被迫提供越来越多的免费的服务。“二战”期间美国的广告业从萧条中复苏过来，然而，它再也不可能恢复到萧条之前的那种地位，而变成了消费者运动的攻击对象。市场环境和观念的变化，促使消费行为与心理研究成为广告主和广告公司的必要工作。

世界经济的全面复苏和营销时代的到来，促进了广告公司规模和服务内容的扩充。广告公司必须精通电视媒体的广告创作和运用，这是获得客户的必要条件之一。这时期最著名的两位广告人是达彼思广告公司（Ted Bates & Company）的罗瑟·瑞夫斯和咨询专家欧内斯特·迪希特，前者推行“硬销售”，创立“独特销售主张”的创意方式，后者被誉为“研究动机的思想之父”，他把人类的消费动机的研究和市场营销联系起来，创立了市场营销学的新的思想方式。迪希特指出，消费者首先是用眼睛来观察商品，然后才在他的头脑中加深印象，并试图来认识他所看到的一种产品对他具有什么意义。现代消费者购买一件商品，并非仅仅为了购买商品的物理功能或效用，也并非只是为了取得商品的所有权，他更希望通过购买商品，从中获得一系列的心理满足和愉悦感。

（二）创意与保守激荡的年代

20世纪60年代的广告总体看起来干净利落，文案简洁。少数广告公司推行了创意革命，创意人员在公司中的地位最高。广告的重心从辅助营销转向专项创意产品，从科学和调查转向艺术和感觉。这些公司主要有李奥·贝纳（Leo Burnett）、奥美（David Ogilvy）和恒美（DDB），李奥·贝纳、大卫·奥格威和比尔·伯恩巴克领导自己的公司投身这场创意革命。这个时代多数的广告公司仍然坚持传统的价值观，创意和策略也缺乏新意。但广告业普遍意识到自己在消费文化中的地位，将自身视为一种感觉消费产品加以经营。

20世纪70年代广告重又拾回几十年前可靠但陈腐的风格，硬销售重新取代创意。由于法规的增加和对特殊受众如儿童的保护，联邦贸易委员会（FTC）和行业性的全国广告审查委员会（NARB）都要求广告行业提高诚实和公开的标准。这个时期出现了广告公司的合并狂潮。

## 三、世界性广告奖项

（一）纽约广告奖

纽约广告大奖始创于1957年，当时这个全球竞争性的奖项主要是为非广

李奥·贝纳创作的青豆巨人经典广告

播电视媒介的广告佳作而设。在此后的20年间，这项大奖在全美的工业界与教育界取得了非凡的声誉。在20世纪70年代，新资源的加入又使其增添了电视电影广告、电视节目和促销等诸多项目。国际广播广告、节目和促销竞赛项目开始于1982年；印刷广告、设计、摄影图片、图像项目开始于1984年；为了适应技术和科技的发展，全球互联网络奖项亦于1992年正式设立；对于健康关怀的全球奖项也于1994年加入大赛；1995年又添设了广告市场效果奖，以嘉勉那些创意精良且市场销售突出的广告活动。

(二) 克里奥 (CLIO) 广告奖

克里奥广告奖创立于1959年，举办地是纽约。克里奥广告奖素有广告界

伯恩巴克创作的金龟车广告

"奥斯卡"之称。大会开过之后，获奖作品将由每个国家和地区的克里奥奖代表组织赴世界38个国家和地区进行巡回展览。

（三）莫比（MOBIL）广告奖

莫比广告奖创建于1971年，是全球5项最重要的广告大奖之一（即莫比广告奖、纽约广告奖、戛纳广告奖、伦敦广告奖、克里奥广告奖）。其总部设在美国芝加哥。莫比奖的参赛者来自世界各国。每年10~12月中旬评选，第二年2月举行颁奖仪式。随后，获奖作品在世界各地巡展。

设立莫比奖的目的是为全球的广告公司、广告制作公司、艺术指导人员以及设计师、电影公司、电视台和广告主提供一个国际性的平台，使他们能够获得对各自成就的恰当评价，并从中选出最优秀的作品。获奖广告为商品创造良好声誉与形象，并促进销售，促使广告增加广告预算，还会为从业人员提供更多的晋升机会，扩大公司知名度。

## 第四节 营销学与传播学对广告的影响

### 一、营销学的发展

（一）市场营销理论的产生

市场营销理论于20世纪初诞生在美国。它是美国社会经济环境发展变化的产物。19世纪末20世纪初，美国开始从自由资本主义向垄断资本主义过渡，社会环境发生了深刻的变化。工业生产飞速发展、专业化程度日益提高、人口增长急剧、个人收入上升，日益扩大的新市场为创新提供了良好的机会，人们对市场的态度开始发生变化，他们希望能有一门新的学科或理论对此做出解释，以便更有效地指导其经济生活实践。

市场营销思想最初是人们在解决各种市场问题的过程中自发产生的。传统的经济学家一般是从宏观的和政治的角度来考虑市场问题的，而当时的管理经济学家则主要考虑企业组织的内部问题，尤其是有关生产过程的问题。大量有关分销和市场的新问题的出现造就了一批新的理论家，那就是市场营销学家。直到20世纪30年代的国际性经济危机时期，人们才开始重视这门学科。市场营销思想的出现，对美国社会和经济产生了重大影响。它给予成千上万的企业主以指导，为企业市场营销计划的制定提供了依据，还有力地推动了中间商社会地位的提高。商学院把那些反映了市场营销新思想的著作用做教科书，并将市场营销思想理论化，进而使之成为一门独立的学科即市场营销学，该学科成为当时商业大学培养方案的中心课程。市场营销思想还改变了人们对社会、市场和消费的看法，形成了人们新的价值观念和行为准则。

（二）营销理念的沿革

营销观念可归纳为五种，即生产观念、产品观念、推销观念、市场营销观念和社会市场营销观念。

1. 生产观念

生产观念是指导销售者行为的最古老的观念之一。这种观念产生于20世纪20年代以前。生产观念认为，消费者喜欢那些可以随处买得到而且价格低廉的产品，企业应致力于提高生产效率和分销效率，扩大生产，降低成本以扩展市场。生产观念是一种重生产、轻市场营销的商业哲学。生产观念是在卖方市场条件下产生的。在资本主义工业化初期以及第二次世界大战末期和战后一段时期内，由于物资短缺，市场产品供不应求，生产观念在企业经营管理中颇为流行；有些企业在产品成本高的条件下，其市场营销管理也受产品观念支配，努力降低成本。

2. 产品观念

产品观念也是一种较早的企业经营观念。它认为，消费者最喜欢高质量、多功能和具有某种特色的产品，企业应致力于生产高价值产品，并不断加以改进。它也是卖方市场条件下的营销观念。当发明一项新产品时，企业最容易运用产品观念指导销售，导致“市场营销近视”，即不适当地把注意力放在产品上，而不是放在市场需要上，在市场营销管理中缺乏远见，只看到自己的产品质量好，看不到市场需求在变化，致使企业经营陷入困境。

3. 推销观念

推销观念产生于资本主义国家由“卖方市场”向“买方市场”过渡的阶段，盛行于20世纪20年代末至50年代初。它认为，消费者通常表现出一种购买惰性或抗衡心理，如果听其自然的话，消费者一般不会足量购买某一企业的产品，因此，企业必须积极推销和大力促销，以刺激消费者大量购买本企业产品。推销观念在现代市场经济条件下被大量用于推销那些非渴求物品，许多企业在产品过剩时，也常常奉行推销观念。这种观念虽然比前两种观念前进了一步，开始重视广告术及推销术，但其实质仍然是以生产为中心的。

4. 市场营销观念

市场营销观念的核心原则直到20世纪50年代中期才基本定型，以满足顾客需求为出发点，即“顾客需要什么，就生产什么”。市场营销观念认为，实现企业各项目标的关键，在于正确确定目标市场的需要和欲望，并且比竞争者更有效地传送目标市场所期望的物品或服务，进而比竞争者更有效地满足目标市场的需要和欲望。其四个支柱是：市场中心、顾客导向、协调的市场营销和利润。市场营销观念的出现，使企业经营观念发生了根本性变化。

5. 社会市场营销观念

社会市场营销观念产生于20世纪70年代，西方资本主义出现能源短缺、通货膨胀、失业增加、环境污染严重、消费者保护运动盛行的新形势下。市场营销观念回避了消费者需要、消费者利益和长期社会福利之间隐含着冲突的现实，社会市场营销观念认为，企业的任务是确定各个目标市场的需要、欲望和利益，并以保护或提高消费者和社会福利的方式，比竞争者更有效、更有利地向目标市场提供能够满足其需要、欲望和利益的物品或服务。社会市场营销观念要求市场营销者在制定市场营销政策时，要统筹兼顾三方面的利益，即企业利益、消费者利益需要的满足和社会利益。

### （三）市场营销理论对广告的影响

市场营销理论明确了广告是整体推广活动的一部分，是任何机构都可以利用的基本营销工具之一。营销承担着商品或服务的构思、定价、促销（包括广告）和分销等诸多职责，通常所指的营销组合就是4P加上决策。广告对于产品销售很重要，但广告只是营销中的一个重要成分，只是营销组合中众多不同的促销工具中的一种。

在营销理论中，广告在营销组合中的作用主要是集中所有的力量，共同向目标受众传达产品或服务所能提供的价值，而价值却不仅仅由产品或服务本身组成。消费者在需求产品或服务的同时也需求方便的地点、信用条款、保证条款和送货方式等诸如此类的东西。另外还追求一系列情感价值，如安全保障、归属感、从属关系以及社会威望等。恰当地组合这些成分，能在决定诉求内容和发布广告过程中发挥巨大的作用。

经由这样区分，广告不再是以往消费者和广告主眼中的所有责任的承担者，其在商业活动中的地位得到明确，所能起的作用也能被恰如其分地评估出来。市场营销理论不仅为广告在整体广告活动策划中明晰了方向和职责，也还原了广告的本质。

## 二、传播学的发展

### （一）传播学研究的出现

自从有了人类社会，就有了传播活动。传播是人类社会普遍存在的社会现象，是人们进行信息交流的一种活动。但是作为研究信息传播规律的一门科学，传播学的产生则比较晚。20世纪40年代，传播学在美国出现并得到迅速发展。20世纪50年代后，传播学开始传入欧洲。

20世纪30~40年代，美国发展成为世界头号强国，商业经济高度发达。企业借助大众媒体发布广告，招揽顾客。各家媒体为了争夺广告，提高报刊发行量，扩大收听收视率，往往以降低节目格调为代价，大众媒介机构变成了追逐利润的信息产业，传媒的商业色彩越来越浓，对广告客户的依赖程度也越来越高；美国政界在政治活动中也看中了大众传播媒介，想方设法利用它扩大某一组织的影响，美国的大众传播媒介成了党派斗争的讲坛；“二战”期间，美国军方为了鼓舞士气，对付希特勒蛊惑人心的虚假宣传，也着手研究传播媒介在改变人的态度和行为方面的作用和效果。于是，军方雇佣一批学者，让他们从心理学、宣传学、社会学等角度研究大众传播媒介的作用。

这样一来，大众传播媒介在社会生活中的作用越来越大。但同时充斥媒介的大量低俗、暴力内容所带来的不良社会影响也受到人们的关注。如何选择和利用传播媒介，获得最好的传播效果，如何发挥大众传播媒介的积极作用，防止其对社会带来的消极影响等一系列的问题就迫切需要解决了。以大众传播媒介为主要研究内容的传播学就在这时应运而生。

但直到20世纪60年代，传播学这门学科在西方都还很不成熟。传播学者施拉姆（Wilbur Schramm）在1963年出版的《人类传播学》（The Science of Human Communication）一书中指出："传播学不是一个我们称为物理学或经济学那样的学科。传播学更像是一门十字路口上的学科，有很多学科予以穿插，但没有停下来。"

（二）传播学的两大基本流派

传播学产生后得到了迅速发展，很快传到了加拿大、欧洲各国及世界各地。传播学在其发展过程中逐渐形成了两个学派：一个是以美国为代表的经典学派，另一个是以欧洲为代表的批判学派。

1. 经典学派

经典学派的主要特点为：（1）具有实用主义和鲜明的商业色彩。经典传播学理论大多是建立在效果研究基础上的，研究的重点是媒介对人、对社会的影响以及受众研究。效果研究和受众研究二者不可分，它既体现了实用主义的"有用性"，又为传播媒介带来了商业利益。（2）注重定量分析，具有较强的实证主义色彩。但实证主义只推崇事实，只满足于就事论事，缺少对事实深层次的理性思考和分析，也成为经典学派的缺陷。（3）缺乏完整的体系。传播学的实用性太强，研究课题分散，以致缺乏总体性。

2. 批判学派

批判学派于20世纪60年代出现在欧洲，是欧洲各国传播实践的具体产物。欧洲国家多，社会制度也不完全相同。欧洲的大众传播媒介所有制情况也不完全一样，一部分属于私人所有，一部分是国家直接控制或者通过不同的形式进行控制，一部分则属于社会所有，受社会集团控制。传播实践的不同决定了欧洲的一些学者不能照搬美国的理论，迫使他们根据本国、本地区的实践情况，独立、自主地研究传播现象，从而探索与提出同本国、本地区实际情况相符合的新的理论和观点。批判学派中"法兰克福学派"影响最大。

欧洲批判学派着重从政治经济学、文化学、社会学等领域研究大众传播：（1）研究重点放在传播者和传播体制上，即谁掌握和控制传播媒介大众传播与社会发展的相互关系。（2）采用哲学、社会学、政治经济学、文化学、历史学等人文学科的研究方法，注重上层建筑、意识形态对大众传播的影响；注重定性分析，但也不排斥定量分析；注重从宏观上考察大众传播的全过程，尤其是大众传播对整个社会的影响。（3）受西方马克思主义学说影响，对资本主义的传播体制持怀疑和批判态度。他们从批判现实的角度去研究社会传播，以变革现行不合理的制度。

（三）作为传播活动的广告

广告从诞生开始就作为一种交流手段。它是一种经由大众媒介的传播活动，通过媒介而非面对面的方式实施传播。面对越来越复杂的市场状况和消费心态，如何更正确地认识自身在信息传递过程中的地位与作用，更有效地将信息传递到目标受众那里，成为广告业者最关心的问题。传播学的出现使广告明确作为一种大众传播活动，自身应该遵循大众媒介的传播规律。如同大众传播的其他形式一样，广告是某些机构为制造一定的内容而相互作用的产物。广告主要传达的信息、对目标受众在信息需求方面的判断、对受众理解广告词和形象的方式的预测以及承载内容的媒介的传统，这些因素之间复杂的相互作用共同形成了一条广告。广告是集体的产物，而非个人凭自身感受便可创造出来的。

传播学所提出的理论模式使广告更清楚信息接收一方（即受众）对于广告效果有着相当大的决定权，因此，重视广告受众成为广告主和广告公司的自觉行为。

**思考·案例·练习**

1. 四大媒介并存的初期，竞争态势如何？
2. 广告公司关注重点转变的原因何在？

**参考文献**

1. 谢理琳·赛格勒，赫伯特·霍华德．广播电视广告教程．北京：新华出版社，2000

2. 崔恩卿．报业经营论．北京：中国经济出版社，1998

3. 洛特菲·马赫兹．世界传播概览．北京：对外翻译出版公司，1999

4. 陈韬文，朱立，潘忠党．大众传播与市场经济．香港炉峰学会，1997

5. 世界报业协会．http：//www.wan-press.org/

6. 陈培爱．中外广告史：站在当代视角的全面回顾．北京：中国物价出版社，2002

7. Barbara Mueller.（1998）International Advertising：Communication Across Culture. 大连：东北财经大学出版社

8. 樊志育．世界广告史话．北京：中国友谊出版公司，1998

9. 郭吴新．二十世纪初期的世界经济格局．经济评论，1997年第3期

10. 美国国务院国际信息局网站

Available：http：//usinfo. state. gov/products/pubs/oecon/chap3. htm

11. 吴弦．欧洲经济一体化产生的历史渊源和条件．欧洲，1997 年第 2 期
12. 程曼丽．新闻传播百年回眸．中国记者，1999 年第 12 期
13. http：//www. emkt. com. cn.
14. 陈卫星．传播学是什么．博览群书，2004 年第 1 期
15. 徐耀魁．传播学的发展．北京理工大学学报，2003 年第 1 期

# 第十八章 世界当代广告的现状
（1980~2004 年）

**【本章提要】** 科学技术在这 20 年取得了日新月异的发展，广告在世界范围的商品经济狂潮中，借助传统媒介和新兴媒介成为巨人般的弄潮儿，无孔不入的广告已渗透到整个社会的各个角落。互联网的商业应用大大地拓展了广告业的活动空间。广告经营的集团化、国际化、资本化成为广告业的薪新特点。广告业已经取代了旅游业而成为世界上最大的无烟工业。

**本章内容主要包括：**
※ 和平大背景下国际经济合作的加强。
※ 数字媒体的广泛应用开拓了新的广告平台。
※ 广告公司运营模式朝资本化、集团化、国际化迈进。

## 第一节 第二次全球化狂潮

20 世纪末，人类历史上的第二次全球化高潮同样以资本主义世界经济体系为基础，同样是国际分工与世界市场经济的产物。但它不是历史的简单重演与再版，它已在“世界联成一起”的基础上进而发展成为“地球村”：地球变得更小，信息传播超越国界、洲界，人类联系更紧密，经济一体化程度更高。

第二轮的全球化浪潮是在冷战格局的基础上发展起来的，是社会化大生产发展的必然趋势。在 19 世纪末，美国的经济实力就已经超过英国，处于发达国家的首位。从第二次世界大战结束到 60 年代末，美国经济逐渐走向成熟。这期间（指美国第三次并购浪潮），大公司通过横向联合、纵向兼并等方式不断扩大生产规模，生产的垄断和集中有了快速发展，特别是跨国公司有了新的发展。美国跨国公司的兼并扩张过程结果使生产国际化的部分占世界国民生产总值相当大的比重，国际公司的商品占世界市场中所有商品的1/4。此外，跨国公司的国际投资也在迅速发展。

从20世纪70年代开始持续到现在，新一轮的技术革命、世界各国经济政策的调整等因素，促成了全球化的第二次浪潮。

### 一、科技日新月异引领当代经济飞速发展

第二次全球化浪潮的根本动因，是20世纪从60年代后期开始加速的技术创新。科技革命日新月异，近40年来科学技术的发明和发现比过去2 000年的总和还多。科技发展带来一系列先进的电子产品。通信及计算机网络的创新诞生出巨大的计算机硬件和软件工业，革命性地改变了许多行业的运转模式。这不仅极大地提高了社会生产力，而且有力地推动了全球经济的发展。

### 二、政治的缓和带来经济的增长

在20世纪70年代后，无论是西方发达国家还是发展中国家，在经济政策方面都进行了一系列的重大调整。到20世纪80年代后期，西方国家广泛实行了国有企业的私有化和取消政府对某些行业特别是服务业的管制，以增强竞争机制，促进资源合理配置，提高经济效益，减少财政负担。这一期间，发展中国家大多数实行了对外开放和经济体制的改革，这些政策措施极大地增强了世界各国的经济联系。

### 三、跨国公司成为经济全球化的主要载体

20世纪90年代以来，跨国公司迅猛发展，它们依靠其雄厚的资金、先进的技术和管理优势，实行全球投资，推动全球资源的优化配置。从世界各国经济相互联系的紧密性上说，跨国公司是全球化进程中最深刻的表现形式，它以交易内部化的方式把世界经济联系起来。跨国公司控制着50%的国际贸易额，90%以上的海外直接投资，80%以上的新技术、新工艺、专有权和70%的国际技术转让。

近年来，建立战略联盟的做法比较普遍，跨国投资、生产、销售领域不断拓宽，大量中小跨国公司趁势崛起。所有这些，都把世界各国的经济越来越紧密地联系在一起。

### 四、广告国际化

广告国际化是资本国际化的必然需求。全球化势必包括全球化的市场营销

战略。这一战略是指企业制定统一计划，以同样的规格方式在全球销售其产品。在全球经济竞争的格局里，广告促销是市场战略中极为重要的角色。20世纪80年代，美国在国际市场每年支出的广告费是1 300亿美元，到了90年代每年已超过了1 700亿美元，1998年突破了2 000亿美元。

可口可乐广告全世界投放

广告国际化，或称广告全球化是指在世界各地市场上通过采用基本一致的广告传播方式，实现全球市场营销战略。这种全球化广告给国际资本带来明显的利益：迅速扩展生产和分销渠道，获得规模经济效应；减少了为实现市场规划和控制目标所需的营销和广告成本；降低了广告制作成本；提高了在各地市场上迅速推广其产品概念的能力；树立了国际性品牌和企业形象。

广告的国际化有两个意义：其一是跨国广告业对跨国资本的服务，以全球服务标准化，同时又适应目标市场特定的社会文化环境的方式促销跨国企业产品；其二是跨国广告业的全球化标准的协调的大规模作业，实现了对全球目标市场的广告份额的攫取。发展中国家，显然是处在被国际化而不是国际化的阶段。日本的经验说明，只有经过被国际化，才能走到国际化。

# 第二节　数字媒体①的应用

## 一、计算机的出现及互联网的诞生

1946年，世界上第一台通用数字电子计算机在美国宾夕法尼亚大学问世，这是人类科技史上具有划时代意义的一个新起点。其后的几十年中，计算机技术不断提高，增强了人类处理、存储信息的能力。

1969年夏天，APPANET在美国诞生，标志着互联网诞生。它由四个电脑网站组成，一个在加州大学分校，另三个在内华达州。1972年，实验人员首次在实验网络上发出第一封电子邮件，这标志着国际互联网开始与通讯相结合。到了20世纪90年代，国际互联网开始转为商业用途。1995年网络发展到第一个高潮，这一年被称为国际互联网年。

## 二、媒体的数字化

互联网时代开始之后，传统媒体纷纷展开了数字化的过程，这其中既包括各种传统媒介制作过程的数字化，又包括其自身传播平台的数字化延伸。

传媒领域在数字化的发展过程中呈现两个显著的特点：

一是各类传统媒体的数字化步伐加快。报刊书籍等印刷媒体，尽管最后的形态还是以纸介质呈现在受众面前，但制作全过程已经数字化；传统摄影向数字摄影发展；传统电影向数字电影发展；广播在经历了调幅、调频两个技术发展阶段后，进入数字音频广播新阶段；电视也正全面迈向数字电视时代。

二是基于数字技术的新媒体新传播工具层出不穷。如数码相机、数码摄录机、数码录音笔、PDA、e-Book、MP3播放器、DVD、光盘刻录机、数字娱乐设备等，以及用于媒体的各类数字化专业设备。

数字化的进程使传播格局和传媒自身发生重大变革：

- 融合了IT业、电信业、大众传媒业三大领域的业务，实现了跨领域间的并购与整合；
- 创造了新的产业，如在线游戏产业的兴起；
- 相对于传统的大众传播，分众、小众的特点更加适应受众需求的多样化和受众市场的细分化，数字化使广播、电视等以往稀缺的频道资源成为

---

① 这里的数字媒体既指新媒体，又包括数字化的传统媒体。

富裕资源，从而可以提供针对各类特定受众的频道，信息的流通更为自由；

- 单向传播变为双向互动，受众接收信息的主动权越来越大，且受众也完全能够成为信息的传播者；
- 任何媒体都能轻易地实现全球传播，受众通过多种数字化终端进行接收；
- 形成虚拟的环境和空间，丰富了人们工作、学习、生活、娱乐、交往的方式。

数字化传媒在产生积极作用的同时，也存在假新闻及不良信息泛滥、公民的隐私权更易遭到侵犯、著作权保护面临困难等负面的作用。

### 三、数字媒体

互联网是数字化初期新媒体的典型代表。数字技术逐渐发展成熟，其他数字设备也纷纷成为新媒体的成员，其中最具代表性的是数字电视。

互联网是全世界最大的连接计算机的网络，通过它可以实现计算机资源的共享。它起源于20世纪60年代末，美国国防部的ARPANet是其早期的基本网络。20世纪80年代，美国国家自然科学基金会（NSF）组织了全网范围的教育科研网NSFNet，并发展了各种专业科学网如能源科学网ESNet、航天科学网NASANet等。20世纪90年代，这些网络开始商用化，在商业网络提供者和商业用户的共同参与下，迅速发展了数十个商用网。所有的专用网、公用网均使用共同的通信协议TCP/IP，网间互联非常便利，逐渐形成称之为Internet的计算机网上网。世界各国的计算机及局域网纷纷加入，使Internet成为一个全球性的计算机公用网。

互联网的应用主要有：

- 收发E-mail；
- 查阅资料；
- 电子办公；
- 电子商务；
- 网上购物；
- 收看网络电视。

1993年万维网（WWW）与浏览器出现之前是互联网的第一个阶段，其重心是网络互联本身，以E-mail、FTP、BBS、Gopher等简单应用为主。互联网本身没有自己特殊的通信线路，它借助于电话网的传输线路，应用非连接分组交换技术，即用路由器来连接计算机及其局域网（LAN），组成计算机广域网（WAN）。

随着网络带宽的发展以及浏览器的出现，互联网的应用得到迅速普及并进入了第二代，互联网新媒体的特征得到了发挥。随着带宽这个瓶颈问题的解决，数字媒体的运用和与之相关的应用在多种渠道中呈指数增长，新的以消费者为核心的带宽技术将传统中迟缓的、静态的 Web 变成了展示丰富动态内容的平台。各类内容网站迅速兴起，并以媒体形式的信息流延伸到了门户网站、电子商务、电子政务等领域，并进一步出现了 NC、Browser/Server 结构等网络计算新模型。第二代互联网最重要的特征是“集中计算”，并试图让计算终端标准化与简单化，并使计算机的应用转化为广义上的内容范围，实现内容最大化。

第三代互联网提倡应用整合与个性化、强调分布性计算能力等，为软件的发展带来了新的空间与活力。数字移动通信、无线互联网、视频游戏系统、数字音频广播、数字电视、个人电视、数字电影、数字出版等数字媒体成为这个时期的主角。

2000~2001 年间互联网泡沫的破灭使人们开始对第二代互联网的基础概念进行反思，进而提出批判。人们发现以内容至上、超级链接为基础的第二代互联网实际上造成了无数个信息孤岛，对计算协同与信息再利用造成了障碍；随着网络互联技术的发展，各种终端相继接入互联网，如 PC、手机、PDA、机顶盒等，这些终端在计算能力、表现形式、互联手段、带宽支持等方面都有重大差别，根本无法进行标准化与简单化；第二代互联网过分强调用户特征信息的价值，以及眼球（注意力）的价值，而忽视了企业的传统计算与事务处理的要求，以此为基础而建立的各种商业模式出现严重的危机。

基于这样的原因，2000 年开始逐步形成了第三代互联网的新概念。其基本要点是：网络间传送的信息由以 HTTP 协议为代表的、以描述呈现方式的内容信息，转化为以 XML 协议为代表的、以描述结构化数据资料的可理解信息；打散原有集中计算的结构，把各项功能分解成具有标准接口的功能模块，形成大量的“网络服务”（Webserver）库；同时在客户端不再是仅仅使用网络浏览器，而是由客户端软件根据其计算能力、客户应用要求等情况，对网络上所需的网络服务进行选择与整合，形成客户的解决方案。在这样的体系结构中更加强调应用的整合，强调个性化，强调客户设备的计算能力以及分布式的计算能力，实际上就是强调软件的力量，强调软件与互联网的融合，让互联网回归其技术本色，也为软件业的发展拓开了一条更加光明的道路。

## 第三节 广告主体

### 一、概述

20 世纪 80 年代可以说是传统的大众营销方式的结束，因为消费者分类更趋细致。广告主不再以家庭大小，而是以人口学和经常使用者的数量来分析市场。电视频道迅速增加并呈现专业化，报纸从以前注重单一类读者，演变成内容多样性的形式。

20 世纪 80 年代，新技术的采用和通信系统的多样化对广告产生巨大的影响。有线电视、家庭录像机、各种专门杂志的出版、直接邮购和家庭直销的盛行，以及各种促销活动等，使广告公司比以前更像营销专家，一方面依靠新技术，另一方面也懂得消费者行为心理。

大集团以巨额广告预算牢牢控制广告公司，各广告公司也纷纷合并成“超级广告公司”，以便为这些超级大企业提供更有效、更广泛的服务。但是，往往坏处多于好处，造成广告公司间为争夺客户而发生无法解决的冲突。媒体逐渐被少数几家传播公司控制。

进入 20 世纪 90 年代，由于世界总体局势产生了动荡，广告投资放缓，世界广告曾经历经了一段时间的徘徊与低迷。但随着经济国际化、全球化的进程，世界广告业加快了集团化、国际化的步伐，积极向外扩展业务，大型跨国公司纷纷建立起来。如智威·汤逊（JWT）广告公司在 50 多个国家和地区建立了分支机构，麦肯环球公司在近 70 个国家和地区有分公司等。这些跨国分支机构在各大跨国企业公司业务以及各地经济发展的带动下，一直保持着营业额的增长。

从 1994 年商业化运作开始，Internet 就以非常规速度发展，它只用四年时间就成为 5 000 万用户青睐的“第四类媒体”，而报纸达到同样规模用了一个世纪。互联网的媒体特性促使网络广告的诞生和发展异常迅速。2000~2001 年的泡沫破灭以及“9·11”所带来的全球经济放缓，反而促使网络广告及随后的数字媒体广告以更沉稳的姿态发展。2002 年全球互联网广告收入 60 亿美元；2003 年这一数字是 73 亿美元，较 2002 年上升 21%；2004 年全球媒体广告收入达 2 642 亿美元，其中互联网广告收入为 95 亿美元，占整体收入的 3.6%，超过 2000 年的 80.9 亿美元，表明互联网广告已经恢复并超过泡沫破灭前的发展规模。2005 年全球广告收入预计将上升到 2 785 亿美元，网络广告收入也将达到 115 亿美元，达到 4.1%的份额。

当代国际主要的广告市场已形成了科学的组织体系和有序、良性的运行机制，服务水准和经营效率很高。广告主企业、广告公司、媒体广告传播、广告调查以及广告管理机构等相互依存，既有竞争，又相得益彰。广告公司的作业水准普遍较高，综合类广告公司都注重市场调查和策划，专业型广告公司也有自身的经营特色。广告公司内部一般分工精细，广告制作技术手段较高。

## 二、国际性广告集团运用资本进行竞争

**2002 年美国前 20 大广告公司（排名按照公司在美国的收入）**

| 排名 | 广告公司 | 所属集团 | 全球收入（百万美元） |
|---|---|---|---|
| 1 | 智威汤逊（J Walter Thompson） | WPP | 996.9 |
| 2 | 李奥贝纳（Leo Burnett） | Omnicom | 801.9 |
| 3 | 麦肯（McCann-Erickson） | IPG | 1 238.5 |
| 4 | 天高（BBDO Worldwide） | Omnicom | 1 062.7 |
| 5 | 恒美（DDB Worldwide） | Omnicom | 815.0 |
| 6 | 灵智（Euro RSCG） | Havas | 976.0 |
| 7 | 精英（Grey） | Grey | 586.0 |
| 8 | 奥美（Ogilvy & Mather） | WPP | 589.4 |
| 9 | 美格（FCB） | IPG | 379.2 |
| 10 | 扬·罗比凯（Y&R Advertising） | WPP | 442.0 |
| 11 | 盛世（Saatchi & Saatchi） | Publicis | 476.5 |
| 12 | 电通（Deutsch） | IPG | 158.2 |
| 13 | Campbell-Ewald | IPG | 151.3 |
| 14 | 阳狮（Publicis） | Publicis | 909.9 |
| 15 | 达彼斯（Bates USA） | WPP | 365.3 |
| 16 | 李岱艾（TBWA） | Omnicom | 665.9 |
| 17 | Doner | Doner | 121.5 |
| 18 | 阿诺德（Arnold） | Havas | 207.6 |
| 19 | 励富（Lowe & Partners） | IPG | 364.4 |
| 20 | Richards Group | Richards Group | 101.0 |

2002 年世界十大广告集团收入排名

| 排名 | 总部 | 收入（百万美元） | 雇员数 |
|---|---|---|---|
| Omnicom | 纽约 | 7536.30 | 57 600 |
| WPP | 伦敦 | 6298.20 | 50 417 |
| IPG | 纽约 | 6203.60 | 50 800 |
| 阳狮（Publicis） | 巴黎 | 3073.00 | 20 592 |
| 电通（Dentsu） | 东京 | 2215.90 | 12 167 |
| 哈瓦斯（Havas） | 苏雷斯纳（Suresnes，临近巴黎） | 2109.70 | 18 866 |
| 精英集团（Grey） | 纽约 | 1 199.7 | 10 500 |
| 博报堂（Hakuhodo） | 东京 | 860.8 | 3 316（2003 年 4 月） |
| Cordiant 传播集团 | 伦敦 | 788.5 | 9 000（被兼并前） |
| 旭通（Asatsu-DK） | 东京 | 339.5 | 3434 |

（一） Omnicom

Omnicom 拥有三个全球运作的广告公司——BBDO、DDB、TBWA 以及由业务多样的代理商组成的多元代理服务系统 DAS（Diversified Agencies Services）。它的发展起源于 BBDO 与 DDB。

1. BBDO 与 DDB 的合并

1891 年，George Batten 在纽约成立 Batten 传播公司。1919 年，Bruce Barton 与 Roy Durstine 在纽约成立 Barton & Durstine。1920 年，Barton，Durstine 与 Alex Osborn 合并；1928 年，Batten 传播公司与 Barton，Durstine Osborn 合并成立 Batten，Barton，Durstine & Osborn（BBDO，中文名为天高，大陆地区与中广联成立的合资公司叫天联）。

1949 年，名列《广告时代》"20 世纪最有影响的广告人"第一位的艺术广告派代表——Bill Bernbach（伯恩巴克）和 Ned Doyle 离开 Grey，与 Mac Dane 共同创建了 Doyle Dane Bernbach（DDB）。1982 年伯恩巴克去世后，DDB 的继任者开始把目光从艺术转移到了资本运作上。1986 年，DDB 与 Needham，Harper & Steers 合并成 DDB Needham。1986 年，DDB Needham 与 BBDO 合并，建立了 Omnicom 集团。

2. 收购虚拟广告公司

1968 年，Jay Chiat 和 Guy Day 建立了 Chiat/Day 广告公司。Chiat/Day 一直

崇尚放荡不羁的创意，它因此赢得了许多客户，也失去了许多客户。1994年，试图降低运营成本、提高工作效率的Chiat/Day又出惊人之举，把原来的办公室改成仓库，让员工拎着笔记本、手机回家，实行虚拟办公！但事与愿违，虚拟办公导致了工作效率更低，大批员工离职。1995年，Chiat/Day被Omnicom收购，并与Omnicom 1993年时收购的TBWA合并，形成现在的TBWA/Chiat/Day（李岱艾）。

（二）WPP

WPP目前拥有三个全球运作的全资代理商（扬·罗比凯、奥美、智威汤逊）、两个全球运作的媒体公司（MindShare与Mediaedge：cia），包括Kantar研究集团的几个调查公司、数个公关公司以及一些区域性、专业性公司。WPP原来并不是做广告的，它的发展得益于一个熟悉广告的资本家——Martin Sorrell（马丁·索罗）。

1. 离开盛世的马丁·索罗

1986年，索罗离开做了八年（1977~1985年）财务总监、正处于巅峰时期的盛世（Saatchi），以67.6万美元收购了英国购物车制造公司——Wire & Plastic Products（WPP）。索罗显然没有兴趣去造购物车，而是去用他的购物车去搜刮他所感兴趣的东西，广告业当然是他最熟悉的。

2. 疯狂收购

索罗在18个月内进行了15项收购，包括：1987年，以5.66亿美元收购著名的智威汤逊公司，及其下属的公关公司Hill & Knowlton（伟达）。1989年，索罗以8.64亿美元收购了广告教皇——大卫·奥格威创建的奥美广告公司。2000年以不可思议的47亿美元收购了扬·罗比凯广告公司及其旗下的博雅公关、品牌形象设计公司——Landor（朗涛）。除了这三大国际性的广告公司，索罗在不同国家、地区还收购了一些与广告相关的公司，其中包括：位于2002年世界十大广告集团之列的博报堂（拥有该集团25%股份）、旭通（拥有该集团20%股份）以及Cordiant传播集团、2002年6月收购中国本土公关公司西岸咨询（以奥美公关名义入股60%）、2003年7月28日与日本博报堂（WPP有20%的股份）入股上海广告公司（WPP与博报堂各占25%，中方东浩集团占50%）等。

（三）IPG

IPG拥有三个全球运作的广告公司（McCann-Erickson，Lowe和FCB）和2001年并购True North传播集团后独立设置的Campbell-Fwald公司。

1. 麦肯的壮大

1902年，Alfred W. Erickson成立；1911年，H.K. McCann成立；1930

年，两家公司合并为 McCann-Erickson（麦肯公司现在的全称）。1960 年，McCann Erickson 在名列《广告时代》20 世纪广告名人堂第二位的 Marion Harper Jr.（马里恩·哈勃）的带领下成为了股份公司，公司也改名为 Interpublic（IPG），并在 1971 年上市。IPG 下一步就是寻找合适的收购对象，灵狮成为了第一个猎物。

2. 收编灵狮

1928 年，联合利华（Unilever）下属的广告公司——Lintas（Lever International Advertising Services，灵狮）成立。Frank Lowe 在 1981 年在伦敦创建 Lowe 集团，1990 年该集团被 IPG 收购。1999 年，Lowe & Partners 与 Lintas 合并；2000 年改名为 Lowe Lintas & Partners Worldwide；2002 年 1 月，又改名为 Lowe & Partners Worldwide（励富）。

3. 收购美格（FCB）

美格的前身 Lord & Thomas 于 1873 年在芝加哥成立。1909 年，广告科学派的代表——霍普金斯加盟 L&T。1943 年，L&T 改名为 Foote，Cone & Belding（FCB）。1963 年，FCB 在纽约证券交易所上市，成为世界上第三个上市的广告公司。

1990 年，FCB 开始与阳狮（Publicis）结盟，公司总裁 Bruce Mason 对公司进行了改革，并对外积极进行收购兼并。1994 年，把 FCB 改组成股份公司，并在其上建立 True North 传播公司。因为发现阳狮有收购 FCB 的企图，在经过了两年的法庭争斗后，FCB 终止了与阳狮的联盟关系。1999 年 9 月，True North 兼并了 FCB 的竞争对手 Bozell（后被 IPG 关闭）、Jacobs 及 Bozell 的公关公司——BSMG。但是这场兼并因为与 Bozell 代理的克兰斯勒汽车冲突，FCB 失去了马自达汽车。

2001 年 3 月，在经过了与 Havas 的一番角逐后，IPG 以 21 亿美元收购 True North 传播集团。世界广告史上的元老之一的 FCB 正式被纳入 IPG 的帐下。

（四）阳狮（Publicis）

阳狮拥有三个全球运作的代理商（Publicis，Saatchi & Saatchi 和 Leo Burnett）、两大媒体公司（实力媒体与星传媒体）。

1. 法国小店的成长

Publicis 初期是巴黎一家专做平面的广告公司，于 1926 年由 Marcel Bleustein 创建，后来随着业务的扩展成为了全面代理的广告公司，并在 1946 年后进入英国、德国、美国等市场。阳狮在创办人 Bleustein 的带领下稳步前进，在资本运作上没有什么太大的动作。1996 年，Bleustein 谢世，列维（Maurice

Levy）继任，阳狮开始兴风作浪了。

2. 收购 BCom3 集团、关闭达美高

阳狮先是在 2000 年 2 月收购了美国的 Fallon，2002 年 3 月 7 日又收购了拥有李奥贝纳（Leo Burnett）、达美高（D' Arcy）的 Bcom3 广告集团。

1935 年，李奥贝纳成立于芝加哥。1950 年，李奥贝纳成为芝加哥最大、全美十大广告公司之一。2001 年，李奥贝纳是美国第四大、世界第九大广告公司。

达美高 1906 年成立于圣鲁易斯（Saint Louis）。1985 年，D' Arcy MacManus & Masius 与 Benton & Bowles 合并成为 DMB&B。

1999 年，Leo Burnett 和 MacManus 集团合并建立 Leo 集团；2000 年 1 月，Leo 与 DMB&B 合并建立 BCom3 集团（电通拥有 21%股份，在被阳狮收购后，电通仍保留 15%股份）。

在 BCom3 被阳狮收购之后，2002 年 10 月，阳狮正式宣布关闭达美高公司。达美高拥有宝洁、可口可乐、百威啤酒等知名客户，在全球拥有超过 6 000 名雇员，是 2001 年全美第 11 大、世界第 14 大广告公司。达美高在中国市场以较小的投入获得了可观的回报，在 2001 年香港 4A 广告公司中营业额排名第 8 位。但因为在阳狮的全球战略中，达美高所担负的作用有限，就这样，一个有着骄人业绩的百年老店被资本湮没了。

3. 吞并盛世（Saatchi & Saatchi）

盛世多年来在中国广告营业额排行榜中一直名列第一，但它也同样在资本的操纵下经历了跌宕起伏。1970 年，Maurice Saatchi、Charles Saatchi 兄弟与 Tim Bell 创立 Saatchi & Saatchi 公司。1995 年，因为公司股票在股市大跌，发行的巨额的可转换债券又使公司雪上加霜，Saatchi 公司董事会忍无可忍，赶走了创始人 Saatchi 兄弟。兄弟二人又建立了 M&C Saatchi 广告公司分庭抗礼。同年，为了摆脱 Saatchi 兄弟的阴影，Saatchi & Saatchi 改名为 Cordiant。1997 年，Cordiant 管理层决定把公司分隔为 Cordiant 传播集团（主要包括达彼斯）和 Saatchi & Saatchi 两个独立运作的公司分别上市。2000 年，Saatchi & Saatchi 被阳狮收购。

4. 失去 Cordiant

Cordiant 是由盛世改名而成，但实际上这是一段颇为复杂的历史，这里还得说说达彼斯（Bates）的历史。

1940 年，Ted Bates 和提出 USP 理论、也是大卫·奥格威姐夫的 Rosser Reeves（瑞夫斯）离开 BBDO 的前身 Benton & Bowles，共同创建了 Ted Bates。1965 年，达彼斯管理层让老董事长瑞夫斯提前退休；1986 年，时任董事长

Robert Jacoby 为了让自己的股份套现，把当时已经是世界第三大广告公司的达彼斯以 5.07 亿美元卖给了盛世，自己从中获取了惊人的 1.1 亿美元现金。1994 年，公司改名为达彼斯全球（Bates Worldwide）。1997 年 4 月，盛世宣布与达彼斯分家；12 月 15 日，达彼斯成为刚刚与盛世分家的 Cordiant 传播集团的一员。这时的 Cordiant 拥有达彼斯 25%的实力媒体（75%被阳狮拥有）、141 全球以及几十家区域性的广告公司，2002 年营业额排名世界第九位（见表格 1）。Cordiant 在伦敦证券交易所成功上市后，管理层就一直梦想套现手中的股份，开始积极寻求买主。因为这些高层管理人员与盛世有着较大的渊源，都希望 Cordiant 能被盛世的新东家——阳狮收购。阳狮当然会感兴趣。2002 年 6 月，阳狮与 Cordiant 的最大债权人美国风险基金 Cerberus 合作，提出以 2.5 亿英镑收购 Cordiant 的计划。但是，索罗提出以 4.43 亿英镑购买 Cordiant 的债权、另外付投资人 1 700~2 000 万英镑的价码。阳狮立即宣布退出竞购谈判，实际上阳狮此举是想暗度陈仓。阳狮开始在伦敦证券交易所偷偷买 Cordiant 的股票，但拥有份额超过了交易所规定的必须宣布身份的比例。伦敦交易所开始对参与 Cordiant 竞购的各方进行调查，阳狮也只好正式宣布放弃 Cordiant 的收购。Cordiant 的管理层眼看公司就要破产，口袋的股份也将要一文不值，只好接受 WPP 重新开出的难以置信的 1 700 万美元的竞购价，让索罗捡了个大便宜。

（五）电通（Dentsu）

1901 年 7 月，电通的前身——日本广告和电报服务公司（JATS）成立，提供新闻和广告代理服务；1936 年，新闻业务从公司剔除。1955 年，JATS 正式改名为电通（Dentsu）。1980 年，在亚洲与扬·罗比凯成立电扬广告，并在 1986 年成为首位进入中国大陆的外资广告公司。虽然电通已经控制了日本 30%的广告市场和 40%~50%的电视广告市场，但相比其他国际广告集团，其在国际市场的资本运作相对谨慎，并且收益甚微。集团 95%的收入都来自于日本本土。

（六）哈瓦斯（Havas）

哈瓦斯现在旗下全球运作的广告公司有灵智（Euro RSCG Worldwide）、Arnold 和 MPG，并有与扬·罗比凯合作成立的媒介购买公司——Media Polis。哈瓦斯在广告上的建树主要体现在灵智的建立。

1. 灵智（Euro RSCG）的建立

1835 年，Charles Louis Havas 建立 Havas 新闻和广告代理公司；1940 年，法国贝当傀儡政府命令哈瓦斯的新闻业务必须从广告业务中独立出去；独立出去的新闻业务成为现在的法新社，广告业务在 1958 年构成了 Havas Conseil。

1987年，法国政府把在Havas的股份全部售出。

1975年，Havas Conseil重组为Eurocom股份公司；1982年，与Goulet集团合并。1991年10月，Eurocom收购了法国广告集团——RSCG，组建灵智全球；1996年，灵智全球改名为哈瓦斯广告公司（Havas Advertising）。

2. 与维望迪（Vivendi）的纠葛

我们知道维望迪（Vivendi）是2002年全球第二大的媒介集团（现已退出媒体产业），一个是法国最大的媒介霸主、一个是法国的广告巨擘，两家公司在近20年的时间里产生了复杂的纠葛。

1997年，维望迪的前身——法国自来水公司CGE购买了Havas 30%的股份。1998年，CGE集团改名为维望迪，并买断哈瓦斯。1999年，维望迪把哈瓦斯户外广告业务卖了出去；2001年，维望迪把哈瓦斯广告的股份全部抛售出去。2003年5月，哈瓦斯广告公司从维望迪那里以450万欧元购买了“哈瓦斯”这个名字，公司名字正式改为“哈瓦斯公司”。

（七）小结

与一般业务较为集中的广告公司相比，广告集团一般都涉及了广告代理、媒介购买、信息顾问、公关、品牌识别、健康营销、直销、关系营销、CRM（客户关系管理）、互动营销、体育等专业营销业务。在广告代理方面，一方面通过收购、合并、联盟形成更大规模的集团，另外一方面则向利基广告市场积极扩展，譬如建立网络广告、娱乐广告、戏剧广告、财经广告、少数民族、退休阶层房地产市场、处方药、美容与服装、政党竞选、非营利组织与教育单位募款、同性恋、儿童、互动广告等业务的代理机构。

在发展轨迹上，广告集团有百年老店的延续和壮大，譬如阳狮、哈瓦斯、电通；也有广告公司之间的联合、合并形成，譬如Omnicom、IPG；也有通过纯粹的资本型企业收购、兼并形成，譬如WPP。

**思考·案例·练习**

1. 数字媒体与传统媒体在广告运作上有何差异？

2. 在国际性广告集团控制全球绝大部分广告费的情况下，分散独立的广告公司如何应对挑战？

**参考文献**

1. 李永娣，王玉敏．当代世界经济的发展趋势及其特点．市场研究，2003年第11期

2. 季仲明．当代经济全球化的发展趋势．福州党校学报，2002年第2期

3. 冯广超．网络广告．北京：中国友谊出版公司，2002
4. 闵大洪．数字传媒概要．上海：复旦大学出版社，2003
5. 冯广超．数字媒体概论．北京：中国人民大学出版社，2004
6. 冯广超，方钰淳．数字电视广告．北京：北京广播学院出版社，2004
7. 冯广超．当资本爱上广告．广告大观，2004 年第 5 期，第 40~41 页
8. 吴予敏．广告发展两面观：国际化与本土化．国际新闻界，2000 年第 1 期
9. 王志东．第三代互联网的发展与软件创新．科技广场，2003 年第 3 期
10. 刘娟．美国广告现状．国际新闻界，2003 年第 5 期
11. http：//www. emarketer. com
12. 刘丽双．互联网广告的兴起与发展前景分析．华北工学院学报，2002 年第 2 期

# 第十九章 英、德、法现代广告

【本章提要】欧洲是资本主义的发祥地，其广告业在历史上占有重要的地位。但由于经历了多次战争，世界经济重心转移到纽约，而且语言的多样化，因此欧洲广告并没有美国广告所具有的强大优势。

**本章内容主要包括：**

※ 英国广告的历史与现状。

※ 德国广告业概况。

※ 法国广告业的现状。

## 第一节 英 国 广 告

### 一、媒介的发展

英国是世界上广播电视事业发展最早，也是最发达的国家之一。电视，广播，报纸和杂志在英国人的日常生活中占有极其重要的位置。在欧洲，英国是除意大利外最爱看电视的国家。电视和广播被认为应该是对大众负责的公共服务设施受国会的监督。随着广播电视事业的发展，当今英国也在广播电视事业中引入商业机制和竞争，为受众提供更多的收视选择。目前英国的广播电视事业由民族遗产部（Department of National Heritage）主管，它主要负责制定、实施广播电视政策和监督管理广播电视机构，其体制以公共广播电视和商业广播电视两大体制同时存在为特点。

英国广播电视业以国营为主，主要依赖政府的拨款和收视许可费支撑运作，像英国广播公司（BBC）的两个台就不播商业广告。商业电视则由 1954

英国政治广告

年成立的独立电视公司经营。到了20世纪80年代中后期，世界广播电视市场不断扩展，竞争日益加剧。为了适应新的形势，1990年的新广播电视法对商业广播电视进行了一系列的改革。设立了独立电视委员会和无线广播局分别管理商业电视（包括有线电视与卫星电视）和商业广播。

英国的电视节目相对稳定，许多节目都有悠久的历史，而且从创办开始至今都维系着高收视率和固定的收视群体。如Channel-4的早间谈话节目《今晨》。针对各种社会问题进行讨论。益智竞技类节目如《最弱一环》、《百万富翁》收视率都很高，并且被译制成很多版本远销世界各地。

英国电视的主流频道很少，但是资源配置却很平均。例如，除了BBC1和BBC2以外，剩余的三个频道每天播映电影，而且在统筹安排上会避开各自播出电影大片的时间，避免造成资源浪费。因此，英国虽然只有五个常规频道，但观众任何时间打开电视，都可以找到自己想看的节目。

新闻节目带有很强的选择性，他们并不要求做到面面俱到，社会细节新闻被放在头条和提要位置，聚焦细节和百姓生活是英国新闻的一个特点。英国的新闻报道很讲求即时性，许多新闻节目都是现场直播，给观众以身临其境的感觉。经常可以看到台风袭击等灾难性新闻的真实报道场面：主持人身穿雨衣，伫立于风雨和泥石流之中，艰难地叙述新闻背景，回答演播室里主播提出的各种问题。

英国电视节目制作从总体上来说，具备几大优势：首先是比较注重选题的策划，一个节目的录制经费从选择到批准要经过很严格的过程，特别是纪录片，题材被批准的过程很漫长很严谨，但是一旦批准，人员经费设备各个方面便一切绿灯；其次是资料的准备和运用还有快捷的反应，这一点在新闻评论性节目中尤为突出。至于突发的重大新闻事件，BBC的记者更是世界出名的

"快速反应部队"。从中东和谈到伊拉克战争，BBC 的报道无论从时效性和深度性上都总是走在其他媒体的前面。

虽然英国的人口和地域都很有限，但是报纸和杂志的数量之多，在欧洲首屈一指。英国的报业主要由七家垄断集团控制。一是国际新闻集团与默多克。这是英国现有的最大的报业公司，著名的全国性报纸《泰晤士报》、《太阳报》等占据发行量的 1/3。其余的如汤姆逊集团、联合报纸公司等。销售方面除了传统的报亭外，英国的各类报纸和杂志的销售场所主要是超市。英国平面媒体报道的自由性和商业价值的利益驱使导致了各大报纸往往都追寻名人的"奇闻"和"丑闻"，无论是国家领导人，王室贵族，还是党派领袖，明星艺人，敏感人物，只要有不光彩或者稀奇的事情发生，必定占据报纸的头版。英国高等法官劳顿勋爵公开表示："揭露欺骗行为和丑闻是报纸的职责之一。这是为着公共利益的。这也是报纸在其漫长的历史上经常所做的一件工作。"

## 二、广告市场

19 世纪 50 年代之前，英国广告一直居世界首位，现代的英国广告排在美、日之后，仍居世界前列之中。

英国对广告的管理比较严格。例如，凡是影响乡村风景、公路、水道、公共场所及任何历史建筑物场所，均禁止设置广告，另外还禁止车辆涂饰广告行驶于街头闹市。18 个广告团体统一对英国广告活动实施纲领的解释，对违法广告做最终判定，与政府部门的消费者团体保持密切的联系。

英国的广告普遍注重创意，质量很高，广告甚至成为吸引观众的内容之一。但英国依然对商业电视节目中插播的广告有严格细致的规定和审查制度。这一点首先表现在其插播广告的时间上：不仅是电视连续剧，而且连纪录片、谈话节目、新闻节目也都要求到"自然中断"时才能插播广告，不能突然中断正常节目插播广告；其次，各类产品广告的播出也分别有着严格的限定，负责电视广告监管的独立电视委员会对医药广告文字的规定有 36 条 50 多款，涵盖医药、治疗、保健、营养和食品添加剂五大类；英国政府还规定广告中不准出现社会名人、包括体育和娱乐界名人对产品的褒奖，更不允许这些名人直接做广告；不准在 16 岁以下的少儿节目中或节目前后插播广告；绝对不允许医生参与广告等。投诉制度是监督广告的最后一道防线。如果受广告诱导使用药品导致有害后果，或发现广告违反了某项法规，可以通过任何途径直接向英国广告管理局投诉。不过由于各个环节都有严格的监督手段，真正有重大问题的投诉不是很多。

### 三、伦敦广告奖

伦敦国际广告奖1985年正式创立，每年的11月在英国伦敦开幕并颁奖。它是最漫长的广告节，每年6月开始评奖。具有最周全的项目分类，不仅在三大媒介（平面、影视、广播）项目上分类细致，而且在设计包装、技术制作上也划分详尽，充分体现该项评奖在创意概念、设计手法、技术制作等几方面齐头并重的特色。

## 第二节　德国广告

### 一、经济概况

德国是高度发达的工业国家。经济实力位居欧洲首位，在国际上为仅次于美国和日本的第三经济强国和美国之后的第二大贸易国。战后德国经济曾经历了辉煌的时期，但是20世纪90年代开始的东西德磨合期中，德国总体经济呈现了不小的波动。

1949年德国分裂为两个国家，先后建立德意志联邦共和国和德意志民主共和国。40多年中，两个国家沿着不同的社会制度和经济体制向前发展，总的来讲经济发展比较迅速，经济实力也大为增强。联邦德国在战后经济全面恢复的基础上，沿着资本主义社会制度和社会市场经济体制，到20世纪60年代中期出现"经济奇迹"。后来虽然经历了席卷西方世界的三次经济危机，但其经济增长速度仅次于日本，仍然高于西方其他的工业国家，成为西方第三大经济强国。民主德国沿着社会主义社会制度和计划经济体制，到70年代中期已发展成为先进的工业国家，是东欧国家中居苏联之后的第二大经济强国。虽然战后初期德国两个地区的社会经济情况大同小异，居民生活水平相差无几，但由于国际环境的限制，40多年后民主德国的经济发展水平远不如联邦德国。

1990年7月1日两个德国的经济和货币统一，1990年10月3日两个德国实现统一。自从两个德国货币统一以来，东德的经济形势急剧恶化，企业倒闭，失业现象严重、西方商品充斥市场，物价飞涨，劳动力大批向西德转移，资金筹集困难，1990年国内生产总值比上一年下降16.4%。而西德则在德国统一的影响下，内部需求增加，投资扩大，经济增长率高达4.5%，其中将近1个百分点是通过东德消费需求增长取得的。1991年德国东部地区经济形势继续恶化，国内生产总值再下降31.4%，但通过西德资助的1 350亿马克，手工业开始明显复苏，建筑业有所发展，商业、交通和服务行业的经营活动趋于活跃。1991年上半年德国西部地区经济增势甚猛，经济依然增长4.5%。但下半年由于世界经济不景气使外国需求减少、高利率影响投资、增税措施影响，私人消费以及东部地区经济满足本地区市场的能力有所增强，经济增势有所放缓，全年西德地区经济增长3.1%。1992年德国东部地区经济开始走出谷底，逐步回升。然而，1993年德国又经历了战后最严重的衰退，1994年回升强劲，国内生产总值增幅达2.9%，1995年增幅明显减缓，为1.9%。1996年德国经济低速增长，增幅1.4%，主要得益于出口的增长，全年出口增幅达4.6%。2000年德国又出现生产停滞，2004年经济增长1.4%，呈现出复苏的态势。

## 二、媒介概况

两德合并之后，广播电视由国家垄断的制度被打破，实行了双重经营制，即同时有国家经营和私人经营，印刷媒介由原来的执政党所有转变为私人所有。

现在德国的传媒市场基本上被几家大的出版集团瓜分：贝塔斯曼集团、科尔西传媒（现已被一美国投资者收购）、阿克塞-斯普林格集团、霍尔茨布林克出版集团、鲍尔出版集团、WAZ出版集团、博大出版集团。这几家集团中，前两家主要经营电子媒体，德国的私营电视台主要在他们手里，后五家主要经营报纸、杂志等印刷媒体。

## 三、广告业现状

经济的持续萧条造成了当前德国广告的不景气。

2001年，广告投资下降了5.1%，达216亿欧元。德国2002年在全球广告实力依然排名第四，但是广告支出只占国民总产值的1.4%，这是几十年来首次下降，降幅为0.1%。广告市场的投资状况受内外因素的影响。百姓的消费热情锐减影响到企业做广告的投入。70%的媒体从整个广告投资中获利，但2001年媒体的广告收入削减了7.2%，受到打击严重的尤其是日报和电视。2002年，广告收入比上一年减少了7.5%，全年广告收入为200亿欧元。但网络广告的收入大幅增加，2002年网络广告收入达到2.27亿欧元，比2001年增加了22.7%。从2003年年底开始，德国的广告市场正在缓慢复苏。2003年所有媒体的广告净收入比上一年下降了约2%，广告业收入总数达到了196亿欧元。2004年，德国经济出现1.7%的小幅增长，广告增长率大概为2%，涨幅高于总体经济增长，呈现出较强的复苏态势。

报刊是德国传统的强势媒体，其中又以日报为最，印刷媒体的广告收入居于各媒体之首。德国的日报市场是由地区性的和地方性的报纸主宰的。这些

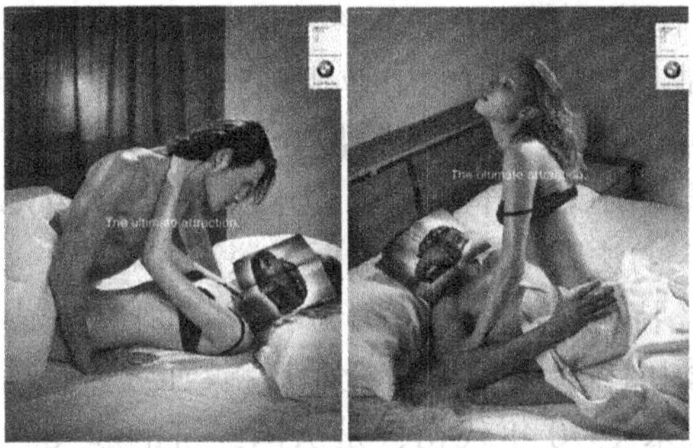


德国宝马车广告

报纸向读者提供国家政治和国际政治生活中一些重大事件的信息，同时还提供有关经济、文化生活和体育新闻的报道。报纸的主要发行量是在城镇地区，因为读者和他们的报纸之间达成的某种默契，因此德国的报纸都十分注意地方报道。其结果是报纸培育了地方商业广告市场，在报纸上广告一般占 40%以上的版面。例如德国发行量最大的《图片报》，它拥有许多版本——即按不同的地区刊登不同的地方新闻和不同的广告专页。全国发行的报纸除了《图片报》外，还有《法兰克福汇报》、《世界报》和《日报》。这些报纸的读者大多层次比较高，对全国具有影响力。

但近几年报纸广告收入减少，其原因不仅仅是整体宏观经济低迷，广告结构变化也是其重要原因。当经济形势不好时，企业的广告投入会减少，因此广告数减少，或者广告幅面缩小。还有另外一个原因，就是网络广告收入的上升。由于一部分原来属于报纸媒介的广告客户转向投放网络广告，因而导致了报纸广告收入的下降。

## 第三节 法国广告

### 一、经济概况

第一次世界大战前，由于历史、文化和传统的原因，与其他工业发达国家相比，法国经济发展迟缓、工业水平相对落后。虽然早在 18 世纪末法国就已开始产业革命，但直至第一次世界大战前，农业在国内生产总值中仍占较大比重。另一方面，法国工业结构长期不合理，中小企业和手工业在工业部门中处于优势地位，工业企业规模过小，生产率低下，技术水平相对落后。直到 20

世纪20年代，法国才最终完成向工业国的过渡，但这个进程与美国和德国相比落后了约30年，比英国则落后了整整一个世纪。

第二次世界大战期间，法国的工业遭到严重破坏，1944年的工业生产指数只相当于1938年的40%，而且设备老化，技术陈旧，市场物资匮乏。为了振兴经济，战后法国动用政府干预手段，开创了此后延续数十年国家经济计划的先河，为延续至今的法国经济模式打下了深深的烙印。

借助政府干预，特别是得益于美国马歇尔援助计划，战后法国经济得到迅速恢复。1948年其国内生产总值和工业生产指数已达到战前1938年的水平。

20世纪50年代末至70年代初，是法国经济的起飞时期，法国一跃成为世界先进工业国。70年代以后，法国经济进入缓慢增长阶段。在石油危机引发的世界性经济危机中，法国经济反复衰退，物价轮番上涨，失业人数猛增。从1973年至1979年，法国的经济年均增长率下降到3.25%，1980年至1990年又减少到年均2.25%，1991年和1992年进一步降至1.2%左右。到1992年下半年，法国经济进入战后最严重的经济衰退期，1993年国内生产总值甚至下降1%。从1994年起，在全球经济复苏的带动下，法国经济进入恢复性增长时期，2000年经济增长率达3.8%，创恢复期最高点。2001年，全球经济再次放慢，当年法国经济增长率仅2.1%，2002年增长率减至1.2%，2003年仅为0.2%。2004年法国经济增幅达到2.3%，达到四年来最高水平。

法国服务业相当发达，该行业拥有全国65%的就业人口，实现70%的国内生产总值。

## 二、广告业

### （一）广告市场与广告管理

在经历了多年的疲软之后，法国广告市场2004年重现生机。

据法国电视广告工会SNPTV的分析，法国电视广告的主要投放者以食品和化妆品企业为主，这些企业近一年来在逐步趋好的法国经济中表现出色，仅仅它们的电视广告投放量就占了全部电视广告营业额的一半。另外，新的广告大户，如大型商场甚至传媒集团的出现进一步提升了电视广告业。

电台也在实现经营收入的迅猛增长。由于选择自由、随意和方便，电台正吸引越来越多的听众，这成为电台媒体升值的重要原因。

为了防止欺骗性广告损害消费者的利益，政府对广告进行全面而有效的管理。不仅有专门的广告法，而且在各个领域，对各种广告都有非常具体的规定。譬如，禁止性和暴力广告；限制烟酒的广告；禁止在广告中出现对竞争商品进行攻击的内容；禁止大型传播媒介做与大众消费无关的工业用品的广告等。还对电台、电视台的广告时间也做出规定。譬如，电台一天广告时间不能超过20分钟，电视台每小时不能超过12分钟。国家电视台播放电影时，不能在中途插入广告，私人电视台在2小时的电影播放中，只能插播一次广告，时间不能超过4.6分钟。还规定新闻工作者要有职业道德，不能利用职务变相做广告。在名胜古迹、自然保护区内禁止出现广告牌。为了保护居民生活环境和行车安全，广告法订出各种具体措施限制广告的泛滥。

为了保证广告法的贯彻实施，不仅政府设有专门的管理机构，广告公司、广告客户和宣传媒介也组成各类专门的组织和行业的联合机构对广告实行自我监督和检查。这些组织也为客户或行业提供咨询服务。

（二）戛纳国际电影广告节

戛纳广告节源于戛纳电影节。1954年，由电影广告媒体代理商发起组织了戛纳国际电影广告节，希望电影广告能同电影一样受到世人的认同和瞩目。此后，戛纳同威尼斯开始轮流举办此项大赛，1977年戛纳正式成为永久举办地。

法国广告

1992年组委会又增加报刊、招贴与平面的竞赛项目，这使得戛纳广告节成为真正意义上的广告综合国际节日。

广告节于每年6月下旬举行，广告节期间各国广告代表来访，其他各界来宾亦云集于此。客户、制作公司、策略部门、创意团队在此开设一系列的交流会，研讨专业、商洽业务。

**思考·案例·练习**

1. 伦敦世界广告中心的地位是如何丧失的？
2. 戛纳广告节对世界广告业的影响有哪些？

**参考文献**

1. Barbara Mueller.（1998）International Advertising：Communication Across Culture. 大连：东北财经大学出版社

2. 陈培爱．中外广告史：站在当代视角的全面回顾．北京：中国物价出版社，2002

3. 樊志育．世界广告史话．北京：中国友谊出版公司，1998

4. 张丽，王菲．美国日本英国的广告业一览．辽宁行政学院学报，1999年第3期，第62~63页

5. 冷淞．英国广播电视产业化现状．

available：http：//www. cnr. cn/jijin/200410100285. html

6. 安青虎．英国电视广告业行为标准准则．工商行政管理，2002年第14期，第50~52页

7. 安青虎．英国儿童电视广告准则．工商行政管理，2002年增刊，第74~76页

8. 陈云卿．法国商业广告的组织．管理科学文摘，1996年第5期，第20页

9. 柳玉刚．法国广告语言的现状．法语学习，1997年第2期，第11~12页

10. 邱原．我在德国体味广告魅力．价格月刊，2000年第1期，第23~24页

11. 周苹．发达的法国广告业．国际市场，1994年第10期

12. 王守鸿．未来广告离不开印刷．中国印刷

13. 潘玉鹏．当今德国大众传播机构．新闻大学，2000年第2期

14. 江岩．德国传媒业进入萧条期．传媒，2004年第3期

15. 德国之声．Available：http：//www. dw-world. de/Chinese

16. 中华工商时报．法国广告市场生机重现．2004年7月12日

17. 中华人民共和国驻法兰西共和国大使馆网站．

Available：http：//fr. mofcom. gov. cn/
18. http：//www. tvhistory. tv/1951-UK-Ads. htm
19. http：//www. isba. org. uk/
20. http：//www. cyber-heritage. co. uk/ww2women/
21. http：//www. adassoc. org. uk/

# 第二十章 日本、韩国现代广告

【本章提要】日本、韩国的经济腾飞和亚洲总体经济地位的提升，以及广告教育的开展与提升，使亚洲广告在全球广告业的地位逐步提高。互联网的广泛应用赋予了亚洲广告绝好的发展机会。

本章内容主要包括：
※ 日本广告世界地位的获得。
※ 韩国广告现状。

## 第一节 日本广告

### 一、经济现状

从20世纪90年代初开始，日本的经济繁荣的泡沫逐渐崩溃，经济开始出现不景气。1998年日本的经济危机重重，股市大跌、银行倒闭、日元不断贬值。另外，日本1997年4月消费税提高至5 %，在此之前，消费者大量抢购商品，到4月份商品开始卖不出去，流通领域萧条不堪。日本的经济不景气，除了使得人们收入减少之外，更令人们对于预期收入产生了不确定性。对于未来收入的担心，影响了人们不敢消费更不敢预支消费或者超前消费。

经济不景气、消费低迷转而影响企业的产品生产，企业削减产量，导致破产企业的增加和失业率的进一步上升。由于企业经济效益不好，减少和降低广告费用支出成为必然的措施。广告费支出的减少，企业减少或者停做广告，广告公司必然受到影响，使得广告公司的经营也陷入困境。尽管如此，受4月份市民抢购风潮的影响，1997年日本全年的广告费仍然比1996年增加3.8%，为5.99兆亿日元。而1998年则比1997年下降7.6%，为5.76兆亿日元。

## 二、广告业的现状

### （一）发展过程

日本广告业从20世纪50年代以来完成的现代化大约经历了三个阶段。

第一阶段，日本在战后美国占领期间被迫进行了经济体制改革，通过资本重组、反垄断，刺激民族民用工业复苏。经过农业改革和劳动雇佣制度改革，积累了工业起飞的资源。接着利用朝鲜战争的契机，通过美国订单的扶植，恢复了工业经济的持续高速增长。大型企业集团设置了专为本集团服务的市场研究和广告部门。到20世纪50年代后期跨国广告公司进入日本市场时，已无法从日本大型企业集团分得广告份额，相反，日本广告公司却从跨国广告公司学得了现代市场研究和广告服务的经验。

第二阶段，在20世纪60~70年代，日本广告业通过有条件地与跨国广告公司合资、合作，逐渐将自己转化为成熟的具国际化运作水准的公司。在强化市场研究、信息情报管理的基础上，改进广告创意技术，形成了广告创意水准的控制机制；接着再进一步，发展为现代广告的专户服务体制，广告公司得以在相当丰富广阔的市场理论和分析技术方面提升服务的层次和质量，从而以独立的专业化运作介入企业的市场战略计划。

第三阶段，在世界石油危机和日本国内“泡沫经济”呈现颓势之后，已经在内涵建设上实现了现代化转型的日本广告业，成为日本产品向全球推销的有力助手，它先行向周边亚太地区渗透扩张，进而走向了全球化经营之道，发展出强势的跨国广告公司。

### （二）投入不足

日本的企业处于一个两难的境地，即做了广告销售业绩仍不能提高和不做广告无法销售和盈利的局面。一个更重要的原因即无论是企业、媒体还是广告公司都无法获得广告的阅读率、收视率和收听率的准确统计数据，进而不知道广告费投入的效果和回报率，即无法测定广告投资与回报之间的关系，这也是企业在经济不景气形势下，在广告投入方面举足不前的主要原因。因此，如今日本的广告主对于媒体和广告公司提出越来越高的要求，要求有准确的广告收听、收视数据。

### （三）数字时代的冲击

1998年日本实现了电视的“多频道化”，电视频道有300多个。于是广告界又面临着一个新的难题——电视的“多频道化”导致“频道节目细分化”，进而使电视节目收视观众的分散化，于是广告投入和广告经营也随之分散。但是电视的“多频道化”和“频道节目细分化”，可以使媒体和广告主及广告公司比较准确地了解到受众的性别、职业、文化程度、年龄段和爱好等，可以进行比较有针对性的投放，在日本收视某个频道要提出申请并需要付出一定费用，媒体可以比较准确地了解观众的一些比较具体的情况以及其喜好和收视率等珍贵的数据，进而引导广告的有效投入。

（四）网络广告市场迅速扩大

由于宽带网的普及，信息容量大的动画广告大量增加，表现手法也多种多样，大型网站广告量大幅增加，由于网络广告效果明显，企业正在更多地利用因特网做宣传。到目前为止，除了金融服务、人才介绍、信息通信广告外，汽车、饮料等广告也在大幅增加。

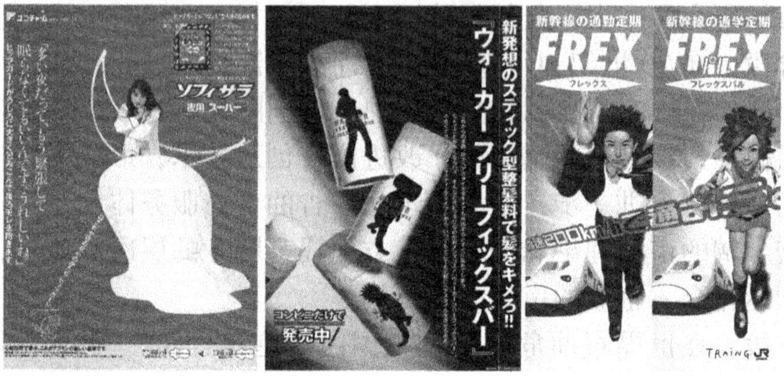


日本广告

2003 年日本国内广告总收入为 5. 68 兆亿日元，其中电视广告收入为 1. 94 兆亿日元，报纸广告为 1. 05 兆亿日元，杂志广告为 4 000 亿日元，电台广告为 1 800 亿日元。互联网广告市场收入不断扩大，2004 年比 2003 年增长近 30%，达到 1 500 亿日元左右，超过报纸，接近电台广告收入。

## 三、电通的发展历程

电通（Dentsu）创立于 1901 年，至今已有 100 多年的历史。1936 年 7 月 1 日，电通为了顺应国策，缩小了事业领域。从通信业务中分离，独立成专门的广告公司。其发展可大致分为三个阶段：

第一阶段，从创立至 1955 年前后，电通业务是位于广告媒体企业（即媒体公司）和委托人（即广告客户）之间，为两者提供服务。在这过程中，电通以广告客户给予的广告课题和基本方针为依据，主要拟定广告实施计划方案，并担任其实施业务。

第二阶段，1955~1975年前后，电通参与广告的初步计划。但当时只限于扩大销售战略方案的拟定，仍不能成为整体上的最佳方案。为此，电通参与拟定广告客户的计划方案的同时，还逐步将业务范围从综合促销活动扩展到整个市场营销的整体计划活动之中。广告客户除了把商品的销售作为市场营销计划的主要目的之外，还开始把信息交流战略作为独特的企业战略加以认识。

为顺应发展，电通的业务从1975年开始，进入第三阶段（1975年前后至今）。在拟定广告活动计划方案时，还对商品定位和企业在社会中的作用和地位进行详尽的分析。其分析领域扩大到多个方面，策划作业的内容本身也发生了变化。如今，电通公司实质上已经成为全方位信息交流（Total communication）企业。其业务活动可大致归纳为以下五个部分：

（1）掌握广告客户的需求，主动向客户开展提案活动通过日常业务，掌握广告客户的需求和信息，并从中发掘出与消费者需求相一致的地方，再由电通主动提出有关广告计划或商品开发计划的建议；

（2）按照广告客户定向说明会的要求开展活动，广告客户以定向说明会的方式发布有关广告计划的基本方针和预算，电通根据其要求制定出与之相适应的广告计划并加以具体实施；

（3）积极推荐媒体所提出的各种策划活动，向广告客户推销媒体策划的各种活动或节目等，寻求节目赞助商；

（4）拟定出独特的计划、方案以及建议向客户提出具有电通独特风格的策划与方案；

（5）依据策划的结果，为实施、操作提出的方案所进行的具体业务。

目前，电通拥有国际本部、研究开发本部、关西本部、中部本部等12个本部，约30个营业局，是日本广告业中营业额最高的广告公司，也是世界最大的广告公司。不论是在广告理论还是在广告的运作方面都已形成一套完整的体系。它的组织结构所体现的就是广告学科的不同的相关内容。

## 第二节 韩国广告

### 一、广告业的变迁

1997年以前，韩国对传播业实行全面垄断或控制。此时韩国广告业高度依赖于垄断资本企业，整个广告市场对外封闭。从20世纪80年代中期开始，资本主义的经济全球化趋势转化为内外两方面的改革压力，迫使韩国统治集团转向民主政治和自由经济。美国利用贸易最惠国待遇和301条款，最终迫使韩国开放了包括广告业在内的服务业市场。此外，韩国在20世纪80~90年代之间，经济年平均增长22.3%，成为刺激广告业发展的强劲动力。原先韩国广告的依赖性生存方式使它避免了行业恶性竞争、广告客户的流失、资金短缺等风险，但是却造成了效率低下、缺乏创造性和灵活性等弊端。

韩国广告

开放广告市场之后，韩国广告业立即受到跨国广告公司的挑战。首先就是广告客户的流失；其次是优秀的广告从业人员的流失。韩国广告业回应挑战的方式是加紧进行广告业自身的现代化改造。改造的范围包括：

（1）全面引进现代化广告科学；

（2）更新广告观念和体制、机制；建立市场和消费研究中心；

（3）发展有效率的市场营销模式；

（4）积极推动媒介自由化和产业化；

（5）配合韩国企业的跨国经营而采用外国语言和广告形象；

（6）加快建立健全广告法律规范、行业自律，并同时促进韩国广告业从与垄断企业的亲缘关系中走向独立自主经营、全面专业服务。

因此在20世纪90年代，即使跨国广告公司分割了部分市场份额，韩国广告业仍旧占据着主导地位，并取得了在本国市场上与外国公司竞争的能力。2004年韩国整个广告市场的增长率从2003年的5.8%提高到9.5%，收入达到6.6万亿韩元至7.1277万亿韩元。

## 二、网络广告发展状况

虽然由于经济持续衰退使韩国的广告市场缩小，但是，韩国的网络广告市场从2002年以来连续三年增长30%以上。1995年以来，韩国网络广告和总体广告收入的比值逐年上升。2003 年韩国网络广告市场达到了 2 400 亿韩元，比 2002 年增长了 38%。这还不包括移动和关键词搜索广告的收入。2004 年韩国在线广告市场达到 3 000 亿韩元，比 2003 年增长 30%。

网络广告的增长与电视、广播、报纸和杂志等广告市场不景气的状况形成了鲜明的对照。传统媒体广告市场 2003 年的增长率下降了 2.5%，仅增长了 5.6%。

根据韩国广告协会 2003 年 6 月份进行的一项调查显示，21%的广告商喜欢做互联网广告，仅次于电视广告。33%的广告商喜欢做电视广告。在接受调查的广告商中，喜欢报纸广告、电台广告和杂志广告的分别占 19%、13%和 7%。作为成本效率高的品牌媒体，28%选择电视，25%选择互联网。互联网广告市场已经成为超过杂志广告的第四大广告市场，其原因是广告主认识到了互联网广告及其改善了的可靠性。

**思考·案例·练习**

1. 简述日本广告的现状。
2. 与中国相比，韩国广告业具有哪些特点和优势？

**参考文献**

1. 王俊杰，王文利．日本广告业发展及企业广告管理模式．日本问题研究，1994 年第 4 期，第 37~41 页

2. 桥本孝良，张采．日本广播节目的现状——日本听众的年龄层与广播的关系．现代传播，2000 年第 3 期，95~97

3. 李本乾．日本新闻与传播研究述评．新闻与传播研究，2000 年第 1 期，83~90

4. 王润泽．日本的广告教育．国际新闻界，2002 年第 4 期，76~79

5. 周勇．自省、自律、自强——日本广告业的良性发展之路．国际新闻界，2002 年第 6 期，77~80

6. 张国良．现代日本大众传播史．上海：上海学林出版社，1992

7. 陈培爱．中外广告史：站在当代视角的全面回顾．北京：中国物价出版社，2002

8. Barbara Mueller. （1998）International Advertising：Communication Across Culture. 大连：东北财经大学出版社

9. 刘国平．世界经济统计．北京：经济科学出版社，2002

10. 樊志育．世界广告史话．北京：中国友谊出版公司，1998

11. 丁俊杰，董立津．中国广告业生存及发展模式研究．北京：中国工商出版社，2004

12. 徐小娟．九十年代中期全球广告业的基本走势．北京商学院学报，1996年第6期

13. 林华．日本广告业的现状与INTERNET广告的商机．1999全国广告研讨会论文

14. 袁筱蓉．我所了解的日本电通．艺术探索，2003年第2期

# 结 语 国际广告业发展趋势及特点

综观当前国际广告业，总体呈现出以下发展趋势及特点：

一、传播媒体的多样化。广告传播媒体已经变得多种多样，任何一种实体都有可能成为传播广告的媒体。

二、广告服务的综合化。现代广告不断地运用现代理论和技术，推动着广告活动朝着全方位、立体性、综合化方向发展。广告公司和调查公司、公共关系公司及其他类公司出现了日益融合的趋势。

三、广告活动的国际化。任何一个国家的广告活动都属于世界广告活动的重要组成部分，随着世界上各个国家和地区的经济发展，全球市场也向统一的市场方向发展，因此出现了大量的国际广告活动。

四、广告管理日益规范化。广告行业加强了自律，从内部约束自身行为，各国政府都先后制定了适合本国的法律法规。

五、广告理论研究不断创新。在广告理论的发展上，广告学的分支和边缘交叉学科越来越多。数理的方法越来越多地被引入广告分析之中，心理学、神经病理学被应用于广告理论的研究，各类艺术形式与广告进一步结合，从而出现了一系列广告理论研究方向和课题。

2004年，在诸如美国大选、奥运会等重大事件因素刺激下，全球广告业得以蓬勃发展。据国际著名传媒顾问公司实力传播估计，2004年全球范围内的广告投入上涨了约7%，达到3 700亿美元。这一指标远超过全球经济增长的步伐，表明广告行业正在走向强劲复苏。Universal-McCann的负责人罗伯特·考恩预测，在各广告公司力争市场份额以及品牌竞争加剧的情况下，2005年广告业开支将增长6%左右。实力传播预测，发展中国家将对广告业的发展起到至关重要的作用，中国将在2011年超过英国和德国，进而成为继美国和日本之后第三大广告市场。

电视依然是最具影响力的广告媒介，统计显示，用于2004年全球主流媒介的资金中，电视占了28%的比例；而互联网成为公认的发展最快的广告媒介，正逐步走向成熟。一家市场研究公司调查发现，在美国，一些专业的广告代理人并没有将资金直接投放到网站，而是将超过全国广告总支出一半以上的费用用于搜索引擎。在美国，网络广告开支占全国广告总费用的5.4%（约87亿美元）。这一比例虽然略显微不足道，但是实力传播预测，在未来十年内，全球网络广告的收入将超过户外广告（目前户外广告总量占广告总量的5.2%）。这将令报刊、杂志等传统媒介的广告业务受到严重冲击。

广告与行销服务联系在一起才完整、才有生命力。现在广告主与广告公司的联系越来越紧密，广告主除在宣传媒体上继续投入外，在其他行销方式上也倾注了更多的热情。他们要求广告代理商参加行销的全过程，特别是电子商务的广泛开展，使那些非传统的促销方式更直接、更有效、覆盖面更广。最近在美国商界就发生了一件很大的事：几家著名的大百货公司联合起来组织了一个电子销售网，推行电子商务，实现信息共享。因此，越来越多的广告公司更为重视整合营销，甚至连公司名称都改为传播公司或干脆直接叫跨国营销公司，如著名的BBDO广告公司就改为了ICC公司，即整合传播公司。

**参考文献**

1. 丁俊杰，董立津．中国广告业生存及发展模式研究．北京：中国工商出版社，2004

2. Barbara Mueller.（1998）International Advertising：Communication Across Culture. 大连：东北财经大学出版社

3. 陈培爱．中外广告史：站在当代视角的全面回顾．北京：中国物价出版社，2002

4. 冯广超，方钰淳．数字电视广告．北京：北京广播学院出版社，2004

5. 冯广超．当资本爱上广告．广告大观，2004年第5期，40~41

6. 洛特菲·马赫兹．世界传播概览．北京：对外翻译出版公司，1999

7. 陈韬文，朱立，潘忠党．大众传播与市场经济．香港炉峰学会，1997

8. 张树庭．国际广告业发展趋势．1999年全国广告研讨会论文

# 后　记

广告的本质是有效信息传递。广告诞生于人类的信息交流活动，也服务于人类的信息交流活动，并伴随着信息传播技术的进步而使其表现形态日益丰富。广告的发展同人类的生存需要和生活需要密切相关，同社会政治、经济、文化的变革直接关联。广告来源于人类的生存、生产活动，同时又在社会发展、文明进步过程中发挥巨大作用。广告彰显地域文化、民俗特色，反映着普通民众的审美观、价值观及他们的喜、怒、哀、乐。广告也映照着政权更迭、军事对峙及文化交流、碰撞的历史轨迹。

从时间上看，广告伴随人类数百万年的信息传播活动，尽管不同时期，广告信息传播的途径、方式、对象会有所不同，广告传播的环境和技术手段也不断变化，但广告作为一种有效信息传播活动的本质没有变。

从空间上看，广告信息传播从狭小的人群到较大的部落，从城邦国家到奴隶制王国，从封建帝国到资本主义世界，直至今日的跨地域、跨国度的全球性传播，广告传播的范围在不断扩大，传播的领域在不断扩展。

从内容上看，广告来源于人类的生活，关注着人类的生活，服务于人类的生活并引领着人类的生活。其政治、军事、文化及商业倾向只是外在的表现形式，关注人类的生活并不断提高人类的生活质量，是广告内容选择的根本出发点。

我们一直认为，广告学作为一门科学，其学科体系应由三大部分内容组成，即理论广告学、历史广告学、应用广告学。其中，历史广告学主要研究、总结人类广告活动发展、演变的历史，历史广告学的一项主要任务，就是探讨人类广告活动的规律和特点及预测广告发展的趋向等。

在本书的编写过程中，我们力图站在人类文明进步的大背景下来审视广告活动和广告的发展历程及发展规律，坚持广告是一种有效信息传递活动的观点，并用这一观点统领全书的内容。

我们也试图勾勒广告如何伴随社会文明的进步，从孤立、分散、个别现象发展成为人类生活中的普遍现象，从在相对封闭、隔绝的区域内传播信息到在更宽泛、更开放的区域内传播信息，最后达到在成为一个整体的全球范围内进行信息传递的历史轨迹；并揭示广告自身发展演变的客观规律：即从附属于政治活动、经济活动的衍生物蜕变为自觉服务于政治、经济、文化活动的营销传播利器，成为人们日常生活中不可分割的重要组成部分这一客观规律。进而对广告的本质、广告在社会现实生活中的作用有一个更为深刻的认识。

本书的撰写工作历时两年，尽管我们十分努力，但其中的谬误肯定存在，也希望学界同仁多批评指正。为了对文稿负责，现将本书的作者及具体分工列举如下：

本书主编：杨海军

本书编委：苏士梅 黄艳秋 方钰淳

第一章至第三章：杨海军

第四章：王丽萍

第五章至第八章：苏士梅

第九章至第十二章：黄艳秋

第十三章：宋若涛

第十四章：王淑娟 宋若涛

第十五章：杨栋杰 王丽萍

第十六章至第二十章：方钰淳

本书编写大纲由杨海军、苏士梅、黄艳秋、方钰淳共同拟定，杨海军审定。本书初稿由苏士梅通审，定稿由杨海军通审。本书图片由王萱、王成文、苏士梅、黄艳秋收集整理。研究生王成文为本书的资料收集与整理做了大量具体工作。郑州大学升达经贸管理学院市场营销系广告专业教师王丽萍参加了本书第四章、第十五章的撰写工作，特此说明。

河南大学新闻与传播学院为本书编写提供了工作条件，武汉大学出版社为本书出版提供资助，一并致谢。

编　者

2005 年 8 月